Das

Berggesetz

für

das Königreich Bayern

vom 20. März 1869 / 30. Juni 1900

in der Fassung der Bekanntmachung vom 20. Juli 1900

nebst

der Verordnung vom 30. Juli 1900, **die Organisation und Wirkungskreis der Bergbehörden betreffend,** und **den oberbergpolizeil. Vorschriften** vom 30. Juli 1900.

Handausgabe

mit Erläuterungen, systemat. Inhaltsverzeichniß u. ausführl. Sachregister

von

Alois Rauck,

Ministerialrath im k. Staatsministerium des Innern.

München.

J. Schweitzer Verlag (Arthur Sellier)

1900.

Einleitung und Vorwort.

Das Berggesetz für das Königreich Bayern vom 20. März 1869, dem preußischen Berggesetze nachgebildet, hat den damaligen Bergbauverhältnissen angemessene Rechnung getragen und sich im Großen und Ganzen bewährt.

Inzwischen brachte das nach den großen Ereignissen von 1870/71 wiedererstandene Deutsche Reich für Industrie, Handel und das gesammte Erwerbsleben einen ungeahnten Aufschwung, an welchem der Bergbau in hervorragendem Maße theilnahm.

Die so günstig veränderten Verhältnisse drängten allerorten dazu, die bergrechtlichen Bestimmungen denselben nach dem Vorgange der Novelle zur Gewerbeordnung vom 1. Juni 1891 anzupassen und namentlich die rechtlichen Beziehungen zwischen Bergwerksbesitzern und Bergleuten fest zu umgrenzen, wie auch die Fürsorge für die letzteren im Sinne der Reichsversicherungsgesetze wirksamer zu gestalten.

Die Verhandlungen in den Landtagen der Bergbau treibenden Bundesstaaten, sowie die jüngsten Debatten im Reichstage über die Schaffung eines Reichsberggesetzes entsprangen zumeist dem Gedanken eines stärkeren Schutzes für die Bergarbeiter.

Schon bevor der bayerische Landtag durch Gesammtbeschluß die Staatsregierung ersucht hatte, einer Revision des Berggesetzes vom 20. März 1869 näher zu treten in der Richtung, daß die Vorschriften der Reichsgewerbeordnung, betreffend die Arbeitszeugnisse und das Vertragsverhältniß der gewerblichen Arbeiter: §§ 113, 122, 123 und 124 der Gewerbeordnung, sinngemäße Anwendung auf die Bergarbeiter finden, hatte dieselbe nach dem Ableben des um den bayerischen Bergbau hochverdienten und als Gelehrten hochangesehenen Vorstandes des Oberbergamtes, Geheimen Rathes Dr. von Gümbel, die Neuorganisation der Bergbehörden und die Revision des Berggesetzes in Angriff genommen und brachte dem Landtage bei seiner Tagung 1899/1900 den Entwurf eines Gesetzes über die Abänderung einiger Bestimmungen des Berggesetzes vom

20. März 1869 sowie eine Denkschrift über die Neuorganisation der Bergbehörden nebst dem hiefür aufgestellten Etat zur Berathung und Beschlußfassung in Vorlage.

Der Entwurf hatte, weit über die Seitens der beiden Kammern geäußerten Wünsche hinausgreifend, die Verhältnisse der Bergarbeiter nach allen Beziehungen gleichheitlich wie jene der sonstigen gewerblichen Arbeiter zu regeln versucht, indem die Arbeitsordnungen für die größeren Betriebe vorgeschrieben, Arbeiterausschüsse vorgesehen und die Bergpolizei intensiver gestaltet wurde. Weiter erhielten die Bestimmungen über die Knappschaftsvereine eine verbesserte Fassung und Anpassung an die Vorschriften der reichsgesetzlichen Krankenversicherung. Der verwaltungsrechtliche Schutz der Rechte der beim Bergbau betheiligten Kreise erfuhr eine erhebliche Verstärkung, indem die Zuständigkeit des Verwaltungsgerichtshofs auf eine Reihe von Angelegenheiten ausgedehnt wurde, welche die Rechte der Grundbesitzer, Bergwerksbesitzer und Bergarbeiter berühren.

Der Gesetzentwurf hatte weiter ein werthvolles Mineral unter die verleihbaren Mineralien des Art. 1 aufgenommen, den Graphit, dessen Bedeutung von Jahr zu Jahr im Wachsen begriffen ist. Endlich hatten die Verhältnisse dazu geführt, zum Schutze der staatlichen Salinen und im Interesse der Nutzbarmachung werthvoller Salze die Wiedereinführung des Salzregals in den Entwurf aufzunehmen.

Die Neuorganisation der Bergbehörden zielte hauptsächlich dahin, eine wirksame Beaufsichtigung des Bergbaues einzuleiten, um Unglücksfällen nach Thunlichkeit vorzubeugen. Zu diesem Zwecke waren Berginspektionen vorgesehen, mit Berginspektoren und Assistenten aus dem besseren Bergarbeiterstande, deren Hauptaufgabe die intensive und umsichtige Handhabung der Bergpolizei bilden sollte.

Der Gesetzentwurf, wie die Organisation der Bergbehörden fanden die eingehendste Behandlung in den beiden Kammern des Landtags und ging aus den Berathungen das nunmehrige Berggesetz, wie es in der Bekanntmachung vom 20. Juli 1900 enthalten ist, hervor.

Gegenüber dem Regierungsentwurfe wurde der Graphit aus der Reihe der verleihbaren Mineralien wieder gestrichen, um den betheiligten Grundbesitzern dessen Gewinnung, wie bisher zu erhalten.

Im Uebrigen fand der Entwurf in den hauptsächlichsten Bestimmungen Annahme. Mehrfach wurden noch Ergänzungen beschlossen, welche den Schutz und die Fürsorge für die Bergarbeiter zu erhöhen wohl geeignet erscheinen. Die Einführung des Maximalarbeitstages zu 8 Stunden, welche von der Mehrheit der Abgeordnetenkammer unter lebhafter Bekämpfung Seitens der Staatsregierung beschlossen wurde, fand die Zustimmung der ersten Kammer nicht und wurde statt dessen der Art. 232 eingestellt, durch welchen der angestrebte Zweck des Arbeiterschutzes sicherer, als durch die gesetzliche Festlegung der Maximalarbeitszeit erreicht wird.

Das nunmehrige Berggesetz sucht die Rechte der Grundbesitzer und Bergwerksbesitzer gleichmäßig zu wahren und die Ausnützung des Grund und Bodens für landwirthschaftliche, wie für bergbauliche Zwecke ohne gegenseitige Schädigung zu ermöglichen, es sieht eine genaue Regelung der rechtlichen Beziehungen zwischen den Werksbesitzern und den Bergarbeitern vor, gewährt den letzteren den nöthigen Schutz für Leben und Gesundheit und leitet eine stete Ueberwachung und Beaufsichtigung des Bergbaues ein, welche die Gewähr für einen thunlichst geordneten Betrieb bietet.

Zum Verständniß des Gesetzes sind in der vorliegenden Schrift zu den unverändert gebliebenen Artikeln die Motive des bisherigen Gesetzes, soweit solche noch zutreffen, beigefügt und die umgeänderten, wie neugeschaffenen Gesetzesbestimmungen an der Hand der Motive und der einschlägigen Kammerverhandlungen kurz erläutert, die einschlägigen für den Vollzug in Betracht kommenden sonstigen gesetzlichen Bestimmungen erwähnt und die Erfahrungen aus der bisherigen Praxis berücksichtigt worden.

Die Allh. Verordnung über Organisation und Wirkungskreis der Bergbehörden, sowie die oberbergpolizeilichen Vorschriften vom 30. Juli 1900 sind mit kurzen Bemerkungen im Anhange abgedruckt, so daß die wichtigsten Bestimmungen über das Bergwesen in einem geschlossenen Ganzen geboten sind.

Möge das Werkchen allen mit dem Vollzuge des Gesetzes betrauten Behörden, sowie den beim Bergbau interessirten Kreisen ein verlässiger Führer und Berather sein.

Der Verfasser.

Inhaltsverzeichniß.

Berichtigungen.

Zu Art. 60 Abs. 1, 63 Abs. 1, 64 Abs. 3. Die Worte „sowie privilegirte Gläubiger des pfälzischen Rechtes“ kommen in Wegfall.

Zu Art. 59. Zeile 3 hat es zu heißen statt „wie durch“
„wird durch“.

Zu Art. 87 Abs. 1 Ziff. 7. Zeile 1 hat es zu heißen statt „Verfolgung“
„Verabfolgung“.

Seite 269 in der Ueberschrift hat es zu heißen statt „Sonstige Heuerarbeiten“
„Sonstige Hauerarbeiten“

Das Berggesetz

für das Königreich Bayern

in der Fassung des Gesetzes vom 30. Juni 1900.

Erster Titel.

Allgemeine Bestimmungen.

Art. 1. (1)

Das Eigenthumsrecht an Grund und Boden [1] erstreckt sich nicht auf die nachbezeichneten Mineralien; deren Aufsuchung und Gewinnung ist, soweit nicht für einzelne derselben abweichende Bestimmungen getroffen sind, unter Einhaltung der Vorschriften des gegenwärtigen Gesetzes einem Jeden gestattet.

Diese Mineralien sind:

Gold [2], mit Ausnahme des Waschgoldes, Silber, Quecksilber, Eisen [3], Blei, Kupfer, Zinn, Zink, Kobalt, Nickel, Arsenik, Mangan, Antimon und Schwefel, gediegen und als Erze; Alaun- und Vitriolerze; Stein- und Braunkohle; Steinsalz nebst den mit demselben auf der nämlichen Lagerstätte vorkommenden Salzen, namentlich Kali-, Magnesia- und Borsalzen sowie die Soolquellen [4, 5].

1. Nach § 905 des Bürgerlichen Gesetzbuchs erstreckt sich das Recht des Eigenthümers eines Grundstücks auf den Raum über der Oberfläche und auf den Erdkörper unter der Oberfläche. Der Eigenthümer kann jedoch Einwirkungen nicht verbieten, die in solcher Höhe oder Tiefe vorgenommen werden, daß er an der Ausschließung kein Interesse hat.

Der Art. 1 beschränkt dieses Recht des Grundeigenthümers bezüglich der in Abs. 2 besonders aufgeführten Mineralien, deren Aufsuchung und Gewinnung durch Dritte nach Maßgabe der Bestimmungen des Berggesetzes er zulassen muß.

Die rechtliche Zulässigkeit einer derartigen Beschränkung ist ausgesprochen im Art. 67 des Einführungsgesetzes zum Bürgerl. Gesetzbuch, wonach die landesgesetzlichen Vorschriften, welche dem Bergrecht angehören, unberührt bleiben.

2. Das Waschgold (Flußgold) ist ausgenommen und fällt daher als Zubehör der Fundstelle dem Grundeigenthümer (in öffentlichen Flüssen dem Staate) zu. Das in Art. 46 Abs. 2 des Gesetzes vom 28. Mai 1852 über die Benützung des Wassers dem Staate allgemein vorbehaltene Recht der Goldwäscherei ist durch den Art. 1 beseitigt.

3. Zu den verleihbaren Eisenerzen zählen auch die Bohnerze und die Raseneisensteine.

4. Die Aufzählung der verleihbaren Mineralien ist eine erschöpfende; eine Ausdehnung auf hier nicht aufgeführte Mineralien ist nicht zulässig. Wegen der Mitgewinnung nicht verleihbarer Mineralien und der Rechte des Grundeigenthümers in solchen Fällen vgl. Art. 45. Die von der Staatsregierung bei Vorlage des Gesetzentwurfs beantragte Aufnahme des Graphits unter die verleihbaren Mineralien wurde von der Kammer der Abgeordneten mit großer Mehrheit abgelehnt, um den betheiligten Grundeigenthümern die bisherige ausschließliche Gewinnung dieses werthvollen Minerals auch weiter zu sichern (vgl. Verhandl. der K. d. A. sten. Ber. Bd. II S. 801 ff.).

5. Will Jemand auf fremdem Grund und Boden ein hier nicht aufgeführtes Naturprodukt, z. Erdöl (Petroleum) aufsuchen und gewinnen, so muß er sich mit dem Grundeigenthümer auf gütlichem Wege einigen; ein Zwang gegen den Grundbesitzer ist ausgeschlossen.

Art. 2. (neu.)

Die Aufsuchung und Gewinnung von Steinsalz nebst den mit demselben auf der nämlichen Lagerstätte vorkommenden Salzen, namentlich Kali-, Magnesia- und Borsalzen sowie der Soolquellen bleibt dem Staate vorbehalten.[1]

Das Staatsministerium der Finanzen ist jedoch befugt, die Erlaubniß hiezu Einzelnen oder Gemeinschaften zu ertheilen.[2]

1. Durch Art. 1 des Berggesetzes vom 20. März 1869 war die Bergbaufreiheit für Steinsalz nebst den auf der gleichen Lagerstätte vorkommenden Salzen und für die Soolquellen eingeführt und dem Staate nur für das Gebiet des Bezirksamts Berchtesgaden das bisher ausschließliche Recht zur Steinsalz- und Soolgewinnung vorbehalten worden.

Mit Ausnahme von Preußen hat die überwiegende Mehrzahl der deutschen Bundesstaaten ungeachtet der Aufhebung des

Salzhandelsmonopols das ausschließliche Recht auf Steinsalz- und Soolgewinnung entweder gar nicht aufgegeben oder später aus volkswirthschaftlichen Rücksichten wieder eingeführt.

Erwägungen volkswirthschaftlicher Natur, sowie die Besorgniß einer Gefährdung der bayerischen Salinen durch die Erbohrung mächtiger Salzlager Seitens der Privatindustrie gaben Anlaß, das Monopol zur Salzgewinnung dem Staate zu sichern. Bei der großen Bedeutung der mit dem Steinsalz erfahrungsgemäß vorkommenden Kali- und sonstigen Salze für die Landwirthschaft und Industrie erschien es geboten, diese mit in das Monopol einzubeziehen, um diese Schätze allgemein nutzbar zu machen.

In Würdigung dieser Verhältnisse fand der Art. 2 einstimmige Annahme bei beiden Kammern des Landtags.

2. Durch die dem Staatsministerium der Finanzen eingeräumte Ermächtigung soll es hauptsächlich ermöglicht werden, daß industrielle Unternehmer, welche die Herstellung von Soda, Chlor oder ähnlichen chemischen Fabrikaten betreiben wollen, die Gewinnung der hiezu erforderlichen Salze selbst bethätigen.

Selbstverständlich kann das Finanzministerium bei der Erlaubnißertheilung angemessene Bedingungen zur Fernhaltung von mißbräuchlicher Ausbeutung festsetzen.

Art. 3. (2)

Bei der vom Staate oder auf Grund einer vom Staatsministerium der Finanzen ertheilten Erlaubniß von sonstigen Unternehmern bethätigten Aufsuchung und Gewinnung von Salzen und Soolquellen finden sowohl hinsichtlich die für den Betrieb maßgebenden Beschränkungen und Verpflichtungen, als auch hinsichtlich des Verhältnisses des Unternehmers zu andern Baugewerksbesitzern und zu den Muthern, zu den Grundbesitzern und zu den bei dem Betriebe beschäftigten Personen die Vorschriften dieses Gesetzes, soweit sie nach der Natur der Sache zutreffen, entsprechende Anwendung.[1]

Im Übrigen findet dieses Gesetz auf den Erwerb und Betrieb von Bergwerken für Rechnung des Staates in vollem Umfange Anwendung.[2]

1. Die Aufsuchung und Gewinnung von Salzen und Soolquellen ist zwar nach Art. 2 dem Staate vorbehalten und bedarf derselbe hiezu keiner Muthung und Verleihung, allein die desfallsigen Betriebe bleiben deshalb doch Bergwerksunternehmungen, für welche sowohl gegenüber dem Staate als dessen Konzessionären die sonstigen Vorschriften des Berggesetzes gelten und zu beachten sind, so insbesondere jene, die sich auf den Betrieb und die Verwaltung, die Bergpolizei, die Anlage von Hilfsbauten, die Grund-

abtretung und den Schadensersatz für Beschädigungen des Grundeigenthums, die Verhältnisse und den Schutz der Bergarbeiter und die Knappschaftsvereine beziehen. So gelten namentlich auch die Vorschriften hinsichtlich des Schürfens (Art. 4 ff.).

2. Betreibt der Staat Bergbau außer dem ihm durch Art. 2 vorbehaltenen, dann steht er jedem andern Bergbautreibenden gleich und unterliegt den allgemeinen berggesetzlichen Vorschriften über den Erwerb und Betrieb von Bergwerken, wie dieser.

Zweiter Titel.

Von der Erwerbung des Bergwerks-Eigenthums.[1]

Erster Abschnitt.

Vom Schürfen.[2]

Art. 4. (3)

Die Aufsuchung der im Art. 1 bezeichneten Mineralien auf ihren natürlichen Ablagerungen — das Schürfen — unterliegt den nachstehenden Vorschriften (Art. 5 bis Art. 12).

1. Bei der Erwerbung des Bergwerkseigenthums kommen drei Vorgänge in Betracht: das Schürfen, das Muthen und die Verleihung des Bergwerkseigenthums.

2. Unter Schürfen wird das Aufsuchen der unter das Berggesetz fallenden Mineralien (Art. 1) verstanden. Dasselbe umfaßt die Arbeiten an der Oberfläche der Grundstücke, auf denen die Ablagerung der Mineralien vermuthet wird, sowie die unterirdischen Arbeiten mittelst Bohrungen ꝛc.

Beim Schürfen sollen einerseits die Interessen und Rechte des Grundeigenthümers, der solches nicht willkürlich hindern kann, thunlichst gewahrt, andererseits aber das Aufsuchen von Mineralien erleichtert werden, um hiezu Kapital und Unternehmungslust behufs Gewinnung der Erdschätze anzuspornen.

Art. 5. (4)

Auf öffentlichen Plätzen, Straßen und Eisenbahnen, sowie auf Friedhöfen ist das Schürfen unbedingt untersagt.[1]

Auf anderen Grundstücken ist das Schürfen unstatthaft, wenn nach der Entscheidung des Oberbergamtes überwiegende Gründe des öffentlichen Interesses entgegenstehen.[2]

Unter Gebäuden und in einem Umkreise um dieselben bis zu sechzig Metern, in Gärten und in eingefriedeten Hofräumen darf nicht geschürft werden, es sei denn, daß der Grundbesitzer seine ausdrückliche Einwilligung hiezu ertheilt hat.[3]

1. Das Verbot des Schürfens ist veranlaßt durch die Rücksichtnahme auf die öffentliche Sicherheit und Ordnung, sowie auf die Fernhaltung von Störungen der Ruhe.

2. Inwieweit aus Gründen des öffentlichen Interesses das Schürfen auf anderen Grundstücken als den im Abs. 1 in Betracht kommenden unstatthaft erscheint, hat das Oberbergamt zu entscheiden. Solche Gründe können vorliegen, wenn es sich z. B. um den Schutz gemeinnütziger Anlagen, Mineralquellen, insbesondere Soolquellen rc. handelt. Das Verbot richtet sich auch gegen den Grundbesitzer. Da der Schürfer einer Erlaubniß der Bergbehörde nicht bedarf, wenn er selbst der Grundeigenthümer ist oder sich mit diesem geeinigt hat, und da auch eine Anzeige an die Bergbehörde über die Vornahme von Schürfarbeiten nicht vorgeschrieben ist, so ist es Sache der Ortspolizeibehörde oder der sonst Betheiligten, die Bergbehörde in Kenntniß zu setzen, sobald Schürfarbeiten vorgenommen werden, die eine Gefährdung öffentlicher Interessen besorgen lassen. Strafbestimmung s. Art. 241.

3. Der Grundbesitzer soll hiedurch vor Störungen und Belästigungen in seinem eigentlichen Wohnterritorium geschützt werden; nur mit seiner *ausdrücklichen* Zustimmung dürfen hier Schürfungen vorgenommen werden, ein Zwang ist ausgeschlossen.

Art. 6. (5)

Wer zur Ausführung von Schürfarbeiten fremden Grund und Boden benützen will, hat hiezu die Erlaubniß des Grundbesitzers nachzusuchen.[1]

Mit Ausnahme der im Art. 5 bezeichneten Fälle muß der Grundbesitzer, er sei Eigenthümer oder Nutzungsberechtigter, das Schürfen auf seinem Grund und Boden gestatten.[2]

1. Wer fremden Grund und Boden zum Schürfen benützen will, sei es an der Oberfläche oder unter dieser, hat sich zuvor die Genehmigung des Grundbesitzers (des Eigenthümers oder Nutzungsberechtigten) zu erholen, wobei die etwaige Entschädigung des letzteren zu vereinbaren ist. Dies gilt auch für den Fall, wenn etwa der Schürfer von einem Nachbargrundstücke aus, das ihm gehört oder für welches er die Erlaubniß zum Schürfen besitzt

Stollen in ein anstoßendes Grundstück zum Zwecke des Schürfens treiben will.

2. Wenn dem Grundbesitzer gesetzliche Gründe zur Verweigerung der Erlaubniß nicht zur Seite stehen, kann er bei etwaiger Weigerung zur Duldung des Schürfens gezwungen werden, selbstverständlich gegen die gesetzlich ihm zukommende Entschädigung.

Ob, wenn neben dem Grundeigenthümer ein Nutzungsberechtigter vorhanden ist, der erstere oder letztere oder beide die Erlaubniß zum Schürfen zu ertheilen haben, hängt von dem rechtlichen Verhältniß ab, in welchem die beiden zu einander stehen. Dies ist auch entscheidend für die Frage, ob der Nutzungsberechtigte, falls er selbst schürfen will, die Erlaubniß des Grundeigenthümers zuvor einzuholen hat.

Art. 7. (6)

Der Schürfer ist verpflichtet, dem Grundbesitzer für die entzogene Nutzung jährlich im Voraus vollständige Entschädigung zu leisten und das Grundstück nach beendigter Benützung wieder zur freien Verfügung des Grundbesitzers zu stellen, auch für den Fall, daß durch die Schürfarbeiten eine Werthsverminderung des Grundstückes eintritt, bei Beendigung der Benützung den Minderwerth zu ersetzen.[1]

Für die Erfüllung dieser letzteren Verpflichtung kann der Grundbesitzer schon vor dem Beginne der Schürfarbeiten die Bestellung angemessener Sicherheit von dem Schürfer verlangen.

Auf die jährlich zu leistende Entschädigung finden die Vorschriften des Art. 162, auf den Ersatz des Minderwerths finden die Vorschriften des Art. 167 entsprechende Anwendung.[2]

1. Durch die Bestimmungen des Art. sind die Rechte und Interessen des Grundbesitzers in ausreichender Weise gewahrt. Der Schürfer hat ebenso wie der Bergwerksbesitzer den Grundeigenthümer nach jeder Richtung schadlos zu halten. Derselbe hat hienach den durch die Schürfarbeiten entgangenen Gewinn aus der benützten Bodenfläche voll zu ersetzen und, wenn der künftige Ertrags- und allgemeine Werth des Grundstücks vermindert ist, auch hiefür vollen Ersatz zu gewähren; so, wenn ein Theil der Fläche überhaupt nicht mehr nutzbar ist oder wenn der Gebrauchs- und Verkaufswerth des Grundstücks durch Beschädigung der Oberflächen geringer geworden ist.

2. Abs. 3 wurde neu beigefügt durch Art. 157 I des Ausführungsgesetzes zum Bürgerlichen Gesetzbuche vom 9. Juni 1899.

Art. 8. (7)

Die dem Grundeigenthümer in Art. 159 Abs. 3, Art. 160 und Art. 161 eingeräumten Rechte stehen demselben auch gegen den Schürfer zu.[1]

In diesen Fällen sind für den Antrag des Grundeigenthümers die Bestimmungen des Art. 169 und folgende maßgebend.[2]

1. Dem Schürfer soll in ganz gleicher Weise wie dem Bergwerksbesitzer die Verbindlichkeit obliegen, den Grundeigenthümer voll schadlos zu halten. Hieraus ergibt sich, daß die Vorschriften des V. Titels über die Erwerbung des Grundeigenthums durch den Bergwerksbesitzer auf Verlangen des Grundeigenthümers auch gegenüber dem Schürfer für anwendbar erklärt wurden.

2. Selbstverständlich haben auch die dem Bergwerksbesitzer gegenüber geltenden Vorschriften hier Anwendung zu finden.

Art. 9. (8)

Kann der Schürfer sich mit dem Grundbesitzer über die Gestattung der Schürfarbeiten nicht gütlich einigen, so entscheidet das Oberbergamt darüber, ob und unter welchen Bedingungen die Schürfarbeiten unternommen werden dürfen.[1]

Das Oberbergamt kann die Ermächtigung zum Schürfen nur in den Fällen des Art. 5 versagen.[2]

Das Oberbergamt setzt beim Mangel einer Einigung unter den Betheiligten die Entschädigung und Sicherheitsleistung in Geld (Art. 7) vorbehaltlich der Betretung des Rechtsweges fest. Wird der Rechtsweg betreten, so ist für die Klage das Gericht ausschließlich zuständig, in dessen Bezirk das Grundstück liegt.[3]

Die Kosten des Verfahrens vor dem Oberbergamte fallen dem Schürfer zur Last.

1. Zunächst soll es im Interesse der thunlichst raschen Inangriffnahme der Schürfarbeiten der Vereinbarung der Betheiligten überlassen bleiben, unter welchen Bedingungen diese Arbeiten vorgenommen werden dürfen, nur, wenn eine solche Vereinbarung nicht erzielt werden kann, hat sich der Schürfer, falls er auf seinem Vorhaben besteht, an das Oberbergamt zu wenden, welches vorbehaltlich der Beschwerde an den Verwaltungsgerichtshof (Art. 226) zu entscheiden hat.

Der bisherige 2. Satz dieses Art., welcher lautete: „Auch wenn der Grundbesitzer vor Beginn der Schürfarbeiten auf Erwerbung des Grundeigenthums nach Art. 138 Abs. 2 (alt) einen

Gegenantrag stellt, haben die Bergbehörden sofort darüber zu entscheiden, ob und unter welchen Bedingungen das begehrte Grundstück von dem Schürfen vorläufig in Benutzung genommen werden darf" wurde als gegenstandslos gestrichen.

Dem Grundeigenthümer steht, wie schon erwähnt, dem Schürfer und Bergwerkbesitzer gegenüber das gleiche Recht zu. Auf Grund der in Art. 127—129 (alt) über die Grundabtretung enthaltenen Vorschriften ist der Grundbesitzer berechtigt, die Erwerbung ins Eigenthum zu verlangen, wenn feststeht, daß die Benutzung länger als drei Jahre dauert, oder wenn dieselbe nach drei Jahren noch fortdauert, oder wenn es sich um den Ersatz des Minderwerthes bei **Rückgabe** des benützten Grundstückes handelt.

Da nun **bei Beginn der Schürfarbeit** über die Dauer derselben nichts festgestellt werden kann, so ist in diesem Zeitpunkt für einen Gegenantrag des Grundbesitzers ein Stützpunkt nicht gegeben, der obige Satz also gegenstandslos.

2. Das Oberbergamt ist bezüglich der Versagung genau auf die in Art. 5 Abs. 2 aufgeführten Fälle beschränkt; nur dann, wenn überwiegende Gründe des öffentlichen Interesses entgegenstehen, hat es die Ermächtigung zu versagen; in allen anderen Fällen muß es ohne Rücksicht auf die Privatinteressen des Grundbesitzers die Ermächtigung ertheilen, wobei bezüglich der Schadloshaltung des letzteren Abs. 3 maßgebend erscheint.

3. Die provisorische Festsetzung der Entschädigung der Sicherheitsleistung durch das Oberbergamt liegt im Interesse der Parteien.

Die Bestimmung, daß bei Betretung des Rechtswegs für die Klage ausschließlich das Gericht zuständig ist, in dessen Bezirk das Grundstück liegt, ist zweckmäßig, da von diesem am einfachsten etwaige Besichtigungen und Schätzungen bethätigt werden können.

Da es sich bei Art. 9 um einen unter den Gesichtspunkt der Zwangsenteignung fallenden Eingriff in das Grundeigenthum handelt, ist die Vorschrift durch den Vorbehalt im § 15 Nr. 2 des Einführungsgesetzes zur Civilprozeßordnung gedeckt.

Bezüglich der Zuständigkeit im Einzelfalle gelten die allgemeinen Vorschriften.

4. Die frühere Fassung lautete: „Die Kosten der I. Instanz fallen dem Schürfer, die der Berufungsinstanz dem unterliegenden Theile zur Last."

Nunmehr hat das Oberbergamt zunächst zu entscheiden und hat der Schürfer die hiebei erwachsenden Kosten zu tragen; gelangt die Sache im Beschwerdeweg an den Verwaltungsgerichtshof, so hat dieser auch über den Kostenpunkt nach den allgemein hiefür giltigen Vorschriften, bezw. nach Lage der Sache zu entscheiden.

Art. 10. (9)

Durch Beschreiten des Rechtsweges wegen der Festsetzung zur Entschädigung oder der Sicherheitsleistung wird der Beginn der Schürfarbeiten nicht aufgehalten, vorausgesetzt, daß die von dem Oberbergamte festgesetzte Entschädigung an den Berechtigten bezahlt oder bei verweigerter Annahme hinterlegt, desgleichen die Hinterlegung der Sicherheitsleistung in dem von der Bergbehörde festgestellten Betrage geschehen ist.[1]

1. Die Beschreitung des Rechtsweges ist nur zulässig wegen der Festsetzung der Entschädigung oder der Sicherheitsleistung. Die Ermächtigung des Oberbergamtes zur Vornahme der Schürfarbeiten kann, ebenso wie die Versagung hiezu lediglich im Wege der Beschwerde an den Verwaltungsgerichtshof angefochten werden.

Die Beschreitung des Rechtsweges hindert jedoch den Beginn der Schürfarbeiten nicht, wenn die Entschädigung gezahlt oder hinterlegt ist, letzteres gilt auch von der Sicherheitsleistung. Dagegen darf bei Einlegung der Beschwerde zum Verwaltungsgerichtshof mit den Schürfarbeiten vor Bescheidung der Beschwerde nicht begonnen werden.

Die Streichung der im bisherigen Gesetze enthaltenen Anordnung, daß die Hinterlegung der Entschädigung gerichtlich zu erfolgen habe, wurde vorgenommen, um die Ausdrucksweise des Gesetzes mit jener des Bürgerlichen Gesetzbuchs in Einklang zu bringen.

Art. 11. (10)

In den Feldern fremder Bergwerke darf nach denjenigen Mineralien geschürft werden, auf welche der Bergwerkseigenthümer Rechte noch nicht erworben hat.

Bedrohen jedoch solche Schürfarbeiten die Sicherheit der Baue oder den ungestörten Betrieb des Bergwerkes, so hat die Berginspektion dieselben zu untersagen.[1]

Der Bergwerksbesitzer kann verlangen, daß der Schürfer ihm vor Beginn der Schürfarbeiten angemessene Sicherheit für die etwa zu leistende Entschädigung bestellt.

Auf diese Sicherheitsleistung finden der Art. 9 mit Ausnahme der Bestimmung des Abs. 3 Satz 2 und der Art. 10 Anwendung.[2]

1. Der Bergwerksbesitzer hat durch die Muthung nur das Recht auf Gewinnung der in der Verleihung bezeichneten Mineralien erworben, es wird deshalb durch Abs. 1 für statthaft erklärt, nach anderen Mineralien auch in den Feldern bereits bestehender Bergwerke zu schürfen, wobei selbstverständlich die Bestimmungen des Art. 6 zu beachten sind.

Voraussetzung ist außerdem, daß die Schürfarbeiten die Sicherheit der Baue oder den ungestörten Betrieb des Bergwerks nicht beeinträchtigen.

Wäre das der Fall, so hätte die Berginspektion von Amtswegen oder auf Antrag einzuschreiten. Ohne Antrag wird die Berginspektion die Schürfarbeiten zu untersagen haben, sobald durch dieselben die Sicherheit der Baue bedroht wird, da es Aufgabe der Berginspektion ist, Gefährdungen von Personen ꝛc. ferne zu halten.

2. Es ist nur billig und gerecht, daß dem Bergwerksbesitzer Entschädigung für die aus den Schürfarbeiten ihm erwachsenden Nachteile gewährt wird und daß er hiefür auch Sicherheitsbestellung fordern kann.

Bezüglich der gerichtlichen Zuständigkeit ist hier in Abs. 4 eine Aenderung gegenüber dem Art. 9 getroffen, insofern nicht der dingliche Gerichtsstand als ausschließlicher bestimmt ist. Es rührt dies daher, weil es zweifelhaft ist, ob die Sicherheitsleistung, welche der Bergwerksbesitzer, in dessen Feld nach Mineralien geschürft werden soll, auf die er kein Recht erworben hat, für die ihm etwa zu leistende Entschädigung verlangen kann, unter den Gesichtspunkt der Enteignung fällt. Es ist vielmehr die Annahme berechtigt, daß es sich in Art. 11 um eine nach den allgemeinen privatrechtlichen Grundsätzen zu bemessende Sicherheitsleistung wegen drohenden Schadens handelt (vgl. auch Verh. der Kammer der Abg. 1878/79 Beilbd. V S. 221 Sp. 1). Es hat daher bei der Vorschrift der Civilprozeßordnung zu verbleiben, wonach der dingliche Gerichtsstand nur neben den allgemeinen Gerichtsstand zu treten hat (§ 26 der Civilprozeßordnung).

Art. 12. (11)

Der Schürfer ist befugt, über die bei seinen Schürfarbeiten geförderten Mineralien (Art. 1) zu verfügen, insoferne nicht bereits Dritte Rechte auf dieselben erworben haben.[1, 2]

1. Das Recht des Schürfers ist zunächst beschränkt auf die im Art. 1 aufgeführten verleihbaren Mineralien und erstreckt sich auf diese auch nur insoweit, als nicht ein Dritter solche bereits verliehen erhalten hat. Andere als die verleihbaren Mineralien gehören dem Grundeigenthümer. Es ist jedoch selbstverständlich, daß sowohl der Grundeigenthümer, als auch der Beliehene, welche die geförderten Mineralien beanspruchen, dem Schürfer die Gewinnungskosten zu ersetzen haben.

2. Die Bergpolizei erstreckt sich, abgesehen von den vorstehend getroffenen Bestimmungen gemäß des IX. Titels lediglich auf die unterirdischen Baue auf Mineralien jeder Art mit Einschluß der unterirdischen Steinbrüche und Gräbereien (vgl. Art. 230).

Im Uebrigen, also für Arbeiten und Baue über Tag gelten die allgemeinen polizeilichen Vorschriften und Zuständigkeiten.

Die ordentlichen Polizeibehörden haben die Berginspektionen gegebenen Falls von den in die Bergpolizei einschlagenden Vorkommnissen zu benachrichtigen.

Zweiter Abschnitt.

Vom Muthen.

Art. 13. (12)

Das Gesuch um Verleihung des Bergwerkseigenthums in einem gewissen Felde — die Muthung — muß bei dem Oberbergamte angebracht werden.[1]

1. Nach der neuen Organisation der Bergbehörden kommt die Verleihung des Bergwerkseigenthums dem Oberbergamte zu und sind daher die Muthungen bei diesem anzubringen.

Der Muther kann sein Gesuch sowohl unmittelbar beim Oberbergamt einreichen, als sich hiebei auch der Mitwirkung der einschlägigen Berginspektion — in deren Bezirk der **Fundpunkt** liegt — bedienen. Es wurde dies bei den Ausschußverhandlungen ausdrücklich Seitens des k. Staatsministeriums des Innern hervorgehoben. Immerhin empfiehlt es sich für den Muther, das Gesuch unter Mitwirkung der Berginspektion anzufertigen und dasselbe dann unmittelbar mittelst eingeschriebenen Briefes dem Oberbergamt zweifach zu übersenden.

Art. 14. (13)

Die Muthung ist schriftlich in zwei gleichlautenden Exemplaren einzulegen.[1]

Jedes Exemplar wird mit Tag und Stunde des Einlaufes versehen und sodann ein Exemplar dem Muther zurückgegeben.[2]

Es ist statthaft, die Muthung bei dem Oberbergamte zu Protokoll zu erklären.[3]

1. Es besteht kein rechtliches Hinderniß, wenn auch das Gesetz es nicht ausdrücklich erwähnt, die Muthung auf telegraphischem Wege zu bethätigen.

2. Da nach Art. 26 die ältere Muthung der jüngeren vorgeht, so ist es von Werth, daß der Muther genauen Nachweis über den Zeitpunkt des Einlaufs hat.

Da übrigens die Muthung beim Oberbergamt angebracht werden muß, so versteht sich von selbst, daß der Zeitpunkt des Einlaufs bei diesem Amte für die Priorität der Muthung entscheidend ist, auch wenn die Muthung bei der Berginspektion eingereicht wurde. Die letztere hat die Muthung instruktionsgemäß ungesäumt dem Oberbergamt in Vorlage zu bringen.

3. In diesem Fall wird dem Muther eine Abschrift des Protokolls behändigt.

Art. 15. (14)

Jede Muthung muß enthalten:[1]

1) den Namen und Wohnort des Muthers,
2) die Bezeichnung des Minerals, auf welches die Verleihung des Bergwerkseigenthums verlangt wird,
3) die Bezeichnung des Fundpunktes,
4) den dem Bergwerke beizulegenden Namen.

Wird eine Muthung auf das Mineralvorkommen eines verlassenen Bergwerkes eingelegt, so muß dieselbe statt des Erfordernisses unter 3 eine Angabe über die Lage dieses Bergwerkes enthalten.

Fehlt der Muthung eine der Angaben Ziffer 1, 2 und 3 gänzlich, so ist die Muthung ungiltig.

Fehlt die Angabe Ziffer 4 oder sind die Angaben Ziffer 1, 2, 3 und 4 ungenau und wird dem Mangel auf die Aufforderung des Oberbergamtes innerhalb einer Woche nicht abgeholfen, so ist die Muthung von Anfang an ungiltig.[2]

1. Der Art. stellt die formellen Erfordernisse fest, ohne welche der Muthung eine Giltigkeit — bei Ziffer 4 bedingt — nicht zukommt. Um die Einlegung der Muthung wegen der Prioritätsrechte des Muthers nicht zu verzögern, sind nur die nothwendigsten Punkte gefordert, die ohne weitläufige Erörterungen aufgestellt werden können.

So ist namentlich eine bestimmte Erklärung über Lage und Größe des zu begehrenden Feldes nicht verlangt, weil häufig der Muther nach der Auffindung des Minerals hierzu noch gar nicht im Stande ist.

2. Die unter Ziffer 1, 2 u. 3 aufgestellten Erfordernisse sind so wesentlich für die Verleihung des Bergwerkseigenthums, daß bei Fehlen eines derselben von einer giltigen Muthung nicht ge-

sprochen werden kann, während sich der Mangel unter Ziffer 4 leicht beheben läßt.

Ungenauigkeiten bei den sämmtlichen Angaben sind nach Abs. 4 zu berichtigen.

Bei der Muthung auf ein bereits nachgewiesenes Mineral eines verlassenen Bergwerkes (Abs. 2) handelt es sich nicht um einen neuen Fund, weshalb hier statt der Angabe unter Ziffer 3 Abs. 1 das Bergwerk näher zu bezeichnen ist.

Art. 16. (15)

Die Giltigkeit einer Muthung ist dadurch bedingt, daß das in derselben bezeichnete Material an dem angegebenen Fundpunkte (Art. 15) auf seiner natürlichen Ablagerung vor Einlegung der Muthung entdeckt worden ist und bei der amtlichen Untersuchung nachgewiesen wird, und daß außerdem nicht bessere Rechte Dritter auf den Fund entgegenstehen.[1]

1. Neben den formellen Erfordernissen des Art. 15 ist zur Giltigkeit der Muthung nötig, daß ein nach Art. 1 des Ges. verleihbares Mineral an dem bei der Muthung bezeichneten Fundpunkte nachgewiesen wird. Das Mineral muß auf seiner natürlichen Ablagerung vor Einlegung der Muthung entdeckt worden sein. Fehlt eines dieser Erfordernisse — ist z. B. das Mineral nicht natürlich dort abgelagert, sondern auf irgend eine andere Art dahingelangt, oder sind nur Spuren derselben vorhanden, so muß die Muthung als ungiltig behandelt werden.

Der Beweis für die Findigkeit des Minerals wird wohl meistens durch Augenscheinseinnahme geführt werden, es können aber auch sonstige Beweismittel jeder Art benützt werden.

Unter den Dritten mit etwaigen besseren Rechten sind Finder, Muther und Beliehene zu verstehen. Liegt z. B. der Fundpunkt in einem für das gleiche Mineral bereits verliehenen Felde, dann ist die Muthung zurückzuweisen.

Art. 17. (16)

Wird eine Muthung auf das Mineralvorkommen eines verlassenen Bergwerkes eingelegt (Art. 15), so bedarf es zur Giltigkeit derselben keiner vorherigen neuen Aufschlüsse.

War jedoch das Mineral erwiesenermaßen bereits bei dem Verlassen des Bergwerkes gänzlich abgebaut, so ist eine solche Muthung von Anfang an ungiltig.[1]

1. Durch die frühere Verleihung ist das Vorkommen des Minerals genügend nachgewiesen, so daß die Forderung des Art. 16 in Wegfall kommt. Es würden dem Muther nur un-

nöthige Kosten verursacht, wenn von ihm neue Aufschlüsse gefordert würden.

An die Grenzen des verlassenen Bergwerkes ist der Muther nicht gebunden, jedoch an die Vorschriften des Art. 28.

Ist das Bergwerk vollständig abgebaut, dann fehlt es an einem verleihbaren Mineral und somit an dem Haupterforderniß einer giltigen Muthung.

Ein verlassener Stollen ist nicht als verlassenes Bergwerk zu betrachten und kann daher nicht Gegenstand einer Muthung sein.

Art. 18. (17)

Der Muther hat die Lage und Größe des begehrten Feldes (Art. 28), letztere nach Quadratmetern anzugeben und die einschlägigen Steuerkatasterpläne in zwei Exemplaren einzureichen, auf welchen der Fundpunkt und die Feldesgrenzen durch einen amtlich bestellten Markscheider oder die Messungsbehörde eingezeichnet sein müssen.[1]

1. Die Erklärung des Muthers über die Lage und Größe des begehrten Feldes gehört zur Begründung seines Verleihungsantrages und bildet die Grundlage für die Beurtheilung der Muthung in ihrem Verhältniß zu benachbarten Betheiligten und für die Entscheidung des Oberbergamtes über die Verleihung. Dabei sind die Bestimmungen des Art. 28 des Ges. entsprechend zu beachten.

Die verlässigen Steuerkatasterpläne bieten die beste Bürgschaft für die richtige Bezeichnung des beanspruchten Feldes; das Größenmaß nach Quadratmetern entspricht ohnehin der jetzigen gesetzlichen Maßeinheit. Der Fundpunkt muß durch den amtlichen Markscheider oder die einschlägige Messungsbehörde, welche allgemein mit den Vermessungen betraut ist (Allh. Verordnung vom 4. Juni 1892, G.V.Bl. S. 182/85) auf Grund einer an Ort und Stelle vorgenommenen Feldesaufnahme eingezeichnet sein, um hienach die amtliche Untersuchung gemäß Art. 16 bethätigen zu können.

Art. 19. (18)

Die Angabe der Lage und Größe des Feldes, sowie die Einreichung der Steuerkatasterpläne (Art. 18) müssen binnen einem Monat nach Einlauf der Muthung bei dem Oberbergamt erfolgen.[1]

Geschieht dies nicht, so ist die Muthung von Anfang an ungiltig.[2]

Unterläßt der Muther die Einreichung eines zweiten Exemplars der Steuerkatasterpläne, so kann das Oberbergamt auf Kosten des Muthers solche ankaufen und in dieselben den Situationsriß einzeichnen lassen.

1. Zur Vermeidung von Kollisionen zwischen benachbarten Muthungen ist die Festsetzung einer bestimmten, nicht zu langen Frist geboten, innerhalb deren der Muther Lage und Größe des Feldes unter Vorlage der Steuerkatasterpläne beim Oberbergamte angegeben haben muß, wenn nicht die Muthung ungiltig sein soll. Ohne diese Angaben und den Plan fehlt jede Grundlage zur Entscheidung über die Verleihung. Selbstverständlich können die Angaben und die Vorlage des Planes sofort bei Einreichung der Muthung erfolgen, nur müssen solche vollständig sein, d. h die wesentlichen Erfordernisse enthalten.

2. Die Frist des Art. 19 ist auch zu beachten, wenn wegen der Muthung etwa ein Beschwerdeverfahren läuft, da der Muther sonst Gefahr läuft, durch Versäumung der Frist die Ungiltigkeit der Muthung zu bewirken.

Art. 20. (19)

Die Lage und Größe des begehrten Feldes können nur innerhalb der auf den Steuerkatasterplänen (Art. 18) angegebenen Grenzen abgeändert werden.[1]

Gegen Muthungen Dritter ist das gesetzlich begehrte, auf den Steuerkatasterplänen angegebene Feld einer Muthung für die Dauer ihrer Giltigkeit geschlossen.[2]

Diese Wirkung tritt mit dem Zeitpunkte der Präsentation der Muthung ein und wird auf diesen Zeitpunkt auch dann zurückbezogen, wenn die Steuerkatasterpläne mit Einzeichnung erst später innerhalb der im Art. 19 vorgeschriebenen Frist eingereicht worden sind.

1. Die etwaige Aenderung der Lage und Größe des begehrten Feldes ist beschränkt auf die in dem Plane gegebene Abgrenzung, ein Hinausgreifen, eine Erweiterung ist ausgeschlossen, dagegen ist eine Reduktion oder Veränderung der Lage innerhalb der ursprünglichen Begrenzung zulässig.

2. Rechtliche Folge einer giltigen Muthung vom Tage ihres Einlaufs beim Oberbergamt ist die Schließung des begehrten Feldes gegenüber den Muthungen Dritter auf das gleiche Mineral, es kann daher ein Dritter, welcher das Mineral an einem anderen Fundpunkte des bereits gesetzlich begehrten Feldes aufschließt, hieraus ein Recht für sich auf Muthung nicht ableiten.

Art. 21. (20)

Das Feld einer Muthung wird sogleich nach Einreichung der Steuerkatasterpläne (Art. 18) von dem Oberbergamt auf die Muthungsübersichtskarte aufgetragen.

Die Einsicht dieser Karte ist einem Jedem gestattet.[1]

1. Aus den amtlichen Muthungsübersichtskarten kann rasch und sicher ermittelt werden, ob und in wieweit ein Terrain mit Muthungs- und verliehenen Feldern bestrickt ist und wie die einzelnen Felder zu einander liegen. Es ist daher erwünscht und im Interesse des Bergbaues gelegen, den Zweck dieser Uebersichtskarten durch die Bestimmung der Oeffentlichkeit desselben und die sofortige Auftragung jedes Muthungsfeldes zu fördern.

Art. 22. (21)

Versuchsarbeiten, welche der Muther etwa noch vor der Verleihung ausführt, unterliegen denselben Vorschriften, wie die Arbeiten des Schürfers (Art. 4 bis 12).[1]

1. Die weiteren Versuchsarbeiten, zu welchen der Muther vor der Verleihung zwar nicht verpflichtet, aber doch befugt ist, sind als Fortsetzung der in der Regel vorausgegangenen Schürfarbeiten oder auch geradezu als solche anzusehen und deshalb auch zum Schutze des Grundeigenthumes wie diese zu behandeln.

Dieselben bezwecken zumeist, über die Bauwürdigkeit, den Verlauf des Minerals und die hiernach zweckmäßigste Art der Feldeslegung genauen Aufschluß zu bieten.

Dritter Abschnitt.

Vom Verleihen.[1]

Art. 23. (22)

Die den gesetzlichen Erfordernissen entsprechende Muthung begründet einen Anspruch auf Verleihung des Bergwerkseigenthums in dem im Art. 28 bestimmten Felde.[2]

1. Bei diesem Abschnitt waren folgende Grundsätze maßgebend:

Die rechtsgiltige Muthung begründet einen Rechtsanspruch auf Verleihung des Bergwerkseigenthums in einem den Vorschriften des Gesetzes entsprechenden Felde.

Klagbar ist dieser Anspruch nur gegen Denjenigen, welcher dem Muther einen privatrechtlichen Anspruch entgegensetzt, nicht aber gegen die das Hoheitsrecht ausübende Staatsbehörde.

Kollidirende Muther rangiren in der Weise, daß der jüngere Muther, wenn er im Sinne des Gesetzes Finder ist, auf Grund des Erstfinderrechts dem älteren Muther vorgeht, in allen übrigen Fällen aber die ältere Muthung das Vorrecht vor der jüngeren hat.

Form und Größe des Feldes sind gewissen gesetzlichen Regeln unterworfen, im Uebrigen aber lediglich von der Bestimmung des Muthers abhängig.

Die Entscheidung über die Verleihung und die Verleihung selbst erfolgen durch die Bergbehörde (das Oberbergamt) nach einem gesetzlich geregelten Verfahren.

Ueber Kollisionen mit den Rechten dritter Muther oder Beliehener findet vor der Verleihung ein kontradiktorisches Verfahren vor der Bergbehörde statt. Diese entscheidet darüber durch einen Beschluß, gegen welchen dem abgewiesenen Theile die Beschwerde an den Verwaltungsgerichtshof und, soferne Privatrechtsverhältnisse in Frage stehen, der Rechtsweg binnen einer ausschließenden Frist von drei Monaten offen steht.

Erst nach Beseitigung der Kollisionen durch rechtskräftige bergbehördliche Entscheidung oder durch Richterspruch wird die Verleihungsurkunde ausgefertigt und veröffentlicht. Die Veröffentlichung hat für Muther, welche noch Vorzugsrechte auf das veröffentlichte Feld zu haben glauben, ohne in dem Verleihungsverfahren hierüber gehört zu sein, die Wirkung, daß die vermeintlichen Vorzugsrechte bei Vermeidung des Verlustes derselben binnen drei Monaten gegen den Beliehenen gerichtlich verfolgt werden müssen. Durch erfolglosen Ablauf der Frist wird das verliehene Bergwerkseigenthum von allen etwaigen An- und Einsprüchen der vorbezeichneten Art frei.

2. Ohne den hier gewährleisteten Rechtsanspruch des Muthers auf Verleihung des Bergwerkseigenthums würde die Entwicklung des Bergbaues gefährdet erscheinen.

Wenn die Verleihung nicht, wie die Schürferlaubniß aus Gründen des öffentlichen Interesses versagt werden kann, so muß darauf hingewiesen werden, daß letzteres durch die Beaufsichtigung des Bergbaues nach Maßgabe des neunten Titels genügend gewahrt wird.

Art. 24. (23)

Dieser Anspruch kann jedoch auf dem Rechtswege nicht gegen das zur Ertheilung der Verleihung berufene Oberbergamt sondern nur gegen diejenigen Personen verfolgt werden, welche dem Muther die Behauptung eines besseren Rechtes entgegensetzen.[1]

1. Der Grundsatz des älteren Rechts, daß dem Muther ein Klagerecht gegen den Staat zur Geltendmachung seines Anspruchs nicht zusteht, bleibt auch fernerhin aufrecht erhalten. Die Klagbarkeit des Rechtes aus der Muthung gegen Konkurrenten dagegen erscheint unbedenklich und berechtigt, da der Streit zwischen diesen Personen sich lediglich auf privatrechtlichem Gebiete bewegt.

Art. 25. (24)

Wer auf eigenem Grund und Boden oder in seinem eigenen Grubengebäude oder durch Schürfarbeiten, welche nach Vorschrift der Art. 4 bis 12 unternommen worden sind, ein Mineral (Art. 1) auf seiner natürlichen Ablagerung entdeckt, hat als Finder das Vorrecht vor anderen nach dem Zeitpunkte seines Fundes eingelegten Muthungen.[1]

Der Finder muß jedoch innerhalb zwei Wochen nach Ablauf des Tages der Entdeckung Muthung einlegen, widrigenfalls sein Vorrecht erlischt.[2]

1. Die Priorität unter konkurrirenden Muthern bedarf der gesetzlichen Regelung.

In dieser Richtung kommt zunächst das Finderrecht — Recht des ersten Finders — in Betracht. Der Finder als solcher geht mit seiner Muthung allen Muthungen vor, welche in der Zeit unmittelbar nach seinem Funde bis zur Einlegung seiner Muthung in den Einlauf des Oberbergamtes gelangen, jedoch nur in der Begrenzung des Abs. 2.

Die Aufrechterhaltung dieses Vorrechts ist vollkommen gerechtfertigt, weil die erste Bedingung der Verleihung in einem bergrechtlichen Funde besteht und der Finder die natürliche nächste Anwartschaft auf die Verleihung hat und weil namentlich in diesem Vorrechte ein wirksames Mittel zu erblicken ist, um zu Schürfunternehmungen aufzumuntern. Außerdem gewährt das Finderrecht einen festen dem bisherigen Rechtszustande entsprechenden Anhaltspunkt für die Entscheidung über kollidirende Bewerbungen.

Zur Begründung des Finderrechts verlangt der Art. 25 zunächst einen bergrechtlichen Fund, d. h. die Entdeckung eines unter Art. 1 des Ges. fallenden Minerals auf seiner natürlichen, bis dahin unbekannten Ablagerung.

Um die Vorrechte des Finders geltend machen zu können, ist erforderlich, daß der Fund entweder von dem Besitzer des Grundes, auf dem das Mineral abgelagert ist, sei es nun zufällig oder auf Schürfen gemacht wurde oder daß solcher von einem Bergwerksbesitzer in seinem eigenen Grubengebäude etwa beim Abbau des Bergwerks, oder endlich durch erlaubte Schürfarbeiten auf fremdem Grund und Boden bethätigt wurde. Im letzteren Falle ist Voraussetzung die Beachtung der Vorschriften der Art. 4 bis 12 des Ges. Ein zufälliges Finden auf fremdem Grund gewährt das Recht des Finders nicht, wogegen der Muthung des zufälligen Finders ein Hinderniß selbstredend nicht im Wege steht.

2. Der Finder muß innerhalb der Frist von zwei Wochen den Fund in Form der Muthung anmelden, wenn er sich sein Vorrecht gegenüber Dritten wahren will. Die Frist wurde von 8 Tagen auf zwei Wochen hauptsächlich im Interesse des Grundbesitzers bei der Abänderung des Gesetzes verlängert.

Art. 26. (25)

In allen übrigen Fällen geht die ältere Muthung der jüngeren vor. Das Alter wird durch das Präsentatum bei dem Oberbergamte beziehungsweise durch das Datum der Protokollarerklärung (Art. 14) bestimmt. [1]

1. In allen den Fällen, in welchen nicht das Vorrecht des Finders (Art. 25) in Frage kommt, entscheidet das Alter der Muthung nach dem Präsentatum über das Vorrecht zwischen kollidirenden Muthern. Es wird wiederholt darauf hingewiesen, daß bei Inanspruchnahme der Berginspektion zur Vermittlung mit dem Oberbergamt nicht die Zeit des Einlaufs oder der Abgabe bei der Inspektion, sondern stets nur der Zeitpunkt des Einlaufs beim Oberbergamt entscheidet.

Muther, deren Muthungen gleiches Alter haben, müssen entweder eine Vereinbarung über das Vorrecht (Verzicht) treffen oder in Gemeinschaft treten, weil ihre Muthungen an sich giltig sind, keiner derselben aber den Vorzug des Finders oder der älteren Muthung aufweisen kann.

Art. 27. (26)

Das Bergwerkseigenthum wird für Felder verliehen, welche, soweit die Oertlichkeit es gestattet, von geraden Linien an der Oberfläche und von senkrechten Ebenen in die ewige Teufe begrenzt werden. Der Flächeninhalt der Felder ist nach der horizontalen Projektion in Quadratmetern festzustellen. [1]

1. Bereits nach dem bisherigen Berggesetz war die gevierte Vermessung mit senkrechten Ebenen in die ewige Teufe als allgemeine Regel aufgestellt und die Bestimmung der Feldesgröße nach Quadratmetern, dem jetzigen Einheitsmaße, angeordnet.

Die einfachste und sicherste Art, Grubenfelder zu bestimmen, ist die des Art. 27, daß nämlich ein gewisses Terrain auf der

Oberfläche durch feste Grenzen bezeichnet wird und daß der prismatische Raum, welcher senkrecht unter diesem Terrain liegt und nach der Tiefe nicht beschränkt ist (ewige Teufe), das Grubenfeld bildet. Da die Technik des Bergbaues im Allgemeinen gradlinige Grenzen erfordert, so muß die Begrenzung der Felder durch gerade Linien an der Oberfläche die Regel bilden. Von dieser Regel darf nur abgewichen werden, wo die Oertlichkeit — Landesgrenzen, Flüsse, schon bestehende Grubenfelder ɩc. — Berücksichtigung erheischt, damit z. B. die Ausschließung von Feldestheilen, welche für sich nicht zu benützen sein würden, vermieden oder der Anschluß an benachbarte Felder erreicht wird.

Die Feststellung des Flächeninhaltes kann nur nach der horizontalen Projektion geschehen, so daß der Querschnitt des Grubenfeldes in jeder Tiefe denselben Flächeninhalt besitzt.

Art. 28. (27)

Der Muther hat das Recht,

1) für Stein- und Braunkohlen ein Feld bis zu 8'000,000 Quadratmetern (800 Hektaren),
2) für die übrigen Mineralien ein solches bis zu 2'000,000 Quadratmetern (200 Hektaren)

zu verlangen.[1]

In dieser Ausdehnung kann dem Felde jede beliebige, den Bedingungen des Art. 27 entsprechende Form gegeben werden. Jedoch muß der Fundpunkt (Art. 16), beziehungsweise der frühere Aufschluß des Mineralvorkommens eines verlassenen Bergwerkes (Art. 17) stets in dieses Feld eingeschlossen werden.

Auch darf das Grubenfeld nirgends eine geringere Breite als den 32. Theil der Länge haben.[2]

1. Bezüglich der Größe des zu verleihenden Feldes wurde kein Minimal- und Maximalfeld, innerhalb dessen die Bestimmung der Bergbehörde anheim gegeben, sondern nur ein Maximalfeld festgesetzt, welches dem Muther vermöge seines Rechtsanspruches bei Erfüllung der gesetzlichen Bedingungen gewährt werden muß.

Mit der Muthung tritt die vorläufige Schließung des ganzen begehrten Feldes — innerhalb der hier gegebenen Grenzen — nach Art. 20 mit ihren rechtlichen Wirkungen ein.

Das Interesse des Bergbaues wird durch die Bestimmung des Art. wesentlich gefördert, indem der Muther sich bei der Wahl seines Feldes in weitgezogenen Grenzen frei bewegen kann. Innerhalb dieser Grenzen muß die Größe des Feldes nach Art. 27 genau bezeichnet werden.

Eine Ueberschreitung des gesetzlich festgelegten Meistmaßes darf nicht stattfinden, weil nur so die etwaige chikanöse Ueberdeckung entfernt liegender Fundpunkte Dritter und eine Feldeslegung verhindert werden kann, welche andere als bergbauliche Zwecke verfolgt.

2. Die Form ist in der vorerwähnten Beschränkung zunächst dem Muther anheimgegeben, nur muß der Fundpunkt oder bei einem verlassenen Bergwerk der Aufschluß des Mineralvorkommens im Felde liegen, da diese ja den Ausgangspunkt der Muthung bilden.

Bei Bestimmung der Breite, die nirgends geringer als der 32. Theil der Länge sein darf, muß die Länge der Axenlinie allen ihren Ausbiegungen folgend gemessen werden.

Art. 29. (28)

Ehe die Verleihung des Bergwerkseigenthums erfolgt, hat der Muther in einem von der Berginspektion anzusetzenden, ihm mindestens zwei Wochen vorher bekannt zu machenden Termin seine Schlußerklärung über die Größe und Begrenzung des Feldes, sowie über etwaige Einsprüche und kollidirende Ansprüche Dritter abzugeben.[1]

Auf Antrag des Muthers kann der Termin verlegt, auch kann zur Fortsetzung des Verfahrens ein fernerer Termin angesetzt werden.[2]

Erscheint der Muther in dem Termin nicht, so wird angenommen, derselbe beharre bei seinem Anspruche auf Verleihung des Bergwerkseigenthums in dem auf dem Steuerkatasterplan (Art. 18) eingezeichneten Felde und erwarte die Entscheidung des Oberbergamts über seinen Anspruch, sowie über die etwaigen Einsprüche und Ansprüche Dritter.[3]

1. Auf Grund des Art. 16 muß die amtliche Feststellung der Findigkeit alsbald nach Einlegung der Muthung erfolgen. Hiebei wird indeß der Muther in der Regel noch nicht in der Lage sein, sich endgiltig über die Größe und Begrenzung des Feldes zu erklären. Nach Art 19 muß der Muther erst binnen einem Monat nach Einlauf der Muthung die Lage und Größe des Feldes angeben und nach Art. 20 kann derselbe innerhalb der gemäß Art. 19 bezeichneten Grenzen noch Aenderungen hieran vornehmen, wenn er durch weitere Aufschlußarbeiten oder sonst hiezu veranlaßt sein sollte.

Auch wird sich meist erst nach der Feststellung des Fundes oder nach der Auftragung des Feldes auf die Muthungs-Uebersichtskarte (Art. 21) ergeben, ob und in welcher Art die Muthung mit den Rechten Dritter kollidirt. Es erscheint deshalb zweckmäßig, daß in einem von der Bergbehörde anzusetzenden Termin dem Muther Gelegenheit gegeben wird, seine Schlußerklärungen sowohl über Größe und Begrenzung des Feldes, als auch über etwaige Kollisionen mit dritten Muthern und Beliehenen abzugeben. Hieraus ergibt sich, da auch diese dritten Betheiligten zur Wahrnehmung ihrer Rechte zuzuziehen sind, für Kollisionsfälle ein kontradiktorisches Verfahren als Grundlage für die Entscheidung des Oberbergamtes über Ertheilung oder Versagung der Verleihung.

Die Berginspektion handelt hier lediglich als Beauftragte des zur Verleihung des Bergwerkseigenthums zuständigen Oberbergamtes und hat daher dessen Anweisungen, soweit solche nicht schon in der Instruktion gegeben sind, genau zu entsprechen. Die Berginspektion wurde mit der Instruktion im Interesse des einfachen Verfahrens und des leichteren Verkehrs mit den Betheiligten betraut.

2. Falls die in Abs. 1 vorgeschriebenen 2 Wochen zwischen Bekanntgabe und Abhaltung des Termins für den Muther nicht ausreichend erscheinen, um seine Schlußerklärungen genügend vorzubereiten, ist dieser berechtigt, eine Verlegung des Termins zu beantragen.

3. Der für die Vorladung des Muthers vorgeschriebene Rechtsnachtheil rechtfertigt sich dadurch, daß der Muther bereits durch Einlegung der Muthung und Einreichung des Situationsplans seinen Anspruch auf Verleihung in einem bestimmten Felde geltend gemacht hat und daher aus seinem Ausbleiben nicht eine Verzichtleistung auf diesen Anspruch, sondern nur die Annahme hergeleitet werden kann, der Muther erwarte die bergbehördliche Entscheidung nach Lage der Verhandlungen.

Art. 30. (29)

Zu dem Termin (Art. 29) werden

1) diejenigen Muther, deren Rechte vermöge der Lage ihrer Fundpunkte oder Felder mit dem begehrten Felde bereits kollidiren oder doch in Kollision gerathen können,
2) die Vertreter der durch das begehrte Feld ganz oder theilweise überdeckten und der benachbarten Bergwerke

zur Wahrnehmung ihrer Rechte mit dem Eröffnen vorgeladen, daß im Falle ihres Ausbleibens das Oberbergamt lediglich nach Lage der Verhandlungen entscheiden werde.[1]

1. Um späteren Streitigkeiten thunlichst vorzubeugen, sind alle jene Personen (Muther und Bergwerksbesitzer) zur Verhandlung vorzuladen, deren Rechte in bergbaulicher Beziehung berührt werden und welche der Bergbehörde aus ihren Uebersichtskarten oder durch Mittheilung bekannt sind. Die Berginspektion hat darauf zu achten, daß thunlichst alle Betheiligten geladen werden.

Eine Ladung der Grundbesitzer, die bei den Ausschußverhandlungen angeregt wurde, findet nicht statt, nachdem die Verhältnisse zwischen diesen und den Bergwerksbesitzern erschöpfend im fünften Titel geregelt sind.

Die dritten Betheiligten können nur unter dem Rechtsnachtheile vorgeladen werden, daß im Falle ihres Ausbleibens das Oberbergamt lediglich nach Lage der Verhandlungen entscheiden werde, da es denselben unbenommen bleiben muß, ob sie sich auf eine Erörterung ihrer An- und Einsprüche vor der Verwaltungsbehörde einlassen oder nur deren Entscheidung abwarten wollen, um gegebenen Falles den Rechtsweg zu betreten (Art. 32 u. 36).

Art. 31. (30)

Liegen Einsprüche und Kollisionen mit den Rechten Dritter nicht vor und findet sich auch sonst gegen die Anträge des Muthers gesetzlich nichts zu erinnern, so fertigt das Oberbergamt ohne Weiteres die Verleihungsurkunde aus.[1]

1. Unter den Voraussetzungen des Art. 31 kann die Verleihungsurkunde ohne Weiteres ausgefertigt werden; eines vorgängigen dem Muther in Ausfertigung zuzustellenden Beschlusses bedarf es nicht.

Art. 32. (31)

Liegen Einsprüche und Kollisionen mit den Rechten Dritter vor oder kann aus anderen gesetzlichen Gründen den Anträgen des Muthers gar nicht oder nicht in ihrem ganzen Umfange entsprochen werden, so entscheidet das Oberbergamt über die Ertheilung oder Versagung der Verleihung durch einen Beschluß, welcher dem Muther und den betheiligten Dritten in Ausfertigung zugestellt wird.[1]

Einsprüche, welche in diesem Verfahren abgewiesen, ingleichen Ansprüche, welche, ohne angemeldet worden zu sein, hiebei nicht anerkannt wurden, müssen, insoferne sie auf Privatrechtsverhältnissen beruhen, binnen drei Monaten vom Tage der Zustellung der rechtskräftigen Entscheidung an bei Vermeidung des Ausschlusses durch gerichtliche Klage verfolgt werden.[2]

Die in dem Verleihungsverfahren durch unbegründete Einsprüche entstehenden Kosten hat der Widersprechende zu tragen.[3]

1. Es ist im Interesse des Bergbaues gelegen, für den Muther thunlichst rasch einen sicheren Rechtstitel zu schaffen, d. h. jede Anfechtung seines Anspruchs zu beseitigen, und es ist deshalb im Abs. 1 angeordnet, daß das Oberbergamt nach dem in den Art. 29 u. 30 vorgeschriebenen kontradiktorischen Verfahren über sämmtliche Einsprüche und Kollisionen gegenüber den Anträgen des Muthers Beschluß zu fassen und solchen sämmtlichen Betheiligten zuzustellen hat.

Das Oberbergamt hat bei seiner Beschlußfassung sowohl alle erhobenen Einsprüche, als auch die angemeldeten, sowie die ihm ohne besondere Anmeldung bekannten Ansprüche Dritter zu würdigen und darüber zu befinden, ob und inwieweit die Einsprüche und Ansprüche berechtigt und anzuerkennen sind und ob und in welchem Umfange die Verleihung zu ertheilen oder zu versagen sei.

Gegen die Entscheidung des Oberbergamtes steht den Betheiligten gemäß Art. 226 die Beschwerde an den Verwaltungsgerichtshof zu.

2. Ueber den Abs. 2 hat sich der Referent der Kammer der Abgeordneten folgendermaßen geäußert: „Abs. 2 des Art. 31 will, daß auch nicht angemeldete Ansprüche, welche im Beschlusse des Oberbergamts nicht anerkannt werden, selbst wenn sie auf Privatrechtstiteln beruhen, nach Ablauf einer Präklusivfrist von drei Monaten auch gerichtlich nicht mehr zur Geltung gebracht werden können. Darunter können offenbar nur Ansprüche der betheiligten Dritten gemeint sein, nämlich diejenigen, die nach Art. 30 zum Termin geladen werden müssen und denen die Beschlüsse der Bergbehörden zugestellt werden. Die anderen Leute erfahren überhaupt nichts davon und können mit ihren Rechtsansprüchen nicht präludirt werden.

Im Ausschusse wurde die Meinung geäußert, daß das „Nichtanerkennen" nicht genüge, insofern als der Beschluß sich mit diesen Rechten auch gar nicht befassen könne und man glaubte, es müsse ausdrücklich die Verpflichtung statuirt werden, daß der Beschluß des Oberbergamts sich mit allen geltend gemachten Ansprüchen der in Art. 30 aufgeführten Personen werde befassen müssen. Nachdem der Herr Staatsminister des Innern das zwar als zutreffend anerkannt, aber als selbstverständlich erachtet hat, hatte der Ausschuß keine Veranlassung mehr, auf einer Aenderung des Gesetzestextes in dieser Richtung zu bestehen, nachdem eine authentische Interpretation dahin vorgelegen, daß der Beschluß der Bergbehörde sich mit allen vorgebrachten Ansprüchen ausdrücklich zu beschäftigen habe und deshalb keinen übergehen dürfe.

Zu dieser Aeußerung des Referenten ist zu bemerken, daß das Oberbergamt, wie bereits unter Ziffer 1 zu Abs. 1 erwähnt wurde, noch weiter zu gehen verpflichtet ist und sich mit allen Ansprüchen, wenn sie auch nicht angemeldet worden sind, die ihm aber bekannt sind, zu befassen und darüber zu entscheiden hat, um den Muther vor weiteren Anfechtungen soweit thunlich zu sichern. Selbstredend müssen diejenigen Personen, welche solche Ansprüche geltend machen können, zu dem Termin nach Art. 30 geladen, es muß mit ihnen hierüber verhandelt und denselben auch der Beschluß des Oberbergamtes, der alle bei dem Termin verhandelten Ansprüche, ob angemeldet oder nicht, ausdrücklich zu erwähnen und solche anzuerkennen oder abzuweisen hat, zugestellt werden. Nicht besonders erwähnte Ansprüche unterliegen der Präklusion nicht. Ist in dem Verwaltungsverfahren eine rechtskräftige Entscheidung getroffen, dann müssen Einsprüche und Ansprüche, welche hiebei abgewiesen, bezw. nicht anerkannt wurden, insoferne sie privatrechtlicher Art sind, binnen drei Monaten vom Tage der Zustellung der rechtskräftigen Entscheidung durch gerichtliche Klage verfolgt werden, widrigenfalls solche ausgeschlossen sind. Hiedurch soll dem Muther eine Bürgschaft geboten werden, daß ihm nach Ablauf dieser Frist sein Anspruch gegen Anfechtungen jeder Art thunlichst gesichert ist. Im Zusammenhang hiemit steht noch Art. 36 Abs. 2, welcher sich mit dem Vorzugsrecht eines Muthers auf das verliehene Feld oder Theile desselben befaßt, über welches bei dem Verfahren nach Art. 30 u. 31 nicht verhandelt und entschieden wurde. Für diese Klage läuft dann die Frist des Art. 36.

3. Die Bestimmung entspricht den allgemeinen prozessualen Normen.

Art. 33. (32)

Sind die der Verleihung entgegenstehenden Hindernisse durch rechtskräftige Entscheidung nach Art. 32 oder durch Richterspruch beseitigt, so fertigt das Oberbergamt die Verleihungsurkunde aus.[1]

1. Die Ausfertigung der Verleihungsurkunde kann bei erhobenen Einsprüchen erst dann erfolgen, wenn eine rechtskräftige Entscheidung des Oberbergamtes und bezw. des Verwaltungsgerichtshofes vorliegt und privatrechtliche Ansprüche Dritter überhaupt nicht mehr in Frage kommen können wegen Ablaufs der Frist des Art. 32 oder wenn über die Privatrechtsansprüche ein rechtskräftiges richterliches Urtheil entschieden hat.

Art. 34. (33)

Bei Ausfertigung der Verleihungsurkunde werden die beiden Exemplare des mit der Einzeichnung des

Situationsrisses versehenen Steuerkatasterplanes von dem Oberbergamte beglaubigt, erforderlichen Falles aber vorher berichtigt und vervollständigt.

Das eine Exemplar hievon erhält der Bergwerkseigenthümer, das andere wird bei dem Oberbergamte aufbewahrt, welches das verliehene Feld in die Muthungsübersichtskarte einzutragen hat.[1]

1. Die Beglaubigung der beiden Planexemplare erfolgt, um denselben volle Beweisfähigkeit beizulegen und festzustellen, zu welcher Verleihungsurkunde sie gehören. Die etwaige Berichtigung und Vervollständigung kann durch die Entscheidung über die Verleihung geboten sein.

Die Berichtigung bezieht sich nur auf die Feldesgrenzen, welche zu bewirken ist, wenn das begehrte Feld nur in beschränktem Umfang verliehen wird, während die Vervollständigung nur auf die Nachtragung solcher Situationsgegenstände zu beziehen ist, die nicht zu den in Art. 18 des Ges. bezeichneten wesentlichen Angaben gehören, wie z. B. Gemeindegrenzen, Markscheiden benachbarter Bergwerke 2c.

Art. 35. (34)

Die Verleihungsurkunde muß enthalten:

1) den Namen, Stand und Wohnort des Berechtigten,
2) den Namen des Bergwerkes,
3) den Flächeninhalt und die Begrenzung des Feldes unter Verweisung auf den Steuerkatasterplan (Art. 34),
4) den Namen der Gemeinde, des Polizei- und Regierungsbezirkes, in welchem das verliehene Feld liegt,
5) die Benennung des Minerals oder der Mineralien, auf welche das Bergwerkseigenthum verliehen wird,
6) Datum der Urkunde,
7) Siegel und Unterschrift des Oberbergamtes.[1]

1. Der Art. bestimmt, was in der Verleihungsurkunde, dem Nachweis für werthvolle Privatrechte, alles enthalten sein muß.

Der Hinweis unter Ziff. 3 auf den Steuerkatasterplan ersetzt die sonst oft schwierige und langwierige Grenzbeschreibung.

Unter Polizeibezirk der Ziffer 4 ist der Bezirk der Distriktspolizeibehörde zu verstehen.

Aus Ziff. 5 ist zu entnehmen, daß die Verleihung in einer Urkunde gleichzeitig für mehrere Mineralien erfolgen kann.

Etwaige Berichtigungen von Irrthümern in den Urkunden können nur mit Zustimmung sämmtlicher Betheiligten oder auf Grund eines förmlichen Beschlusses bezw. eines richterlichen Urtheils — insoferne Privatrechtsverhältnisse in Frage kommen — erfolgen (vgl. auch Art. 36 Abs. 3).

Art. 36. (35)

Die Verleihungurkunde ist binnen dreißig Tagen nach der Ausfertigung durch das Amtsblatt der Kreisregierung, in deren Bezirk das Bergwerk liegt, unter Verweisung auf die Vorschriften dieses und des folgenden Artikels zur öffentlichen Kenntniß zu bringen.[1]

Muther, welche auf das in der Bekanntmachung bezeichnete Feld oder auf Theile desselben ein Vorzugsrecht geltend machen wollen, haben dieses Recht, insofern über dasselbe nicht bereits in dem Verleihungsverfahren verhandelt und rechtskräftig (Art. 32) entschieden worden ist, bei Vermeidung des Ausschlusses binnen drei Monaten vom Ablaufe des Tages, an welchem das die Bekanntmachung enthaltende Amtsblatt ausgegeben worden ist, durch gerichtliche Klage gegen den Bergwerkseigenthümer zu verfolgen.[2]

Wird das Vorzugsrecht des Widersprechenden durch Richterspruch anerkannt, so hat das Oberbergamt die Verleihungsurkunde je nach der Lage des Falles gänzlich aufzuheben oder abzuändern.[3]

1. Im Art. 32 ist bestimmt, daß zur Erledigung von Einsprüchen und Ansprüchen jeder Art gegenüber den Anträgen des Muthers eine Verhandlung und Beschlußfassung stattzufinden hat und daß etwaige Privatrechtsansprüche nach endgiltiger Durchführung des Verwaltungsverfahrens innerhalb einer Ausschlußfrist von drei Monaten vor Gericht verfolgt werden müssen. Hiedurch ist jedoch nicht ausgeschlossen, daß die unbekannten und überhaupt jene Muther, die aus irgend welchem Grunde zum Instruktionsverfahren nicht zugezogen wurden, nachträglich d. h. auch nach Ablauf der dreimonatigen Frist mit Ansprüchen gegen den Bergwerkseigenthümer hervortreten und dessen Besitzstand gefährden. Um nun diesen bedenklichen Zustand zu beseitigen und den Bergwerkseigenthümer sobald als thunlich in seinem Besitze sicher zu stellen, ist hier die Veröffentlichung der Verleihungsurkunde mit den in den nächsten Absätzen bezeichneten Rechtsfolgen angeordnet.

2. Dieser Veröffentlichung, welcher der Hinweis auf die Vorschriften der Art. 36 u. 37 beigefügt werden muß, ist die Wirkung beigelegt, daß dritte Muther, welche auf das veröffentlichte Feld oder Theile desselben ein Vorzugsrecht zu haben glauben, über welches nicht bereits bei dem Verfahren nach Art. 32 verhandelt und beschlußmäßig entschieden wurde, dieses Recht binnen drei Monaten nach der Bekanntmachung der Verleihungsurkunde gerichtlich verfolgen müssen, widrigenfalls solches verloren geht.

Die Veröffentlichung wirkt unbedingt gegen alle Muther, und es kann namentlich daraus, daß einem Muther die Bekanntmachung nicht zur Kenntniß gelangte, ein Anspruch zur Verfolgung seiner Rechte nach Ablauf der Frist nicht abgeleitet werden.

Die Geltendmachung eines Vorzugsrechtes des Bergwerkseigenthümers nach Art. 44 zählt nicht hieher, sondern ist nach den Vorschriften und der Intention des Art. 44 zu behandeln.

3. Je nach dem Ergebniß der richterlichen Entscheidung hat es bei dem Inhalte der Verleihungsurkunde zu verbleiben oder ist deren Abänderung — bei theilweiser Anerkennung des Rechts — oder gänzliche Aufhebung durch das Oberbergamt zu bewirken und im Anschluß hieran die Berichtigung der Muthungsübersichtskarte (Art. 34) zu bethätigen.

Art. 37. (36)

Während der dreimonatigen Frist des Art. 36 ist die Einsicht des eingezeichneten Steuerkatasterplanes (Art. 34) bei der Bergbehörde einem Jeden gestattet.[1]

1. Die Einsicht des Steuerkatasterplanes muß zur Information gestattet sein, weil die Verleihungsurkunde auf diesen hinsichtlich der Begrenzung verweist (vgl. Art. 35 Ziffer 3).

Art. 38.[1] (36a)

Das Oberbergamt hat dem Grundbuchamt eine beglaubigte Abschrift der Verleihungsurkunde und eine beglaubigte Zeichnung des Planes (Art. 34) zur Eintragung des verliehenen Bergwerkseigenthums in das Grundbuch mitzutheilen.

In den Fällen des Art. 36 Abs. 3 hat das Oberbergamt das Grundbuchamt um die erforderlichen Eintragungen zu ersuchen. Soweit Hypotheken, Grundschulden oder Rentenschulden von der Aenderung oder

Aufhebung der Verleihung betroffen werden, finden auf die Eintragung die Vorschriften der §§ 42 bis 44 der Grundbuchordnung keine Anwendung. Das Grundbuchamt hat den Besitzer des Hypotheken-, Grundschuld- oder Rentenschuldbriefs zur Vorlegung anzuhalten, um nach den Vorschriften des § 62 Abs. 1, des § 69 und § 70 Abs. 1 der Grundbuchordnung zu verfahren.[2]

1. Der Art. wurde eingeschaltet durch Art. 157 II des Ausführungsgesetzes zum Bürgerl. Gesetzbuche vom 9. Juni 1899. (Beil.Bd. z. Landtagsabschied S. 50).

Auf das Bergwerkseigenthum und die unbeweglichen Kuxe (Gewerkschaftsantheile des älteren Bergrechts) finden nach Art. 157 III u. XIX des vorbezeichneten Ausführungsgesetzes die sich auf Grundstücke beziehenden Forderungen entsprechende Anwendung. Demgemäß erhalten sie wie die Grundstücke ein Blatt im Grundbuch (Art. 17 Abs. 1 des Ausführungsgesetzes zur Grundbuchordnung im Beil.Bd. z. Landtagsabschied S. 128), das wie für die Grundstücke von Amtswegen angelegt wird (§ 3 der Grundbuchordnung — RGBl. 1898 S. 754). Zu diesem Zweck hat das Oberbergamt dem Grundbuchamt eine beglaubigte Abschrift der Verleihungsurkunde, durch welche das Bergwerkseigenthum begründet wird, und eine beglaubigte Zeichnung des Planes mitzutheilen.

2. Wird die Verleihung nach Art. 36 des Berggesetzes geändert oder aufgehoben, so hat das Oberbergamt das Grundbuchamt unter Mittheilung des Sachverhalts um die erforderlichen Eintragungen zu ersuchen.

Kommen Hypotheken, Grundschulden oder Rentenschulden hiebei in Frage, so hat das Grundbuchamt nach Abs. 2 Satz 3 zu verfahren, d. h. das Erforderliche von Amtswegen zu veranlassen und nicht erst die Vorlage der einschlägigen Urkunden abzuwarten.

Art. 39. (37)

Die Kosten des Verleihungsverfahrens hat mit Ausschluß der durch unbegründete Einsprüche entstandenen (Art. 32) der Muther zu tragen.[1]

1. Die Ueberweisung der Kosten des Verfahrens an den Muther rechtfertigt sich nach allgemeinen Rechtsgrundsätzen, wonach der zunächst Betheiligte, der sie durch seinen Antrag veranlaßt, die Kosten zu tragen hat, soweit solche nicht durch Dritte unberechtigt hervorgerufen wurden.

Vierter Abschnitt.

Vom Vermessen.[1]

Art. 40. (38)

Der Bergwerkseigenthümer ist befugt, die amtliche Vermessung und Verlochsteinung des durch die Verleihungsurkunde bestimmten Feldes zu verlangen.

Dieselbe Befugniß steht den Eigenthümern angrenzender Bergwerke zu.

Das Geschäft wird unter der Leitung der Berginspektion durch den amtlich bestellten Markscheider oder die Messungsbehörde ausgeführt.[2]

Die Kosten hat der Antragsteller zu tragen.[3]

1. Es ist zunächst Sache des Bergwerkseigenthümers, ob er zu seiner Sicherstellung die amtliche Vermessung seines Feldes vornehmen lassen will. Indessen sind auch die Eigenthümer angrenzender Bergwerke insofern wesentlich an der Vermessung betheiligt, als sich bei derselben ergibt, ob etwa die Grenzen des neuverliehenen Feldes in ihr Feld hinübergreifen. Es scheint daher gerechtfertigt, auch den Eigenthümern angrenzender Bergwerke die Befugniß zu dem Antrage auf Vermessung beizulegen.

2. Die Vermessung hat, wenn auch nicht von Amtswegen, so durch unter amtlicher Leitung und durch die hiezu berufenen Organe (Markscheider oder Messungsbehörde) zu erfolgen, um jede Garantie für Verlässigkeit zu bieten. Neue von der Verleihungsurkunde abweichende Rechte können selbstverständlich durch die Vermessung nicht begründet werden.

3. Bezüglich des Kostenpunktes gilt das zu Art. 39 bemerkte. Daraus ergibt sich auch, daß der Eigenthümer eines angrenzenden Bergwerks die Kosten der Vermessung zu tragen hat, wenn er den Antrag hierauf stellt.

Art. 41. (39)

Zu der Vermessung und Verlochsteinung werden außer dem Bergwerkseigenthümer die Vertreter der angrenzenden Bergwerke und die Besitzer derjenigen Grundstücke, auf welchen Lochsteine zu setzen sind, zugezogen.

Die Grundbesitzer sind verpflichtet, das Betreten ihrer Grundstücke und das Setzen der Lochsteine gegen vollständigen Ersatz des Schadens zu gestatten.[1]

1. Die Zuziehung der hier bezeichneten Personen zum Vermessungstermin rechtfertigt sich durch das Interesse derselben zur Sache. Ein Rechtsnachtheil kann indeß mit der Vorladung der Vertreter angrenzender Bergwerke nicht verbunden werden. Denn, wenn sich bei der Vermessung Kollisionen mit Nachbarfeldern herausstellen, welche nach den Verleihungsverhandlungen und den Plänen nicht bestanden, so können nur Irrthümer und Unrichtigkeiten obwalten, zu deren Beseitigung das Geeignete von der Bergbehörde auch dann veranlaßt werden muß, wenn die Feldesnachbarn sich bei der Vermessungsverhandlung nicht betheiligt haben.

Da die etwaige Berichtigung der Verleihungsurkunde dem Oberbergamt obliegt, so hat die Berginspektion demselben von den bei der Vermessung zu Tage getretenen Kollisionen und den hiebei festgestellten thatsächlichen Verhältnissen Nachricht zu geben.

Dritter Titel.

Von dem Bergwerkseigenthume.

Erster Abschnitt.

Von dem Bergwerkseigenthum im Allgemeinen.

Art. 42. (40)

Auf das Bergwerkeigenthum finden die sich auf Grundstücke beziehenden Vorschriften entsprechende Anwendung.[1]

1. Die jetzige Fassung des Art. ist durch Art. 157 III des Ausführungsgesetzes zum Bürgerl. Gesetzbuch vom 9. Juni 1899 bestimmt worden. Das Bergwerkseigenthum unterlag bisher schon den gesetzlichen Vorschriften über das Grundeigenthum. Hieran mußte auch unter der Herrschaft des Bürgerl. Gesetzbuchs festgehalten werden. Die Fassung des Art. 42 bedurfte lediglich der Anpassung an die Vorschriften des Bürgerl. Gesetzbuchs im Zusammenhalt mit dem folgenden Art. 43.

Art. 43. (41)

Für den Erwerb eines bestehenden Bergwerkseigenthums gelten dieselben Vorschriften wie für den Erwerb des Eigenthums an einem Grundstücke.[1]

Auf die Ansprüche aus dem Bergwerkseigenthume finden die für die Ansprüche aus dem Eigenthume geltenden Vorschriften entsprechende Anwendung.[2]

1. Da das Bergwerkseigenthum als solches durch Verleihung nach Maßgabe des dritten Abschnittes des Tit. II entsteht, so finden die für den Erwerb des Eigenthums an Grundstücken geltenden Vorschriften nur auf den Erwerb eines schon bestehenden Bergwerkseigenthums Anwendung.

Nach § 925 des Bürgerl. Gesetzbuches muß die zur Uebertragung des Eigenthums an einem Grundstücke nach § 873 erforderliche Einigung des Veräußerers und des Erwerbers (Auflassung) bei gleichzeitiger Anwesenheit beider Theile vor dem Grundbuchamt erklärt werden. Eine Auflassung, die unter einer Bedingung oder einer Zeitbestimmung erfolgt, ist unwirksam.

Im Art. 189 des Einführungsgesetzes zum Bürgerl. Gesetzbuch ist bestimmt, daß der Erwerb und Verlust des Eigenthums an einem Grundstück auch nach dem Inkrafttreten des Bürgerl. Gesetzbuchs nach den bisherigen Gesetzen erfolgt, bis das Grundbuch als angelegt anzusehen ist.

Verträge über den Erwerb von Bergwerken müssen daher bis zur Anlage des Grundbuchs gemäß Art. 132 des Notariatsgesetzes vom 9. Juni 1899 (Ges.B.Blatt-Beil. S. 164) vor dem Notare beurkundet werden bei Meidung der Nichtigkeit.

2. Der Abs. 2 ist dem § 1017 des Bürgerl. Gesetzbuchs (betr. das Erbbaurecht) nachgebildet.

Derselbe ist an Stelle der früheren Bestimmungen, welche die Anfechtbarkeit wegen übermäßiger Verletzung ausschlossen, getreten, da diese Bestimmungen dem Bürgerl. Gesetzbuch fremd, sohin gegenstandslos sind.

Art. 44. (42)

Der Bergwerkseigenthümer hat die ausschließliche Befugniß, nach den Bestimmungen des gegenwärtigen Gesetzes das in der Verleihungsurkunde benannte Mineral in seinem Felde aufzusuchen und zu gewinnen, sowie alle hiezu erforderlichen Vorrichtungen unter und über Tag zu treffen.

Diese Befugniß erstreckt sich auch auf die innerhalb des Feldes befindlichen Halden eines früheren Bergbaues.[1]

1. Den ursprünglichen nächsten Gegenstand dieses Rechts, zu dessen Ausübung der Bergwerkseigenthümer alle erforderlichen Vorrichtungen unter und über Tage zu treffen befugt ist, bildet das in der Verleihungsurkunde benannte Mineral. Kommt dieses Mineral innerhalb des Feldes in den Halden eines früheren Bergbaues vor, so erstreckt sich das Ausführungs- und Gewinnungsrecht auch hierauf. Denn da Derjenige, dem ein verlassenes Bergwerk wieder verliehen wird, vorzugsweise veranlaßt und in der Lage ist, auch die alten Halden auszubeuten, so erscheint sachgemäß, dem neu Beliehenen die Befugniß hiezu ohne Weiteres durch die Verleihungsurkunde beizulegen.

Das Gewinnungsrecht erstreckt sich bezüglich des verliehenen Minerals auf das gesammte Gebiet des Feldes, nicht etwa bloß auf die zusammenhängende Ablagerung des Minerals am Fund- oder Aufschlußorte. Sobald der Bergwerkseigenthümer daher innerhalb des Feldes neue Lagerstätten des gleichen Minerals aufschließt, so hat er das Recht zur Ausbeutung. Will derselbe allerdings von der Oberfläche aus neue Ablagerungen des Minerals durch Schürfen aufsuchen, dann hat er die Bestimmungen des Art. 5 und ff. des Gesetzes zu beobachten. Ebenso muß der Bergwerkseigenthümer bei der Errichtung von Anlagen über Tag sich mit dem betreffenden Grundeigenthümer nach Maßgabe des fünften Titels auseinandersetzen.

Art. 45. (43)

Auf Mineralien, welche mit dem in der Verleihungsurkunde benannten Mineral innerhalb der Grenzen des Feldes in einem solchen Zusammenhange vorkommen, daß dieselben nach der Entscheidung des Oberbergamtes aus bergtechnischen oder bergpolizeilichen Gründen gemeinschaftlich gewonnen werden müssen hat der Bergwerkseigenthümer in seinem Felde vor seinem Dritten ein Vorrecht zum Muthen.[1]

Legt ein Dritter auf solche Mineralien Muthung ein, so wird dieselbe dem Bergwerkseigenthümer mitgetheilt.[2] Letzterer muß alsdann binnen einem Monat nach Ablauf des Tages dieser Mittheilung Muthung einlegen, widrigenfalls sein Vorrecht erlischt.[3]

Auf andere Mineralien, welche nicht in dem vorbezeichneten Zusammenhange vorkommen, hat der Bergwerkseigenthümer kein Vorrecht.[4]

1. Aus bergtechnischen und bergpolizeilichen Vorschriften läßt sich das Gewinnungsrecht des Bergwerkseigenthümers nicht unbe-

dingt auf das in der Verleihungsurkunde benannte Mineral beschränken. Mit Rücksicht auf das häufige engverbundene Vorkommen der Mineralien stellt sich vielmehr die Nothwendigkeit heraus, unter gewissen Voraussetzungen das Recht des Bergwerkseigenthümers auch auf andere in der Verleihungsurkunde nicht benannte Mineralien auszudehnen. Indem nämlich der eigentliche Zweck eines jeden rationellen Bergbauunternehmens auf die Ausbeutung eines oder auch wohl einiger bestimmter in der Verleihungsurkunde benannter Mineralien gerichtet ist, bedarf der Bergwerkseigenthümer zur vollständigen Erreichung dieses Zweckes Schutz gegen Unternehmungen Dritter auf solche Mineralien, welche mit dem von ihm benutzten Mineral in einem derartigen Zusammenhange vorkommen, daß aus bergtechnischen und bergpolizeilichen Gründen nothwendigerweise eine gemeinschaftliche Gewinnung erfolgen muß.

Wo diese Voraussetzungen gegeben sind, legt deshalb der Art. 45 dem Bergwerkseigenthümer ein Vorrecht zum Muthen bei, welches indeß dritten Muthern gegenüber binnen einer ausschließenden Frist von einem Monat ausgeübt werden muß. Auf diese Weise wird, ohne dem Bergwerkseigenthümer ein über den Zweck hinausgehendes Privilegium einzuräumen, doch der bestehende Bergbau in erster Linie berücksichtigt und die ungestörte vollständige Ausübung des durch die Verleihungsurkunde gewährten Rechtes ermöglicht.

Ob im gegebenen Falle die Mineralien in einem solchen Zusammenhange vorkommen, daß dieselben aus bergtechnischen oder bergpolizeilichen Gründen gemeinschaftlich gewonnen werden müssen, kann im Zweifelsfalle nur durch die Entscheidung des Oberbergamtes festgestellt werden, welches allein zur Beurtheilung der maßgebenden Verhältnisse zuständig ist.

Im Gesetze selbst läßt sich hierüber eine für alle Fälle zutreffende Regel nicht aufstellen und namentlich kann die Abgrenzung des Rechts des Bergwerkseigenthümers nicht allgemein davon abhängig gemacht werden, ob die verschiedenen Mineralien auf der nämlichen Lagerstätte vorkommen oder nicht, zumal der Begriff der Lagerstätte ein sehr schwankender ist und in der Praxis zu bedenklichen Meinungsverschiedenheiten Anlaß gibt. Das Oberbergamt hat gegebenen Falls zu prüfen, ob die zusammenhängend vorkommenden verschiedenen Mineralien ohne Störung des gegenseitigen Betriebes und ohne Gefährdung der Rechte des älteren Bergwerksbesitzers jedes für sich gewonnen werden können, dann ob ein solcher Doppelbetrieb nicht Gefährdungen der beiderseitigen Baue und damit der Arbeiter ꝛc. mit sich bringt, und hienach seine Entscheidung zu treffen. Eine etwaige Beschwerde gegen letztere geht gemäß Art. 226 Abs. 3 an das Staatsministerium des Innern.

2. Um das Vorrecht des Bergwerkseigenthümers nach Abs. 1 zu wahren, muß das Oberbergamt, wenn es den Fall des Abs. 1 gegeben erachtet, die von einem Dritten eingelegte Muthung demselben mittheilen.

3. Die Frist für den Bergwerkseigenthümer beginnt nach Ablauf des Tages, an welchem ihm die Mittheilung des Oberbergamtes zugekommen ist, letzteres hat deshalb für den genauen Nachweis der Mittheilung zu den Akten (durch Rückschein, Bestätigung) zu sorgen.

Durch diese Mittheilung ist das Vorrecht des Bergwerkseigenthümers noch keineswegs endgiltig anerkannt. Derselbe hat vielmehr innerhalb der Frist seine Muthung einzulegen, über welche dann gemäß Titel 2 Abschnitt 2 unter Berücksichtigung des Art. 45 vom Oberbergamte entschieden wird. Anderer Anschauung ist Klostermann V S. 153.

4. Durch diesen Absatz soll jedem Zweifel über die Rechtssphäre des Bergwerkseigenthümers begegnet werden.

Art. 46. (44)

Steht das Recht zur Gewinnung verschiedener Mineralien innerhalb derselben Feldesgrenze verschiedenen Bergwerkseigenthümern zu, so hat jeder Theil das Recht, bei einer planmäßigen Gewinnung seines Minerals auch dasjenige des anderen Theiles insoweit mitzugewinnen, als diese Mineralien nach der Entscheidung des Oberbergamts aus den im Art. 45 angegebenen Gründen nicht getrennt gewonnen werden können.[1]

Die mitgewonnenen, dem andern Theile zustehenden Mineralien müssen jedoch dem letzteren auf sein Verlangen gegen Erstattung der Gewinnungs- und Förderungskosten herausgegeben werden.[2,3]

1. Dieselben Rücksichten auf einen ungestörten, rationellen Bergbaubetrieb, welcher im Falle des Art. 45 das Vorrecht des Bergwerkseigenthümers zum Muthen rechtfertigen, sind auch für die Behandlung des Falles maßgebend, wo die Felder von Bergwerkseigenthümern, welche auf verschiedene Mineralien berechtigt sind, sich ganz oder theilweise überdecken, so daß innerhalb der nämlichen Feldesgrenzen jeder Theil sein Mineral vermöge der Verleihungsurkunde zu gewinnen berechtigt sein würde. Ist in einem solchen Falle nach der Art des Vorkommens eine getrennte selbstständige Gewinnung jedes Minerals möglich, so genügen die allgemeinen Vorschriften über die Ausübung des Gewinnrechtes. Nicht selten stellt sich aber bei den späteren Aufschlußarbeiten heraus, daß Mineralien, auf welche innerhalb der nämlichen Feldesgrenzen verschiedene Verleihungen bestehen, ganz oder theilweise in einem solchen Zusammenhange mit einander vorkommen, daß sie nothwendigerweise aus bergtechnischen oder bergpolizeilichen Gründen gemeinschaftlich gewonnen werden müssen. Dieser

Konflikt kann dadurch nicht beseitigt werden, daß dem älter Beliehenen ein stärkeres Recht zuerkannt wird; denn hiemit wäre den allein in Betracht kommenden Forderungen der Bergtechnik und Bergpolizei nicht Genüge geleistet. Die richtige Lösung ist vielmehr darin zu finden, daß nach dem Inhalte des Art. 46 jeder Bergwerkseigenthümer — gleichviel ob jüngerer oder älterer Beleihung — in diesem Kollisionsfalle als dem andern gleich berechtigt behandelt und demnach für befugt erklärt wird, bei einer planmäßigen Gewinnung seines Minerals auch dasjenige des anderen Theiles insoweit mitzugewinnen, als nach der maßgebenden Entscheidung des Oberbergamtes eine getrennte Gewinnung der Mineralien aus den oben erwähnten Gründen nicht möglich ist. Bezüglich des Betriebsplanes wird auf Art. 68 hingewiesen, woselbst allerdings nur eine Prüfung des Planes vom bergpolizeilichen Gesichtspunkte vorgesehen ist. Immerhin wird das Oberbergamt bei seiner Entscheidung den Betriebsplan in Berücksichtigung zu nehmen haben.

Wenn innerhalb eines verlassenen Grubengebäudes (Bergwerkes) zwei auf verschiedene Mineralien verliehene Berechtigungen bestehen, so ist der Verleihung desjenigen Minerals, von welchem die verlassenen Stollen, Schächte ꝛc. herrühren, für die Benützung der letzteren ein besonderes Vorrecht nicht eingeräumt.

2. Der Zweck der Bestimmung in Abs. 1, Kollisionen im Interesse eines rationellen und gesicherten Bergbaubetriebes hintanzuhalten, wird durch die Zulassung der gemeinschaftlichen Gewinnung erreicht; eine weitere Beschränkung des Rechtes des mit dem mitgewonnenen Minerale Beliehenen erscheint dagegen nicht statthaft, weshalb hier bestimmt ist, daß die mitgewonnenen Mineralien dem letzteren auf sein Verlangen herausgegeben werden müssen. Dagegen hat dieser die Gewinnungs- und Förderungskosten zu erstatten, da anzunehmen ist, daß er bei eigener Gewinnung mindestens die gleichen Kosten hätte aufwenden müssen.

3. Die Frage der gemeinschaftlichen Gewinnung verschiedener Mineralien kann im Laufe des Abbaues eines Bergwerkes wiederholt auftauchen, je nachdem die Aufschlußarbeiten neuerdings auf Mineralien im Zusammenhang mit dem verleihungsgemäß ausgebeuteten Minerale führen, und ist dann jeweilig neu zu prüfen und zu entscheiden.

Streitigkeiten, die sich bezüglich des eingeräumten Mitgewinnungsrechtes sonst ergeben, z. B. wegen des Umfangs und der Höhe der zu erstattenden Gewinnungskosten sind vor Gericht zu entscheiden.

Art. 47. (45)

Der Bergwerkseigenthümer ist befugt, die durch den Betrieb des Bergwerkes gewonnenen, nicht unter den Art. 1 gehörigen Mineralien zum Zwecke seines Betriebs ohne Entschädigung des Grundeigenthümers zu verwenden. Soweit diese Verwendung nicht erfolgt, ist der Bergwerkseigenthümer verpflichtet, die bezeichneten Mineralien dem Grundeigenthümer auf sein Verlangen gegen Erstattung der Gewinnungs- und Förderungskosten herauszugeben.[1]

Will der Grundeigenthümer auf einem bereits verliehenen Felde nicht unter Art. 1 gehörige Mineralien gewinnen, so finden die Bestimmungen des Art. 44 entsprechende Anwendung.[2,3]

1. Um sein Ausbeutungsrecht ausüben zu können, muß der Bergwerkseigenthümer bei seinem Betriebe auch solche Mineralien mitgewinnen und zu den Betriebszwecken verwenden können, welche nicht unter das Berggesetz fallen. Es ist dies ein nothwendiges Mittel zum Zwecke des Bergbauunternehmens. Das Bergrecht hat deshalb auch stets die Befugniß des Bergwerkseigenthümers hiezu anerkannt, ohne derselben einen Enschädigungsanspruch des Grundeigenthümers gegenüber zu stellen. Auch hier ist das Recht des Bergwerkseigenthümers dahin festgestellt, daß er vermöge des Rechtes aus der Verleihung sich ohne Entschädigung des Grundeigenthümers diejenigen nicht unter Art. 1 gehörigen Mineralien aneignen darf, welche durch den Betrieb des Bergwerkes gewonnen und zu Zwecken des Betriebes verwendet werden. Wo dagegen diese zweifache Voraussetzung hinsichtlich der Art der Gewinnung und Verwendung nicht zutrifft, gelangt das ursprüngliche Recht des Grundeigenthümers dadurch zur Anerkennung, daß derselbe die Herausgabe der gewonnenen Mineralien verlangen kann. Die Verpflichtung zur Erstattung der Gewinnungs- und Förderungskosten muß in diesem Falle dem Grundeigenthümer deshalb auferlegt werden, weil der Bergwerkseigenthümer diese Mineralien erst durch die Gewinnung und Förderung zu Werthgegenständen macht und die Annahme gerechtfertigt ist, daß der Grundeigenthümer auf die eigene Gewinnung mindestens die gleichen Kosten verwenden müßte.

Neben den nicht unter Art. 1 fallenden Mineralien steht dem Bergwerksunternehmer auch die Verwendung der in seinem Bergwerksbetriebe gewonnenen Gebirgsarten, wie Granit, Kalkstein, Sand 2c. für Betriebszwecke unentgeltlich zu.

Ein Recht des Grundeigenthümers, bei der Gewinnung nicht unter Art. 1 fallender Mineralien auch verliehene Mineralien mitzugewinnen und für den Betrieb zu verwenden, besteht dagegen nicht.

2. Der Grundeigenthümer hat gemäß § 905 des Bürgerl. Gesetzbuchs das Recht, die auf seinem Grundstück vorkommenden, nicht unter Art. 1 des Berggesetzes gehörigen Mineralien zu gewinnen und ist hiebei, falls sein Grundstück in ein verliehenes

Feld fällt, gegenüber dem Bergwerkseigenthümer (dem Beliehenen) nur soweit beschränkt, als dem letzteren der Abs. 1 eine konkurrirende Befugniß einräumt. Seine Gewinnungsarbeiten dürfen den planmäßigen Betrieb des Bergwerkseigenthümers nicht stören oder gefährden, worüber gegebenen Falls das Oberbergamt in Anwendung des Art. 46 Abs. 1 zu entscheiden hätte. Dagegen ist nunmehr durch den Abs. 2 dem Grundeigenthümer das Recht eingeräumt, bei Gewinnung eines nicht muthbaren Minerals auf einem bereits verliehenen Felde auch das verliehene mit dem ersteren zusammenhängend vorkommende Mineral mitzugewinnen, wenn nach der Entscheidung des Oberbergamtes nach Art. 46 die Gewinnung nicht getrennt werden kann. In letzterem Falle findet auch die Bestimmung des Art. 46 Abs. 2 entsprechende Anwendung (vgl. die Aeußerung des Referenten der Abgeordnetenkammer, Stenogr. Ber. Bd. II S. 813). Es sind hiedurch die Rechte und Interessen auch des Grundeigenthümers angemessen gewahrt.

3. Streitigkeiten, die sich über das Mitgewinnungsrecht ergeben, sind, abgesehen von der Frage, ob die Gewinnung sich nicht trennen läßt, von den Gerichten zu entscheiden.

Wird ein Mineral, welches die Eigenschaft eines Eisenerzes — d. i. desjenigen Minerals, welches vermöge seines Eisengehaltes und seiner physikalischen Eigenschaften zur Darstellung von metallischem Eisen verwendbar ist — besitzt, zu anderen Zwecken, wie z. B. zur Erdfarbenbereitung verwendet, so ist es darum zwar nicht von dem Verfügungsrecht des Bergwerksbesitzers als ausgeschlossen zu erachten, aber das mitbrechende, eisenhaltige zur Verhüttung auf Eisen nicht geeignete Material steht unbedingt dem Grundeigenthümer zur Verfügung und muß, soweit eine Verwendung zum Zwecke des Bergbaubetriebes nicht stattfindet, gemäß Abs. 1 dem Grundeigenthümer gegen Ersatz der Gewinnungskosten auf Verlangen herausgegeben werden.

Art. 48. (46)

Dem Bergwerkseigenthümer steht die Befugniß zu, die zur Aufbereitung seiner Bergwerkserzeugnisse erforderlichen Anstalten zu errichten und zu betreiben.[1]

1. Dem Bergwerkseigenthümer mußte die Befugniß, die zur Aufbereitung seiner Bergwerkserzeugnisse erforderlichen Anstalten zu errichten und zu betreiben, namentlich auch aus dem Grunde als eine besondere aus dem Titel des Bergwerkseigenthums fließende Berechtigung eingeräumt werden, damit derselbe für diese Anstalten als Zubehör des Bergwerks das Zwangsabtretungsrecht in Anspruch nehmen könne. Ohne diese Berechtigung würde die volle Ausnützung des Bergwerks außerordentlich erschwert werden.

Unter der Aufbereitung wird meist die mechanische Veränderung der Bergwerksprodukte durch Pochen, Mahlen,

Waschen ꝛc. verstanden im Gegensatz zu chemischen Prozessen, die dem Hüttenbetriebe angehören.

Art. 49. (47)

In der Anlage und Einrichtung der zur Aufsuchung, Gewinnung und Aufbereitnng erforderlichen Anstalten bleibt der Bergwerkseigenthümer allen in der Landesgesetzgebung begründeten Beschränkungen und Vorschriften unterworfen.[1]

Der Berginspektion sind die desfallsigen Verhandlungen der Distriktspolizeibehörde zum Gutachten und zur Antragstellung mitzutheilen, ohne Unterschied, ob es sich um Staats- oder Privatbergwerke handelt.

Lauten die polizeilichen Beschlüsse, welche der Berginspektion zuzufertigen sind, dem Antrage oder Gutachten derselben zuwider, so kann diese innerhalb zwei Wochen die Beschwerde an die k. Kreisregierung, Kammer des Innern, ergreifen, welche hierüber vor der Entscheidung das Gutachten des Oberbergamts zu erholen hat.

Diese Beschwerde ist binnen drei Tagen bei der Distriktspolizeibehörde anzumelden und es wird hiedurch der Vollzug des Beschlusses gehemmt.[2]

1. Bei der Ausübung der durch Art. 48 eingeräumten Befugniß hat sich der Bergwerkseigenthümer den bezüglich der Anlage und Einrichtung solcher Anstalten im Interesse der öffentlichen Sicherheit bestehenden landesgesetzlichen allgemeinen Beschränkungen und Vorschriften zu unterwerfen.

Unter dieselben fallen alle Bauten, Wasserbetriebe, Dampf- und andere Maschinen, sowie sonstige Anstalten, welche wegen Gefährlichkeit für Leben, Gesundheit, Eigenthum und erworbene Rechte Dritter an die Einhaltung jener Vorschriften gesetzlich gebunden sind.

Nach § 6 Abs. 1 der Gewerbeordnung findet dieselbe auf das Bergwesen nur insoweit Anwendung, als solche ausdrückliche Bestimmungen darüber enthält. Solche Bestimmungen sind enthalten in dem § 105b ff., dann in § 154a der Gewerbeordnung. Dagegen wird u. a. der § 16 der Gewerbeordnung auf die Aufbereitungsanstalten der Bergwerke keine Anwendung zu finden haben, nachdem in Art. 48 dem Bergwerkseigenthümer die Befugniß zur Errichtung zum Betrieb der Aufbereitungsanstalten eingeräumt ist, für das Bergrecht die landesgesetzlichen Bestimmungen maßgebend sind und deshalb letztere nicht durch die nicht ausdrücklich für anwendbar erklärte Gewerbeordnung außer Kraft gesetzt werden können. Die gegentheilige Anschauung in v. Landmanns Kommentar III. Aufl. S. 139 wird sich kaum aufrecht halten lassen.

Dagegen ist der Bergwerkseigenthümer den landesgesetzlichen Beschränkungen und Vorschriften bezüglich der Anlage und des Betriebs, durch welche die Sicherheit von Personen und Eigenthum bezweckt wird, ebenso unterworfen, wie der Unternehmer gleicher nicht mit einem Bergwerke verbundener Anstalten. Einer Konzession aber bedarf der Bergwerkseigenthümer nicht.

2. Zuständig zu dem Erlaß der desfallsigen Anordnungen sind die ordentlichen Polizeibehörden. Damit jedoch das öffentliche Interesse vom bergpolizeilichen und volkswirthschaftlichen Standpunkte aus vollständige Berücksichtigung finde, wird den ordentlichen Verwaltungsbehörden nicht allein bei Vermeidung der Nichtigkeit eines desfallsigen Beschlusses ein nicht zu unterlassendes vorgängiges Benehmen mit der Berginspektion zur Pflicht gemacht, sondern es wird der letzteren auch noch das Recht der Beschwerdeführung an die höhere Verwaltungsstelle eingeräumt, welche vor ihrer Entscheidung das Gutachten des Oberbergamtes zu erholen hat. Vor der Bescheidung der Beschwerde darf der Beschluß der Verwaltungsbehörde nicht vollzogen werden.

Selbstverständlich haben alle diese Bestimmungen nicht allein für eigentliche Bergbauunternehmungen, sondern auch für Schürfversuche in Anwendung zu kommen.

Art. 50. (48)

Der Bergwerkseigenthümer ist befugt, im freien Felde Hilfsbaue anzulegen.[1]

Dieselbe Befugniß steht ihm im Felde anderer Bergwerkseigenthümer zu, soferne die Hilfsbaue die Wasser- und Wetterlösung oder den vortheilhafteren Betrieb des Bergwerkes, für welches die Anlage gemacht werden soll, bezwecken und der eigene Bergbau des Anderen dadurch weder gestört, noch gefährdet wird.[2]

1. Dem Bergwerkseigenthümer wird die Befugniß beigelegt, im freien Felde unbeschränkt Hilfsbaue, d. h. solche Bauten, die zum sicheren Betriebe des eigentlichen Bergwerkes erforderlich sind, anzulegen. Derselbe hat jedoch nach dem Art. 157 ff. sich mit dem Grundeigenthümer wegen der Entschädigung auseinanderzusetzen.

2. Bei der Anlage von Hilfsbauen in den Feldern anderer Bergwerkseigenthümer unterliegt diese Befugniß gewissen Beschränkungen. Sie ist einerseits davon abhängig gemacht, daß durch den Hilfsbau die Wasser- und Wetterlösung des berechtigten Bergwerks bezweckt wird oder daß hiedurch der Betrieb desselben vortheilhafter

gestaltet werden kann, andererseits aber darf, auch wenn die ersteren Voraussetzungen gegeben sind, der Bergbau des belasteten Bergwerks weder gestört noch gefährdet werden.

Unter diesen Beschränkungen kann der Hilfsbau im fremden Felde um so unbedenklicher gestattet werden, als daraus weder eine Berechtigung zum Mitgebrauche der fremden Grubenbaue erwächst, noch sonst im Betriebe des belasteten Bergwerkes Beschränkungen entstehen und ebenso wenig Beschädigungen zu befürchten sind.

Der frühere Abs. 3 dieses Art., welcher den Hilfsbau als Zubehör des berechtigten Bergwerks erklärte, wurde durch Art. 157 XXII des Ausführungsgesetzes zum Bürgerl. Gesetzbuch vom 9. Juni 1899 aufgehoben, weil das Bürgerliche Gesetzbuch unbewegliches Zubehör nicht kennt.

Die Verpflichtung des Bergwerkseigenthümers, die Anlegung eines Hilfsbaues für ein fremdes Bergwerk in seinem Felde zu gestatten, wird in das Grundbuch ebensowenig eingetragen, wie die Gestattungspflichten des Grundstückbenützers gegenüber den Rechten des Schürfers oder Bergwerksunternehmers zur Vornahme von Schürfarbeiten. Die Verpflichtung beruht, obwohl der Art. 52 von dem „belasteten Bergwerke" spricht, gleichfalls nicht auf einer Belastung im Sinne des Bürgerl. Gesetzbuchs, sondern ist eine gesetzliche Beschränkung des Bergwerkseigenthums. (Verhdl. der K. der Abg. 1898/99. Beil.Bd. XX S. 103).

Art. 51. (49)

Bestreitet der Bergwerkseigenthümer, in dessen Felde ein Hilfsbau angelegt werden soll, seine Verpflichtung zur Gestattung desselben, so entscheidet hierüber das Oberbergamt mit Ausschluß des Rechtsweges.[1]

1. Die Vorschrift des Art. 51, wonach im Streitfalle das Oberbergamt mit Ausschluß des Rechtsweges über die Verpflichtung zur Gestattung des Hilfsbaues zu entscheiden hat, rechtfertigt sich dadurch, daß es sich hiebei nur um bergtechnische Fragen handelt, deren Würdigung der Bergbehörde zukommt.

Das Oberbergamt hat bei seiner Entscheidung, falls hierüber Streit entsteht, auch darüber zu befinden, in welchem Umfang und in welcher Weise der Hilfsbau anzulegen ist, um die Feldesnachbarn geeignet zu schützen. Eine etwaige Beschwerde geht nach Art. 226 an den Verwaltungsgerichtshof.

Der Art. befaßt sich nur mit dem etwaigen Widerspruch des betheiligten Bergwerkseigenthümers; das Verhältniß gegenüber dem Grundeigenthümer ist in dem Art. 156 ff. geregelt.

Art 52. (50)

Wird ein Hilfsbau in dem Felde eines anderen

Bergwerkseigenthümers angelegt, so muß der Hilfsbauberechtigte für allen Schaden, welcher dem belasteten Bergwerke durch seine Anlagen zugefügt wird, vollständige Entschädigung leisten.[1]

Auf die Entschädigungsforderung finden die Vorschriften des Art. 167 Abs. 1 entsprechende Anwendung.[2]

1. Für die Gestattung des Hilfsbaues an sich hat der Bergwerkseigenthümer eine Entschädigung nicht zu beanspruchen, dagegen kann er für allen Schaden, der ihm durch die Anlage des Hilfsbaues oder dessen Betrieb nach irgend einer Richtung — durch Schädigung seiner eigenen Anlagen, Betriebsstörungen ꝛc. — erwächst, volle Entschädigung von dem Hilfsbauberechtigten verlangen.

Die Schädigung wird erst später erkennbar sein, da sonst bei der Gestattung des Hilfsbaues durch das Oberbergamt die nöthigen Maßnahmen zur Fernhaltung zu treffen wären.

Ueber die Entschädigung haben die Gerichte zu entscheiden.

2. Der Abs. 2 wurde beigefügt durch Art. 157 V des Ausführungsgesetzes zum Bürgerl. Gesetzbuche vom 9. Juni 1899. Nach Abs. 1 muß der Bergwerkseigenthümer, der in einem fremden Felde einen Hilfsbau anlegt, dem Bergwerkseigenthümer, dem das Feld gehört, allen Schaden ersetzen, der durch seine Anlagen dem Bergwerke des Anderen zugefügt wird. Die Vorschrift entspricht der des Art. 184, welche in gleicher Weise den Bergwerksunternehmer zum Ersatze des Schadens verpflichtet, der durch den Betrieb des Bergwerks dem Grundeigenthümer zugefügt wird. Da die nach Art. 184 zu leistende Entschädigung auch für die Hypotheken und die gleichgestellten Rechte haftet, so muß das Gleiche auch für die nach diesem Art. zu leistende Entschädigung gelten.

Art. 53. (51)

Die bei Ausführung eines Hilfsbaues im freien Felde gewonnenen Mineralien (Art. 1) werden als Theil der Förderung des durch den Hilfsbau zu lösenden Bergwerkes behandelt.[1]

Werden bei Ausführung eines Hilfsbaues im Felde eines anderen Bergwerkseigenthümers Mineralien gewonnen, auf welche der letztere berechtigt ist, so müssen diese Mineralien demselben auf sein Verlangen unentgeltlich herausgegeben werden.[2]

1. Unter den im freien Felde gewonnenen Mineralien sind alle unter Art. 1 gehörigen, nicht blos die verliehenen, inbegriffen.

Gewinnt der Unternehmer bei Ausführung des Hilfsbaues andere nicht unter Art. 1 fallende Mineralien, so findet Art. 47 entsprechende Anwendung.

2. Abweichend von der Vorschrift des Art. 46 Abs. 2 ist hier bestimmt, daß die Herausgabe der beim Hilfsbau im Felde eines anderen Bergwerkseigenthümers gewonnenen, diesem nach der Verleihung zustehenden Mineralien unentgeltlich zu erfolgen hat. Es ist dies als eine gewisse Entschädigung für die auferlegte Eigenthumseinschränkung anzusehen.
Streitigkeiten hierüber entscheiden die Gerichte.

Art. 54. (52)

Der Bergwerkseigenthümer hat die Befugniß, die Abtretung des zu seinen bergbaulichen Zwecken (Art. 44 bis 50) erforderlichen Grundes und Bodens, sowie die Benützung des Wassers nach näherer Vorschrift des fünften Titels zu verlangen.[1]

1. Im Zusammenhange mit den vorhergehenden Ausflüssen des Bergwerkseigenthums stellt der Art. 54 das Recht des Bergwerkseigenthümers zur Benützung fremden Grundeigenthums und des Wassers im Grundsatze fest, während die weitere Ausführung desselben in den fünften Titel verwiesen ist.

Zweiter Abschnitt.

Von der Vereinigung, der Theilung und dem Austausche.[1]

Art. 55. (53)

Die Vereinigung zweier oder mehrerer Bergwerke zu einem einheitlichen Ganzen unterliegt der Bestätigung des Oberbergamtes.[2]

1. Die hier im Zusammenhange mit der Theilung und dem Austausche von Bergwerken behandelte Vereinigung von Bergwerken besteht darin, daß zwei oder mehrere auf selbstständigen Berechtigungstiteln beruhende Bergwerke zu einem einheitlichen Ganzen vereinigt und in jeder Beziehung als ein Werk behandelt werden. Die Wirkung der Vereinigung im Sinne des Gesetzes

gibt sich namentlich darin zu erkennen, daß derselbe ein in der Regel über das gesetzliche Maximum (Art. 28) hinausgehendes Feld schafft, daß ein neues Betheiligungsverhältniß eintritt, wenn die Betheiligung an den einzelnen Werken eine ungleiche war, daß ferner das vereinigte Werk nach Löschung der einzelnen Werke ein neues Folium im Grundbuch erhält und die Rechte der Hypothekengläubiger und anderen Realberechtigten eine Veränderung hinsichtlich des Gegenstands erleiden, daß endlich das vereinigte Werk hinsichtlich des Betriebes, der Verwaltung, der Besteuerung 2c. nur als eines behandelt wird.

Diese Vereinigung wird daher voraussichtlich auch künftig in manchen Fällen zweckmäßig bleiben, obwohl für das einzelne Feld eine erhebliche Ausdehnung zugelassen ist.

2. Die Vereinigung kann indeß nicht unbedingt von der freien Entschließung der Betheiligten abhängig gemacht werden.

Zuvörderst ist zwar die Vereinigung nicht unmittelbar an einander grenzender Grubenfelder nicht unbedingt auszuschließen, weil immerhin Fälle denkbar sind, in welchen nicht unmittelbar aneinander grenzende Grubenfelder durch, sei es durch ein freies Feld, sei es durch ein anderes Grubenfeld getriebene Hilfsbaue mit Vortheil vereinigt werden können; es ist aber die Zulässigkeit der Vereinigung von der Entscheidung des Oberbergamtes abhängig zu machen.

Ein gleiches gilt für solche Fälle, wo es sich um die Vereinigung von Bergwerken handelt, welche nicht auf dieselben Mineralien berechtigt sind. Hier die Vereinigung grundsätzlich auszuschließen, würden namentlich die Verhältnisse des Gangbergbaues nicht gestatten.

Ferner dürfen Gründe des öffentlichen Interesses der Vereinigung nicht entgegenstehen und sie ist deshalb namentlich unstatthaft, wenn sie eine Feldessperre herbeiführen und dadurch wohlthätige Konkurrenzunternehmungen verhindern würde.

Alle diese Verhältnisse hat das Oberbergamt bei seiner Entscheidung zu würdigen und die Bestätigung im Falle des Art. 63 Abs. 2 nur dann zu ertheilen, wenn die Vereinigung erhebliche Vortheile im Gefolge hat, ohne daß überwiegende Nachtheile gegenüber stehen, oder wenn Gefährdungen überhaupt nicht zu besorgen sind, nicht lediglich eine Umgehung der gesetzlichen Bestimmungen über das Feldmaximum beabsichtigt ist, und Zweckmäßigkeitsgründe für die Vereinigung sprechen. Gegen die Entscheidung des Oberbergamts ist Beschwerde zum Staatsministerium des Innern zulässig (Art. 226 Abs. 3).

Art. 56. (54)

Zur Vereinigung von Bergwerken ist erforderlich:[1]

1) eine über den Vereinigungsakt errichtete notarielle Urkunde, je nach Beschaffenheit des

Falles ein Vertrag oder ein Beschluß der Mitbetheiligten oder eine Erklärung des Alleineigenthümers; [2]

2) ein in die treffenden Steuerkatasterblätter von einem amtlich bestellten Markscheider oder der Messungsbehörde eingezeichneter Situationsplan des ganzen Feldes in zwei Exemplaren;

3) die Angabe des dem zu vereinigenden Bergwerke beizulegenden Namens.

1. Der Art. führt die formellen Erfordernisse der Vereinigung auf, ohne welche solche nicht wirksam wird, während in den folgenden Artikeln die einschlägigen sachlichen Verhältnisse geregelt werden.

2. Ueber den Vereinigungsakt ist stets eine notarielle Urkunde zu errichten, die bei verschiedenen Eigenthümern der Bergwerke die vertragsmäßigen Vereinbarungen, wenn die Mitbetheiligten bei den einzelnen Bergwerken die gleichen sind, deren Beschluß über die Vereinigung und bei einem Alleineigenthümer der mehreren Werke dessen Erklärung zu enthalten hat.

Art. 57. (55)

Kann das durch die Vereinigung entstehende Werk nur als Ganzes mit Hypotheken und dinglichen Lasten beschwert werden (Art. 120), so muß für den Fall, daß auf den einzelnen Bergwerken Hypotheken, Grundschulden, Rentenschulden oder andere Realrechte haften, außer der über den Vereinigungsakt errichteten Urkunde eine mit den Berechtigten vereinbarte Bestimmung darüber beigebracht werden, daß und in welcher Rangordnung die Rechte derselben auf das vereinigte Werk als Ganzes übergehen sollen.

Die Vereinbarung muß öffentlich beurkundet oder öffentlich beglaubigt sein. [2]

1. Um einerseits die Vereinigung von Bergwerken nicht unnöthig zu erschweren und andererseits wohl erworbene Rechte Dritter nicht zu verletzen, müssen bezüglich der Ansprüche der Hypothekengläubiger und sonstigen Realberechtigten an den zu vereinigenden Werken nach beiden Richtungen möglichst Sorge tragende und ausgleichende Bestimmungen getroffen werden.

Das Interesse der Hypothekengläubiger und sonstigen Realberechtigten besteht darin, daß der Werth des Gegenstandes ihrer

Rechte durch die Vereinigung nicht verringert, daß also das Antheilsverhältniß des einzelnen belasteten Werkes zu dem zu vereinigenden Werke oder der belasteten Antheile des einzelnen Werkes zu dem treffenden Antheile des zu vereinigenden Werkes möglichst genau bestimmt werde.

Hierauf muß daher dem Realberechtigten eine Einwirkung eingeräumt werden.

In dem hier vorgesehenen Falle, wenn nur das Gesammtwerk belastet werden kann, läßt sich bei der Verschiedenartigkeit der Fälle eine gesetzliche Vorschrift nicht geben, in welcher Rangordnung der Uebergang der dinglichen Rechtsansprüche an den einzelnen Werken auf das zu vereinigende Werk stattfinden soll. Es wird daher eine Vereinbarung hierüber zwischen den Werksbesitzern und den Realberechtigten verlangt. Kommt eine solche Vereinbarung nicht zu Stande, dann ist eben die Vereinigung zu einem Gesammtwerke nicht durchführbar.

2. Die Vereinbarung über die Rangordnung, in welcher die Rechte der Realberechtigten auf das vereinigte Werk übergehen sollen, muß nach dem durch Art. 157 VI des Ausführungsges. zum Bürgerl. Gesetzbuche vom 9. Juni 1899 beigefügten Abs. 2 in einer öffentlichen oder öffentlich beglaubigten Urkunde niedergelegt sein (vgl. Notariatsgesetz vom 9. Juni 1899 Art. 1). Die Anordnung ist veranlaßt durch die Aufhebung des Art. 14 des Notariatsgesetzes vom 10. November 1861 und das Bedürfniß, eine derartige wichtige Bestimmung in verlässige Form zu kleiden.

Art. 58. (56)

In allen übrigen Fällen muß in der Notariatsurkunde eine Bestimmung des Antheilverhältnisses, nach welchem jedes einzelne Werk in das vereinigte Werk eintreten soll, enthalten sein. Auf diese Fälle finden alsdann die besonderen Vorschriften der Art. 59 bis 62 Anwendung.[1]

1. In den hier in Frage kommenden Fällen ergeben sich andere Grundsätze, als bei Art. 57 für die Behandlung der Ansprüche der Realinteressenten daraus, daß hier die rechtliche Möglichkeit des Ueberganges der dinglichen Rechte von den einzelnen Werken und deren Antheilen auf den entsprechenden Antheil an dem zu vereinigenden Werke wie bisher bestehen bleibt. Hier sind Bestimmungen erforderlich, durch welche den Realinteressenten Gelegenheit gegeben wird, ihre Rechte rechtzeitig und wirksam wahren zu können.

Ob die Rechte der Realinteressenten bei der Vereinigung gewahrt bleiben oder nicht, hängt zunächst von der Bestimmung des Antheilverhältnisses ab, nach welchem jedes einzelne Werk in das zu vereinigende eintreten soll. Es muß deshalb den Bergwerkseigenthümern zur Pflicht gemacht werden, eine Bestimmung hierüber in der über die Vereinigung aufzunehmenden Urkunde zu treffen. Treten die Realinteressenten dieser Bestimmung ausdrücklich bei, so ist die Sache damit erledigt. Außerdem tritt das Verfahren nach Art. 59 ff. ein. Die Bestimmung des Antheilverhältnisses ist übrigens auch dann in dem notariellen Akt aufzunehmen, wenn von einer Belastung der Einzelwerke nichts bekannt ist.

Art. 59. (57)

Der wesentliche Inhalt des Vereinigungsakts, insbesondere die Bestimmung des Antheilverhältnisses (Art. 58), wie durch das Oberbergamt den aus dem Grundbuch ersichtlichen Hypotheken-, Grundschuld- und Rentenschuldgläubigern und anderen Realberechtigten, insofern deren ausdrückliches Einverständniß mit dem Antheilverhältnisse nicht beigebracht ist, unter Verweisung auf diesen und die beiden folgenden Artikel bekannt gemacht.

Außerdem erfolgt diese Bekanntmachung durch das Amtsblatt der Kreisregierung, in deren Bezirke die zu vereinigenden Bergwerke liegen.[1]

1. Haben die Realinteressenten der Bestimmung des Arbeitsverhältnisses nach Art. 58 nicht ausdrücklich zugestimmt, so ergibt sich das Bedürfniß, diese Bestimmung und den wesentlichen Inhalt des Vereinigungsaktes denselben bekannt zu geben. Den aus dem Hypothekenbuche bekannten Hypothekengläubigern ist hiervon unmittelbar Kenntniß zu geben, es muß aber auch im Interesse allenfallsiger anderer, in den Hypothekenbüchern nicht eingetragenen Realberechtigten zugleich eine öffentliche Bekanntmachung erfolgen.

Durch diese Bekanntmachung erhält jeder Realberechtigte Gelegenheit, gegen die Bestimmung des Antheilverhältnisses Einspruch zu erheben. Ueber einen solchen Einspruch kann nur im Rechtswege entschieden werden.

Es ist daher in der Bekanntmachung die Verweisung auf die beiden folgenden Artikel, die sich hiemit befassen, vorgesehen.

Art. 60. (58)

Hypothekengläubiger und andere Realberechtigte, sowie privilegirte Gläubiger des pfälzischen Rechtes, welche durch die Bestimmung des Antheilverhältnisses (Art. 58) an ihren Rechten verkürzt zu sein glauben, sind befugt, gegen diese Bestimmung der Vereinigung Einspruch zu erheben.

Dieses Einspruchsrecht muß bei Vermeidung des Ausschlusses binnen drei Monaten nach Ablauf des Tages, an welchem die Bekanntmachung zugestellt, beziehungsweise das die Bekanntmachung enthaltende Amtsblatt ausgegeben worden ist (Art. 59), durch gerichtliche Klage geltend gemacht werden.[1]

1. Der Einspruch richtet sich nur gegen die Bestimmung des Antheilverhältnisses, die Vereinigung selbst kann hiedurch nicht angefochten werden; auch nicht Vereinbarungen, die die Rentabilität des Unternehmens auf Jahre einschränken, z. B. durch theure Neuanlagen in vereinigten Werken. Im Interesse der raschen Erledigung der Vereinigungsfrage mußte eine angemessene Ausschlußfrist für die Klage bestimmt werden.

Art. 61. (59)

Statt diese Klage zu erheben, können die vorbezeichneten Gläubiger und anderen Realberechtigten ihre Befriedigung vor der Verfallzeit verlangen, soweit dieß die Natur des versicherten Anspruches gestattet.

Dieses Recht muß jedoch ebenfalls bei Vermeidung des Verlustes desselben innerhalb der im Art. 60 bestimmten Frist geltend gemacht werden.[1]

1. Der im vorhergehenden Artikel gewährte Schutz wird dadurch noch verstärkt, daß der Realberechtigte statt jene gerichtliche Klage zu erheben, seine Befriedigung vor der Verfallzeit verlangen kann.

Vorausgesetzt ist, daß der Anspruch ein in gewisser Zeit anfallender ist und, wenn auch in seinem Betrage nicht genau fixirt, sich doch seinem Werthe nach veranschlagen läßt.

Der Anspruch wird wohl zweifellos bei Widerspruch der Bergwerkseigenthümer vor Gericht geltend gemacht werden müssen, und zwar innerhalb der gleichen Ausschlußfrist von drei Monaten, wie im Falle des Art. 60, da ja der Grund, die Verschleppung des Verfahrens hintanzuhalten, hier ebenso zutreffend erscheint.

Art. 62. (60)

Mit der Bestätigung der Vereinigung (Art. 63) geht das Realrecht ohne Weiteres auf den entsprechenden, nach Maßgabe der vorstehenden Bestimmungen (Art. 58 bis 60) festgestellten Antheil an dem vereinigten Werke über.[1]

1. Im Art. 62 ist der Grundsatz, daß das Realrecht ohne Weiteres auf den entsprechenden Antheil an dem vereinigten Werke übergeht, für die Fälle des Art. 58 ausgesprochen und der Zeitpunkt des Uebergangs dahin bestimmt, daß die amtliche Bestätigung der Vereinigung entscheidet, indem bis dahin das Rechtsgeschäft überhaupt nicht zu Recht besteht.

Der Uebergang der Realrechte findet in derselben Rangordnung statt, in welcher jene auf den einzelnen Werken lasten.

Art. 63. (61)

Sind Hypothekengläubiger und andere Realberechtigte, sowie privilegirte Gläubiger des pfälzischen Rechtes nicht vorhanden oder ist in den Fällen des Art. 57 die dort bezeichnete Vereinbarung beigebracht oder sind in den Fällen des Art. 58 Einsprüche nicht erhoben oder die erhobenen Einsprüche (Art. 60, 61) erledigt, so entscheidet das Oberbergamt, ob die Vereinigung zu bestätigen sei.[1]

Die Bestätigung darf nur versagt werden, wenn die Felder der einzelnen Bergwerke nicht aneinander grenzen oder wenn Gründe des öffentlichen Interesses entgegen stehen.[2]

Der Bestätigungsurkunde werden die Verleihungsurkunden der einzelnen Bergwerke beigefügt.

Hinsichtlich der Beglaubigung, Aushändigung und Aufbewahrung der Risse finden die Bestimmungen des Art. 34 Anwendung.[3]

1. Vor der Entscheidung des Oberbergamtes müssen die Seitens anderer Berechtigter etwa geltend gemachten Einsprüche und Ansprüche völlig erledigt, bezw. befriedigt sein. Es muß also über die Einsprüche nach Art. 60 rechtskräftig entschieden und die nach Art. 61 erhobene Forderung erfüllt oder rechtskräftig abgewiesen sein.

2. Der Abs. 2 führt die Fälle an, in welchem das Oberbergamt die Bestätigung der Vereinigung (Art. 55) versagen kann. Bereits zu Art. 55 ist erwähnt worden, daß die Vereinigung nicht unmittelbar aneinander grenzender Grubenfelder nicht unbedingt ausgeschlossen sei. Das Oberbergamt kann vielmehr auch in solchen Fällen die Vereinigung bestätigen, wenn nicht bei den in der Mitte liegenden Feldern unüberwindliche Schwierigkeiten dem einheitlichen Betriebe der zu vereinigenden Bergwerke sich entgegenstellen.

Im Uebrigen hat das Oberbergamt zu würdigen, ob das

öffentliche Interesse gegen die Vereinigung spricht und bejahendenfalls die Bestätigung zu versagen. Es wird hierwegen auf die Bemerkungen zu Art. 55 verwiesen und betont, daß namentlich das bergwirthschaftliche Interesse, die Förderung eines rationellen Bergbaues überhaupt hiebei im Auge zu behalten ist.

Gegen die Versagung der Bestätigung ist die Beschwerde an den Verwaltungsgerichtshof nach Art. 226 zulässig. Die Zuständigkeit des letzteren ist jedoch gemäß Art. 13 Ziff. 3 des Gesetzes vom 8. August 1878 über den Verwaltungsgerichtshof ausgeschlossen, wenn das Oberbergamt lediglich in Wahrung des öffentlichen Interesses die Bestätigung versagt hat, da es hiebei nach seinem Ermessen zu verfügen berechtigt ist. Letzteren Falls kann Beschwerde zum k. Staatsministerium des Innern erhoben werden.

3. Die Verleihungsurkunden der einzelnen Bergwerke bilden einen integrirenden Bestandtheil der Bestätigungsurkunde über die Vereinigung und sind daher diesen beizugeben.

Der nach Art. 56 der Notariatsurkunde beizufügende Situationsplan des ganzen Feldes ist vom Oberbergamt zu beglaubigen und in einem Exemplar der Vertretung des Gesammtwerkes zu behändigen, während das zweite bei der Behörde aufzubewahren ist, die in der Muthungsübersichtskarte die erforderliche Vormerkung zu machen hat.

Art. 64. (62)

Die reale Theilung des Feldes eines Bergwerkes in selbständige Felder, sowie der Austausch von Feldestheilen zwischen angrenzenden Bergwerken unterliegt der Bestätigung des Oberbergamtes.

Dieselbe darf nur versagt werden, wenn überwiegende Gründe des öffentlichen Interesses entgegenstehen.

Hypothekengläubiger und andere Realberechtigte, sowie privilegirte Gläubiger des pfälzischen Rechtes, welche durch die Feldestheilung oder durch den Feldesaustausch an ihren Rechten verkürzt zu sein glauben, können ihre Befriedigung vor der Verfallzeit verlangen, soweit dieß die Natur des versicherten Anspruches gestattet. Dieses Recht muß bei Vermeidung des Verlustes desselben innerhalb der im Art. 60 bestimmten Frist geltend gemacht werden. Die Bestätigung wird unter Beobachtung des Verfahrens ertheilt, welches sich aus der Anwendung der Art. 56 59 und 63 auf die vorstehenden Fälle ergibt.

Bei dem Austausche von Feldestheilen geht das

Recht der erwähnten Gläubiger und anderen Realberechtigten mit der Bestätigung des Oberbergamtes auf den zu dem belasteten Bergwerke hinzutretenden Feldestheil über, wogegen der abgetretene Feldestheil von der dinglichen Belastung befreit wird.[1, 2]

1. Für die reale Theilung des Feldes eines Bergwerkes in zwei oder mehrere selbständige Felder, sowie für den Austausch von Feldestheilen zwischen angrenzenden Bergwerken — zwei Fälle, welche nur selten vorzukommen pflegen — ist die Bestätigung des Oberbergamtes nothwendig und zwar aus dem Grunde, weil eine einseitige Aenderung des auf dem Rechtstitel der Verleihung beruhenden Bergwerkseigenthümer nicht gestattet werden kann und weil außerdem öffentliche, namentlich bergbauliche Interessen in Frage kommen.

Wie bei der Vereinigung (Art. 63) ist auch in den hieher gehörigen Fällen die Bestätigung nur davon abhängig zu machen, daß das öffentliche Interesse gewahrt wird.

Das Verfahren vor und bei der Bestätigung ordnet sich zweckmäßig durch entsprechende Anwendung der für die Vereinigung in den Art. 56, 59 und 63 ertheilten Vorschriften.

Von einer Bestimmung des Antheilverhältnisses, welches bei der Vereinigung in Betracht kommt, kann bei der abweichenden Beschaffenheit der Fälle keine Rede sein, weshalb auch über ein Einspruchsrecht der Realberechtigten nach Art. 60 hier nichts zu bestimmen ist. Dagegen muß auch in den vorliegenden Fällen den Realberechtigten ihre seitherige Befugniß erhalten bleiben, schon vor der Verfallzeit nach näherer Vorschrift des Art. 61 Befriedigung zu verlangen. Damit von dieser Befugniß rechtzeitig Gebrauch gemacht werden kann, ist die in Art. 59 vorgeschriebene Bekanntmachung auch hier am Platze.

Außerdem werden die Realberechtigten auch noch durch die in Abs. 4 enthaltene, auf allgemeinen Rechtsgrundsätzen beruhende Bestimmung vor Verkürzung gesichert.

2. Die im bisherigen Berggesetze in Abs. 4 enthaltenen Worte „ohne Weiteres" wurde bei der Abänderung des Gesetzes gestrichen, weil gegen den Beschluß des Oberbergamtes die Beschwerde an den Verwaltungsgerichtshof, bezw. das Staatsministerium des Innern zulässig ist (Art. 226).

Bezüglich der Zuständigkeit des Verwaltungsgerichtshofs gilt das zu Art. 63 Bemerkte. Hat das Oberbergamt lediglich in Wahrung des öffentlichen Interesses, namentlich aus bergpolizeilichen Gründen nach freiem Ermessen die Befugniß versagt, dann entfällt die Zuständigkeit des Verwaltungsgerichtshofs.

Art. 65. (62a)

Ist die Bestätigung der Vereinigung mehrerer

Bergwerke, die Theilung des Feldes eines Bergwerkes in selbständige Felder oder des Austausches von Feldestheilen erfolgt, so hat das Oberbergamt das Grundbuchamt unter Mittheilung einer beglaubigten Abschrift der Bestätigungsurkunde und beglaubigter Planzeichnungen um die Eintragungen zu ersuchen, welche durch die eingetretenen Rechtsänderungen veranlaßt werden.

Soweit Hypotheken, Grundschulden oder Rentenschulden von der Rechtsänderung betroffen werden, finden die Vorschriften des Art. 38 Abs. 2 Satz 2, 3 entsprechende Anwendung.[1]

1. Der Art. ist durch Art. 157 VII des Ausführungsgesetzes zum Bürgerl. Gesetzbuche beigefügt worden. Die Rechtsänderungen, welche durch die Bestätigung der Vereinigung mehrerer Bergwerke, der Theilung des Feldes eines Bergwerkes in selbständige Felder und des Austausches von Feldestheilen bewirkt werden, treten ohne Eintragung in das Grundbuch ein. Das Grundbuch bedarf deshalb der Berichtigung. Um diese sicher und rasch herbeizuführen, wird das Oberbergamt verpflichtet, das Grundbuchamt von Amtswegen um die Eintragung der durch seine Verfügung bewirkten Rechtsänderungen zu ersuchen und ihm hiebei die betreffenden Bestätigungsurkunden nebst Plänen in beglaubigter Form mitzutheilen.

Die Eintragung der Rechtsänderungen darf wie in anderen Fällen, in denen die Rechtsänderung durch die Verfügung einer Behörde bewirkt wird, bei Hypotheken, Grund- oder Rentenschulden, über die ein Brief ertheilt ist, abweichend von den Vorschriften der §§ 42 bis 44 der Grundbuchordnung nicht von der Vorlegung des Briefes abhängig gemacht werden. Es ist deshalb hier vom Grundbuchamt wie bei Art. 38 Abs. 2 Satz 3 zu verfahren.

Dritter Abschnitt.

Von dem Betriebe und der Verwaltung.

Art. 66. (63)

Der Bergwerksbesitzer ist verpflichtet, das Bergwerk zu betreiben, wenn der Unterlassung oder Einstellung des Betriebes nach der Entscheidung des Oberbergamtes überwiegende Gründe des öffentlichen Interesses entgegen stehen.[1]

Das Oberbergamt hat in diesem Falle die Befugniß, den Eigenthümer nach Vernehmung desselben zur Inbetriebsetzung des Bergwerkes oder zur Fortsetzung des unterbrochenen Betriebes binnen einer Frist von sechs Monaten aufzufordern und für den Fall der Nichtbefolgung dieser Aufforderung die Entziehung des Bergwerkseigenthums nach Maßgabe des sechsten Titels anzudrohen.[2]

1. Das öffentliche Interesse rechtfertigt die hier ausgesprochene Verpflichtung des Bergwerksbesitzers vollkommen. Gegenüber der Bergbaufreiheit muß die Möglichkeit bestehen, wenn das allgemeine Wohl es erfordert, den Bergwerksbesitzer zur Förderung der verliehenen Mineralien zwingen zu können.

Was unter „öffentlichem Interesse" hier zu verstehen sei, darüber fanden bei den Ausschußverhandlungen Erörterungen statt und wurde Seitens der k. Staatsregierung die Erklärung abgegeben, daß hierunter namentlich auch wirthschaftliche Interessen inbegriffen seien, so wenn die Beschäftigung von Arbeitern in Frage komme, wenn die Hebung der Bodenschätze im Interesse des Landes oder einer Gegend liege, deren Verkehrs- und sonstige Verhältnisse hiedurch günstig beeinflußt würden. Von Einfluß kann auch die Erklärung von dritten leistungsfähigen Personen sein, ein Bergwerk z. B. auf Kohlen betreiben zu wollen auf einem verliehenen, aber nicht bebauten Felde (vgl. die Aeußerung der Ref. der Abg. Kammer Sten. Ber. Bd. II S. 813).

Da diese Erklärung der Staatsregierung weder im Plenum der Abgeordnetenkammer, noch in der Kammer der Reichsräthe einen Widerspruch fand, so muß solche für den künftigen Vollzug des Art. 66 und bzw. 192 als maßgebende Grundlage gelten.

2. Das Oberbergamt hat daher in allen jenen Fällen, in welchen ohne zwingenden Grund der Betrieb eines verliehenen Bergwerks unterlassen oder der begonnene Betrieb eingestellt wird, zu prüfen, ob nicht solche Gründe des öffentlichen Interesses vorliegen, welche die Aufnahme oder Fortsetzung des Betriebs dringend erheischen, und im bejahenden Falle die Aufforderung an den Bergwerkseigenthümer zu erlassen, innerhalb der sechsmonatlichen Frist den Betrieb zu eröffnen oder fortzuführen, widrigenfalls das Verfahren wegen Entziehung des Bergwerkseigenthums eingeleitet würde (Art. 192).

Bei den Ausschußverhandlungen wurde auf mehrfache Fälle hingewiesen, in welchen von den verliehenen bez. Rechten zum öffentlichen Nachtheile kein Gebrauch gemacht würde und der Wunsch zum Ausdruck gebracht, daß hier durch energisches Einschreiten Seitens des Oberbergamtes Wandel geschaffen werde.

Es bedarf kaum des Hinweises, daß es den betheiligten Kreisen jederzeit unbenommen bleibt, bei dem Oberbergamt, welches von Amtswegen die Bergwerkseigenthümer in dieser Richtung zu überwachen hat, unter Darlegung der einschlägigen Verhältnisse den Antrag auf Entscheidung im Sinne des Abs. 1 zu stellen und in ablehnender Haltung desselben die Entscheidung des Staatsministeriums des Innern anzurufen.

Art. 67. (64)

Der Bergwerksbesitzer ist verpflichtet, der Berginspektion von der beabsichtigten Inbetriebsetzung des Bergwerkes mindestens ein Monat vorher Anzeige zu machen.[1]

1. Die den Bergwerksbesitzern allgemein zur Pflicht gemachte vorgängige Anzeige von der Inbetriebsetzung des Bergwerks ist deshalb erforderlich, damit die Berginspektion den Betrieb polizeilich überwachen, die nöthigen Sicherheitsvorschriften erlassen und darauf halten kann, daß der Betrieb nicht anders, als nach einem geprüften Betriebsplane und durch einen für befähigt erklärten Betriebsführer unternommen wird.

Die Berginspektion wird hieraus auch Anlaß nehmen, die in dem Bergwerk zu beschäftigende Arbeiterzahl zu erheben, um die allenfalls erforderlichen Anordnungen wegen des Erlasses einer Arbeitsordnung treffen zu können (Art. 88). Die Verpflichtung des Bergwerksbesitzers erstreckt sich sowohl auf die Inbetriebsetzung neu eröffneter Bergwerke, als auch auf die Wiederaufnahme eines unterbrochenen Betriebs.

Strafbestimmung im Art. 240 Ziff. 1.

Art. 68. (65)

Der Betrieb darf nur auf Grund eines Betriebsplanes geführt werden.

Derselbe unterliegt der Prüfung durch die Berginspektion und muß der letzteren zu diesem Zwecke vor der Ausführung vorgelegt werden.[1]

Die Prüfung hat sich auf die im Art. 230 festgestellten polizeilichen Gesichtspunkte zu beschränken.[2]

1. Aus überwiegenden Zweckmäßigkeitsgründen ist die Bestimmung zu treffen, daß der Bergwerksbetrieb nur auf Grund eines von der Berginspektion in polizeilicher Beziehung geprüften und derselben zu diesem Zwecke vor der Ausführung vorgelegten Betriebsplanes geführt werden darf.

Da nämlich ein rationeller Betrieb nicht anders, als auf Grund eines Betriebsplanes geführt werden kann, so fällt die Verpflichtung zur vorgängigen Aufstellung des letzteren mit dem eigenen Interesse des Bergwerksbesitzers zusammen.

Aber auch die vorgängige Prüfung des Betriebsplanes durch die Berginspektion liegt im wohlverstandenen Interesse des Bergwerksbesitzers selbst, denn es ist dies das am wenigsten belästigende Mittel zur Ausübung der bergpolizeilichen Überwachung. Dasselbe sichert den Bergwerksbesitzer namentlich vor unvorhergesehenen Eingriffen der Behörde in den Betrieb und vor den hieraus erwachsenden finanziellen und sonstigen Nachtheilen, während die Behörde ihrerseits der Verpflichtung überhoben ist, sich durch häufig wiederholte Befahrungen zu überzeugen, daß der Betrieb nach den Vorschriften der Bergpolizei geführt wird. Es handelt sich demnach bei der Prüfung des Betriebsplanes um eine Präventivmaßregel, bei welcher die bergpolizeilichen Rücksichten mit dem Privatinteresse des Bergwerksbesitzers Hand in Hand gehen. Selbstverständlich hat die Berginspektion durch die Betriebsrevisionen die genaue Einhaltung des Betriebsplanes festzustellen und zu überwachen.

2. Dem Bergwerksbesitzer ist durch die Bestimmung im Abs. 3 vollster Schutz gegen willkürliche Eingriffe der Behörde in seinen Betrieb gewährt, indem die Prüfung auf die im Art. 230 näher bezeichneten polizeilichen Gesichtspunkte beschränkt ist, deren Beachtung auch im Interesse des Werksbesitzers gelegen ist, um ihn vor Ersatzansprüchen thunlichst sicher zu stellen. Weitere Garantien für Berücksichtigung berechtigter Wünsche bei Aufstellung des Betriebsplanes bietet der nachfolgende Artikel.

Strafbestimmung bei Betriebseröffnung ohne vorgängige Vorlage des Betriebsplanes im Art. 240 Ziffer 2.

Art. 69. (66)

Erhebt die Berginspektion nicht binnen zwei Wochen nach Vorlegung des Betriebsplanes Einsprache gegen denselben, so ist der Bergwerksbesitzer zur Ausführung befugt.

Wird dagegen innerhalb dieser Frist Einspruch von der Berginspektion erhoben, so ist der Bergwerksbesitzer gleichzeitig zur Erörterung der beanstandeten Betriebsbestimmungen zu einem Termin vorzuladen.[1]

Insoweit auf diesem Wege keine Verständigung erzielt wird, hat die Berginspektion diejenigen Abänderungen des Betriebsplanes, ohne welche derselbe nicht zur Ausführung gebracht werden darf, festzusetzen.

1. Durch die Vorschrift in Abs. 1 wird verhindert, daß die Eröffnung des Betriebes unnöthig verzögert wird, während der Abs. 2 dem Bergwerksbesitzer dafür bürgt, daß Abänderungen des Betriebsplans durch die Berginspektion nur nach seinem Einver-

nehmen verfügt werden können, daß er sohin Gelegenheit hat, die von ihm beabsichtigte Betriebsführung eingehend zu vertreten.

Der Einspruch der Berginspektion kann sich nur darauf stützen, daß der Betriebsplan den polizeilichen Rücksichten und bezw. den hiewegen erlassenen oberpolizeilichen Vorschriften nicht entspricht, wobei übrigens der Schutz der benachbarten Bergwerks- und Grundbesitzer mit in Frage kommen kann. Dem Bergwerksbesitzer sind die einzelnen beanstandeten Betriebsbestimmungen bei Erhebung des Einspruchs mitzutheilen.

2. Wird bei der Verhandlung über den Einspruch der Berginspektion eine Verständigung erzielt, so kann nach dem desfalls festgestellten Betriebsplan die Durchführung stattfinden; außerdem hat die Berginspektion die ihr erforderlich scheinenden Abänderungen des Planes vorzunehmen. Gegen diese Verfügung steht dem Bergwerksbesitzer die Beschwerde zum Oberbergamte zu.

Strafbestimmung im Art. 240 Ziffer 1.

Art. 70. (67)

Die Art. 68 und 69 finden auch auf die späteren Abänderungen der Betriebspläne Anwendung.

Werden jedoch in Folge unvorhergesehener Ereignisse sofortige Abänderungen eines Betriebsplanes erforderlich, so genügt es, wenn dieselben binnen der nächsten zwei Wochen der Berginspektion durch den Betriebsführer angezeigt werden.[1]

1. Um dem Umstande gerecht zu werden, daß häufig in Folge unvorhergesehener Ereignisse *sofortige* Abänderungen eines Betriebsplanes erforderlich sind und daher die vorgängige polizeiliche Prüfung solcher Abänderungen ohne Schaden oder Gefahr nicht herbeizuführen sein würde, erklärt der Art. 70 in solchen Fällen für ausreichend, daß die Abänderung des Betriebsplanes binnen der nächsten zwei Wochen der Berginspektion durch den Betriebsführer, der hier allein verantwortlich erscheint, angezeigt werde. Die Frist läuft von dem Tage, an welchem der abgeänderte Betriebsplan zur Ausführung gelangt.

Nach der Anzeige der Abänderungen tritt die Prüfung derselben durch die Berginspektion nach Maßgabe der Art. 68 und 69 und unter Beachtung des daselbst vorgeschriebenen Verfahrens ein.

Strafbestimmung im Art. 240 Ziff. 2.

Art. 71. (68)

Wird ein Betrieb den Vorschriften der Art. 68 bis 70 zuwider geführt, so ist die Berginspektion befugt, nöthigen Falles einen solchen Betrieb einzustellen.[1]

1. Zuwiderhandlungen gegen die Vorschriften der Art. 68 bis 70 können unter Umständen so gemeingefährliche Folgen haben, daß unbedingt erforderlich ist, der Berginspektion, unabhängig von der nach Art. 240 eintretenden Bestrafung, die Befugniß zur Einstellung eines solchen gesetzwidrigen Betriebes einzuräumen.

Strafbestimmung bei Fortsetzung des eingestellten Betriebes im Art. 240 Ziff. 3.

Gegen die Einstellung des Betriebs findet Beschwerde zum Oberbergamt statt (Art. 227).

Art. 72. (69)

Will der Bergwerksbesitzer den Betrieb des Bergwerkes einstellen, so hat derselbe der Berginspektion hievon mindestens einen Monat vorher Anzeige zu machen.

Muß der Betrieb in Folge unvorhergesehener Ereignisse schon in kürzerer Frist oder sofort eingestellt werden, so ist die Anzeige binnen längstens zwei Wochen nach erfolgter Betriebseinstellung nachzuholen. [1]

1. Wie die Anzeige von der beabsichtigten Inbetriebsetzung eines Bergwerks (Art. 67), so ist auch die hier vorgeschriebene Anzeige von der Außerbetriebsetzung nothwendig, damit die Berginspektion ihr polizeiliches Aufsichtsrecht wirksam ausüben und insbesondere darüber wachen kann, daß das Bergwerk nicht in einem gemeingefährlichen Zustande verlassen, sondern daß für die Sicherstellung der Baue und der Oberfläche gesorgt wird.

Die Anzeige obliegt auch im Falle des Abs. 2 dem Bergwerksbesitzer oder dessen Stellvertreter, der von der Betriebseinstellung jedenfalls rasch Kenntniß erhält.

Vor gänzlicher Einstellung des Betriebes hat die Ergänzung des Grubenbildes durch den amtlichen Markscheider zu erfolgen.

Strafbestimmung im Art. 240 Ziff. 4.

Art. 73. (70)

Der Bergwerksbesitzer hat auf seine Kosten ein Grubenbild in zwei Exemplaren durch einen amtlich bestellten Markscheider anfertigen und regelmäßig nachtragen zu lassen.

In welchen Zeitabschnitten die Nachtragung stattfinden muß, wird durch die Berginspektion vorgeschrieben.

Das eine Exemplar des Grubenbildes ist an die Berginspektion zum Gebrauche derselben abzuliefern, das andere auf dem Bergwerke oder, falls es daselbst an einem geeigneten Orte fehlt, bei dem Betriebsführer aufzubewahren.[1]

1. Verlässige und vollständige Grubenbilder sind zur wirksamen Ueberwachung des Bergbaues unentbehrlich. Es ist deshalb hier angeordnet, daß solche angefertigt und evident gehalten werden.

Die Bestimmungen über die Nachtragung richten sich nach den besonderen Verhältnissen der einzelnen Gruben und auch nach den wichtigeren außerordentlichen Vorkommnissen.

Die Grubenbilder sollen die Lage der Grubenbaue gegen die Gegenstände auf der Oberfläche genau erkennen lassen und daher sowohl die Tagessituation, wie die Grubenbaue enthalten.

Denselben muß der Stand des Abbaues zu entnehmen sein, um gegebenenfalls hiernach die zur Sicherung &c. etwa erforderlichen Maßnahmen vorbereiten und treffen zu können.

Das eine Exemplar muß auf dem Bergwerke oder beim Betriebsführer aufbewahrt sein, damit jederzeit ein Vergleich mit dem wirklichen Stand bethätigt werden kann.

Strafbestimmung im Art. 240 Ziff. 5.

Art. 74. (71)

Der Betrieb darf nur unter Leitung, Aufsicht und Verantwortlichkeit von Personen geführt werden, deren Befähigung hiezu anerkannt ist.[1]

1. Der Grundsatz, daß der Bergwerksbetrieb nur unter Leitung, Aufsicht und Verantwortlichkeit hiezu befähigter Personen geführt werden darf, findet seine Begründung nicht nur in den bisherigen Bergrechtsvorschriften, sondern auch darin, daß die großen Gefahren, welche fast mit jedem Bergwerksbetriebe für die Arbeiter und das Publikum verknüpft sind, nur durch eine sachkundige Betriebsführung, durch Kenntniß und Anwendung der Regeln der Bergtechnik und durch pünktliche Befolgung der bergpolizeilichen Vorschriften vermindert werden können.

Neben der durch Art. 67 geforderten Anzeige von der Inbetriebsetzung des Bergwerks hat der Bergwerksbesitzer oder dessen Stellvertreter den oder die Betriebsleiter der Berginspektion namhaft zu machen, ehe er mit dem Betriebe beginnen oder solchen fortsetzen darf (z. B. jedoch Art. 75 Abs. 3).

Eine Aufsucharbeit (Stollenanlagen) im verliehenen Felde durch den Bergwerksbesitzer ist bergrechtlich nicht als ein Schürfen im Sinne des Art. 4, sondern als Bergwerksbetrieb, als eine Arbeit zur Aufsuchung und Gewinnung von Mineralien nach Art. 44 zu betrachten, wobei die Bestimmungen des Art. 74 ff. zu beachten sind.

Art. 75. (72)

Der Bergwerksbesitzer hat die zur Leitung und Beaufsichtigung des Betriebes angenommenen Personen, wie Betriebsführer, Steiger, technische Aufseher rc. der Berginspektion namhaft zu machen.

Diese Personen sind verpflichtet, ihre Befähigung zu den ihnen zu übertragenden Geschäften nachzuweisen und sich zu diesem Zwecke auf Erfordern einer Prüfung durch die Berginspektion zu unterwerfen.[1]

Erst nachdem letztere die Befähigung anerkannt hat, dürfen die genannten Personen die ihnen übertragenen Geschäfte übernehmen.[2]

1. Der Nachweis zur Befähigung muß für jede einzelne Anstellung oder Verwendung erbracht werden und die Berginspektion wird bei der Prüfung der Befähigung darauf zu achten haben, welche Aufgabe der betreffenden Person bei der Führung des Bergbaues übertragen werden soll, und hienach die Ansprüche, die an dieselbe nach Kenntnissen, Erfahrung und sonstigen Eigenschaften zu stellen sind, zu bemessen haben.

Eine Prüfung nach Abs. 2 kann nur für specielle Fälle und lokale Verhältnisse vorgenommen werden und hat denn auch nur für diese, keineswegs allgemein eine Bedeutung. Es wird deshalb auch ein Zeugniß über diese Prüfung nicht ausgestellt; sie hat nur den Zweck, die Befähigung des Geprüften für die ihm anzuvertrauende Funktion darzuthun.

2. Es genügt hienach nicht, daß der Bergwerksbesitzer die mit der Leitung des Betriebes zu betrauenden Personen namhaft gemacht hat, sondern es muß deren Befähigung ausdrücklich von der Berginspektion anerkannt sein, ehe solche die Leitung des Betriebes übernehmen dürfen.

Strafbestimmung im Art. 240 Ziffer 6 u. 7.

Art. 76. (73)

Wird der Betrieb von einer Person geleitet oder beaufsichtigt, welche das erforderliche Anerkenntniß ihrer Befähigung (Art. 75) nicht besitzt oder welche diese Befähigung wieder verloren hat, so ist die Berginspektion befugt, die sofortige Entfernung derselben zu verlangen und nöthigenfalls den in Betracht kommenden Betrieb so lange einzustellen, bis eine als befähigt anerkannte Person angenommen ist.[1]

1. Im Interesse der Sicherheit des Betriebs, sowie der ordnungsmäßigen Führung desselben ist es nöthig, der Berginspektion die Befugniß einzuräumen, die sofortige Entfernung von Personen

zu verlangen, denen die Leitung des Betriebs anvertraut ist, insoferne deren Befähigung hiezu nicht anerkannt ist, oder insoweit sich aus deren Thätigkeit entnehmen läßt, daß sie dieselbe nicht mehr oder nicht in ausreichendem Maße besitzen. Letzterer Fall kann auch dadurch eintreten, daß der Betrieb sich schwieriger gestaltet, als anfangs angenommen wurde, und daß sie sich der erhöhten Aufgabe nicht mehr gewachsen zeigen. Neben der Bestrafung nach Art. 240 muß übrigens der Berginspektion bei der großen Bedeutung einer sachkundigen Leitung das Mittel der Betriebseinstellung eingeräumt werden, solange nicht ein als fähig anerkannter Leiter aufgestellt ist.

Bei der Würdigung der Befähigungsfrage ist nicht nur die technische Qualifikation ins Auge zu fassen, sondern auch die Befähigung nach anderen Richtungen, so hinsichtlich der Beachtung der Arbeitsordnung, der bergpolizeilichen Vorschriften, des Verkehrs mit den Arbeitern. Es sollen nur ganz tüchtige und verlässige Persönlichkeiten die Leitung und Beaufsichtigung des Betriebs in Händen haben, welche die staatlichen Inspektionsbeamten durch ihre Thätigkeit wirksam unterstützen. Die Ueberwachung dieses Personals und energisches Eingreifen bei hier wahrgenommenen Mißständen bildet eine Hauptaufgabe der Berginspektionen.

Art. 77. (74)

Die Personen, welche die Leitung und Beaufsichtigung des Betriebes übernommen haben, sind für die Einhaltung der Betriebspläne, sowie für die Befolgung aller im Gesetze enthaltenen oder auf Grund desselben ergangenen Vorschriften und Anordnungen verantwortlich. [1]

1. Der Art. 77 beruht darauf, daß der Zweck, welchen die Anstellung befähigter technischer Werkbeamten hat, nur dann vollständig erreicht werden kann, wenn diese Beamten zugleich für die Ausführung der Betriebspläne, sowie aller im Gesetze enthaltenen oder sonst gesetzmäßig ergangenen Vorschriften und Anordnungen verantwortlich gemacht werden. Die Haftung der Werkbeamten erstreckt sich selbstredend nur auf den ihnen übertragenen Wirkungskreis, der bei der Aufstellung genau und fest zu begrenzen ist.

Die Haftung des Bergwerksbesitzers für etwaige Beschädigungen durch mangelhafte Einrichtungen der Bergwerksanlagen wird hiedurch nicht beseitigt.

Art. 78. (75)

Dieselben sind verpflichtet, die Bergbeamten, welche im Dienste das Bergwerk befahren, zu begleiten und denselben auf Erfordern Auskunft über den Betrieb, über die Ausführung der Arbeitsordnung und über alle sonstigen, der Aufsicht der Berginspektion unterliegenden Gegenstände zu ertheilen.[1]

1. Der Ausschuß hat diesen Art., der im Regierungsentwurfe unverändert belassen war, erweitert durch Beifügung der Worte „über die Ausführung der Arbeitsordnung und über alle sonstigen, der Aufsicht der Berginspektion unterliegenden Gegenstände", um jeden Zweifel über den Umfang der Verpflichtung zu beseitigen. Die Fassung fand die Annahme beider Kammern.

Art. 79. (76)

Der Bergwerksbesitzer muß den mit Fahrscheinen der einschlägigen Berginspektion versehenen Personen, welche sich dem Bergfache gewidmet haben, zum Zwecke ihrer Ausbildung die Befahrung und Besichtigung des Werkes gestatten.[1]

1. Zum Zwecke der Ausbildung der Aspiranten für das Bergfach ist es nöthig, daß diese die Einrichtung und den Betrieb der Werke genau kennen lernen, und daher ist dem Bergwerksbesitzer die Verpflichtung auferlegt, den sich durch Fahrscheinen der Berginspektion legitimirenden Personen den Zutritt zu gestatten. Bei etwaiger Weigerung kann die Berginspektion nach Art. 233 einschreiten.

Art. 80. (77)

Der Bergwerksbesitzer ist verpflichtet, in den dafür festgesetzten Zeiträumen und Formen die vom zuständigen k. Staatsministerium vorgeschriebenen statistischen Nachrichten einzureichen.[1]

1. Die Statistik umfaßt die Produktion der Werke und wird veröffentlicht. Wegen der Statistik des Knappschaftswesens vgl. Art. 221.

Art. 81. (neu)

Den Vorschriften der Art. 67 bis 80 unterliegen auch die unterirdischen Baue auf andere als die im Art. 1 bezeichneten Mineralien einschließlich der unterirdischen Steinbrüche und Gräbereien.[1]

1. Die unterirdischen Baue, welche auf andere als die in Art. 1 bezeichneten Mineralien gerichtet sind, unterliegen der Vorschrift des IX. Titels, welcher von der Bergpolizei handelt. Wenn auch nicht in Abrede gestellt werden kann, daß die bergpolizeiliche

Kontrolle sich auch auf den Vollzug der Vorschriften über die Betriebsanzeigen, die Vorlage eines Betriebsplanes, den Vorschlag eines qualifizirten Betriebsführers, die Herstellung und Instandhaltung der Grubenrisse, die Betriebseinstellungsanzeigen zc. erstrecken muß, so erscheint es gleichwohl angezeigt, zur Beseitigung von Zweifeln, welche bei Anlaß von Strafanträgen schon aufgetreten sind, nothwendig, im 3. Abschnitte des XII. Titels eine Bestimmung einzuschalten, wonach den Vorschriften über Betriebsanzeigen und Betriebsleitung auch die auf nicht verliehene Mineralien gerichteten unterirdischen Betriebe unterworfen sein sollen.

Der Art. beschränkt die Anwendung der Vorschriften auf unterirdische Baue; Seitens der Bergbehörden dürfen deshalb Tagbaue nicht herangezogen werden, ebensowenig oberflächliche Gräbereien, welche etwa nur das Aufsuchen von Sand, Lehm, Quellen zc. bezwecken, wenn auch deren Ausbau in die Tiefe möglich sein sollte.

Erst von dem Zeitpunkte ab, wo der Ausbau in die Tiefe unternommen wird, unterliegen diese Baue den Vorschriften der Art. 67 bis 80.

Vierter Abschnitt.[1]

Von den Bergleuten und den Betriebsbeamten.

Art. 82. (78)

Das Vertragsverhältniß zwischen den Bergwerksbesitzern und den Bergleuten wird nach den allgemeinen gesetzlichen Bestimmungen beurtheilt, soweit nicht nachstehend etwas Anderes bestimmt ist.[2]

1. Der vierte Abschnitt hat bereits im Regierungsentwurfe eine vollständige Umänderung erfahren.

Es erschien angezeigt, die durch die Novelle zur Gewerbeordnung vom 1. Juni 1891 erweiterten Bestimmungen des Titel VII der Gewerbeordnung, insofern nicht schon die Vorschrift des § 154abc einschlägig ist, soweit veranlaßt nach dem Vorbild der Berggesetzgebung anderer deutscher Staaten dem Berggesetz selbst anzugliedern. Hiedurch erhalten entsprechend dem Gesammtbeschluß beider Kammern des Landtags namentlich die Verhältnisse der Bergarbeiter in Beziehung auf Eingehung und Auflösung des Arbeitsverhältnisses, auf Feststellung des Lohnes zc. eine gegenüber den Bestimmungen des bisherigen Gesetzes eingehendere

Regelung. Ferner werden nach dem Vorgange der Gewerbeordnung die bisher fakultativen Arbeitsordnungen für größere Betriebe obligatorisch gemacht, für minderjährige Arbeiter Arbeitsbücher eingeführt und die Dienstverhältnisse der höheren Bediensteten in Bergbaubetrieben analog den bezüglichen Bestimmungen der Gewerbeordnung geregelt.

Bereits im Ausschuß der Abgeordnetenkammer wurde eine systematische Aenderung des Entwurfs insofern angeregt und beschlossen, als die materiell rechtlichen Bestimmungen über Berechnung und Auszahlung des Lohnes, über Abschluß und Bekanntgabe des Gedinges, Feststellung des Gedinglohnes, über Lohnverwirkung anschließend an die allgemeine Bestimmung des Art. 82 über das Vertragsverhältniß zwischen Unternehmern und Arbeitnehmern getroffen werden und die übrigen Vorschriften über Arbeitsordnungen, Arbeiterausschüsse, Entlassung und Austritt von Bergleuten und höheren Bediensteten ꝛc. nachfolgen.

Im Princip wurde diese Aenderung von beiden Kammern des Landtages gutgeheißen. Während aber die Kammer der Abgeordneten den Vorschlag ihres Ausschusses, im Gesetze die Arbeitszeit der Bergleute vor Ort auf acht Stunden für den Tag festzulegen und hievon nur für eine bestimmte Anzahl von Tagen (52) und bis zu zwei Stunden pro Schicht Ausnahmen zuzulassen, annahm, wurde diese Bestimmung, welche von der Staatsregierung wegen deren Undurchführbarkeit und der bedenklichen Konsequenzen aufs Lebhafteste bekämpft wurde, von der Kammer der Reichsräthe einstimmig abgelehnt (vgl. Verh. d. K. d. Abg Sten. Ber. Bd. II S. 815 ff., V. d. K. d. Reichsr. Sten. Ber. Bd. I S. 137 ff.)

Die Kammer der Abgeordneten ist sodann, um das Zustandekommen des Gesetzes zu sichern, dem Beschluß der Reichsrathskammer beigetreten (V. d. K. Abg. Sten. Ber. Bd. IV S. 444 ff.)

Zweifellos dürfte das Gesetz in seiner jetzigen Fassung wirthschaftlich und politisch das Richtige getroffen haben und vor der starren Festlegung des Achtstundentages den Vorzug verdienen.

Die Verhältnisse der einzelnen Bergwerke sind so verschieden gelagert, daß eine gleichheitliche Regelung der Arbeitszeit die Interessen des Bergbaues und jene der Arbeiterschaft oft aufs Empfindlichste schädigen würde. Dagegen bietet der neueingeführte Art. 232 den Bergbehörden die Möglichkeit, diesen Verhältnissen nach jeder Richtung thunlichst Rechnung zu tragen und namentlich die Schädigung der Gesundheit der Arbeiter durch zu anstrengende Arbeit hintanzuhalten. Auch hat die k. Staatsregierung damit ein wirksames Mittel, bei Differenzen zwischen Bergwerksbesitzern und Bergleuten hinsichtlich der Arbeitszeit entscheidend einzugreifen, wie auch der Referent der Abgeordnetenkammer zugegeben hat. (V. d. K. d. Abg. Sten. Ber. Bd. IV S. 449.) Der große Streik der österreichischen Kohlenarbeiter, der gerade während der Verhandlungen des bayer. Landtags tobte und die österreichische, wie die deutsche Industrie, sowie die Arbeiterschaft beiderseits aufs Empfindlichste geschädigt hat, wäre sicher vermieden worden, falls die dortige Regierung die im Art. 232 aufgeführte Befugniß gehabt hätte. Daß im Uebrigen Streiks auch bei gesetzlicher Festlegung der Arbeitszeit vorkommen können und werden, lehrt die tägliche Erfahrung.

2. Für den Vertrag gelten nunmehr zunächst die Bestimmungen des Bürgerlichen Gesetzbuchs (§§ 611 ff.)

In dem Vertrage dürfen jedoch keine Bestimmungen getroffen werden, welche den bindenden Vorschriften im nachfolgenden Artikel widersprechen. Wegen Auflösung des Vertragsverhältnisses vgl. auch Art. 96.

Art. 83. (neu)

Die Berechnung und Auszahlung des Lohnes muß mindestens alle Monate an den zu Anfang des Jahres im Voraus bestimmten Tagen erfolgen. Ungefähr in der Mitte zwischen diesen Zahlungen hat eine Abschlagszahlung zu erfolgen.[1]

1. Der Art. wurde neu eingeführt und zwar, wie aus den Ausschußverhandlungen der Abgeordnetenkammer zu entnehmen ist, weil zweifellos ein Bedürfniß vorliege, die Lohnperioden nicht zu groß und gleichmäßig zu gestalten und die Zahltage im Voraus festzusetzen, weil solche Bestimmungen in der Arbeitsordnung nicht zu erzwingen seien. Außerdem wurde angeführt, daß diese Regelung in den größeren Betrieben schon jetzt durchgeführt sei. Kürzere Lohnperioden festzusetzen, wie auch angeregt wurde, sei nicht angezeigt, da die Bergbauverhältnisse eine zu große Einschränkung in dieser Beziehung nicht vertragen und die Interessen der Arbeiter dadurch genügend gewahrt seien, daß eine 14tägige Abschlagszahlung gesetzlich festgelegt werde.

Es darf hienach in der Arbeitsordnung bei Festlegung der Lohnfristen ein längerer Zahltermin als ein Monat nicht bestimmt werden; selbstverständlich kann derselbe, wo es die Verhältnisse gestatten, kürzer festgesetzt werden. Die Vorausbestimmung der Tage kann in der Weise erfolgen, daß solche einzeln aufgeführt werden oder daß je ein bestimmter Tag des Monats bezeichnet wird (z. B. der dritte Samstag oder je der 24. jeden Monats und, wenn solcher auf einen Sonn- oder Feiertag fällt, der vorhergehende Tag). Die Abschlagszahlung ist nur für die monatliche Lohn-Berechnung und -Zahlung vorgeschrieben. Der Art. gilt selbstredend auch für kleine Betriebe mit unter 10 Arbeitern.

Art. 84. (neu)

Soferne der Lohn nach Gedinge sich bemessen soll, muß die Vereinbarung desselben binnen zehn Tagen nach

Belegung eines Ortes (Uebernahme der Arbeit) erfolgen. Ist dieß nicht der Fall, so hat der Arbeiter Anspruch auf den durchschnittlichen Tagesverdienst gleichwerthiger Arbeiter.[1]

Ist im Falle der Fortsetzung der Arbeit vor demselben Ort das Gedinge nicht bis zu dem bestimmten Zeitpunkte abgeschlossen, so ist der Arbeiter berechtigt, die Feststellung seines Lohnes nach Maßgabe des in der vorausgegangenen Lohnperiode für dieselbe Arbeitsstelle giltig gewesenen Gedinges zu verlangen.[2]

Das Gedinge ist in dem Gedingebuch zu beurkunden und, wenn es länger als vierzehn Tage dauert, den Arbeitern entweder durch einen Gedingzettel für die Kameradschaft oder durch öffentlichen Anschlag bekannt zu machen.[3]

1. Auch dieser Art. wurde neu beigefügt. Er bezweckt, dem Arbeiter möglichst bald Klarheit und Sicherheit darüber zu geben, was er in der betreffenden Lohnperiode sich verdient. Deshalb müsse für den Abschluß des Gedings eine gesetzliche Frist bestimmt werden, weil auch hier die Arbeitsordnung versage. Die Frist war ursprünglich als eine 8tägige vom Ausschuß vorgeschlagen, wurde aber auf Antrag der Staatsregierung auf zehn Tage erhöht, da die Verhältnisse verschiedene seien und öfters die Festsetzung des Gedings längere Zeit beanspruche, weil sie der thunlichsten Einheitlichkeit wegen in einem großen Verbande vorgenommen wird. Der 10tägige Termin findet sich auch in der westphälischen Arbeitsordnung. Hiedurch ist nicht ausgeschlossen, in der Arbeitsordnung eine kürzere Frist für die Gedingfestsetzung zu normiren, wo dieß nach den örtlichen Verhältnissen thunlich erscheint. Kommt das Gedinge in der gesetzlichen Frist nicht zu Stande, dann bemißt sich der Lohn nach dem durchschnittlichen Tagesverdienst gleichwerthiger Arbeiter. Ueber die **Berechnung** dieses Tagesverdienstes ist in der Arbeitsordnung Bestimmung zu treffen. Es gilt dieß nur für den Fall des Wechsels des Arbeitsortes oder bei **erstmaliger** Festsetzung des Gedings.

2. Bei Fortsetzung der Arbeit vor demselben Ort bleibt, wenn das Gedinge nicht rechtzeitig abgeschlossen ist, der alte Gedinglohn giltig.

3. Der Abs. 3 soll sichern, daß die Arbeiter genau über den Gedingabschluß unterrichtet werden.

Eine Vereinbarung über die Lohnzahlung muß getroffen werden, entweder muß Geding- oder Schichtlohn bestimmt werden (vgl. V. d. K. d. Abg. Sten. Ber. Bd. II S. 870).

Art. 85. (neu)

Den Bergwerksbesitzern ist untersagt, für den Fall der rechtswidrigen Auflösung des Arbeitsverhältnisses durch den Bergmann die Verwirkung des rückständigen Lohnes über den Wochenbetrag des für den Betriebssitz des Bergwerks geltenden ortsüblichen Taglohnes auszubedingen.[1]

1. Der Art. ist dem § 119a der Gewerbeordnung nachgebildet. Unter ortsüblichem Taglohn ist jener zu verstehen, wie er für den Vollzug des Krankenversicherungsgesetzes festgestellt wird.

Art. 86. (neu)

Für jedes Bergwerk und die mit demselben verbundenen, unter der Aufsicht der Bergbehörden stehenden Anlagen, in welchen in der Regel mindestens 10 Arbeiter beschäftigt werden, ist innerhalb vier Wochen nach Inkrafttreten dieses Gesetzes oder nach Eröffnung des Betriebs eine Arbeitsordnung von dem Bergwerksbesitzer oder dessen Stellvertreter zu erlassen. Für die einzelnen Abtheilungen des Betriebs, für einzelne der bezeichneten Anlagen oder für die einzelnen Gruppen der Arbeiter können besondere Arbeitsordnungen erlassen werden.[1]

Der Erlaß erfolgt durch Aushang.

Die Arbeitsordnung muß den Namen des Bergwerks oder die Bezeichnung der besonderen Betriebsanlage sowie den Zeitpunkt, mit welchem sie in Wirksamkeit treten soll, angeben und von dem Bergwerksbesitzer oder dessen Stellvertreter unter Angabe des Datums unterzeichnet sein.

Abänderungen ihres Inhalts können nur durch den Erlaß von Nachträgen oder in der Weise erfolgen, daß an Stelle der bestehenden eine neue Arbeitsordnung erlassen wird.

Die Arbeitsordnungen und Nachträge zu denselben treten frühestens zwei Wochen nach ihrem Erlaß in Geltung.[2]

1. Der Art. ist dem § 134a der Gewerbeordnung nachgebildet und bezweckt, für größere Betriebe das Arbeitsverhältniß zwischen dem Bergwerksbesitzer und dessen Arbeitern ein für allemal zu regeln, so daß von vorneherein feststeht, welche Verpflichtungen und Berechtigungen beide Vertagenden übernehmen, bezw. bean-

sprechen können. Es ist dies namentlich für den Arbeiter von großem Werth, da er hienach zu bemessen in der Lage ist, ob die Leistungen und Rechte seinen Kräften und Ansprüchen entsprechen.

Der Regierungsentwurf hatte in Uebereinstimmung mit der Gewerbeordnung den Erlaß einer Arbeitsordnung nur für Bergwerke mit mindestens 20 Arbeitern vorgesehen, während die preußische Berggesetznovelle vom Jahre 1892 für alle Bergwerke die Arbeitsordnung vorgeschrieben und nur Ausnahmen hievon für kleine Betriebe zugelassen hatte. Von einer ähnlichen Bestimmung war für Bayern deshalb abgesehen worden, weil daselbst die Kleinbetriebe mit 3 und 4 Arbeitern häufig vorkommen und die Ausnahme zur Regel geworden wäre. Seitens des Ausschusses, dem das Plenum der Abgeordnetenkammer beitrat, wurde der Erlaß von Arbeitsordnungen schon für Bergwerke mit mindestens 10 Arbeitern für veranlaßt erachtet und hienach mit Zustimmung der k. Staatsregierung die Anordnung für Betriebe mit dieser Arbeiterzahl getroffen.

Da bei größeren Bergwerken und den hiemit verbundenen Anlagen die Betriebs- und Arbeitsverhältnisse in den einzelnen Abtheilungen und Anlagen oft sehr verschieden sind, so war die Möglichkeit vorzusehen, für solche besondere Arbeitsordnungen erlassen zu können, ebenso für einzelne Gruppen der Arbeiter, deren Beschäftigung eine mannigfach abweichende ist.

2. Bezüglich des Aushangs vgl. Art. 92 Abs. 2. Der Zeitpunkt der Wirksamkeit der Arbeitsordnung muß auf derselben angegeben sein, ist jedoch in Abs. 5 einer gewissen Beschränkung unterworfen, indem er nicht früher als zwei Wochen nach dem Erlaß (Aushang) gelegt werden darf. Es steht dies im Zusammenhang mit der 14tägigen Kündigungsfrist des Art. 96. Für Arbeiter, welche eine längere Kündigungsfrist oder längere Einstellung haben, gelten die alten Arbeitsbedingungen beim Vertragsabschluß bis zum Ablauf der dort bedungenen Kündigungsfrist oder Einstellung. Das Gleiche gilt von den Abänderungen (Nachträgen) der Arbeitsordnung.

Strafbestimmung im Art. 243.

Art. 87. (neu)

Die Arbeitsordnung muß Bestimmungen enthalten:

1) über Anfang und Ende der regelmäßigen täglichen Arbeitszeit, über Zahl und Dauer der für die erwachsenen Arbeiter vorgesehenen Pausen und darüber, unter welchen Voraussetzungen und in welchem Maße, abgesehen von Fällen der Beseitigung von Gefahren und der Ausführung von Notharbeiten, die Arbeiter verpflichtet sind, die Arbeit über die ordentliche Dauer der Arbeitszeit hinaus fortzusetzen, oder besondere

Nebenschichten zu verfahren, bei Arbeiten unter Tage über die Regelung der Ein- und Ausfahrt und über die Ueberwachung der Anwesenheit der Arbeiter in der Grube,[1]

2) über die zur Festsetzung des Schichtlohns und zum Abschlusse, sowie zur Abnahme des Gedinges ermächtigten Personen, über die Art des Gedingabschlusses und die Bekanntmachung des Gedinges an die Betheiligten, über die Voraussetzungen, unter welchen der Bergwerksbesitzer oder der Arbeiter eine Veränderung oder Aufhebung desselben zu verlangen berechtigt ist,[2]

3) über Zeit und Art der Abrechnung und Lohnzahlung, über die Fälle, in denen wegen ungenügender oder vorschriftswidriger Arbeit Abzüge gemacht werden dürfen, über die Vertreter des Bergwerksbesitzers, welchen die Befugniß zur Anordnung von Abzügen wegen ungenügender oder vorschriftswidriger Arbeit zusteht, sowie über den Beschwerdeweg gegen solche Anordnungen.[3]

4) sofern es nicht bei den gesetzlichen Bestimmungen bewenden soll, über die Frist der zulässigen Aufkündigung, sowie über die Gründe, aus welchen die Entlassung und der Austritt aus der Arbeit ohne Aufkündigung erfolgen darf,[4]

5) sofern Strafen vorgesehen werden, über die Art und Höhe derselben, über die Art ihrer Festsetzung, über die hiezu bevollmächtigten Vertreter des Bergwerksbesitzers und den Beschwerdeweg gegen diese Festsetzung und, wenn sie in Geld bestehen, über deren Einziehung und über den Zweck, für welchen sie verwendet werden sollen,[5]

6) sofern die Verwirkung von Lohnbeträgen nach Maßgabe der Bestimmung des Art. 85 durch Arbeitsordnung oder Arbeitsvertrag ausbedungen wird, über die Verwendung der verwirkten Beträge,[6]

7) über die etwaige Verfolgung und Berechnung

der Betriebsmaterialien und Werkzeuge (§ 115 der Gewerbeordnung),[7]

Dem Bergwerksbesitzer bleibt überlassen, neben den im Abs. 1 bezeichneten noch weitere, die Ordnung des Betriebs und das Verhalten der Arbeiter im Betriebe betreffende Bestimmungen in die Arbeitsordnung aufzunehmen.

Mit Zustimmung eines ständigen Arbeiterausschusses können in die Arbeitsordnung Vorschriften über das Verhalten der Arbeiter bei Benützung der zu ihrem Besten getroffenen, auf dem Bergwerke bestehenden Einrichtungen, sowie Vorschriften über das Verhalten der minderjährigen Arbeiter außerhalb des Betriebs aufgenommen werden.[8]

1. Der Artikel lehnt sich an den § 134 b der Gewerbeordnung an und ist auf Anregung des Ausschusses, welcher die Kammer der Abgeordneten beigetreten ist, nach dem Vorbilde der preußischen Berggesetznovelle vom Jahre 1892 erweitert worden. Hiedurch ist nun erschöpfend und abschließend bestimmt, was die Arbeitsordnung enthalten muß. Ein Mehr kann bei der durch Art. 92 und 93 vorgeschriebenen Prüfung der Arbeitsordnung durch die Berginspektion nicht gefordert werden. Die Regierungsvorlage hatte die Fassung der Gewerbeordnung gewählt, um der Berginspektion einen größeren Spielraum je nach den Verhältnissen des Werkes zu gewähren, war jedoch nicht angenommen worden, weil der gesetzliche Zwang vorzuziehen sei.

Nach § 154a der Gewerbeordnung finden die Bestimmungen der §§ 135 bis 139b auf die Besitzer und Arbeiter von Bergwerken, Salinen, Aufbereitungsanstalten und unterirdisch betriebenen Brüchen und Gruben entsprechende Anwendung. Da die §§ 136 und 137 der Gewerbeordnung über die Pause der jugendlichen Arbeiter und der Arbeiterinnen Bestimmungen treffen, so genügt es, in der Arbeitsordnung die Pause für die erwachsenen Arbeiter zu regeln.

Es ist selbstverständlich, daß bei drohender Gefahr und bei unverschieblichen Notharbeiten nicht die durch die Arbeitsordnung festgesetzte regelmäßige Arbeitszeit maßgebend ist, sondern daß zu solchen Arbeiten jeder hiezu taugliche Arbeiter verpflichtet erscheint. Dagegen muß die Arbeitsordnung Bestimmung darüber treffen, unter welchen Voraussetzungen und Bedingungen außerdem eine Verpflichtung der Arbeiter besteht, über die ordentliche Arbeitszeit im Bergwerke thätig zu sein.

Bei Regelung der Ein- und Ausfahrt ist zu bestimmen, von welchem Zeitpunkte ab solche gerechnet werden. Die Ueberweisung der Anwesenheit der Arbeiter in der Grube ist hauptsächlich erforderlich wegen der Sicherung der Arbeiter vor Gefahren.

2. Die Bestimmungen über Schichtlohn und Gedinge sind nothwendig, um dem Arbeiter volle Klarheit zu sichern über die bei Festsetzung des Lohnes maßgebenden Bestimmungen. Da es sowohl im Interesse des Bergwerksbesitzers als des Arbeiters liegen kann, das Gedinge abzuändern oder aufzuheben, so sind die Fälle, unter denen dies zulässig ist, in der Arbeitsordnnng genau zu regeln (vgl. Art. 84).

3. Die Vorschrift, daß Zeit und Art der Abrechnung in der Arbeitsordnung zu regeln sind, ist wichtig für den Arbeiter, ebenso, daß zu bestimmen ist, unter welchen Voraussetzungen Lohnabzüge gemacht werden dürfen, und die Vorschrift über die Beschwerde, die immer nur an Organe der Werksverwaltung gerichtet werden kann. Wegen Berechnung und Auszahlung des Lohnes müssen natürlich die Vorschriften des Art. 83 stets beachtet werden. Vgl. auch Art. 95.

4. Die allgemeine Bestimmung über Kündigungsfrist ist in Art. 96 getroffen (14 Tage); jene über Entlassung und Austritt ohne Aufkündigung in den Art. 97 mit 99. Sollen andere Gründe als diese maßgebend sein, so sind solche in der Arbeitsordnung zu bezeichnen.

5. Es ist in der Arbeitsordnung auch die Art der Straffestsetzung zu bestimmen, d. h. das hiebei zu beachtende Verfahren, ferner ist das Beschwerdeverfahren zu regeln, namentlich anzugeben, welcher Beamte oder welche Behörde des Bergwerks über die Beschwerde endgiltig zu entscheiden hat. Eine Beschwerde an die Berginspektion ist, da es sich hier um eine interne Angelegenheit handelt, ausgeschlossen. Dagegen ist die Anrufung des Berggewerbegerichts gemäß § 3 des Gesetzes über die Gewerbegerichte vom 29. Juli 1890 zulässig.

6. Die verwirkten Lohnbeträge müssen nicht, wie die Strafgelder und die Lohnabzüge (Art. 88 und 89) zu Gunsten der Arbeiter verwendet werden, allein es ist in der Arbeitsordnung die Verwendung derselben zu einem bestimmten Zwecke vorzusehen. Strafbest. im Art. 245.

7. Nach § 115 der Gewerbeordnung, der hier zu beachten ist, dürfen den Arbeitern Werkzeuge und Stoffe zu den ihnen übertragenen Arbeiten nur für den Betrag der durchschnittlichen Selbstkosten unter Anrechnung bei der Lohnzahlung verabfolgt werden. Zu einem höheren Preise ist die Verabfolgung von Werkzeugen und Stoffen für Akkordarbeit zulässig, wenn derselbe den ortsüblichen nicht übersteigt.

8. Der Bergwerksbesitzer kann im Interesse eines geordneten Betriebes Vorschriften über den Betrieb selbst und das Verhalten der Arbeiter in die Arbeitsordnung aufnehmen und die Nichtbeachtung mit Strafe bedrohen.

In den Fällen des Abs. 2 ist die Zustimmung des ständigen Arbeiterausschusses (Art. 91) erforderlich.

Art. 88. (neu)

Werden auf Grund der Arbeitsordnung Fördergefäße wegen ungenügender oder vorschriftswidriger Beladung ganz oder theilweise nicht angerechnet, so ist den betheiligten Arbeitern Gelegenheit zu geben, hievon nach Beendigung der Schicht Kenntniß zu nehmen. Der Bergwerksbesitzer ist verpflichtet, zu gestatten, daß die Arbeiter auf ihre Kosten durch einen von ihnen, oder, wenn ein ständiger Arbeiterausschuß besteht, von diesem gewählten Vertrauensmann das Verfahren bei Feststellung solcher Abzüge insofern überwachen lassen, als dadurch eine Störung der Förderung nicht eintritt. Genügend und vorschriftsmäßig beladene Fördergefäße zur Strafe in Abzug zu bringen, ist unzulässig.[1]

1. Es handelt sich hier um das sog. Nullen der Wagen, d. h. die gänzliche oder theilweise Nichtberechnung eines vorschriftswidrig oder ungenügend (z. B. lediglich oder überwiegend mit Abraum statt mit Mineralien oder nur zur Hälfte) beladenen Wagens.

Das Nullen wegen unreiner Förderung ist nicht zu beseitigen, da dem Arbeiter doch nur für die wirkliche Leistung auch der entsprechende Lohn gebührt. Um jedoch eine Benachtheiligung der Arbeiter hiebei thunlichst hintanzuhalten, müssen die betheiligten Arbeiter sofort hiervon verständigt werden, um hiervon nach Beendigung der Schicht Kenntniß zu nehmen und ihre etwaigen Einwendungen hiegegen geltend zu machen. Außerdem können sich die Arbeiter dadurch sichern, daß sie einen Kontroleur, der auch aus dem Invalidenstamm entnommen werden kann, aufstellen, der das Verfahren bei den Abzügen überwacht und das Interesse der Arbeiter vertritt. Dabei wurde angenommen, daß, wenn den Anträgen des Kontroleurs nicht stattgegeben wurde, den Betheiligten ein Beschwerderecht nach Art. 87 Ziff. 5 zustehe, da das Nullen der Wagen als Strafe anzusehen sei. Auch hier steht den Arbeitern der Rechtsweg, die Anrufung des Gewerbegerichts offen.

Der Beisatz „als dadurch eine Störung der Förderung nicht eintritt", dessen Streichung im Ausschuß beantragt wurde, ist lediglich so aufzufassen, daß der Kontroleur die Förderung nicht stören oder unterbrechen darf, daß es aber nicht in der Willkür des Bergwerksbesitzers liegt, die Kontrole deshalb zu verweigern, weil hiedurch eine Störung der Förderung eintreten könnte. Es ist dies also nur eine Vorschrift der Zweckmäßigkeit.

Strafbestimmung im Art. 245 Ziff. 2.

Art. 89. (neu)

Strafbestimmungen, welche das Ehrgefühl oder die guten Sitten verletzen, dürfen in die Arbeitsordnung nicht aufgenommen werden. Geldstrafen dürfen in jedem einzelnen Falle die Hälfte des für die vorhergegangene Lohnperiode ermittelten durchschnittlichen Tagesarbeitsverdienstes derjenigen Arbeiterklasse nicht übersteigen, zu welcher der Arbeiter gehört; jedoch können Thätlichkeiten gegen Mitarbeiter, erhebliche Verstöße gegen die guten Sitten, sowie gegen die zur Aufrechterhaltung der Ordnung des Betriebes, zur Sicherung gegen Betriebsgefahren oder zur Durchführung der Bestimmungen dieses Gesetzes und der Gewerbeordnung erlassenen Vorschriften mit Geldstrafen bis zum vollen Betrag dieses durchschnittlichen Tagesarbeitsverdienstes belegt werden. Das Recht des Bergwerksbesitzers, Schadensersatz zu fordern, wird durch diese Bestimmung nicht berührt.[1]

Alle Strafgelder, sowie alle wegen ungenügender oder vorschriftswidriger Beladung der Fördergefäße den Arbeitern in Abzug gebrachten Lohnbeträge müssen der zu Gunsten der Arbeiter des Bergwerks etwa bestehenden Unterstützungskasse, an deren Verwaltung die Arbeiter mitbetheiligt sind, oder, wenn eine solche nicht besteht, der Knappschaftskasse überwiesen werden.[2]

1. Der Artikel ist dem § 134 b der Gewerbeordnung nachgebildet und soll hiedurch einem Uebermaß der Strafen vorgebeugt werden. Bei leichteren Fällen — und zwar für jeden Einzelfall — darf als Strafe nur die Hälfte des Durchschnittstagesverdienstes der einschlägigen Arbeiterklasse verhängt werden; bei schwereren Verfehlungen ist der volle Betrag dieses Verdienstes zulässig als Strafe.

2. Im Regierungsentwurfe war die Ueberweisung der Strafgelder zunächst an die Knappschaftskasse und ev. an eine Unterstützungskasse der Arbeiter vorgesehen. Die Aenderung wurde beschlossen, weil an der Knappschaftskasse die Bergwerksbesitzer wegen ihrer Beiträge betheiligt seien und hiedurch ein Grund zu Mißtrauen gegen die Strafanordnungen sich ergeben könnte, was bei Zuweisung an eine bestehende Unterstützungskasse ausgeschlossen sei.

Art. 90. (neu)

Der Inhalt der Arbeitsordnung ist, soweit er den Gesetzen nicht zuwiderläuft, für die Arbeitgeber und die Arbeiter rechtsverbindlich.[1]

Andere als die in der Arbeitsordnung oder in den Art. 97 und 98 vorgesehenen Gründe der Entlassung und des Austritts aus der Arbeit dürfen im Arbeitsvertrage nicht vereinbart werden. Andere als die in der Arbeitsordnung vorgesehenen Strafen dürfen über den Arbeiter nicht verhängt werden. Die Strafen müssen ohne Verzug festgesetzt und dem Arbeiter zur Kenntniß gebracht werden.[2]

Die verhängten Geldstrafen, sowie die sonstigen Strafen sind in gesonderte Verzeichnisse einzutragen, welche den Namen des Bestraften, den Tag der Bestrafung, sowie den Grund und die Höhe der Strafe ergeben und auf Erfordern dem Inspektionsbeamten jederzeit zur Einsicht vorgelegt werden müssen.[3]

1. Die Arbeitsordnung bildet den Arbeitsvertrag und regelt in rechtsverbindlicher Weise Rechte und Pflichten beider Vertragstheile.

2. Die Arbeitsordnung hat neben den in Art. 97 und 98 bestimmten Gründen die sonstigen Fälle ausdrücklich zu bezeichnen, in denen die Entlassung und der Austritt aus dem Arbeitsverhältnisse erfolgen darf. Aus anderen Gründen ist die Entlassung oder der Austritt unstatthaft.

3. Im Abs. 3 wurde zum Regierungsentwurfe beigefügt „sowie die sonstigen Strafen" um das sogenannte Ablegen der Bergleute hier festzustellen und der Berginspektion Gelegenheit zu bieten, sich über die Behandlung der Arbeiter Aufschluß zu verschaffen und gegebenen Falls auf die Werksverwaltung einwirken zu können.

Art. 91. (neu)

Vor dem Erlaß der Arbeitsordnung oder eines Nachtrages zu derselben ist den auf dem Bergwerk, in der betreffenden Betriebsanlage oder in den betreffenden Abtheilungen des Betriebes beschäftigten volljährigen Arbeitern rechtzeitig Gelegenheit zu geben, sich über den Inhalt der Arbeitsordnung zu äußern. Auf Bergwerken, für welche ein ständiger Arbeiterausschuß besteht, wird dieser Vorschrift durch Anhörung des Ausschusses über den Inhalt der Arbeitsordnung genügt.

Auf Bergwerken, welche mehr als 20 Arbeiter beschäftigen, sind ständige Arbeiterausschüsse einzusetzen.[1]

Als solche gelten nur jene Vertretungen, deren Mitglieder in ihrer Mehrzahl von den volljährigen Arbeitern des Bergwerkes, der betreffenden Betriebsabtheilung oder der mit dem Bergwerke verbundenen Betriebsanlagen aus ihrer Mitte in unmittelbarer und geheimer Wahl gewählt werden. Die Wahl der Vertreter kann auch nach Arbeiterklassen oder nach besonderen Abtheilungen des Betriebs erfolgen.

Die Arbeiterausschüsse sind alle drei Jahre neu zu wählen; der Wahltermin ist vier Wochen vor der Wahl bekannt zu geben.[2]

1. Der Art. ist gegenüber dem Regierungsentwurfe wesentlich umgestaltet worden, indem hier die Bildung von Arbeiterausschüssen für größere Betriebe obligatorisch gemacht wurde, während der Entwurf nach dem Vorbilde der Gewerbeordnung (§§ 134 d, 134 h) solche nur fakultativ vorgesehen hatte. Es wurde dabei hervorgehoben, daß die Arbeiterausschüsse ebensowohl im Interesse der Arbeiter, als der Arbeitgeber zu wirken berufen und im Stande seien.

Im Absatz 1 wurde das Wort „rechtzeitig" vor „Gelegenheit" eingefügt, damit den Arbeitern auch hinreichend die Möglichkeit zur Prüfung der Arbeitsordnung und Erhebung von Einwendungen geboten sei. Zwischen der Mittheilung an die Arbeiter oder den Arbeiterausschuß und der Veröffentlichung der Arbeitsordnung muß also ein entsprechender Zeitraum liegen. Da, wo ein Arbeiterausschuß nicht besteht, wird es sich empfehlen, daß die Arbeiter zu diesem Zwecke eine Vertretung wählen und dies der Werksverwaltung mittheilen.

Als größere Betriebe, für die Arbeiterausschüsse gewählt werden müssen, wurden jene bezeichnet, welche mehr als 20 Arbeiter beschäftigen. Die Beschäftigung dieser Zahl von Arbeitern hat die Regel zu bilden.

2. Der Regierungsentwurf hatte nach dem Vorbilde des § 134 h der Gewerbeordnung die bereits bestehenden Vertretungen der Arbeiter, die Krankenkassenvorstände, Knappschaftsältesten rc. als Arbeiterausschüsse fortbestehen lassen wollen, allein der Ausschuß der Abgeordnetenkammer, dessen Beschluß in den beiden Kammern Annahme fand, erachtete nur die eigens von den volljährigen Arbeitern gewählten Arbeiterausschüsse für geeignet zur Erfüllung der diesen überwiesenen Aufgaben. Bezüglich der Wahl wurden die Bestimmungen der Ziffer 4 des Regierungsentwurfs angenommen, dagegen noch in einem neuen Absatz vorgeschrieben, daß die Erneuerung der Ausschüsse alle drei Jahre zu erfolgen habe und daß der Wahltermin vier Wochen vor der Wahl bekannt zu geben sei. Da das Gesetz über das Wahlverfahren keine weiteren Bestimmungen trifft, so wird es Sache der Arbeiter sein, das Verfahren selbst zu regeln. Da, wo Arbeiterausschüsse bestehen, können diese hiemit betraut werden. Beschränkungen in dem aktiven oder passiven Wahlrecht sind aber keineswegs zulässig. Ebenso muß festgehalten werden, daß die Wahl eine geheime bleibt und daß sie

von den wahlberechtigten Arbeitern direkt vorgenommen wird. In dem Wahlverfahren wird auch die Frage zu regeln sein, unter welchen Voraussetzungen die Wahl angefochten werden kann und wer (etwa der Arbeiterausschuß) über die Anfechtung zu befinden hat.

Art. 92. (neu)

Die Arbeitsordnung, sowie jeder Nachtrag zu derselben ist unter Mittheilung der Seitens der Arbeiter geäußerten Bedenken, soweit die Aeußerungen schriftlich oder zu Protokoll erfolgt sind, binnen drei Tagen nach dem Erlaß in zwei Ausfertigungen unter Beifügung der Erklärung, daß und in welcher Weise der Vorschrift des Art. 91 Abs. 1 genügt ist, der Berginspektion einzureichen. [1]

Die Arbeitsordnung ist an geeigneter, allen betheiligten Arbeitern zugänglicher Stelle auszuhängen. Der Aushang muß stets in lesbarem Zustande erhalten werden. Die Arbeitsordnung ist jedem Arbeiter bei seinem Eintritt in die Beschäftigung zu behändigen. [2]

1. Die Mittheilung der Bedenken hat zu erfolgen, damit die mit der Prüfung der Arbeitsordnung betraute Berginspektion bemessen kann, ob gesetzliche Bestimmungen zu Ungunsten der Arbeiter nicht beachtet wurden, so insbesondere auch, ob die Strafbestimmungen etwa nach Anschauung der Arbeiter deren Ehrgefühl verletzen (Art. 89). Der Erlaß der Arbeitsordnung erfolgt durch Aushang (Art. 86 Abs. 2) und läuft von da ab die Frist zur Einreichung.

Strafbestimmung im Art. 245 Ziff. 2.

2. Abs. 2 bestimmt, in welcher Weise der Aushang zu erfolgen hat, um die Arbeitsordnung den Arbeitern stets zur Kenntniß zu bringen. Außerdem ist jedem Arbeiter ein Exemplar der Arbeitsordnung, die die Grundlage des Arbeitsvertrages bildet, beim Eintritt auszuhändigen.

Art. 93. (neu)

Arbeitsordnungen und Nachträge zu denselben, welche nicht vorschriftsmäßig erlassen sind oder deren Inhalt den gesetzlichen Bestimmungen zuwiderläuft, sind auf Anordnung der Berginspektion durch gesetzmäßige Arbeitsordnungen zu ersetzen oder den gesetzlichen Vorschriften entsprechend abzuändern. [1]

Gegen diese Anordnung findet Beschwerde nach Art. 227 statt.[2]

1. Die Berginspektion hat bei Prüfung der Arbeitsordnung zu überwachen, daß die Vorschriften, die für deren Erlassung bestehen, beachtet werden, so, daß die Arbeiter bezw. der Arbeiterausschuß zuvor gehört werde, daß dieselbe alle jene Verhältnisse regelt, über welche sie Bestimmung treffen muß, und daß sie hiebei keinerlei gesetzlichen Bestimmungen z. B. über Lohnberechnung und Zahlung ꝛc. zuwiderläuft. Liegt eine derartige Verfehlung vor, so hat die Berginspektion den Bergwerksbesitzer zu veranlassen, die Arbeitsordnung entsprechend zu ersetzen oder abzuändern. Die Anordnung kann jederzeit von der Berginspektion getroffen werden. — Strafbestimmung im Art. 243.

Mit Rücksicht auf den neu eingefügten Art. 232 hat die Berginspektion, falls die regelmäßige Arbeitszeit mehr als acht Stunden beträgt, und in allen Fällen, in welchen die Grubenverhältnisse ungünstig gelagert sind — sei es durch zu hohe oder zu niedere Temperatur, schlimme Wasserverhältnisse ꝛc. —, das Gutachten des einschlägigen Amtsarztes zu erholen, ob durch die Arbeitszeit, eventuell im Zusammenhange mit den sonstigen mißlichen Verhältnissen die Gesundheit der Arbeiter gefährdet wird, und die Verhandlungen mit gutachtlicher Aeußerung dem Oberbergamte zur weiteren Veranlassung vorzulegen.

2. Die Beschwerde gegen die Anordnung der Berginspektion auf Abänderung der Arbeitsordnung ist innerhalb 14 Tagen an das Oberbergamt zu richten.

Art. 94. (neu)

Arbeitsordnungen, welche vor dem Inkrafttreten dieses Gesetzes erlassen worden sind, unterliegen den Bestimmungen der Art. 84 Abs. 1 und 2, 86 bis 90, 92 Abs. 2 und 93 und sind binnen vier Wochen der Berginspektion in zwei Ausfertigungen einzureichen. Auf spätere Abänderungen dieser Arbeitsordnungen und auf die seit dem 1. Mai 1900 erstmalig erlassenen Arbeitsordnungen finden die Art. 91 und 92 Abs. 1 Anwendung.[1]

1. Die bereits früher erlassenen Arbeitsordnungen sollen nachträglich den Bestimmungen des Gesetzes angepaßt werden.

Bezüglich der am 1. Mai 1900 erlassenen Arbeitsordnungen sind auch die Arbeiter zu hören.

Art. 95. (neu)

Erfolgt die Lohnberechnung auf Grund abgeschlossener Gedinge, so sind hiebei nachstehende Vorschriften zu beachten:

1) Zur Förderung des gewonnenen Minerals dürfen nur geaichte Gefäße von gleichem Rauminhalte verwendet werden. Der Rauminhalt sowie das Leergewicht der Gefäße ist den Arbeitern durch öffentlichen Anschlag bekannt zu machen.[2]

2) Ausnahmen können aus besonderen Gründen vom Oberbergamt zugelassen werden, welches hiebei die Bedingungen festzusetzen hat, die eine Benachtheiligung der Arbeiter hintanhalten.

Die Bergwerksbesitzer sind verpflichtet, die hienach erforderlichen Einrichtungen zu treffen.[3]

Für Waschabgänge, Halden und sonstige beim Absatz der Produkte gegen die Fördermenge sich ergebende Verluste dürfen dem Arbeiter Abzüge von der Arbeitsleistung oder dem Lohne nicht gemacht werden. Ausnahmen hievon bedürfen der Genehmigung der Berginspektion.

1. Der Artikel bezweckt, einerseits jede Uebervortheilung des Arbeiters durch Unterschiebung von größeren Fördergefäßen zu verhindern und dem Arbeiter möglichste Klarheit über seine Förderleistung und damit über seine Lohnforderung zu verschaffen, andrerseits die Härten zu vermeiden, die sich aus einem sofortigen strengen Vollzuge der neuen Vorschriften über die Fördergefäße für den Bergwerksunternehmer ergeben müßten.

2. Zur Erreichung des zuvor erstgenannten Zweckes wurde bestimmt, daß nur gleiche Förderwägen verwendet werden dürfen, und zwar in allen Fällen, ob nun der Lohn nach dem Rauminhalt oder nach dem Gewichtinhalt sich berechnet. Die Vorschrift, daß nur geaichte Gefäße Verwendung finden dürfen, bezieht sich selbstverständlich nur auf den Fall, wenn — wie dies meist zu sein pflegt — der Lohn nach dem Rauminhalt bemessen wird. Für das Gewichtgedinge hat die Aichung keine Bedeutung und entfällt hier, da ja das Gewicht des Wageninhaltes eigens — durch automatische Waage ꝛc. — ermittelt wird. Letzteren Falls ist, da ja meist der gefüllte Wagen abgewogen wird, zur Sicherung der Arbeiter das Leergewicht der Gefäße festzustellen und den Arbeitern ebenso wie der Rauminhalt der Gefäße durch öffentlichen Anschlag an geeigneter Stelle bekannt zu machen. Hiedurch ist den Arbeitern die Möglichkeit geboten, die Förderung und den hieraus sich berechnenden Lohn genau selbst feststellen zu können.

3. Für jene Fälle, in denen die Einführung gleicher Fördergefäße nicht auf einmal bethätigt werden kann, mußten zur Vermeidung von Härten Ausnahmen zugelassen werden, welche das Oberbergamt in Berücksichtigung der Einzelverhältnisse gestatten kann. Dabei ist jedoch dem Oberbergamt die Verpflichtung auf-

erlegt, durch geeignete Bedingungen die Arbeiter vor Beeinträchtigung zu schützen. Es kann das beispielsweise dadurch geschehen, daß für dieselbe Abtheilung während der Schicht nur gleiche Fördergefäße (nach Form und Größe) benützt werden dürfen, nicht etwa große und kleinere Wägen im Wechsel. Von der Aichung kann abgesehen werden. Doch wird das Oberbergamt eine bestimmte Zeit für die Benützung solcher Gefäße vorschreiben, innerhalb deren die Abnützung erfolgt 2c.

Der Bergwerksbesitzer hat die aus der gesetzlichen Vorschrift, dann aus den Anordnungen des Oberbergamtes sich ergebenden Einrichtungen zu treffen.

Strafbestimmung im Art. 245 Ziffer 2.

4. Der Abs. 3 beseitigt den sogenannten Füllkohlenabzug. Das Verbot rechtfertigt sich, weil jeder nachträgliche Abzug, der bei der Lohnberechnung an der Gesammtförderung deshalb erfolgt, weil beim Verkauf nach Gewicht gegenüber der Gedingestellung nach dem Rauminhalt der Wagen schon Differenzen im Allgemeinen entstehen, — indem beim Transport, beim Verladen, Lagern auf der Halde, vor Allem aber durch die nasse Aufbereitung der Kohlen bedingte Abzüge entstehen – unbillig ist. Diese Abgänge hat eben der Unternehmer nach allgemeinen Rechtsgrundsätzen zu tragen.

Art. 96. (79)

Das Vertragsverhältniß kann, wenn nicht ein anderes verabredet ist, durch eine, jedem Theile freistehende, vierzehn Tage vorher zu erklärende Aufkündigung gelöst werden.

Werden andere Aufkündigungsfristen vereinbart, so müssen sie für beide Theile gleich sein. Vereinbarungen, welche dieser Bestimmung zuwiderlaufen, sind nichtig.[1]

1. Der Art. setzt in Uebereinstimmung mit der Gewerbeordnung die Kündigungsfrist auf 14 Tage fest, wenn nicht eine andere Frist vereinbart ist. In Betrieben, für welche eine Arbeitsordnung vorgeschrieben ist, muß in dieser die Kündigungsfrist geregelt werden. Dieselbe kann selbstredend mit der gesetzlich hier bestimmten gleich sein.

Auch die Bestimmung des Abs. 2 über die Gleichheit der Kündigungsfristen für beide Theile entspricht der nunmehr geltenden Rechtsanschauung und bietet Jedem gleiches Recht.

Art. 97. (80)

Vor Ablauf der vertragsmäßigen Arbeitszeit und ohne Aufkündigung können Bergleute entlassen werden:[1]

1) wenn sie beim Abschluß des Arbeitsvertrages den Arbeitgeber durch Vorzeigung falscher oder ver-

fälschter Abkehrscheine, Zeugnisse oder Arbeitsbücher hintergangen oder ihn über das Bestehen eines anderen, sie gleichzeitig verpflichtenden Arbeitsverhältnisses in einen Irrthum versetzt haben,[2]

2) wenn sie eines Diebstahls, einer Entwendung, einer Unterschlagung, eines Betrugs oder eines liederlichen Lebenswandels sich schuldig machen,

3) wenn sie die Arbeit unbefugt verlassen haben oder sonst den nach dem Arbeitsvertrag ihnen obliegenden Verpflichtungen nachzukommen beharrlich verweigern,

4) wenn sie eine sicherheitspolizeiliche Vorschrift bei der Bergarbeit übertreten oder sich groben Ungehorsams gegen die den Betrieb betreffenden Anordnungen des Bergwerksbesitzers, dessen Stellvertreters oder der ihnen vorgesetzten Beamten schuldig machen,[3]

5) wenn sie sich Thätlichkeiten oder grober Beleidigungen gegen den Werksbesitzer, dessen Stellvertreter oder die ihnen vorgesetzten Beamten oder gegen die Familienangehörigen derselben zu Schulden kommen lassen,[3]

6) wenn sie einer vorsätzlichen und rechtswidrigen Sachbeschädigung zum Nachtheil des Bergwerksbesitzers, dessen Stellvertreters, der ihnen vorgesetzten Beamten oder eines Mitarbeiters sich schuldig machen,

7) wenn sie die Vertreter des Bergwerksbesitzers, die ihnen vorgesetzten Beamten, die Mitarbeiter oder die Familienangehörigen dieser Personen zu Handlungen verleiten oder zu verleiten suchen, welche wider die Gesetze oder die guten Sitten verstoßen,[4]

8) wenn sie zur Fortsetzung der Arbeit unfähig oder mit einer abschreckenden Krankheit behaftet sind.

In den unter Ziff. 1 bis 7 gedachten Fällen ist die Entlassung nicht mehr zulässig, wenn die zu Grunde liegenden Thatsachen dem Bergwerksbesitzer oder dessen Stellvertreter länger als eine Woche bekannt sind.

1. Der Art. ist dem § 123 der Gewerbeordnung nachgebildet, nur ist mit Rücksicht auf die besonderen Verhältnisse des Bergbaues die Ziffer 4 hier beigefügt im Interesse der Sicherheit der Arbeiter und des Baues.

Ueber die Rechtmäßigkeit der Entlassung entscheiden im Streitfalle die Gerichte und zwar, wo Berggewerbegerichte bestehen, diese gemäß § 3 Abs. 1 Ziff. 1 des Gewerbegerichtsgesetzes.

2. Die Abkehrscheine werden für volljährige Bergarbeiter ausgestellt, während die jugendlichen Arbeiter nunmehr mit Arbeitsbüchern versehen sein müssen.

3. Die Fassung der Ziff. 4 u. 5 schließt jeden Zweifel darüber aus, daß neben den eigentlichen Stellvertretern auch alle diejenigen Personen gemeint sind, denen der Bergwerksbesitzer einzelne Vertretungs- oder Aufsichtsbefugnisse übertragen hat.

4. Die Ziffer 7 weist gegenüber der Gewerbeordnung eine Erweiterung auf, indem hier auch die Verleitung der Stellvertreter und der Beamten des Werkbesitzers zu unstatthaften Handlungen als Entlassungsgrund eingefügt ist.

Art. 98. (81)

Vor Ablauf der vertragsmäßigen Arbeitszeit und ohne vorhergegangene Aufkündigung können Bergleute die Arbeit verlassen:[1]

1) wenn sie bei Abschluß des Arbeitsvertrags von dem Bergwerksbesitzer oder dessen Stellvertreter durch Vorspiegelung falscher Thatsachen in einen Irrthum versetzt wurden,[2]
2) wenn sie zur Fortsetzung der Arbeit unfähig werden,
3) wenn der Bergwerksbesitzer, dessen Stellvertreter oder die ihnen vorgesetzten Beamten sich Thätlichkeiten oder grobe Beleidigungen gegen die Bergleute oder gegen ihre Familienangehörigen zu Schulden kommen lassen,
4) wenn der Bergwerksbesitzer, dessen Stellvertreter oder Beamte oder Familienangehörige derselben die Bergleute oder deren Familienangehörige zu Handlungen verleiten oder zu verleiten suchen, oder mit den Familienangehörigen der Bergleute Handlungen begehen, welche wider die Gesetze oder die guten Sitten laufen,

5) wenn der Bergwerksbesitzer den Bergleuten den schuldigen Lohn nicht in der bedungenen Weise auszahlt, bei Gedinglohn nicht für ihre ausreichende Beschäftigung sorgt, oder wenn er sich widerrechtlicher Uebervortheilungen gegen sie schuldig macht,

6) wenn bei Fortsetzung der Arbeit das Leben oder die Gesundheit der Arbeiter einer erweislichen Gefahr ausgesetzt sein würde, welche bei Eingehung des Arbeitsvertrages nicht zu erkennen war,[3]

7) wenn in Folge gänzlicher oder theilweiser Unterbrechung des Betriebes an drei oder mehr aufeinanderfolgenden Schichten keine Arbeit gegeben werden kann.[4]

In den unter Ziff. 3 gedachten Fällen ist der Austritt nicht mehr zulässig, wenn die zu Grunde liegenden Thatsachen dem Arbeiter länger als eine Woche bekannt sind.

1. Der Art. ist dem § 124 der Gewerbeordnung nachgebildet, aber in mehrfacher Beziehung erweitert.

2. Die Ziff. 1 wurde auf Antrag des Ausschusses der Abgeordnetenkammer beigefügt, weil der gleiche Grund, der zur Entlassung des Arbeiters ohne Aufkündigung berechtigt, auch für den Arbeiter maßgebend sein müsse, ohne Kündigung die Arbeit zu verlassen. Es entspricht sohin diese Ziffer der Ziff. 1 in Art. 97.

3. Die Ziffer 6 war im Regierungsentwurf nicht enthalten und wurde auf Antrag des Ausschusses der Abgeordnetenkammer eingefügt, um dem Arbeiter den erforderlichen Schutz für solche Fälle zu gewähren, in denen der Zustand der Grube ein derartiger ist, daß sich nachträglich besondere Gefahren herausstellen, die das gewöhnliche Maß, das jeder Bergarbeiter von seiner Arbeit im Vornherein kennt, übersteigen. Seitens der Staatsregierung wurde ein Einspruch nicht erhoben, weil der Arbeiter, welcher die Gefahren des Bergbaues in dem Maße fürchtet, für den Betrieb ohnehin von geringem Werthe sei.

4. Die Ziffer 7 wurde ebenfalls neu eingefügt, damit ein Arbeiter, der thatsächlich mehr als 3 Schichten keine Arbeit bekommt, ohne vertragsbrüchig zu werden, sich um eine andere Beschäftigung umsehen kann.

Art. 99. (neu)

Außer den in Art. 97 und 98 bezeichneten Fällen

kann jeder der beiden Theile aus wichtigen Gründen vor Ablauf der vertragsmäßigen Zeit und ohne Innehaltung einer Kündigungsfrist die Aufhebung des Arbeitsverhältnisses verlangen, wenn dasselbe mindestens auf vier Wochen oder wenn eine längere als vierzehntägigie Kündigungsfrist vereinbart ist.[1]

1. Der Art. 99 gibt den Inhalt des § 124a der Gewerbeordnung wieder und stellt die Bergleute den übrigen gewerblichen Arbeitern gleich.

Ob wichtige Gründe vorliegen, entscheiden im Streitfalle die Gerichte, wo Berggewerbegerichte bestehen, diese. Was darunter zu verstehen sei, läßt sich allgemein nicht bestimmen. Es können die Gründe in unvorhergesehenen Naturereignissen liegen, wie Brand der Anlagen, die zur Auflösung zwingen oder in Familienverhältnissen der Arbeiter, wie schwere Erkrankung von Angehörigen, welche dazu nöthigen, die ständige Fürsorge für diese oder das Anwesen zu übernehmen. Voraussetzung ist hiebei immer, daß das Arbeitsverhältniß mindestens auf 4 Wochen oder mit mehr als 14 tägiger Kündigungsfrist geschlossen ist.

Art. 100. (82)

Der Bergwerksbesitzer oder dessen Stellvertreter ist verpflichtet, dem abkehrenden volljährigen Bergmanne ein Zeugniß über die Art und Dauer seiner Beschäftigung und auf Verlangen auch ein Zeugniß über seine Führung und seine Leistungen auszustellen. Die Unterschrift dieser Zeugnisse hat die Ortspolizeibehörde gebührenfrei zu beglaubigen.

Wird die Ausstellung des Zeugnisses verweigert, so fertigt die Ortspolizeibehörde dasselbe auf Kosten des Verpflichteten aus.[1]

Den Arbeitgebern ist untersagt, die Zeugnisse mit Merkmalen zu versehen, welche den Zweck haben, den Arbeiter in einer aus dem Wortlaut des Zeugnisses nicht ersichtlichen Weise zu kennzeichnen.

Werden dem abkehrenden Bergmann in dem Zeugnisse Beschuldigungen zur Last gelegt, welche seine fernere Beschäftigung hindern würden, so kann er auf Untersuchung bei der Ortspolizeibehörde antragen, welche, wenn die Beschuldigung unbegründet befunden wird, unter dem Zeugnisse den Befund ihrer Untersuchung zu vermerken hat.[2]

1. Der Art. beschränkt sich auf volljährige Bergleute, während für die minderjährigen eigene Bestimmungen getroffen wurden. Die Verpflichtung des Bergwerksbesitzers zur Ausstellung des Zeugnisses ist eine unbedingte, d. h. selbst wenn der Arbeiter rechtswidrig austritt, muß ihm das Zeugniß ausgestellt werden, widrigenfalls die Ortspolizeibehörde solches ausfertigt. Das Zeugniß hat, wie das in Art. 113 der Gewerbeordnung bestimmt ist, sich auf Art und Dauer der Beschäftigung zu erstrecken und ist nur auf Verlangen des Arbeiters auf Führung und Leistungen auszudehnen.

2. Um zu verhindern, daß die Abkehrscheine dazu benützt werden, durch unauffällige Zeichen mißliebig gewordene Bergleute von der Wiederannahme zur Arbeit allgemein auszuschließen, ist nach dem Vorgang des § 113 der Gewerbeordnung das Verbot ausgesprochen, die Zeugnisse mit dahinzielenden Merkmalen zu versehen. Strafbestimmung: Art 242.

Die Ortspolizeibehörde hat auf Antrag des Arbeiters zu untersuchen, ob die dem Bergmanne zugeschriebenen Beschuldigungen, wenn sie sein Fortkommen hindern würden, auf Wahrheit beruhen und gegentheiligen Falls dies in dem Zeugnisse zu bemerken. Die etwaigen Kosten der Untersuchung hat der unterliegende Theil zu tragen.

Art. 101. (83)

Bergwerksbesitzer oder deren Stellvertreter dürfen volljährige Arbeiter, von welchen ihnen bekannt ist, daß sie schon früher beim Bergbau beschäftigt waren, nicht eher zur Bergarbeit annehmen, bis ihnen von denselben das Zeugniß des Bergwerksbesitzers, bei welchem sie zuletzt in Arbeit gestanden, beziehungsweise das Zeugniß der Ortspolizeibehörde (Art. 100) vorgelegt ist.[1]

1. Der Art. bezweckt, mit Rücksicht auf die eigenartigen Betriebsgefahren des Bergbaues und auf die Unmöglichkeit, die Thätigkeit des einzelnen Bergmannes in ausgedehnten Grubengebäuden fortwährend überwachen zu können, den Bergwerksbesitzer schon bei der Annahme von Bergleuten erkennen zu lassen, welcher Art die Thätigkeit des Angenommenen bisher gewesen ist und wie derselbe hiernach, ohne sein und seiner Mitarbeiter Leben zu gefährden beschäftigt werden kann. Nebenbei hat der Abkehrschein auch Bedeutung für die Beziehungen der Knappschaftsvereine zu ihren Mitgliedern, namentlich bei bestehenden Kartellverhältnissen.

Der Referent der Abgeordnetenkammer hat über die Wichtigkeit des Abkehrscheines folgendes angeführt: „Es ist bei steigender Konjunktur in Norddeutschland nicht selten der Fall gewesen, daß die Werksbesitzer eine Vermehrung der Produktion durch Hereinnahme von Leuten vom flachen Lande bezweckten. Die Leute wurden zunächst als Förderer verwendet, machten aber dabei die Beobachtung, daß sie weniger verdienten als die Häuer. Die Leute suchten deshalb durch Wechsel der Arbeitsstelle eine Beschäftigung als Häuer zu erlangen. Dadurch ist eine große Gefahr für das Bergwerk bedingt, weil die meisten Unfälle auf Unkenntniß und Unvorsichtigkeit zurückzuführen sind. Diesem Uebelstand soll durch die Vorschrift, daß eine Bestätigung der bisherigen Beschäftigung im Abkehrscheine gefordert wird, abgeholfen werden. In den oberbergpolizeilichen Vorschriften sind dann die weiteren Maßnahmen zu treffen, daß nicht ein bisher nur als Förderer verwendeter Arbeiter nicht als Häuer beschäftigt werden darf.

Art. 102. (neu)

Minderjährige Arbeiter können beim Abgange ein Zeugniß über die Art und Dauer ihrer Beschäftigung, sowie über ihre Führung und Leistungen verlangen. Hiebei finden die Bestimmungen des Art. 100 entsprechende Anwendung. Der gesetzliche Vertreter des Minderjährigen kann die Ausstellung des Zeugnisses fordern, auch verlangen, daß dasselbe nicht an den Minderjährigen, sondern an ihn ausgehändigt werde. Mit Genehmigung der Gemeindebehörde des Arbeitsortes kann auch gegen den Willen des gesetzlichen Vertreters die Aushändigung unmittelbar an den Arbeiter erfolgen.[1]

1. Mit der Einführung des Arbeitsbuches für minderjährige Bergarbeiter verliert der Abkehrschein für diese seine Bedeutung. Als Ersatz für letzteren war den Minderjährigen das Recht auf ein Zeugniß in ähnlicher Weise einzuräumen, wie dies in Art. 100 für den volljährigen Bergmann bestimmt ist. Ebenso waren zum Schutze der Arbeiter die Bestimmungen des Art. 100 bei Weigerung oder unbegründeter Beschuldigung Seitens des Bergwerksbesitzers für anwendbar zu erklären.

Die Befugniß des gesetzlichen Vertreters, das Zeugniß ausgehändigt zu erhalten, ist zur Aufrechterhaltung des Einflusses der väterlichen oder vormundschaftlichen Gewalt beigefügt. Gegen Mißbrauch schützt den Arbeiter der letzte Satz.

Art. 103. (neu)

Minderjährige Personen dürfen auf den den Bestimmungen dieses Gesetzes unterworfenen Anlagen als Arbeiter nur beschäftigt werden, wenn sie mit einem Arbeitsbuche versehen sind. Bei der Annahme solcher Arbeiter hat der Bergwerksbesitzer das Arbeitsbuch einzufordern. Er ist verpflichtet, dasselbe zu verwahren, auf amtliches Verlangen vorzulegen und nach rechtmäßiger Lösung des Arbeitsverhältnisses wieder auszuhändigen.

Die Aushändigung erfolgt an den gesetzlichen Vertreter, sofern dieser es verlangt oder der Arbeiter das sechzehnte Lebensjahr noch nicht vollendet hat, andernfalls an den Arbeiter selbst. Mit Genehmigung der Gemeindebehörde des im Art. 104 bezeichneten Ortes kann die Aushändigung des Arbeitsbuches auch an die zur gesetzlichen Vertretung nicht berechtigte Mutter oder einen sonstigen Angehörigen oder unmittelbar an den Arbeiter erfolgen.[1]

1. Die Art. 103 ff. über die Arbeitsbücher der minderjährigen Bergarbeiter sind den §§ 107—112 und 114 der Gewerbeordnung nachgebildet.

Der Grund zur Einführung der Arbeitsbücher ist in dem Bedürfniß nach Maßnahmen zu suchen, durch welche die Kündigung bestehender und die Eingehung neuer Arbeitsverhältnisse der Minderjährigen der Einwirkung der Eltern und Vormünder mehr wie bisher unterworfen und eine Mitwirkung der letzteren hiebei im Interesse einer tüchtigen Ausbildung der Minderjährigen ermöglicht wird. Es ist nach den bisherigen Erfahrungen in hohem Grade erwünscht und entspricht auch der Billigkeit, den Bergarbeiter den übrigen gewerblichen Arbeitern in dieser Beziehung völlig gleich zu stellen. Die Minderjährigkeit reicht bis zum vollendeten 21. Lebensjahre.

Im Gegensatz zu der Bestimmung bei volljährigen Bergarbeitern, denen das Zeugniß unter allen Verhältnissen ausgestellt werden muß, ist hier vorgesehen, daß nur bei rechtmäßiger Lösung des Arbeitsverhältnisses der Bergwerksbesitzer das Arbeitsbuch auszuhändigen verpflichtet ist. Unter rechtmäßiger Lösung ist zu verstehen, daß der Arbeiter die bestehende Kündigungsfrist eingehalten hat.

Die übrigen Bestimmungen über Aushändigung verfolgen den gleichen Zweck, wie jene bezüglich des Zeugnisses in Art. 102.

Art. 104. (neu)

Das Arbeitsbuch wird dem Arbeiter durch die Polizeibehörde desjenigen Ortes, an welchem er zuletzt seinen dauernden Aufenthalt gehabt hat, wenn aber ein solcher innerhalb des Staatsgebietes nicht stattgefunden hat, von der Polizeibehörde des von ihm zuerst erwählten Arbeitsortes gebührenfrei ausgestellt. Die Ausstellung erfolgt auf Antrag oder mit Zustimmung des gesetzlichen Vertreters. Ist die Erklärung des gesetzlichen Vertreters nicht zu beschaffen, oder verweigert dieser die Zustimmung ohne genügenden Grund und zum Nachtheile des Arbeiters, so kann die Gemeindebehörde die Zustimmung ergänzen. Vor der Ausstellung ist nachzuweisen, daß der Arbeiter zum Besuche der Volksschule nicht mehr verpflichtet ist, und glaubhaft zu machen, daß bisher ein Arbeitsbuch für ihn noch nicht ausgestellt war.[1]

Arbeitsbücher, welche von der zuständigen Behörde eines anderen deutschen Bundesstaates für minderjährige Bergarbeiter ausgestellt sind, werden den von bayerischen Behörden ausgefertigten gleich geachtet.[2]

1. Zuständig zur Ausstellung des Arbeitsbuchs ist die Ortspolizeibehörde, in München die Polizeidirektion. Da das Berggesetz nur für Bayern Geltung hat, so beschränkt sich die Zuständigkeit auf die bayerischen Polizeibehörden, abgesehen von den Fällen des Abs. 2.

Die Vorschrift der Zustimmung des gesetzlichen Vertreters setzt voraus, daß der Minderjährige unter väterlicher Gewalt oder unter Vormundschaft steht. Bei unberechtigter Weigerung des gesetzlichen Vertreters kann die Gemeindebehörde die Zustimmung an dessen Statt ertheilen. Liegt jedoch die Weigerung im Interesse des Minderjährigen, so erscheint die Gemeindebehörde zur Zustimmung nicht befugt.

2. Die Bestimmung liegt im Interesse des Bergbaues, um den Uebertritt schon länger in Bergwerken beschäftigter jugendlicher Arbeitern in ein bayerisches Werk nicht zu erschweren.

Art. 105. (neu)

Wenn das Arbeitsbuch vollständig ausgefüllt oder nicht mehr brauchbar, oder wenn es verloren gegangen oder vernichtet ist, so wird an Stelle desselben ein neues Arbeitsbuch ausgestellt. Die Ausstellung erfolgt durch die Polizeibehörde desjenigen Ortes, an welchem der Inhaber des Arbeitsbuches zuletzt seinen dauernden Aufenthalt gehabt hat. Das ausgefüllte oder nicht mehr brauchbare Arbeitsbuch ist durch einen amtlichen Vermerk zu schließen.

Wird das neue Arbeitsbuch an Stelle eines nicht mehr brauchbaren, eines verloren gegangenen oder vernichteten Arbeitsbuches ausgestellt, so ist dieß darin zu vermerken. Für die Ausstellung kann in diesem Falle eine Gebühr bis zu fünfzig Pfennig erhoben werden.[1]

1. Die vorsätzliche Unbrauchbarmachung oder Vernichtung eines Arbeitsbuches durch den Träger desselben wird nach Art 247 Ziff. 3 mit Geldstrafe bis zu 20 Mk. geahndet.

Die zur Ausstellung berechtigte Polizeibehörde kann nur eine bayerische sein; es ist deshalb der letzte dauernde Aufenthalt in Bayern hiebei maßgebend.

Andere Einträge, als die auf das Arbeitsverhältniß des minderjährigen Arbeiters bezüglichen dürfen im Arbeitsbuche nicht gemacht werden.

Art. 106. (neu)

Das Arbeitsbuch (Art. 103) muß den Namen des Arbeiters, Ort, Jahr und Tag seiner Geburt, Namen und letzten Wohnort seines gesetzlichen Vertreters und die Unterschrift des Arbeiters enthalten. Die Ausstellung erfolgt unter dem Siegel und der Unterschrift der Behörde. Letztere hat über die von ihr ausgestellten Arbeitsbücher ein Verzeichniß zu führen.

Die Einrichtung der Arbeitsbücher wird durch das Staatsministerium des Innern bestimmt.[1]

1. Die Beifügung des Namens und letzten Wohnorts des gesetzlichen Vertreters ist geboten, weil gegebenenfalls die Aushändigung des Arbeitsbuches an diesen zu erfolgen hat.

Die Einrichtung der Arbeitsbücher wird sich in der Hauptsache und abgesehen von den durch die bergrechtlichen Bestimmungen veranlaßten Aenderungen an jene der Arbeitsbücher für die übrigen gewerblichen Arbeiter anschließen.

Art. 107. (neu)

Bei dem Eintritt des Arbeiters in das Arbeitsverhältniß hat der Bergwerksbesitzer an der dafür bestimmten Stelle des Arbeitsbuches die Zeit des Eintritts und die Art der Beschäftigung, am Ende des Arbeitsverhältnisses die Zeit des Austritts und, wenn die Beschäftigung Aenderungen erfahren hat, die Art der letzten Beschäftigung des Arbeiters einzutragen.

Die Eintragungen sind mit Tinte zu bewirken und von dem Bergwerksbesitzer oder dem dazu bevollmächtigten Betriebsleiter zu unterzeichnen.

Die Eintragungen dürfen nicht mit einem Merkmal versehen sein, welches den Inhaber des Arbeitsbuches günstig oder nachtheilig zu kennzeichnen bezweckt.

Die Eintragung eines Urtheils über die Führung oder die Leistungen des Arbeiters und sonstige durch das

Gesetz nicht vorgesehene Eintragungen oder Vermerke in oder an dem Arbeitsbuche sind unzulässig.[1]

1. Der Art. ist genau dem § 111 der Gewerbeordnung nachgebildet. Die Zeit des Ein- oder Austritts und die Art der Beschäftigung ist durch den Bergwerksbesitzer einzutragen und zwar mit Tinte, die Unterzeichnung kann auch durch den bevollmächtigten Betriebsleiter erfolgen.

Zuwiderhandlungen gegen Abs. 3 unterliegen nach Art. 242 einer Geldstrafe bis zu 2000 Mk., ev. einer Gefängnißstrafe bis zu 6 Monaten.

Auch die Eintragung eines Urtheils über die Führung oder die Leistungen des Arbeiters im Arbeitsbuch ist unstatthaft und nach Art. 247 Ziff. 2 mit Geldstrafe bis zu 20 Mk. bedroht.

Ueber Führung und Leistungen kann der minderjährige Arbeiter nach Art. 102 ein besonderes Zeugniß verlangen.

Art. 108. (neu)

Ist das Arbeitsbuch bei dem Bergwerksbesitzer unbrauchbar geworden, verloren gegangen oder vernichtet oder sind von dem Bergwerksbesitzer unzulässige Merkmale, Eintragungen oder Vermerke in oder an dem Arbeitsbuche gemacht, oder wird von dem Bergwerksbesitzer ohne rechtmäßigen Grund die Aushändigung das Arbeitsbuches verweigert, so kann die Ausstellung eines neuen Arbeitsbuches auf Kosten des Bergwerksbesitzers beansprucht werden. Ein Bergwerksbesitzer, welcher das Arbeitsbuch seiner gesetzlichen Verpflichtung zuwider nicht rechtzeitig aushändigt oder die vorschriftsmäßigen Eintragungen zu machen unterlassen oder unzulässige Merkmale, Eintragungen oder Vermerke gemacht hat, ist dem Arbeiter entschädigungspflichtig. Der Anspruch auf Entschädigung erlischt, wenn er nicht innerhalb vier Wochen nach seiner Entstehung im Wege der Klage oder Einrede geltend gemacht ist.[1]

1. Der Bergwerksbesitzer hat unter allen Verhältnissen die Kosten für das neue Arbeitsbuch zu tragen ohne Rücksicht auf etwaiges Verschulden.

Die Entschädigungspflicht erstreckt sich auf allen entgangenen Lohn und dem minderjährigen Arbeiter etwa während der Zeit erwachsenen besonderen Auslagen, während der er Mangels eines Arbeitsbuches Beschäftigung nicht finden konnte.

Art. 109. (neu)

Auf Antrag des Minderjährigen oder seines gesetzlichen Vertreters hat die Ortspolizeibehörde die Eintragung in das Arbeitsbuch gebührenfrei zu beglaubigen.[1]

1. Ortspolizeibehörde in München ist die Polizeidirektion. Wegen der Beglaubigung der besonderen Zeugnisse hat Art. 102 Bestimmung getroffen.

Art. 110. (neu)

Bergwerksbesitzer, welche einen Bergmann verleiten, vor rechtmäßiger Beendigung des Arbeitsverhältnisses die Arbeit zu verlassen, sind dem früheren Arbeitgeber für den entstandenen Schaden als Selbstschuldner mitverhaftet. In gleicher Weise haftet der Bergwerksbesitzer, welcher einen Bergmann annimmt, von dem er weiß, daß derselbe einem anderen Arbeitgeber zur Arbeit noch verpflichtet ist.[1]

In dem im vorstehenden Absatze bezeichneten Umfange ist auch derjenige Bergwerksbesitzer mitverhaftet, welcher einen Bergmann, von dem er weiß, daß derselbe einem anderen Arbeitgeber zur Arbeit noch verpflichtet ist, während der Dauer dieser Verpflichtung in der Beschäftigung behält, sofern nicht seit der unrechtmäßigen Lösung des Arbeitsverhältnisses bereits vierzehn Tage verflossen sind.[2]

1. Der Art. ist dem § 125 der Gewerbeordnung nachgebildet. Besondere gesetzliche Vorschriften über die Schadensersatzverbindlichkeit des Bergwerksbesitzers, welcher Bergleute zum Kontraktbruch verleitet oder kontraktbrüchige Arbeiter annimmt, haben bisher nicht bestanden. Die Aufnahme solcher Vorschriften ist darin begründet, daß deren Mangel als empfindliche Lücke sich erweisen würde. Eine Bestrafung ist nach den nunmehrigen Rechtsanschauungen ausgeschlossen. Auf das Motiv der Verleitung kommt es nicht an.

Rechtmäßige Beendigung liegt nur vor, wenn der Arbeiter eventuell die Kündigungsfrist beachtet hat oder wenn er zum sofortigen Austritt aus der Arbeit nach dem Gesetze berechtigt ist.

Ueber den Schadenserſatz haben die ordentlichen Gerichte zu entscheiden, da Streitigkeiten zwischen Arbeitgebern nicht zur Zuständigkeit der Gewerbegerichte zählen.

2. Die Haftbarkeit besteht jedem Arbeitgeber gegenüber, nicht bloß bei einem Bergwerksbesitzer. Sobald der Bergwerksbesitzer von der noch bestehenden Verpflichtung Kenntniß erhält, ist er zur Entlassung des Arbeiters verbunden oder zum Schadensersatz, es sei denn, daß bereits die 14tägige Frist abgelaufen ist.

Art. 111. (neu)

Die Bergwerksbesitzer sind verpflichtet, ihren Arbeitern unter achtzehn Jahren, welche eine von der Gemeindebehörde oder vom Staate als Fortbildungsschule anerkannte Unterrichtsanstalt besuchen, hiezu die erforderlichen Falles von der Berginspektion festzusetzende Zeit zu gewähren. Am Sonntage darf der Unterricht nur stattfinden, wenn die Unterrichtsstunden so gelegt werden, daß die Schüler nicht gehindert werden, den Hauptgottesdienst oder einen mit Genehmigung der kirchlichen Behörden für sie eingerichteten besonderen Gottesdienst ihrer Konfession zu besuchen.[1]

Als Fortbildungsschulen im Sinne dieser Bestimmungen gelten auch Anstalten, in welchen Unterricht in weiblichen Hand- und Hausarbeiten ertheilt wird.[2]

Durch statutarische Bestimmung einer Gemeinde oder eines weiteren Kommunalverbandes, welche nach Maßgabe des § 142 der Gewerbeordnung erlassen wird, kann mit Zustimmung des Oberbergamtes für männliche Arbeiter unter achtzehn Jahren die Verpflichtung zum Besuche einer Fortbildungsschule begründet werden. Auf demselben Wege können die zur Durchführung dieser Verpflichtung erforderlichen Bestimmungen getroffen werden. Insbesondere können durch statutarische Bestimmung die zur Sicherung eines regelmäßigen Schulbesuches den Schulpflichtigen, sowie deren gesetzlichen Vertretern und Arbeitgebern obliegenden Verpflichtungen bestimmt und diejenigen Vorschriften erlassen werden, durch welche die Ordnung in der Fortbildungsschule und ein gebührliches Verhalten der Schüler gesichert wird. Von der durch statutarische Bestimmung begründeten Verpflichtung zum Besuch einer Fortbildungsschule sind diejenigen befreit, welche eine andere Fortbildungs- oder Fachschule (Steigerschule, Bergvorschule, Bergschule) besuchen, sofern der Unterricht dieser Schule von dem Oberbergamt als ausreichender Ersatz des durch statutarische Bestimmung geregelten Fortbildungsschulunterrichts anerkannt wird.[3]

1. Der Art. entspricht dem § 120 der Gewerbeordnung. Das Bedürfniß, einen geordneten Fortbildungsschulunterricht für die gewerblichen Arbeiter überhaupt einzuführen, besteht in gleichem

Maße für die jugendlichen Bergarbeiter. Grundlage und Voraussetzung der Anwendung des Art. 111 bleibt im Allgemeinen, daß der Bergwerksbesitzer oder Vereinigungen mehrerer Bergwerksbesitzer aus eigener Entschließung an die Errichtung von Fortbildungsschulen herantreten, welche von der zuständigen Schulaufsichtsbehörde als solche anerkannt werden. Ist diese Anerkennung erfolgt, so ist es zur Sicherung des Bestandes der Schule geboten, die Verpflichtung der Bergwerksbesitzer gesetzlich festzulegen, den Arbeitern unter 17 Jahren die erforderliche Zeit zum Schulbesuche zu gewähren. Besteht bereits eine auch für die Bergarbeiter geeignete Fortbildungsschule der Gemeinde, so besteht die Verpflichtung der Bergwerksbesitzer auch bezüglich dieser Schule. Der Besuch des Hauptgottesdienstes oder eines an dessen Stelle tretenden besonderen Gottesdienstes der einschlägigen Konfession darf durch den Unterricht nicht behindert werden.

2. Diesen unter Abs. 1 erwähnten Fortbildungsschulen, welche die Befestigung und Erweiterung der in der Volksschule erworbenen Kenntnisse und Fertigkeiten bezwecken, sind im Interesse der Ausbildung der jugendlichen weiblichen Arbeiter die Anstalten gleichgestellt, welche den Unterricht in weiblichen Hand- und Hausarbeiten zu fördern bestimmt sind.

3. Der Abs. 3 bezielt als Ergänzung der Verpflichtung des Bergwerksbesitzers, den Schulbesuch der jugendlichen Bergarbeiter unter 18 Jahren durch statutarische Vorschrift der Gemeinden zu sichern. Um jedoch in diesen Fällen, in welchen der Zwang zum Schulbesuche unabhängig von dem Willen der Bergwerksbesitzer durch gemeindliches Statut ausgesprochen wird, das Interesse des Bergbaues wahrzunehmen, ist vorgeschrieben, daß das Oberbergamt seine Zustimmung zu ertheilen hat. Dem letzteren ist hiedurch der nöthige Einfluß auf die Bestimmung der Unterrichtsstunden eingeräumt. Die Ausnahme für diejenigen Bergarbeiter, welche eine andere bergmännische Fachschule besuchen, ist gerechtfertigt, wenn diese Schule genügenden Ersatz auch für die zu 1 erwähnte Fortbildung der Arbeiter in den Elementarkenntnissen der Volksschule bietet. Hierüber hat das Oberbergamt im Benehmen mit der Schulaufsichtsbehörde (der einschlägigen Kreisregierung, K. d. J.) zu befinden.

Im § 142 der Gewerbeordnung ist bestimmt:

„Statutarische Bestimmungen einer Gemeinde oder eines weiteren Kommunalverbandes können die ihnen durch das Gesetz überwiesenen gewerblichen Gegenstände mit verbindlicher Kraft ordnen. Dieselben werden nach Anhörung betheiligter Gewerbetreibender und Arbeiter abgefaßt und bedürfen der Genehmigung der höheren Verwaltungsbehörde und sind in der für Bekanntmachungen der Gemeinde oder des weiteren Kommunalverbandes vorgeschriebenen oder üblichen Form zu veröffentlichen.

Die Centralbehörde ist befugt, statutarische Bestimmungen, welche mit den Gesetzen oder den statutarischen Bestimmungen des weiteren Kommunalverbandes in Widerspruch stehen, außer Kraft zu setzen."

Zum Erlaß ortsstatutarischer Bestimmungen sind die Gemeindebehörden zuständig. Im rechtsrheinischen Bayern ist die Zustimmung der Gemeindebevollmächtigten, bezw. der Gemeindeversammlung erforderlich.

Die Beschlußfassung des weiteren Kommunalverbandes über statutarische Bestimmungen gehört zum Wirkungskreise des Distriktsrathes.

Die Wiederaufhebung statutarischer Bestimmungen einer Gemeinde oder eines weiteren Kommunalverbandes bedarf der Zustimmung der Kreisregierung, K. d. J. (§ 50 der Vollzugsordnung zur Gewerbeordnung vom 29. März 1892). Die zum Vollzug des § 120 der Gewerbeordnung erforderlichen Anordnungen werden vom Staatministerium des Innern für Kirchen- und Schulangelegenheiten im Benehmen mit dem Staatsministerium des Innern getroffen (§ 52 der Vollzugsordnung vom 29. März 1892)."

Art. 112. (neu)

Das Dienstverhältniß der von den Bergwerksbesitzern gegen feste Bezüge zur Leitung und Beaufsichtigung des Betriebes nach Maßgabe der Art. 74 und 75 angenommenen oder dauernd betrauten Personen (Maschinen- und Bautechniker, Chemiker, Zeichner und dergl.) kann, wenn nicht etwas anderes verabredet ist, von jedem Theile mit Ablauf jedes Kalender-Vierteljahres nach sechs Wochen vorher erklärter Aufkündigung aufgehoben werden.[1]

Jeder der beiden Theile kann vor Ablauf der vertragsmäßigen Zeit und ohne Innehaltung einer Kündigungsfrist die Aufhebung des Dienstverhältnisses verlangen, wenn ein wichtiger, nach den Umständen des Falles die Aufhebung rechtfertigender Grund vorliegt.[2]

1. Der Art. entspricht dem § 133 a der Gewerbeordnung. Für die beim Betriebe von Bergwerken und diesen rechtlich gleichstehenden Anlagen beschäftigten höheren und niederen Beamten, die sogenannten Werksbeamten, waren bezüglich ihres Dienstverhältnisses bisher besondere Vorschriften nicht gegeben. Es waren deshalb die allgemeinen Privatrechtsvorschriften für dieselben giltig. Hieraus ergaben sich mehrfache Nachtheile für die Beamten sowohl, als den Bergbaubetrieb selbst, die eine Aenderung dringend erwünscht erscheinen ließen. Es war einerseits auf die Festsetzung bestimmter Grundlagen für die rechtlichen Beziehungen dieser mit der Anwendung der sicherheitspolizeilichen Vorschriften beim Bergbau befaßten Beamtenklassen zu den Werksbesitzern Bedacht zu nehmen

und insbesondere eine längere Kündigungsfrist einzuführen, anderseits war eine Gleichstellung dieser Beamten mit den bei den sonstigen Gewerbebetrieben beschäftigten Beamten, Werkmeistern rc. geboten, da die Verhältnisse hier die gleichen sind, da diese Personen ebenso die Zwischenstufe zwischen dem Arbeitgeber und höheren Betriebsbeamten auf der einen und den Arbeitern auf der andern Seite bilden und sich von den letzteren durch ihre wirthschaftlichen und sozialen Verhältnisse wesentlich unterscheiden.

Insoweit übrigens die Bestimmungen der Gewerbeordnung über die gewerblichen Arbeiter auf die Bergarbeiter Anwendung finden (z. B. § 105 b Abs. 1 der Gewerbeordnung), werden unter Arbeitern auch die in diesem Art. aufgeführten Personen inbegriffen sein.

Unter festen Bezügen sind im Voraus genau bestimmte Beträge für die Dienstleistung im Allgemeinen zu verstehen. Je nach der Arbeitsleistung wechselnde Löhne sind hier ausgeschlossen.

Durch die Bezugnahme auf die Art. 74 und 75 ist klargestellt, welche Klassen von Beamten hier gemeint sind, deshalb konnte hier auch die im § 133 a der Gewerbeordnung vorgesehene Voraussetzung der nicht lediglich vorübergehenden Thätigkeit wegfallen. Personen, deren Befähigung zu Aufsichtsbefugnissen auf Bergwerken nicht nach Art. 75 anerkannt ist und die auch nicht dauernd höhere technische Dienste leisten, zählen, auch wenn sie einzelne Aufsichtsbefugnisse ausüben (z. B. Kameradschaftsführer, sog. Vorhäuer), nicht zu den Werksbeamten, sondern sind als Arbeiter anzusehen.

Die 6wöchige Kündigungsfrist unterscheidet hauptsächlich die Rechtsstellung des Beamten von der der Arbeiter, sie liegt auch bestimmt im Interesse eines sicheren Bergbaubetriebs.

2. Ob ein wichtiger Grund zur Lösung des Dienstverhältnisses im Sinne des Abs. 2 vorliegt, haben die Gerichte zu entscheiden und zwar, wenn der Jahresarbeitsverdienst an Lohn oder Gehalt 2000 Mk. nicht übersteigt, die etwa bestehenden Gewerbegerichte (§ 2 Abs. 2 und § 77 des Reichsges. über die Gewerbegerichte vom 29. Juli 1890). Es empfiehlt sich übrigens, thunlichst im Dienstvertrage die Gründe zu bestimmen, welche beide Theile zur sofortigen Auflösung des Dienstverhältnisses berechtigen. Das Verhältniß zwischen den Bergwerksbesitzern und den Werksbeamten regelt sich, soweit nicht im Gesetze Bestimmung getroffen ist, nach dem Dienstvertrage, der die gesetzlichen Vorschriften ebenso zu beachten hat, wie dieß bei der Arbeitsordnung der Fall ist, welche das Verhältniß zwischen Werksbesitzer und den gewöhnlichen Arbeitern zu regeln bestimmt ist.

Art. 113. (neu)

Gegenüber den im Art. 112 bezeichneten Personen kann die Aufhebung des Dienstverhältnisses insbesondere verlangt werden:[1]

1) wenn sie beim Abschluß des Dienstvertrages den Bergwerksbesitzer durch Vorzeigung falscher oder verfälschter Zeugnisse hintergangen oder ihn über das Bestehen eines anderen, sie gleichzeitig verpflichtenden Dienstverhältnisses in einen Irrthum versetzt haben,

2) wenn sie im Dienste untreu sind oder das Vertrauen mißbrauchen,

3) wenn sie ihren Dienst unbefugt verlassen oder den nach dem Dienstvertrage ihnen obliegenden Verpflichtungen nachzukommen beharrlich verweigern,

4) wenn sie eine sicherheitspolizeiliche Vorschrift bei der Leitung oder Beaufsichtigung der Bergarbeit übertreten, oder wenn ihnen durch die Berginspektion die Befähigung zum Aufsichtsbeamten aberkannt ist,

5) wenn sie durch anhaltende Krankheit oder durch eine längere Freiheitsstrafe oder Abwesenheit an der Verrichtung ihrer Dienste verhindert werden,

6) wenn sie sich Thätlichkeiten oder Ehrverletzungen gegen den Bergwerksbesitzer, seine Vertreter oder gegen Arbeiter zu Schulden kommen lassen,[2]

7) wenn sie sich einem unsittlichen Lebenswandel ergeben.

In dem Falle zu 5 bleibt der Anspruch auf die vertragsmäßigen Leistungen des Bergwerksbesitzers auf die Dauer von sechs Wochen in Kraft, wenn die Verrichtung der Dienste durch unverschuldetes Unglück verhindert worden ist. Jedoch mindern sich die Ansprüche in diesem Falle um denjenigen Betrag, welcher dem Berechtigten aus einer auf Grund gesetzlicher Verpflichtung bestehenden Kranken- oder Unfall-Versicherung oder aus einer Knappschaftskasse zukommt.[3]

1. Der Art. entspricht dem § 133c der Gewerbeordnung bis auf die Ziffer 4, welche mit Rücksicht auf die Sonderverhältnisse

des Bergbaues beigefügt ist, wie dies auch bei Art. 97 bezüglich der Arbeiter geschehen ist.

2. In Ziffer 6 ist auf Anregung des Ausschusses der Abgeordnetenkammer als Entlassungsgrund beigesetzt worden, wenn sie sich Thätlichkeiten oder Ehrverletzungen gegen Arbeiter zu Schulden kommen lassen, um dem Bergwerksbesitzer zu ermöglichen, einen wegen Mißhandlung ꝛc. von Arbeitern mißliebig gewordenen Werksbeamten sofort zu entlassen.

3. Der Grund zur Minderung der Ansprüche liegt darin, daß es unbillig sein würde, den Bergwerksbesitzer, welcher den gesetzlichen Zuschuß zu den Krankenversicherungsbeiträgen und die Unfallversicherungsbeiträge gezahlt hat, zur Gewährung seiner vollen vertragsmäßigen Leistungen zu verpflichten. Im letzten Absatz ist außer den in der Gewerbeordnung erwähnten Fällen noch der Ansprüche gegen Knappschaftskassen Erwähnung gethan, weil die Beamten vielfach, theils selbst in Folge zwingender Bestimmungen der Knappschaftsstatuten Knappschaftsmitglieder sind.

Art. 114. (neu)

Die im Art. 112 bezeichneten Personen können die Aufhebung des Dienstverhältnisses insbesondere verlangen:

1) wenn der Bergwerksbesitzer oder seine Stellvertreter sich Thätlichkeiten oder Ehrverletzungen gegen sie zu Schulden kommen lassen,
2) wenn der Bergwerksbesitzer die vertragsmäßigen Leistungen nicht gewährt,
3) wenn der Bergwerksbesitzer oder dessen Stellvertreter Anordnungen ergehen läßt, welche gegen den Betriebsplan verstoßen, oder wenn er die Mittel zur Ausführung der von der Bergbehörde getroffenen polizeilichen Anordnung verweigert,
4) wenn bei Fortsetzung des Dienstverhältnisses ihr Leben oder ihre Gesundheit einer erweislichen Gefahr ausgesetzt sein würde, welche bei Eingehung des Dienstverhältnisses nicht zu erkennen war.[1]

1. Der Art. 114 entspricht dem § 133d der Gewerbeordnung mit Ausnahme der Ziffer 3, welche mit Rücksicht auf die Eigenthümlichkeiten des Bergbaues beigefügt und darin begründet ist,

daß der Betriebsbeamte für die Einhaltung der Betriebspläne und die Befolgung der polizeilichen Verordnungen und Verfügungen verantwortlich ist. Werden ihm vom Bergwerksbesitzer die erforderlichen Geldmittel zur Ausführung der von der Bergbehörde getroffenen polizeilichen Anordnungen verweigert, oder läßt der Bergwerksbesitzer Anordnungen ergehen, welche mit dem Betriebsplan nicht vereinbar sind oder gegen sicherheitspolizeiliche Vorschriften anstoßen, so muß sich der Betriebsbeamte durch Verlassen seiner Stellung der ihn sonst allenfalls treffenden strafrechtlichen Verantwortlichkeit entziehen können, da ihn die Berufung auf die Anordnung des Bergwerksbesitzers nicht schützt.

Die Ziffer 4, welche im preußischen Berggesetz nicht enthalten ist, wurde auf Anregung des Ausschusses der Abgeordnetenkammer aufgenommen aus dem gleichen Grunde, wie bei Art. 98 Ziffer 6.

Art. 115. (neu)

Unter den in Art. 110 aufgestellten Voraussetzungen tritt die daselbst bestimmte Haftung des Bergwerksbesitzers auch für den Fall ein, wenn die in Art. 112 bezeichneten Personen zur Aufgabe des Dienstverhältnisses verleitet, in Dienst genommen oder in Dienst behalten werden.[1]

* Die Abweichungen dieses Art. vom § 133e der Gewerbeordnung bestehen zunächst darin, daß § 124b der Gewerbeordnung (fester Entschädigungsbetrag bei Kontraktbruch) nicht für anwendbar erklärt ist, weil letztere Bestimmung für den Bergbau überhaupt nicht gilt und auch materielle Bedenken gegen ihre Aufnahme bestehen. Ferner ist der in der Gewerbeordnung enthaltene ausdrückliche Ausschluß der Bestimmungen des § 119a daselbst, welche zufolge des § 154a auch für die Besitzer und Arbeiter von Bergwerken gelten, unterblieben. Der § 119a erscheint aber schon deshalb nicht anwendbar, weil die Betriebsbeamten feste Bezüge erhalten und nicht gegen Arbeitslohn (Stücklohn, Taglohn) in Dienst genommen sind.

Die Voraussetzungen des Art. 110 sind zweierlei Art. Objektiv ist in allen dort bezeichneten Fällen erforderlich, daß die Aufgabe des alten Arbeitsverhältnisses und der Beginn des neuen „vor rechtmäßiger Beendigung" des ersteren stattgefunden hat.

Die subjektive Voraussetzung besteht im Falle der Verhütung in der darauf gerichteten Handlung, im Falle des Art. 110 Abs. 1 Satz 2 in der Annahme ohne Rücksicht auf die Rechtswidrigkeit in dem Verhalten des Angenommenen und den Falle des Art. 110 Abs. 2 in der Nichtberücksichtigung dieser Rechtswidrigkeit nach erlangter Kenntniß.

Art. 116. (84)

Auf jedem Bergwerk ist über die daselbst beschäftigten Arbeiter eine Liste zu führen, welche die Vor- und Zunamen, das Geburtsjahr, den Wohnort, den Tag des Dienstantritts und der Entlassung, sowie das Datum des letzten Arbeitszeugnisses enthält.

Die Liste muß der Berginspektion auf Verlangen vorgelegt werden.[1]

1. Die Liste ist vorgeschrieben, um die Befolgung der auf die Bergarbeiter bezüglichen Vorschriften zu überwachen und außerdem die Kontrole der Knappschaftsvorstände über die vorschriftsmäßige Anmeldung der Arbeiter zu erleichtern.

Die Ueberwachung der Eintragungen ist durch die Berginspektionen zu bethätigen.

Wegen des besonderen Verzeichnisses für die jugendlichen Arbeiter vgl. § 138 der Gewerbeordnung, dann die §§ 27 und 51 der Min.-Entschließung vom 31. März 1892, den Vollzug der Gewerbenovelle vom 1. Juni 1891 bffd. (Min.Amtsbl. S. 91). Nach letzterer treten die Berginspektionen und das Oberbergamt an die Stelle der Orts- und Distriktspolizeibehörden und bezw. der k. Regierungen, K. d. J.

Bei minderjährigen Arbeitern ist beim Fehlen eines besonderen Arbeitszeugnisses der letzte Vortrag im Arbeitsbuch in die Liste vorzutragen.

Vierter Titel.

Von den Rechtsverhältnissen der Mitbetheiligten eines Bergwerkes.

Art. 117. (85)

Zwei oder mehrere Mitbetheiligte eines Bergwerkes bilden eine Gewerkschaft.

Die Gewerkschaft kann ihre besondere Verfassung durch notariell errichtete Satzungen regeln, welche der Zustimmung von wenigstens drei Viertheilen aller Antheile und der Bestätigung des Oberbergamtes bedürfen. Die Bestimmungen der Art. 118 bis 131, 135 Abs. 2, 144 bis 149 dürfen durch die Satzungen nicht abgeändert werden.[1]

1. Die Gewerkschaft ist die zur freien Wahl der Bergbautreibenden hingestellte Gesellschaftsform, welche sich durch ihren

spezifisch bergrechtlichen Charakter von allen übrigen Formen der Betheiligung Mehrerer an einem Bergbauunternehmen unterscheidet.

Indem das Gesetz die Gewerkschaft vom rechtlichen Standpunkte der juristischen Persönlichkeit behandelt, hat dasselbe einen Weg eingeschlagen, auf welchen die Fortbildung der Gewerkschaft in anderen deutschen Berggesetzen, die Bergrechtswissenschaft und die wirthschaftlichen Bedürfnisse des Bergbaues selbst hinweisen.

Ihren Willen gibt die Gewerkschaft durch Beschlüsse kund, welche jeden Gewerken binden. Mit einer Mehrheit von dreiviertel der Antheile kann dieselbe sogar über die Substanz des Bergwerkes verfügen.

Die Besorgung der gewerkschaftlichen Angelegenheiten ist einem von der Gewerkschaft gewählten Repräsentanten oder Grubenvorstande übertragen, welcher die Gesammtheit der Gewerken, unabhängig von dem Wechsel in den Personen, vertritt.

Die persönliche Haftbarkeit wird durch die Personifizirung der Gewerkschaft grundsätzlich ausgeschlossen. Die Gewerkschaftsverfassung hat sich für den Bergbau bewährt und bildet zumeist die rechtliche Unterlage für Bergbauunternehmungen.

Der Gewerkschaft muß gestattet sein, ihre Rechtsverhältnisse durch Satzungen festzustellen, dagegen sind die Art. 118 bis 131, auf welchen die rechtliche Natur der Gewerkschaft und das Rechtsverhältniß der einzelnen Gewerken beruht, sowie die Art. 144 bis 149, welche die Vertretung der Gewerkschaft nach Außen regeln, von dieser freien Bestimmung ausgeschlossen, um der Minderheit, sowie den öffentlichen Interessen den entsprechenden Schutz zu gewähren. Gegen den Beschluß des Oberbergamtes findet Beschwerde zum Verwaltungsgerichtshofe statt (Art. 226 Abs. 1).

Art. 118.

Die Gewerkschaft führt den Namen des Bergwerkes, sofern sie nicht in den Satzungen einen anderen Namen gewählt hat.[1]

1. Die Bestimmung des Art. 118 entspricht der herkömmlichen Bezeichnungsweise der Gewerkschaften, sowie dem für Aktiengesellschaften maßgebenden Grundsatze (§ 20 des Handelsgesetzbuchs vom 10. Mai 1897).

Auf die Gewerkschaften findet § 2 des Handelsgesetzbuches vom 10. Mai 1897 gegebenenfalls Anwendung. Der fragliche § 2 lautet: „Ein gewerbliches Unternehmen, das nach Art und Umfang einen in kaufmännischer Weise eingerichteten Geschäftsbetrieb erfordert, gilt, auch wenn die Voraussetzungen des § 1 Abs. 2 nicht vorliegen, als Handelsgewerbe im Sinne dieses Gesetzbuchs, sofern die Firma des Unternehmers in das Handelsregister eingetragen worden ist. Der Unternehmer ist verpflichtet, die Eintragung nach den für die Eintragung kaufmännischer Firmen geltenden Vorschriften herbeizuführen." Als Firma gilt hier der Name des Bergwerks.

Dagegen findet nach Art. 5 des Einführungsgesetzes zum Handelsgesetzbuche (R.G.B. 1897 S. 438) der § 2 des letzteren auf Bergwerksgesellschaften, die nach den Vorschriften der Landesgesetze nicht die Rechte einer juristischen Person besitzen, keine Anwendung.

Art. 119. (87)

Die Gewerkschaft kann unter ihrem Namen Rechte erwerben und Verbindlichkeiten eingehen, Eigenthum und andere dingliche Rechte an Bergwerken und Grundstücken erwerben, vor Gericht klagen und verklagt werden.[1]

1. Die Gewerkschaft hat die Rechte und Pflichten einer juristischen Person, wie solches im § 210 des Handelsgesetzbuchs für die Aktiengesellschaft bestimmt ist. Für die von der Gewerkschaft eingegangenen Verbindlichkeiten haftet nur diese; die einzelnen Gewerken können von Dritten nicht herangezogen werden, wie auch die ersteren für die Gewerkschaft eine Verbindlichkeit nicht eingehen können. Der allgemeine Gerichtsstand der Gewerkschaften ist bei dem Gerichte, in dessen Bezirke das Bergwerk liegt (§ 17 Abs. 2 der Civilprozeßordnung, R.G.Bl. 1898 S. 413), im übrigen ist das Gerichtsverfassungsgesetz maßgebend (R.G.Bl. 1898 S. 371 ff.).

Art. 120. (88)

Das Bergwerk kann nur von der Gewerkschaft und nur als Ganzes mit Hypotheken und dinglichen Lasten beschwert werden.[1]

1. Die Verhypothezirung und sonstige dingliche Belastung des Bergwerks unterliegt lediglich der verfassungsmäßigen Beschlußnahme der Gewerkschaft und kann sich nur auf das Bergwerk als Ganzes beziehen, da ein ideeller Antheil eines Bergwerks nicht mehr besessen, also auch nicht mehr verkauft werden kann und ebenso ein reeller Theil des Bergwerks sich nicht zu einer einseitigen Verfügung der Gewerkschaft eignet, weil die Feldestheilung von der Bestätigung des Oberbergamtes abhängt und unter Umständen aus Gründen des öffentlichen Interesses unzulässig ist (vgl. Art. 64).

Art. 121. (89)

Für die Verbindlichkeiten der Gewerkschaft haftet nur das Vermögen derselben.[1]

1. Es entspricht dies der Eigenschaft der Gewerkschaft als juristische Person. Die einzelnen Gewerken können, insoweit sie nicht schon Schuldner der Gewerkschaft bezüglich der Beiträge geworden sind, zur Deckung der Schulden mit ihrem Vermögen nicht beigezogen werden. Die Liquidität der Beiträge setzt einen satzungsgemäßen Beschluß voraus.

Art. 122. (90)

Durch das Ausscheiden einzelner Mitglieder — Gewerken — wird die Gewerkschaft nicht aufgelöst. Auch können einzelne Gewerken nicht auf Theilung klagen.[1]

1. Der einzelne Gewerke kann, da die Theilungsklage ausgeschlossen ist, nur durch Aufgeben oder Veräußerung seiner Antheile aus dem Verbande der Gewerkschaft ausscheiden. Die Gewerkschaft selbst wird hiedurch nicht aufgelöst.

Die Auflösung der Gewerkschaft kann erfolgen durch Veräußerung des gemeinschaftlichen Bergwerkes oder durch einen Vertrag, durch welchen die Betheiligten nach Art. 154 ihre Rechtsverhältnisse anders als nach der gewerkschaftlichen Verfassung regeln, ferner durch Verzichtleistung, in welchem Falle jedoch die öffentlichrechtlichen Verpflichtungen erfüllt werden müssen, endlich durch Aufhebung des Bergwerkseigenthums.

Art. 123. (91)

Die Zahl der gewerkschaftlichen Antheile — Kuxe — beträgt Hundert.

Durch die Satzungen kann die Zahl auf Tausend bestimmt werden.[1]

Die Kuxe sind untheilbar. Sie haben die Eigenschaft der beweglichen Sachen.[2]

1. Die Beschränkung der gewerkschaftlichen Antheile — Kuxe — auf die Zahl 100 ist durch das Berggesetz vom 20. März 1869 eingeführt worden; den älteren Gewerkschaften wurde die frühere Kuxeintheilung belassen. Neben der gesetzlichen Bestimmung ist es statthaft, in den Gewerkschaftssatzungen die Zahl der Kuxe auf 1000 festzusetzen; eine andere Zahl darf gemäß Art. 117 Abs. 2 nicht bestimmt werden.

Der Beschluß über Festsetzung der Kuxe auf 1000 bedarf nach dem Art. 117 der Bestätigung des Oberbergamtes. Das letztere wird zu erwägen haben, ob die Bedeutung des Bergwerkes eine so hohe Zahl von Antheilen rechtfertigt, da diese letztere geeignet erscheint, für die Schätzung des Werthes des Bergwerks in Betracht genommen zu werden, und da, wenn die thatsächlichen Unterlagen hiefür fehlen, die hiedurch hervorgerufenen irrigen Vorstellungen das Publikum zu Spekulationen zu verleiten und empfindlich zu schädigen vermögen. In solchen Fällen wird dann die Bestätigung des Erhöhungsbeschlusses zu versagen sein.

2. Der Kux ist seiner Natur nach der Aktie verwandt. Er bildet den Maßstab für das Antheilsrecht der Gewerken an der Verwaltung und Nutzung des gewerkschaftlichen Vermögens. Er stellt sich als selbstständiges Vermögensobjekt dar, wenn er vom Ganzen abgelöst gedacht wird.

Zwischen dem Kux und der Aktie besteht jedoch der durchschlagende Unterschied, daß der Kux keinen bestimmten Geldbetrag repräsentirt, auf den die Aktie lautet, sondern nur einen Theilbetrag des gewerkschaftlichen Vermögens. Hiedurch wechselt sein jeweiliger effektiver Werth nach dem Stand des letzteren, wie übrigens auch der Werth der Aktie den Bewegungen des Unternehmens folgt. Der mobilisirte Kux wird daher heute ebenso wie die Aktie im Geschäftsverkehr an der Börse ꝛc. gehandelt, ohne daß übrigens hiedurch der Bergbau Schaden gelitten hätte. Immerhin bleibt es erwünscht, wenn ein gewisser Stamm von Kuxen in festen Händen bleibt, welche auch Interesse an dem betreffenden Bergbauunternehmen als solchem haben.

Art. 124. (92)

Die Gewerken nehmen nach dem Verhältniß ihrer Kuxe an dem Gewinne und Verluste Theil.

Sie sind verpflichtet, die Beiträge, welche zur Erfüllung der Schuldverbindlichkeiten der Gewerkschaft und zum Betriebe erforderlich sind, nach Verhältniß ihrer Kuxe zu bezahlen (Art. 150, 151.)[1]

1. Die Zahl der Geschäftsantheile (Kuxe) bestimmt die Antheilnahme des Gewerken an dem Gewinn und Verlust des Bergwerks in der gleichen Weise, wie das beim Aktieninhaber der Fall ist. Die Jahresabgleichung des Werks bietet die Unterlage für die Berechnung des auf den Kux treffenden Antheils am Gewinn oder Verlust.

Während bei einem Aktienunternehmen der Aktionär seine einmalige Einzahlung leistet und dann schlimmsten Falls auf einen Gewinn und ev. seine Einlage verzichten muß, bleibt der Kuxinhaber verpflichtet, nach Verhältniß seiner Kuxe auch ein etwaiges Deficit der Gewerkschaft am Jahresschluß mitzutragen und zu decken.

Nach Art. 151 kann er allerdings durch Hingabe seiner Kuxantheile behufs Befriedigung der Gewerkschaft die Zwangsvollstreckung von sich abwenden.

Da das Gesetz selbst über die Vertheilung der Ausbeute keine Vorschriften trifft, so sind Bestimmungen hierüber entweder in den Satzungen zu treffen, die sich auch mit den Abschreibungen, Rücklagen, Zuweisung zum Betriebsfond ꝛc. zu befassen haben werden, oder es hat die Gewerkschaft Sonderbeschluß hiewegen zu fassen.

Art. 125. (93)

Ueber sämmtliche Mitglieder der Gewerkschaft und deren Kuxe wird ein Verzeichniß — das Gewerkenbuch — geführt.

Auf Grund dieses Gewerkenbuches wird einem jeden Gewerken, welcher es verlangt, ein Antheilschein — Kuxschein — ausgefertigt.

Die Kuxscheine sind nach der Wahl des Gewerken über die einzelnen Kuxe oder über eine Mehrheit derselben auszustellen.

Die Kuxscheine dürfen nur auf einen bestimmten Namen, niemals auf den Inhaber lauten.[1]

Ein abhanden gekommener oder vernichteter Kuxschein kann, wenn nicht das Gegentheil bestimmt ist, im Wege des Aufgebotsverfahrens für kraftlos erklärt werden.

Die Vorschriften der §§ 789, 800 des Bürgerlichen Gesetzbuchs finden auf Kuxscheine entsprechende Anwendung.[2]

Das Gewerkenbuch wird von dem Oberbergamte geführt, welches auch die Kuxscheine ausfertigt. Bei der Gewerkschaft wird ein Duplikat des Gewerkenbuches geführt, zu welchem Zwecke das Oberbergamt der Gewerkschaft von jedem Eintrage sofort Nachricht gibt.[3]

1. Um die Mitgliedschaft und das Betheiligungsverhältniß in glaubhafter Form zu beurkunden und die Sicherheit des Verkehrs mit Gewerkschaftsantheilen zu befördern, ist, wie bei den Aktien auf Namen ein Aktienbuch geführt wird (§§ 222 und 223 des Handelsgesetzbuchs), die Führung eines Gewerkenbuches erforderlich.

Auf den Inhaber statt auf einen bestimmten Namen lautende Antheile sind mit dem Wesen und dem Zweck der Gewerkschaft nicht verträglich.

2. Abs. 5 und 6 sind beigefügt durch Art. 158 VIII des Ausführungsgesetzes zum Bürgerl. Gesetzbuche vom 9. Juni 1899. Das bisherige Berggesetz setzt die Zulässigkeit der Kraftloserklärung von Kuxscheinen voraus. Zur Abschneidung von Zweifeln empfiehlt es sich, die Zulässigkeit ausdrücklich auszusprechen. Die Kraftloserklärung muß aber, wie bei Aktien nach § 228 Abs. 1 des Handelsgesetzbuchs ausgeschlossen werden können; die Ausschließung kann in dem Kuxscheine selbst oder in der Satzung der Gewerkschaft bestimmt werden.

Nach dem Vorbilde des § 228 Abs. 1 Satz 2 und des § 229 des Handelsgesetzbuchs müssen auch die in den §§ 798, 800 des Bürgerl. Gesetzbuchs enthaltenen Vorschriften für anwendbar erklärt werden. Dadurch wird die Verpflichtung der Gewerkschaft zum Umtausch eines beschädigten Kuxscheines und zur Ertheilung eines neuen Kuxscheines an Stelle des für kraftlos erklärten ausgesprochen. Ohne den Besitz des Kuxscheines ist der Gewerke in der Verfügung über seinen Kux gehindert, für die Verpfändung (Art. 130) ist der Besitz des Kuxscheines sogar gesetzliches Erforderniß.

Da die Zulässigkeit der Kraftloserklärung von Kurscheinen auf Landesgesetz beruht, so ist die Landesgesetzgebung nach § 11 des Einführungsgesetzes zur Civilprozeßordnung befugt, das Verfahren, in dem die Kraftloserklärung erfolgt, abweichend von den Vorschriften der Civilprozeßordnung über das Aufgebotsverfahren zu bestimmen. Nach bisherigem Rechte hat die Kraftloserklärung von Kurscheinen im Wege des Urkundenaufgebots nach den Vorschriften der Civilprozeßordnung stattgefunden. Es bleibt in dieser Richtung bei den allgemeinen Vorschriften der Civilprozeßordnung.

3. In der Erwägung, daß durch das Gewerkenbuch ein Grundbuch geschaffen wird, welches das Bergwerkseigenthum überträgt oder repräsentirt, also Gewerkenbuch und Kurscheine vollste Sicherheit für das Publikum gewähren müssen, diese Sicherheit aber in der Führung der Bücher durch einen bloßen Privatbediensteten nicht gefunden werden kann, überträgt der Artikel die Führung des Gewerkenbuches dem Oberbergamte.

Art. 126. (94)

Die Kuxe können ohne Einwilligung der Mitgewerken auf andere Personen übertragen werden.[1]

1. Da nicht im Interesse des Bergbaues liegt, die Gewerken rechtlich so aneinander zu binden, wie bei den Theilnehmern einer offenen Handelsgesellschaft es der Fall ist, so muß dem Gewerken die Veräußerung seines Antheils ohne Einschränkung Seitens seiner Mitgewerken gestattet sein.

Der frühere Abs. 2 des Art., welcher den Gewerken ein Vorkaufsrecht an den Kuxen nicht zugestand, fiel durch das Ausführungsgesetz zum Bürgerl. Gesetzbuch vom 9. Juni 1899 hinweg, weil das letztere das gesetzliche Vorkaufsrecht nicht aufgenommen hat, welches den Theilhabern einer Gemeinschaft im Abschn. III § 28 Ziff. 2 Abs. 2 des Landtagsabschieds vom 10. November 1861 gewährt war.

Art. 127. (95)

Zur Uebertragung der Kuxe ist die schriftliche Form erforderlich.

Der Uebertragende ist zur Aushändigung des Kuxscheines und, wenn dieser verloren ist, zur Beschaffung des Ausschlußurtheils auf seine Kosten verpflichtet.

Die Umschreibung im Gewerkenbuche darf nur auf Grund der Uebertragungsurkunde und gegen Vorlegung des Kuxscheines oder des Ausschlußurtheils erfolgen.[1]

1. Eine besondere Form ist für die Uebertragungsurkunde nicht vorgeschrieben. Um jedoch Schwierigkeiten bei der Umschrei-

bung im Gewerkenbuche zu begegnen, empfiehlt es sich, daß die Unterschrift des Uebertragenden durch die einschlägige Gemeindebehörde beglaubigt wird, wenn auch in der Vorzeigung des Kuxscheines oder des Ausschlußurtheils genügender Nachweis für die Berechtigung liegt.

Wegen des Ausschlußurtheils (Aufgebotsverfahrens) vgl. §§ 946 ff. der Civilprozeßordnung.

Art. 128. (96)

Wer im Gewerkenbuche als Eigenthümer der Kuxe verzeichnet ist, wird der Gewerkschaft gegenüber bei Ausübung seiner Rechte als solcher angesehen.[1]

1. Der Eintrag im Gewerkenbuche übt nur gegenüber der Gewerkschaft, nicht aber Dritten seine Wirksamkeit aus. Durch den Eintrag ist der Gewerke als solcher legitimirt und kann bei Gewerkenversammlungen ohne Vorzeigung des Kuxscheines seine Rechte ausüben.

Art. 129. (97)

Bei freiwilligen Veräußerungen von Kuxen bleibt der seitherige Eigenthümer derselben der Gewerkschaft für die Beiträge (Art. 124) verpflichtet, deren Erhebung die Gewerkschaft beschlossen hat, bevor die Umschreibung der Kuxe im Gewerkenbuche gesetzlich (Art. 127) beantragt ist.[1]

1. Durch den Art. erhält die Gewerkschaft Sicherheit für die Leistung der beschlossenen Beiträge bei freiwilliger Veräußerung von Kuxen.

Bei der Veräußerung der Kuxe im Wege der Zwangsvollstreckung wird der bisherige Eigenthümer sofort von der Verpflichtung für die Beiträge befreit (vgl. Art. 131).

Bei freiwilliger Veräußerung hat der bisherige Kuxinhaber das größte Interesse daran, die sofortige Umschreibung der Kuxe im Gewerkenbuche zu beantragen, damit er von der Haftung für die Beiträge frei wird.

Art. 130. (98)

Die Verpfändung der Kuxe geschieht durch Uebergabe des Kuxscheines auf Grund eines schriftlichen Vertrages.[1]

1. Auch hier ist, wie in Art. 127 die schriftliche Form für die Verpfändung der Kuxe vorgeschrieben, um Anfechtungen möglichst hintanzuhalten. Bezüglich der Form gilt das zu Art. 127 Bemerkte.

Art. 131. (99)

Die Zwangsvollstreckung in den Antheil eines Gewerken erfolgt nach den Vorschriften über die Zwangsvollstreckung in das bewegliche Vermögen. [1]

Der Ansteigerer haftet der Gewerkschaft für die noch nicht bezahlten Beiträge. [2]

1. Nach Art. 123 haben die Kuxe, Bergwerksantheile, die Natur beweglicher Sachen, die Zwangsvollstreckung hat daher nach den Vorschriften, wie beim beweglichen Vermögen zu erfolgen (vgl. Civilprozeßordnung §§ 803 ff.).

2. Die Abänderung ist bereits durch Art. 78 des Ausführungsgesetzes vom 23. Februar 1879 zur Civilprozeßordnung und Konkursordnung erfolgt. Hienach hat der Ansteigerer für die rückständigen Beiträge des bisherigen Kuxinhabers zu haften, soweit solche nicht schon durch den Erlös gedeckt sind (vgl. Art. 129).

Art. 132. (100)

Die Gewerken fassen ihre Beschlüsse in Gewerkenversammlungen. [1]

Das Stimmrecht wird nach Kuxen, nicht nach Personen ausgeübt. [2]

1. Die Gewerken haben ihre Beschlüsse in Versammlungen zu fassen. Daß hierdurch die Beschlußfassung durch Umlaufschreiben oder Briefwechsel ausgeschlossen ist, entspricht der Rücksicht auf eine geordnete mündliche Behandlung der Gewerkschaftsangelegenheiten.

2. Die Legitimation zum Stimmen, sowie die Stimmenzahl wird durch das Gewerkenbuch festgestellt. Die Vertretung auf Grund einer vorschriftsmäßigen Vollmacht ist zulässig; die Prüfung der Vollmacht und die Zulassung des Bevollmächtigten steht der Gewerkenversammlung zu.

Art. 133. (101)

Zur Giltigkeit eines Beschlusses ist erforderlich, daß alle Gewerken anwesend oder unter Angabe des zu verhandelnden Gegenstandes zu einer Versammlung eingeladen waren.

Einladungen durch die Post erfolgen durch eingeschriebenen Brief. [1]

Gewerken, die nicht im Deutschen Reiche wohnen, haben zur Empfangnahme der Einladungen einen im

Deutschen Reiche wohnenden Bevollmächtigten zu bestellen.[2]

Ist dieß nicht geschehen, so sind die treffenden Gewerken in einer wenigstens zwei Wochen vor Abhaltung der Gewerkenversammlung zu veröffentlichenden Bekanntmachung zu derselben einzuladen und zwar, wenn zu den öffentlichen Bekanntmachungen der Gewerkschaft satzungsgemäß bestimmte Blätter bezeichnet sind, in diesen, außerdem in dem Amtsblatte des Kreises, in welchem die Gewerkschaft ihren Sitz hat.

Dasselbe gilt bei Gewerken, deren Wohnort unbekannt ist.[3]

1. Die Einladung erfolgt durch den Repräsentanten oder Grubenvorstand, eventuell auf Antrag der Eigenthümer von einem Viertheil aller Kuxe (vgl. Art. 143). Eine unmittelbare Einladung durch Mitglieder der Gewerkschaft, selbst wenn sie die Majorität aller Kuxe vertreten, ist unverbindlich und sind die desfallsigen Beschlüsse nicht bindend, wenn nicht sämmtliche Gewerken anwesend sind. Der eingeschriebene und postordnungsmäßig zugestellte Brief gilt als richtige Einladung; doch kann die Einladung auch auf anderem Wege erfolgen, nur muß ein nicht anfechtbarer Nachweis hierüber vorliegen.

2. Der Abs. 3 ist durch Art. 157 IX des Ausführungsgesetzes zum Bürgerl. Gesetzbuche vom 9. Juni 1899 entsprechend dem nunmehrigen Bestande des Deutschen Reiches geändert worden.

3. Durch die öffentliche Bekanntmachung soll allen auch außerhalb des Deutschen Reiches wohnenden Gewerken die Möglichkeit geboten sein, sich von den Gewerkenversammlungen zu unterrichten und an solchen zu betheiligen.

Wegen der etwaigen Anfechtung der Beschlüsse der Gewerkenversammlung s. Art. 136.

Art. 134. (102)

Die Beschlüsse werden in der beschlußfähigen Gewerkenversammlung mit einfacher Stimmenmehrheit gefaßt.

Beschlußfähig ist die erste Versammlung, wenn die Mehrheit aller Kuxe vertreten ist.

Ist die Mehrheit aller Kuxe nicht vertreten, so sind sämmtliche Gewerken zu einer zweiten Versammlung einzuladen.

Die zweite Versammlung ist ohne Rücksicht auf die Zahl der vertretenen Kuxe beschlußfähig.

Diese Folge muß indeß, wenn sie eintreten soll, in der Einladung angegeben werden.

Ueber jede Gewerkenversammlung ist ein Protokoll aufzunehmen.[1]

1. Die einfache Stimmenmehrheit gilt als Regel für die Giltigkeit der Beschlüsse. Ausnahmen finden sich in den Art. 117, 135 und 139.

Voraussetzung für die Beschlußfähigkeit der zweiten Versammlung ist, daß alle Gewerken richtig eingeladen waren (Art. 133).

Bei Stimmengleichheit kann abgesehen von dem Falle des Art. 139 ein giltiger Beschluß nicht zu Stande kommen.

Das Protokoll bildet die Urkunde über die gefaßten Beschlüsse, ohne daß hievon jedoch die Giltigkeit derselben abhängig wäre.

Art. 135. (103)

Eine Mehrheit von wenigstens drei Viertheilen aller Kuxe ist erforderlich zu Beschlüssen, durch welche über den Gegenstand der Verleihung — Substanz des Bergwerkes — ganz oder theilweise verfügt werden soll. Dieß gilt insbesondere von den Fällen des Verkaufes, des Tausches, der Verpfändung oder der sonstigen dinglichen Belastung des Bergwerkes, sowie der Ueberlassung der Ausbeute gegen Entgelt (Verpachtung).

Zu Verfügungen über das verliehene Bergwerkseigenthum durch Verzicht oder Schenkung ist Einstimmigkeit erforderlich.[1]

1. Im Art. 135 ist der Grundsatz aufgestellt, daß zu Beschlüssen, durch welche über den Gegenstand der Verleihung ganz oder theilweise verfügt werden soll, eine Mehrheit von wenigstens Dreiviertel aller Kuxe erforderlich sei, nur erläuternd sind die hieher gehörigen Fälle aufgeführt.

Nur zu Verfügungen über das verliehene Bergwerkseigenthum durch Verzicht oder Schenkung mußte Einstimmigkeit gefordert werden.

Unter den Art. 135 fällt ein Beschluß, durch welchen ein Bergwerk als Theil eines anderen Werkes z. B. einer Hütte, eines Fabriketablissements erklärt werden soll, da es hiedurch zur Nebensache wird.

Art. 136. (104)

Binnen einer ausschließenden Frist von einem Monat vom Ablaufe des Tages, an welchem ein Gewerkschaftsbeschluß gefaßt ist, kann jeder Gewerke, welcher denselben für nachtheilig erachtet, gegen die Gewerkschaft auf Aufhebung des Beschlusses klagen und es hat das Gericht dessen Aufhebung auszusprechen, wenn nachgewiesen wird, daß derselbe der Gewerkschaft zum Nachtheile gereiche.[1]

Durch die Satzungen kann bestimmt werden, daß die Entscheidung dieser Frage in Streitfällen durch ein Schiedsgericht erfolgen, wie das Schiedsgericht gebildet und unter welchen Formen von demselben verfahren werden soll.[2]

Diese Bestimmungen finden auf einen in Gemäßheit des Art. 117 Abs. 2 gefaßten Beschluß keine Anwendung.[3]

1. In Abs. 1 dieses Art. ist jedem Gewerken, welcher glaubt, daß der gefaßte Beschluß der Gewerkschaft nicht zum Besten gereiche, der Rechtsweg offen gelassen, um die Aufhebung des Beschlusses erwirken zu können. Dadurch findet jeder Gewerke hinreichenden Schutz gegen allenfallsige Bedrückung Seitens der Mehrheit und es ist durch Feststellung einer gesetzlich angemessenen Frist und dadurch, daß durch Anstellung der Klage die Ausführung des Beschlusses nicht aufgehalten wird, gegen Verzögerung der Ausführung der Beschlüsse Sorge getragen.

Die Klage richtet sich gegen die Gewerkschaft, nicht gegen die Gewerken, welche so beschlossen haben, und bezweckt die Aufhebung des Beschlusses. Eine Modifikation desselben durch das Gericht ist nicht zulässig. Das Gericht hat entweder die Klage abzuweisen oder den Beschluß aufzuheben.

Die Nachtheile für die Gewerkschaft können verschiedener Art sein und sowohl aus bergtechnischen, wie aus wirthschaftlichen Erwägungen sich ergeben. Zum Nachweis werden deshalb wohl meist Sachverständige zu vernehmen sein. Zur Aufhebung des Beschlusses genügt es natürlich nicht, wenn aus dem Beschluß wohl einzelne Nachtheile für die Gewerkschaft entspringen und erwiesen werden, während derselbe der Gewerkschaft überwiegenden Nutzen zu bringen geeignet ist.

Bezüglich der Zuständigkeit des Gerichts sind die allgemeinen gesetzlichen Vorschriften maßgebend. Die Worte „bei dem Bezirksgerichte, in dessen Sprengel das Bergwerk liegt" wurden gestrichen, da die Landesgesetzgebung nicht ermächtigt ist, eine Vorschrift über den Gerichtsstand zu geben (§ 17 Abs. 2 der Civilprozeßordnung).

Die Ausschlußfrist von einem Monat läuft von dem auf die Beschlußfassung folgenden Tage für alle Gewerken, auch wenn sie hiebei nicht anwesend waren und erst später Kenntniß vom Beschluß erhalten.

2. Falls die Entscheidung einem Schiedsgericht überwiesen werden soll, muß in den Satzungen hierüber genau bestimmt werden. Es kommen hier die Vorschriften der Civilprozeßordnung

über das schiedsrichterliche Verfahren in § 1025 ff. nicht in Anwendung, sofern sie das Statut nicht aufnimmt.

3. Ein nach Art. 117 Abs. 2 über die Statuten gefaßter Beschluß von Dreiviertel aller Antheile, der außerdem der Genehmigung des Oberbergamtes bedarf, ist der Anfechtung durch die Klage entzogen, da hier der überwiegenden Majorität die endgiltige Entscheidung zukommen muß, durch die Prüfung des Oberbergamtes auch Bürgschaft geboten ist, daß die Statuten den Interessen der Gewerkschaft entsprechen.

Art. 137. (105)

Durch die Anstellung der Klage auf Aufhebung des Gewerkschaftsbeschlusses wird die Ausführung desselben nicht aufgehalten.

Wird der Beschluß aufgehoben, so verliert derselbe erst von der Rechtskraft der richterlichen Entscheidung an seine rechtliche Wirksamkeit.

Diese Bestimmungen finden keine Anwendung, wenn der Beschluß die im Art. 141 bezeichneten Gegenstände betrifft.[1]

1. Der richtig gefaßte Gewerkschaftsbeschluß bleibt so lange in Kraft, als er nicht durch richterliches Urtheil definitiv aufgehoben ist. Erst vom letzteren Zeitpunkte verliert er seine Wirksamkeit und sind Rechtsgeschäfte, die auf Grund des Beschlusses über diesen Zeitpunkt abgeschlossen werden, für die Gewerken nicht wirksam. Für etwaigen Schaden hat der mit dem Vollzuge des Beschlusses betraute Repräsentant zu haften. Dagegen besteht keinerlei Verantwortlichkeit für die Folgen der Ausführung des Beschlusses, insolange eine Aufhebung des letzteren noch nicht erfolgt ist, da der Vertreter der Gewerkschaft hiezu nach dem Art. befugt war.

Nach Abs. 3 sind jene Beschlüsse ausgenommen, welche nur von einer Mehrheit von dreiviertel aller Kuxe oder einstimmig gefaßt werden können, oder wenn es sich um die Erhebung von Beiträgen handelt. In diesen Fällen wird durch die Anstellung der Klage die Ausführung des Beschlusses aufgehalten und, falls derselbe demnach ganz oder theilweise in Vollzug gesetzt worden sein sollte, so ist er rückgängig zu machen. Beispielsweise sind die bereits eingehobenen Beiträge zurückzuvergüten. Es ist deshalb zweckmäßig, von dem Vollzuge solcher Beschlüsse abzusehen, bis die einmonatige Klagefrist abgelaufen ist (vgl. Art. 150).

Art. 138. (106)

Jede Gewerkschaft ist verpflichtet, einen in Bayern wohnenden Repräsentanten zu bestellen und dem Oberbergamte namhaft zu machen.[1]

Statt eines einzelnen Repräsentanten kann die Gewerkschaft jedoch einen aus zwei oder mehreren Personen bestehenden Grubenvorstand bestellen.[2]

Als Repräsentanten oder Mitglieder des Grubenvorstandes können auch Personen bestellt werden, welche nicht Gewerken sind.

1. Die Verpflichtung zur Aufstellung eines Repräsentanten besteht nach Art. 155 auch für die Mitbetheiligten eines Bergwerkes, welche keine Gewerkschaft bilden. Der Repräsentant vertritt die Gewerkschaft ständig nach außen und hat deren Verwaltung und Geschäfte innerhalb des ihm zugewiesenen Wirkungskreises unter eigener Verantwortlichkeit zu führen.

Nach dem bisherigen Wortlaut des Gesetzes mußte der Repräsentant im Inlande wohnen und war es streitig, ob der Repräsentant nicht außerhalb Bayerns, jedoch im deutschen Reichsgebiete seinen Wohnsitz haben könne. Um diese Zweifel zu beseitigen, wurde statt „im Inlande“ gesetzt „in Bayern“, da es im Interesse einer geordneten Verwaltung liegt, daß der Repräsentant sich in Bayern selbst aufhält. Zum Repräsentanten können selbstverständlich nur voll geschäftsfähige Personen bestellt werden.

2. Die Bestellung eines Grubenvorstandes kann nach Art. 134 beschlossen werden. Die Mitglieder des Grubenvorstandes müssen ebenfalls die volle Geschäftsfähigkeit besitzen.

Da der Grubenvorstand an Stelle des Repräsentanten die Gewerkschaft zu vertreten hat, so ergibt sich, daß auch für die Mitglieder des Grubenvorstandes die Vorschrift des Abs. 1 des Art. 138 gilt, daß sie also auch ihren Wohnsitz in Bayern haben müssen und dem Oberbergamte namhaft zu machen sind.

Art. 139. (107)

Die Wahl erfolgt in einer nach Art. 134 beschlußfähigen Versammlung durch absolute Stimmenmehrheit.[1]

Ist eine solche bei der ersten Abstimmung nicht vorhanden, so werden diejenigen beiden Personen, welche die meisten Stimmen erhalten haben, in die engere Wahl gebracht. Bei Stimmengleichheit entscheidet das Loos.[2]

Bei Ausmittelung der in die engere Wahl zu bringenden zwei Personen entscheidet im Falle der Stimmengleichheit ebenfalls das Loos.[3]

Das Protokoll über die Wahlverhandlung ist notariell aufzunehmen. Eine Ausfertigung desselben wird dem Repräsentanten oder dem Grubenvorstande zu seiner Legitimation ertheilt.[4]

1. Einen wesentlichen Bestandtheil der gewerkschaftlichen Verfassung bilden die Grundsätze über die Vertretung der Gewerkschaft in ihrem inneren und äußeren Geschäftsleben.

Die Personifizirung der Gewerkschaft dient dazu, auch das Rechtsverhältniß der Repräsentation nach seinen verschiedenen Seiten hin klar zu stellen. Da gerade für dieses Rechtsverhältniß unzweifelhafte Vorschriften besonders wichtig sind, so ist dasselbe in den Art. 138—149 eingehend behandelt.

2. Die Bestellung des Repräsentanten und der Mitglieder des Grubenvorstandes erfolgt durch Wahl. Ist hiebei eine absolute Stimmenmehrheit nicht erzielt worden, ist z. B. bei 100 Stimmberechtigten auf A und B je eine Stimmenzahl von 40, auf B eine solche von 20 gefallen, so hat eine engere Wahl bezüglich des A und B stattzufinden; erhält bei der engeren Wahl A 52, B 48 Stimmen, so gilt ersterer als gewählt, erhält jeder 50 Stimmen, so hat das Loos zu entscheiden.

3. Hat bei der ersten Wahl A 48, B und C je 26 Stimmen erhalten, dann kommt in die engere Wahl A, und zwischen B und C entscheidet das Loos, wer von diesen zur engeren Wahl mit A gelangt. Bei der Wahl des Grubenvorstandes mit mehreren Mitgliedern müssen diese sämmtlich die absolute Stimmenmehrheit besitzen. Falls sohin bei einem gemeinsamen Wahlgange nicht die sämmtlichen Mitglieder die absolute Mehrheit aufweisen, ist ein zweiter und ev. weiterer Wahlgang zu bethätigen, bis für alle zu wählenden Mitglieder absolute Mehrheit erzielt ist.

4. Das notarielle Wahlprotokoll muß den Nachweis erbringen, daß die Versammlung beschlußfähig war (Art. 134), die Zahl der anwesenden Gewerken und der von ihnen vertretenen Kuxe, sowie die Abstimmung derselben enthalten, um demselben die Giltigkeit der Wahl entnehmen zu können.

Die notarielle Ausfertigung genügt für den Nachweis der giltig erfolgten Bestellung des Repräsentanten oder Grubenvorstandes, insolange nicht die Unrichtigkeit der Urkunde dargethan wird.

Art. 140. (108)

Der Repräsentant oder Grubenvorstand vertritt die Gewerkschaft in allen ihren Angelegenheiten gerichtlich und außergerichtlich.[1]

Eine Spezialvollmacht ist nur in den im Art. 141 bezeichneten Fällen erforderlich.[2]

Beschränkt oder erweitert die Gewerkenversammlung die Befugnisse des Repräsentanten oder Grubenvorstandes, so müssen die treffenden Festsetzungen in die Legitimation (Art. 139) aufgenommen werden.[3]

1. Bei der Begrenzung der Befugnisse und Verpflichtungen der Repräsentanten und des Grubenvorstandes darf einerseits die Wirksamkeit der Vertretung nicht durch eine zu enge Vollmacht gelähmt, andrerseits in wichtigen Angelegenheiten die entscheidende Stimme der Gewerkenversammlung nicht durch eine zu ausgedehnte Vollmacht ausgeschlossen werden. Falls für die Vertretung durch den Grubenvorstand nicht besondere Vorschriften erlassen sind, müssen alle Mitglieder desselben bei rechtsverbindlichen Handlungen mitwirken.

2. Der Repräsentant, wie der Grubenvorstand sind mit Ausnahme der in Art. 141 aufgeführten Fälle befugt, sämmtliche Rechtsgeschäfte wie Vergleiche, Anerkennung von Ansprüchen, Einlegung von Muthungen für die Gewerkschaft ohne besondere Vollmacht vorzunehmen und wird die Gewerkschaft hiedurch verpflichtet. Handelten dieselben dabei im Widerspruch mit etwaigen Beschlüssen der Gewerkschaft, so sind sie dieser für den Schaden haftbar.

3. Das Recht der Beschränkung oder Erweiterung der Befugnisse des Repräsentanten oder Grubenvorstandes ist begrenzt durch Art. 145. Damit die Beschränkung oder Erweiterung wirksam werde, ist deren ausdrückliche Aufnahme in die Legitimation (Wahlprotokoll) erforderlich. Ist die Aufnahme nicht erfolgt, so hat die Beschränkung gutgläubigen Dritten gegenüber keine Wirkung.

Der frühere Abs. 3 des Gesetzes wurde gestrichen, da die Eidesleistung sich nach den allgemeinen prozessualen Bestimmungen zu richten hat.

Art. 141. (109)

Der Repräsentant oder Grubenvorstand bedarf eines besonderen Auftrages der Gewerkenversammlung:

1) wenn es sich um Gegenstände handelt, welche nur von einer Mehrheit von wenigstens drei Viertheilen aller Kuxe oder nur mit Einstimmigkeit beschlossen werden können;

2) wenn Beiträge von den Gewerken erhoben werden sollen.[1]

1. Der Auftrag kann sich nur auf den einzelnen Fall beziehen. Eine generelle Ermächtigung zu Verfügungen der in Art. 135 bezeichneten Art oder zur Ausschreibung von Beiträgen kann dem Repräsentanten 2c. nur durch die Satzungen ertheilt werden (vgl. Art. 145). Hiezu ist dann die Genehmigung des Oberbergamtes nach Art. 117 erforderlich. Eine diesbezügliche Festsetzung in dem über die Repräsentantenwahl aufzunehmenden Protokoll genügt nicht.

Zur Empfangnahme der beschlossenen Beiträge bedarf der Repräsentant einer Vollmacht nicht, sondern nur zur selbstständigen Ausschreibung.

Art. 142. (110)

Der Repräsentant oder Grubenvorstand ist verpflichtet, für die Führung der erforderlichen Bücher der Gewerkschaft Sorge zu tragen und jedem Gewerken auf Verlangen die Bücher zur Einsicht offen zu legen.[1]

1. Die Führung der Gewerkenbücher und die Ausfertigung der Kuxscheine ist durch Art. 125 dem Oberbergamt übertragen. Es handelt sich sonach hier nur um das Duplikat des Gewerkenbuches und die eigentlichen Geschäftsbücher, die für den geordneten Betrieb nöthig und vorgeschrieben sind. Den einzelnen Gewerken steht übrigens neben der Einsicht der hier genannten Bücher auch das Recht zu, die Rechnungen und Ausschreibungen, welche zum Nachweise der ganzen Betriebsführung dienen, einzusehen. Es kann jedoch durch das Statut geregelt werden, in welcher Form — etwa durch einen gemeinschaftlichen Bevollmächtigten — die Einsichtnahme zu bethätigen ist, um Störungen der Verwaltung hintanzuhalten.

Art. 143. (111)

Der Repräsentant oder Grubenvorstand beruft die Gewerkenversammlungen.

Er muß, wenn das Bergwerk im Betriebe ist, alljährlich eine Gewerkenversammlung berufen und derselben eine vollständig belegte Verwaltungsrechnung vorlegen.[1]

Er ist zur Berufung einer Gewerkenversammlung verpflichtet, wenn dieß die Eigenthümer von wenigstens einem Viertheile aller Kuxe verlangen. Unterläßt er die Berufung, so erfolgt dieselbe durch das Oberbergamt auf Antrag.[2]

Zur Vornahme der Wahl eines Repräsentanten oder Grubenvorstandes oder zur Beschlußfassung über den Widerruf der erfolgten Bestellung kann das Oberbergamt auf Antrag eine Gewerkenversammlung berufen.[3]

1. Die Berufung der Gewerkenversammlungen hat durch den Repräsentanten oder Grubenvorstand zu erfolgen, wenn nicht im Statut (Art. 117) etwas Anderes bestimmt ist. Insoferne letzteres nicht der Fall, ist eine Berufung durch die Mitglieder der Gewerkschaft unverbindlich (U. d. R.G. am 15. Mai 1886 Z. f. B. Bd. 23 S. 531). Die Berufung ist ordnungsgemäß erfolgt, wenn alle zur Zeit der Einladung im Gewerkenbuch eingetragenen Gewerken richtig geladen sind.

Unter der Voraussetzung, daß das Bergwerk im Betriebe ist oder doch während eines Theils des Jahres war, ist der Repräsentant zur Berufung einer Gewerkenversammlung im Jahre verpflichtet, der er vollständige Rechnung zu legen hat.

2. Zur Berufung einer außerordentlichen Gewerkenversammlung (neben der in Ziff. 1 erwähnten) ist der Repräsentant verpflichtet, wenn und so oft dies von mindestens einem Viertheile aller Kuxen verlangt wird. Selbstverständlich haben die Antragsteller den Zweck der Versammlung zu bezeichnen, damit dieselbe entsprechend vorbereitet werden kann. Unterläßt der Repräsentant trotz des Verlangens die Berufung, so kann jeder Gewerke beim Oberbergamt die Berufung durch dieses beantragen.

3. Auf die Wahl eines einzelnen Mitgliedes des Grubenvorstandes findet Abs. 4 keine Anwendung.

Den Antrag auf Berufung der Gewerkenversammlung kann sowohl jeder Gewerke als auch ein Dritter, der ein rechtliches Interesse an der Wahl des Repräsentanten 2c. hat, stellen. Wenn es auch in das Ermessen des Oberbergamtes gestellt ist, ob es dem Antrage stattgeben will, so versteht sich doch von selbst, daß das Oberbergamt dem Antrag zu entsprechen hat, sobald es das Interesse der Gewerkschaft verlangt. Gegen einen ablehnenden Beschluß ist Beschwerde zum Staatsministerium des Innern zulässig (Art. 226). Aus Abs. 4 erhellt die Berechtigung der Gewerkschaft, die Bestellung des Repräsentanten zu widerrufen, wenn dies auch nicht ausdrücklich im Statut bestimmt ist. Die Beschlußfassung über den Widerruf erfolgt unter den gleichen formellen Bedingungen, wie die Bestellung.

Art. 144. (112)

Der Repräsentant ist berechtigt und verpflichtet, alle Vorladungen und andere Zustellungen an die Gewerkschaft mit voller rechtlicher Wirkung in Empfang zu nehmen.

Bestellt die Gewerkschaft einen Grubenvorstand, so kann die Zustellung an jedes Mitglied des Grubenvorstandes erfolgen.[1]

1. Der Art. 144 kann durch Statut nicht abgeändert werden (Art. 117, 145).

Abs. 2 ist durch Art. 157 X des Ausführungsgesetzes zum Bürgerl. Gesetzbuch vom 9. Juni 1814 abgeändert worden und zwar im Hinblick auf § 171 Abs. 3 der Civilprozeßordnung, welcher allgemein bestimmt, daß bei mehreren gesetzlichen Vertretern die Zustellung an einen derselben genügt.

Art. 145. (113)

Die Bestimmungen der Art. 141, 142 und 143 dürfen nur durch Satzungen (Art. 117), diejenigen des Art. 144 aber gar nicht abgeändert werden.

In keinem Falle darf dem Repräsentanten oder Grubenvorstande die Vertretung der Gewerkschaft bei den Verhandlungen mit der Bergbehörde, mit dem Knappschaftsvereine und mit andern auf den Bergbau bezüglichen Instituten, sowie in den gegen sie angestellten Rechtsstreiten entzogen werden.[1]

1. Die Rücksichten auf das mitbetheiligte öffentliche Interesse bringen mit sich, daß die in Art. 144 und im zweiten Absatz des Art. 145 bezeichneten gesetzlichen Funktionen dem Repräsentanten oder Vorstande nicht durch gewerkschaftlichen Beschluß entzogen werden dürfen.

Aber auch die Bestimmungen der Art. 141, 142 und 143 dürfen nicht der jederzeitigen Abänderung durch einfachen Mehrheitsbeschluß unterworfen werden, weil es sich hiebei wesentlich um den Schutz der Gewerkschaft und des einzelnen Gewerken gegen Uebergriffe der Vertretung bezw. um Sicherung des Besitzstandes handelt. In diesen Fällen können deshalb Abänderungen nur unter den strengeren Formen einer satzungsmäßigen Festsetzung zugelassen werden. Die desfallsigen Beschlüsse bedürfen demnach auch der Genehmigung des Oberbergamtes.

Im zweiten Absatze wurden die im bisherigen Berggesetz nach „Rechtsstreiten" enthaltenen Worte „und die Eidesleistung in letzteren" gestrichen, da hiefür die allgemeinen prozessualen Vorschriften zu gelten haben.

Art. 146. (114)

Die Gewerkschaft wird durch die von dem Repräsentanten oder Grubenvorstande in ihrem Namen geschlossenen Rechtsgeschäfte berechtigt und verpflichtet.

Es ist gleichgiltig, ob das Geschäft ausdrücklich im Namen der Gewerkschaft geschlossen worden ist oder ob die Umstände ergeben, daß es nach dem Willen der Kontrahenten für die Gewerkschaft geschlossen werden sollte.[1]

1. Der Grundsatz, daß die Rechte und Verpflichtungen der Gewerkschaft aus der dem Repräsentanten oder Vorstand ertheilten Vollmacht auf die Rechtsnachfolger der einzelnen Gewerken übergehen, ist eine juristische Folge der Personifizirung der Gewerkschaft. Die Verpflichtung der Gewerkschaft bewegt sich nur auf civilrechtlichem Gebiete. Tritt bei Handlungen des Repräsentanten eine strafrechtliche Verantwortlichkeit ein, so haftet der Repräsentant persönlich.

Hat der Repräsentant entgegen den Beschlüssen der Gewerkschaft oder in Ueberschreitung seiner Befugnisse Rechtsgeschäfte abgeschlossen, so ist er der Gewerkschaft für allenfallsigen Schaden haftbar.

Sind die Rechtsgeschäfte von einem ordnungsgemäß durch den Repräsentanten aufgestellten Bevollmächtigten abgeschlossen worden, so wird die Gewerkschaft in gleicher Weise hiedurch berechtigt und verpflichtet, als wäre der Abschluß durch den Repräsentanten erfolgt.

Art. 147. (115)

Der Repräsentant oder die Mitglieder des Grubenvorstandes sind aus den von ihnen im Namen der Gewerkschaft vorgenommenen Rechtshandlungen Dritten gegenüber für die Verbindlichkeiten der Gewerkschaft persönlich nicht verpflichtet.[1]

1. Der Artikel spricht hier das bereits im vorhergehenden Artikel Gesagte in anderer Form aus, daß aus den vom Repräsentanten oder Vorstande abgeschlossenen Rechtsgeschäften die Gewerkschaft und zwar nur diese verpflichtet wird, während der Vertreter gegenüber dem Dritten hiedurch eine Verpflichtung nicht eingeht.

Der frühere zweite Absatz des Artikel, welcher lautete „Handeln dieselben außer den Grenzen ihres Auftrags oder den Vorschriften dieses Titels entgegen, so haften sie persönlich, beziehungsweise solidarisch für den dadurch entstandenen Schaden“ wurde durch Art. 157 XXII des Ausführungsgesetzes zum Bürgerl. Gesetzbuch vom 9. Juni 1899 aufgehoben, weil der Vorschrift nicht die Bedeutung einer bergrechtlichen Sonderbestimmung zukomme, sondern hiedurch nur der Vollständigkeit wegen das ausgesprochen werden wollte, was sich aus den allgemeinen Vorschriften des bürgerlichen Rechtes ergibt. Da sie mit den Vorschriften der §§ 179, 180 des Bürgerl. Gesetzbuchs nicht vollständig übereinstimmt, so wurde sie aufgehoben, um die allgemeinen Vorschriften des Bürgerl. Gesetzbuchs zur Anwendung kommen zu lassen. Damit ist auch die Kontroverse beseitigt, ob die Haftbarkeit des Repräsentanten nur gegenüber der Gewerkschaft oder auch gegenüber Dritten Platz zu greifen habe.

Art. 148. (116)

Das Oberbergamt ist befugt, eine Gewerkschaft aufzufordern, innerhalb drei Monaten einen Repräsentanten oder einen Grubenvorstand zu bestellen.

Wird dieser Aufforderung nicht entsprochen, so kann das Oberbergamt bis dahin, daß dieß geschieht, einen Repräsentanten bestellen und demselben eine angemessene, von der Gewerkschaft aufzubringende Vergütung zusichern. Das Oberbergamt kann nöthigenfalls die Urkunde, durch welche diese Vergütung zugesichert wurde, vollstreckbar erklären und für deren Beitreibung sorgen.

Dieser interimistische Repräsentant hat die in den Art. 140—144 bestimmten Rechte und Pflichten, insoferne das Oberbergamt keine Beschränkungen eintreten läßt.[1]

1. Was in den vorhergehenden Artikeln bezüglich des Repräsentanten bestimmt ist, findet auch auf den Grubenvorstand Anwendung. Hier ist eine Ausnahme insofern in Abs. 2 gemacht, daß das Oberbergamt lediglich einen Repräsentanten bestellen kann.

Von der dem Oberbergamt eingeräumten Befugniß hat dies Gebrauch zu machen, wenn die Bestellung einer Vertretung im öffentlichen Interesse, etwa zur Durchführung bergpolizeilicher Anordnungen, geboten ist oder wenn dritte Personen, die Ansprüche gegen die Gewerkschaft geltend machen wollen, hierauf Antrag stellen und ein dringendes Bedürfniß zur Bestellung einer Vertretung anzuerkennen ist.

Die Aufforderung kann an jeden Gewerken erfolgen, da die Verpflichtung der Gewerkschaft zur Bestellung eines Repräsentanten bereits im Art. 138 ausgesprochen ist. Das Oberbergamt hat sich dabei den Nachweis zu sichern, daß und an welchem Tage die Aufforderung ergangen ist, um nach fruchtlosem Ablauf der dreimonatigen Frist nach Abs. 2 vorgehen zu können.

Die gegentheilige Ansicht, es müsse die Aufforderung an sämmtliche Gewerken gerichtet werden, dürfte kaum haltbar und namentlich durch Art. 148 Abs. 1 nicht zu begründen sein. Nach Art. 138 ist die Gewerkschaft verpflichtet, einen Repräsentanten oder Grubenvorstand zu bestellen, und der Art. 148 ist dazu bestimmt, dieser Vorschrift den Vollzug zu sichern. Es kann sich sohin nur darum handeln, den Gewerken innerhalb der drei Monate die Bestellung der Vertretung selbst anheimzugeben, widrigenfalls das Oberbergamt die Aufstellung bethätigen würde und zwar nur für die Zeit, während deren die Gewerkschaft unterläßt, selbst ihrer Verpflichtung nachzukommen.

Durch die Aufforderung an einen Gewerken, mit der die Rechtsfolge des Abs. 2 zweckmäßig verbunden wird, ist die Gewerkschaft an ihre Verpflichtung gemahnt und kann sich nicht beschwert fühlen, wenn das Oberbergamt bei Lässigkeit den Repräsentanten aufstellt und zwar umsoweniger, als die Gewerkschaft es jederzeit in der Hand hat, den Vertreter durch einen von ihr vorschriftsmäßig gewählten Repräsentanten oder Grubenvorstand zu ersetzen.

Für die Vergütung haftet die Gewerkschaft mit dem Grubenvermögen und hat die Beitreibung derselben nöthigenfalls nach Maßgabe der Art. 6 und 7 des Ausführungsgesetzes vom 23. Februar 1879 zur Civilprozeßordnung (Ges.- und V.-Bl. 1879 S. 65) zu erfolgen.

Die Rechte und Pflichten des interimistischen Repräsentanten sind durch Art. 140—144 begrenzt; eine Erweiterung derselben ist unter keinen Verhältnissen statthaft. Dagegen kann das Oberbergamt dieselben weiter einschränken mit Rücksicht auf die Veranlassung zur amtlichen Bestellung des Repräsentanten.

Als Legitimation dient dem Repräsentanten die Ausfertigung der oberbergamtlichen Verfügung.

Die Benachrichtigung von der erfolgten Bestellung an die Gewerkschaft kann durch Vermittelung des Repräsentanten stattfinden.

Die Verfügung des Oberbergamtes kann nur durch Beschwerde an das Staatsministerium des Innern nach Art. 226 angefochten werden.

Art. 149. (117)

Soweit der gegenwärtige Titel nichts Anderes bestimmt, sind die durch die Bestellung eines Repräsentanten oder Grubenvorstandes entstehenden Rechtsverhältnisse nach den allgemeinen Vorschriften über den Auftrag zu beurtheilen.[1]

1. Der Art. wurde durch Art. 157 XI des Ausführungsgesetzes zum Bürgerl. Gesetzbuch vom 9. Juni 1899 abgeändert, um solchen mit dem Sprachgebrauch des Bürgerl. Gesetzbuchs in Einklang zu bringen (vgl. § 27 Abs. 3 und § 713 des Bürgerl. Gesetzbuchs). Hienach bestimmt sich auch, inwieweit der Repräsentant oder Grubenvorstand zur Vornahme von Rechtsgeschäften einen Bevollmächtigten aufstellen darf (§ 664 des Bürgerl. Gesetzbuchs).

Der einzelne Gewerke steht zu dem Repräsentanten in dem Verhältniß eines Dritten, insofern auch ihm gegenüber der Repräsentant die Gewerkschaft vertritt. Demgemäß kann er vom Repräsentanten auf Zahlung der Beiträge belangt werden, wie er selbst auch gegen den letzteren auf Herausgabe seines Antheils an der Ausbeute klagend vorgehen kann.

Art. 150. (118)

Die Klage gegen einen Gewerken auf Zahlung seines durch Gewerkschaftsbeschluß bestimmten Beitrages kann nicht vor Ablauf der in dem Art. 136 bestimmten ausschließenden Frist von einem Monat erhoben werden.

Ist innerhalb dieser Frist von den Gewerken auf Aufhebung des Beschlusses Klage erhoben worden (Art. 136), so findet vor rechtskräftiger Entscheidung über dieselbe die Klage gegen den Gewerken nicht statt.[1]

1. Die Beitragsforderung der Gewerkschaft beruht auf dem Beschlusse, durch welchen die Beiträge ausgeschrieben werden. Ist gegen diesen Beschluß die richterliche Entscheidung nicht angerufen oder die Berufung verworfen (Art. 136 und 137), so hat der Repräsentant nach erfolgloser Zahlungsaufforderung das Recht, den rückständigen Betrag gerichtlich einzuklagen.

In diesem Rechtsstreite sind Einwendungen, welche gegen den gewerkschaftlichen Beschluß über die Ausschreibung von Beiträgen gerichtet sind, der Natur der Sache nach nicht mehr zuzulassen, weil diese Einwendungen lediglich Gegenstand des vorhergehenden prozessualischen Verfahrens wegen Aufhebung des gewerkschaftlichen Beschlusses sind.

Dadurch, daß der Art. 150 vorschreibt, es müsse vor Einlegung jeder Klage auf Zahlung von Beiträgen die Präklusivfrist des Art. 136 verstrichen sein, wird anerkannt, daß jeder Beitrag besonders durch Gewerkenbeschluß bestimmt sein muß. Nur auf diese Fälle hat der Abs. 1 Bezug.

Hat ein Gewerke Klage nach Art. 136 auf Aufhebung des Gewerkschaftsbeschlusses erhoben, so kann vor der rechtskräftigen Entscheidung über dieselbe auch gegen die übrigen Gewerken auf Zahlung der Beiträge nicht geklagt werden.

Der frühere dritte Absatz des Art., welcher den ausschließlichen Gerichtsstand für die Klage gegen den Gewerken bestimmt hatte, ist bereits durch § 14 des Einführungsgesetzes zur Civilprozeßordnung beseitigt worden.

Art. 151. (119)

Der Gewerke kann seine Verurtheilung und die Zwangsvollstreckung dadurch abwenden, daß er unter Ueberreichung des Kuxscheines den Verkauf seines Antheiles behufs Befriedigung der Gewerkschaft anheimstellt.[1]

1. Dem Gewerken bleibt die Befugniß erhalten, sich von der persönlichen Haftbarkeit für die von ihm der Gewerkschaft schuldigen Beiträge durch Hingabe seines Antheils zu befreien. Dabei bleibt ein allenfallsiger Ueberschuß beim Verkauf dem Gewerken.

Hat der Gewerke den Kuxschein verpfändet oder sich desselben begeben, so bleibt er für die eingeklagten Beiträge persönlich mit seinem sonstigen Vermögen verhaftet.

Besitzt ein Gewerke mehrere Kuxe, so ist er nicht genöthigt, die sämmtlichen zu seiner Befreiung der Gewerkschaft anheimzustellen. Er kann vielmehr einen Theil seiner Beiträge bezahlen, soweit der Verkauf des oder der übergebenen Kuxscheine zur Befriedigung nicht hinreicht.

Art. 152. (120)

Der Verkauf des Antheils erfolgt nach den Vorschriften über die Zwangsvollstreckung in das bewegliche Vermögen.[1]

Ist der Antheil unverkäuflich, so wird derselbe den andern Gewerken nach Verhältniß ihrer Antheile in ganzen Kuxen, soweit dieß aber nicht möglich ist, der Gewerkschaft als solcher im Gewerkenbuche lastenfrei zugeschrieben.[2]

1. Abs. 1 wurde geändert, um solchen mit den Bestimmungen der Civilprozeßordnung in Einklang zu bringen.

Nach § 825 der Civilprozeßordnung kann die Verwerthung des Kuxscheines auf Anordnung des Vollstreckungsgerichts auch in anderer Weise als durch Versteigerung erfolgen. Wegen der Zwangsvollstreckung in das bewegliche Vermögen vgl. die §§ 803, 808, 821/2, 825, 857 der Civilprozeßordnung.

Der Verkauf muß zur Sicherstellung des Schuldners im Wege der Zwangsvollstreckung in das bewegliche Vermögen erfolgen. Bei dem Verkaufe des Kuxscheines müssen aus dem Erlöse zunächst die Verkaufskosten, dann die rückständigen Beiträge des Gewerken bestritten werden.

2. Das Zuwachsungsrecht für die Gewerken bei Unverkäuflichkeit des Antheiles entspricht dem Umstande, daß die übrigen Gewerken an Stelle des ausscheidenden Mitbetheiligten die künftigen und nöthigenfalls auch die rückständigen Beiträge aufbringen müssen.

Läßt sich die Zutheilung an die Gewerken nicht durchführen, so fällt der Antheil der Gewerkschaft und damit auch, insoweit es sich um Vertheilung des Gewinnes handelt, den sämmtlichen Gewerken nach Verhältniß ihrer Kuxe zu.

Art. 153. (121)

Jeder Gewerke ist befugt, auf seinen Antheil freiwillig zu verzichten, wenn auf dem Antheile weder schuldige Beiträge, noch sonstige Schuldverbindlichkeiten haften oder die ausdrückliche Einwilligung der Gläubiger beigebracht wird und außerdem die Rückgabe des Kuxscheins an die Gewerkschaft erfolgt.[1]

Der Antheil soll alsdann, soferne die Gewerkschaft nicht anderweit über denselben verfügt, durch den Repräsentanten zu Gunsten der Gewerkschaft verkauft werden.

Ist der Antheil unverkäuflich, so findet die für diesen Fall in Art. 152 getroffene Bestimmung Anwendung.[2]

1. Die für den freiwilligen Verzicht auf einen Antheil aufgestellten Bedingungen ergeben sich ebenso wie die Vorschriften, nach welchen über einen solchen Antheil zu verfügen ist, aus allgemeinen Rechtsgrundsätzen und dem Wesen der Gewerkschaft.

Die Rückgabe des Kuxscheines erfolgt selbstverständlich nur bei beweglichen Kuxen; bei unbeweglichen ist neben dem Verzicht der Nachweis zu liefern, daß Beiträge nicht rückständig und der Antheil nicht belastet ist.

2. Im Falle des Art 153 ist der Repräsentant zum freihändigen Verkauf des Antheils befugt, da hier keine öffentliche Versteigerung vorgeschrieben ist und hier auch die Sicherstellung des Schuldners nicht in Frage kommt.

Die Gewerkschaft kann jedoch auch anderweitig über den Antheil verfügen. Geschieht dies nicht und bleibt der Antheil unverkäuflich, dann erst ist nach Art. 152 Abs. 2 zu verfahren.

Art. 154. (122)

Die Bestimmungen der Art. 117 bis 153 kommen nicht zur Anwendung, wenn die Rechtsverhältnisse der Mitbetheiligten eines Bergwerkes durch Vertrag oder sonstige Willenserklärung anderweit geregelt sind. Ein solches Rechtsgeschäft bedarf zu seiner Giltigkeit der notariellen Beurkundung. Die Urkunde über dasselbe ist dem Oberbergamt einzureichen.[1]

Mitbetheiligte eines Bergwerkes im Sinne des Art. 117 sind nicht die Theilhaber an einer ungetheilten Erbschaft oder an einer sonstigen gemeinschaftlichen Masse, zu welcher ein Bergwerk gehört.[2]

1. Den Mitbetheiligten eines Bergwerkes steht frei, ihr gegenseitiges rechtliches Verhältniß in Bezug auf das Bergwerk im Vertragswege nach jeder civilrechtlich zulässigen Form zu regeln. Es kann dies nach den Bestimmungen des Bürgerl. Gesetzbuchs über die Gesellschaft — §§ 705 ff. — oder nach jenen des Handelsgesetzbuchs, soweit diese auf Bergwerksgesellschaften Anwendung finden, erfolgen. Hiezu ist selbstverständlich die Einstimmigkeit aller Betheiligten erforderlich, da sonst von einem Vertrage nicht die Rede sein kann. Geschieht dies, dann sind die Bestimmungen in Art. 117 bis 153 ausgeschlossen und es gelten lediglich die getroffenen Vereinbarungen. Ist eine solche Regelung nicht erfolgt, dann tritt das gewerkschaftliche Verhältniß kraft des Gesetzes ein. Die Gewerkschaft kann jedoch jederzeit durch einstimmigen Beschluß der Gewerken aufgehoben und eine andere Gesellschaftsform gemäß Art. 154 angenommen werden.

Die Vereinbarung ist nur giltig, wenn sie notariell beurkundet ist. Wird dem Oberbergamt eine formell unrichtige Beurkundung vorgelegt, so hat es die Theilhaber am Bergwerke als Gewerkschaft im Sinne des Gesetzes zu behandeln.

2. Unter gemeinschaftlicher Masse sind zu verstehen: die eheliche Gütergemeinschaft und die Konkursmasse.

Art. 155. (123)

In den Fällen des Art. 154 muß, wenn die Mitbetheiligten eines Bergwerkes nicht eine Gesellschaft bilden, deren Vertretung durch die allgemeinen Gesetze geregelt ist, ein in Bayern wohnender Repräsentant bestellt und dem Oberbergamte namhaft gemacht werden, widrigen Falles letzteres nach Art. 148 zu verfahren befugt ist.

Dasselbe gilt, wenn der Alleineigenthümer eines Bergwerkes außerhalb Bayerns wohnt.

Dieser Repräsentant hat diejenigen Geschäfte zu besorgen, welche im Art. 145 als solche bezeichnet sind, die dem Repräsentanten oder Grubenvorstande einer Gewerkwerkschaft niemals entzogen werden dürfen. Eine Abänderung ist auch hier unzulässig.[1]

1. Soweit die Verpflichtung der Mitbetheiligten eines Bergwerkes auf Gründen des öffentlichen Interesses beruht, muß die Erfüllung dieser Verpflichtungen nicht blos von der Gewerkschaft, sondern allgemein und unabhängig davon gefordert werden, in welchem Rechtsverhältniß die Mitbetheiligten unter sich stehen.

Selbst der Alleineigenthümer eines Bergwerkes muß, wenn er außerhalb Bayerns wohnt, dieser Verpflichtung unterworfen werden.

Nur bei Gesellschaften, welche, wie namentlich die Aktiengesellschaften bereits ihre durch allgemeine Gesetze geordnete Vertretung haben, genügt dieselbe auch in Bergbauangelegenheiten.

Das öffentliche Interesse beschränkt sich in diesen Fällen auf die Vertretung nach Außen und zwar in Bezug auf diejenigen Geschäfte, welche nach Art. 145 auch dem Repräsentanten oder Grubenvorstande niemals entzogen werden dürfen und im Art. 144, sowie in Art. 145 Abs. 2 namentlich bezeichnet sind.

Die Aufstellung eines Repräsentanten nach Maßgabe dieses Art. ist auf die Fälle des Art. 154 beschränkt, da sonst Kollisionen mit der reichsgesetzlich geordneten Vertretung von Aktiengesellschaften beispielsweise eintreten könnten.

Die Wahl eines Grubenvorstandes an Stelle des Repräsentanten ist nicht zulässig. Es hätte dies sonst ausdrücklich im Gesetze erwähnt werden müssen.

Eine Abänderung ist insofern nicht statthaft, als eine Einschränkung der speziell bezeichneten Befugnisse nicht stattfinden darf, dagegen besteht kaum ein Bedenken, daß durch Gesellschaftsbeschluß die Befugnisse des Repräsentanten eine Erweiterung erfahren.

Fünfter Titel.

Von den Rechtsverhältnissen zwischen den Bergbautreibenden und den Grundbesitzern.

Erster Abschnitt.

Von der Grundabtretung.

Art. 156. (124)

Ist für den Betrieb des Bergbaues und zwar zu den Grubenbauen selbst, zu Halden-, Ablage- und Niederlageplätzen, zu Wegen, Eisenbahnen, Kanälen, ohne Unterschied, ob diese Anlagen zur Gewinnung oder zum Absatze der Bergbauerzeugnisse dienen, ingleichen zu Maschinenanlagen, Wasserläufen, Teichen, Hilfsbauen, Zechenhäusern und zu anderen für Betriebszwecke bestimmten Tagegebäuden, Anlagen und Vorrichtungen, zu den im Art. 48 bezeichneten Aufbereitungsanstalten, sowie zu Sooleleitungen und Soolebehältern die Benützung eines fremden Grundstückes nothwendig, so muß der Grundbesitzer, er sei Eigenthümer oder Nutzungsberechtigter, die Benützung desselben dem Bergwerksbesitzer insoweit überlassen, als es der Betriebszweck erfordert.[1]

1. Aus der rechtlichen Trennung der den Gegenstand des Bergbaues bildenden unterirdischen Mineralschätze von dem Grundeigenthum einerseits und aus der Unentbehrlichkeit des letzteren für den Bergwerksbetrieb andererseits ergibt sich mit Nothwendigkeit das Recht des Bergwerksbesitzers, von dem Grundbesitzer die Ueberlassung der zu den Zwecken des Bergbaues erforderlichen Oberfläche zu verlangen.

Dieses Recht ist von allen Berggesetzen anerkannt und im Art. 54 dieses Gesetzes als ein Ausfluß des Bergwerkseigenthums bezeichnet worden.

Die Rechtsverhältnisse des Bergbaues zum Grundeigenthume, des Bergbautreibenden zum Grundeigenthümer bieten ein Bild von massenhaften Kollissionen und Konflikten, in welche Grundeigenthum und Bergbau gelangen können. Es ist daher Aufgabe der Berggesetzgebung, bei Regelung dieser Verhältnisse dahin zu wirken, daß den beiderseitigen Interessen entsprechende Bedachtnahme zugewendet werde; denn die Nichtberücksichtigung der Interessen der Bodenkultur, die Versagung der Befriedigung gerechter Wünsche, sind keine Förderungsmittel für den Bergbau; Landkultur und Bodenwerth werden umgekehrt keineswegs gehoben durch Unterdrückung des Bergbaues. Wo es durchführbar ist, mögen daher Landwirthschaft und Bergbau gleichberechtigt sein. In diesem Falle werden alle wahren Interessen beider Theile zur Ausführung kommen können und die Konflikte nur scheinbar sein, wenn der Grundeigenthümer nicht weiter beschränkt wird, als dem Bedürfniß des Bergbaues entspricht.

Die zwangsweise Erwerbung von Grundeigenthum für Zwecke des Bergbaubetriebes unterscheidet sich wesentlich von jener für Zwecke des Gemeinwohles nach dem Zwangsenteignungsgesetz vom Jahre 1837.

Der Bergbauberechtigte, dem kraft der Verleihung des Bergwerkseigenthums die Lagerstätten der Mineralien zufallen, kann ohne Benützung der Oberfläche die Lager nicht ausbeuten, und ist daher das Recht, diese Benutzung vom Grundeigenthümer fordern und eventuell erzwingen zu können, unentbehrliche Voraussetzung für die Ausübung seines Bergwerkseigenthums. Dabei genügt aber meist die Abtretung des Grundstückes zur zeitweisen Benützung, um die Lager ausbeuten zu können, und ist die Erwerbung zum ständigen Eigenthume für den Bergwerksbesitzer entbehrlich.

Nur in besonderen Fällen, unter welchen die über eine gesetzlich bestimmte Zeit voraussichtlich oder thatsächlich dauernde Benutzung als die hauptsächlichste erscheint, ist geboten, dem Grundeigenthümer das Recht einzuräumen, von dem Bergwerkseigenthümer zu verlangen, daß er das Grundstück als Eigenthum erwerbe.

Die Eigenthümlichkeit der bei dem Bergbau zu verfolgenden Zwecke gestattet auch, die mit Wohn- und Wirthschafts- oder auch Fabrikgebäuden überbauten Grundstücke sammt den anliegenden Zugehörungen der Zwangsabtretung gänzlich zu entrücken.

Hiedurch erhalten die bergrechtlichen Grundabtretungsbestimmungen die Rechte des Grundeigenthümers in höherem Maße unversehrt und sie versöhnen die anderweitigen Interessen des Grundeigenthümers, welche durch den Ersatz des durch eine zeitweise Benützung veranlaßten Minderwerthes des Grundstückes nicht gedeckt sind, dadurch, daß sie dem letzteren die Wahl lassen, statt des Ersatzes des Minderwerthes die Erwerbung des Grundstücks zum Eigenthum vom Bergwerksbesitzer zu verlangen. Hienach kann die Grundabtretung zum Zwecke der Benützung in eine Abtretung zum Eigenthum später umschlagen.

Die Frage, ob der Bergwerkseigenthümer nicht verpflichtet sei, schon Anfangs das Grundstück als Eigenthum zu erwerben, statt die bloße Benützung zu verlangen, ergibt sich überall da, wo der Grundeigenthümer sich darauf beruft, daß die Benützung über die gesetzliche Zeit (3 Jahre) dauern werde, und das Verlangen des Erwerbes zum Eigenthum als Gegenantrag gegenüber dem Antrage des Bergwerkseigenthümers auf Abtretung zur bloßen Benützung geltend macht. Die gleichzeitige Zulässigkeit dieses Gegenantrags des Grundeigenthümers gegen jenen Antrag des Bergwerkseigenthümers macht schlechterdings unthunlich, für die Abtretung zur Benützung und für jene zum Eigenthum ein verschiedenes Verfahren und eine verschiedene Regelung der Zuständigkeit bezüglich der zur Entscheidung der Abtretungsfrage berufenen Verwaltungsbehörden einzuführen. Man kann daher weder hinsichtlich der Förmlichkeiten der Instruktion, noch hinsichtlich des Instanzenzuges eine Aenderung für die Fälle eintreten lassen, in welchen schließlich nur eine Abtretung zur Benützung eintritt, weil dieses Ergebniß des Abtretungsverfahrens von vorneherein ein ungewisses ist.

Im Art. 156 werden die bergbaulichen Anlagen und Vorrichtungen, für welche der Grundbesitzer seinen Grund und Boden zu überlassen verpflichtet ist, namhaft gemacht.

Die namentliche Aufzählung empfahl sich mit Rücksicht darauf, daß das in Rede stehende Privilegium des Bergbaues eine feste Begrenzung nach Zweck und Gegenstand erheischt, daß bei dem Mangel einer solchen Festsetzung dem Ermessen der Behörden ein zu weiter Spielraum gestattet würde und endlich, daß über die Frage, für welche bergbaulichen Zwecke die Abtretungspflicht des Grundbesitzers im allgemeinen Interesse des Bergbaues ausgesprochen werden muß, hinreichende Erfahrungen vorliegen.

Für andere als die unter Art. 124 fallenden Anlagen und Vorrichtungen besteht ein gleiches Bedürfniß nicht. Es genügt den Grund und Boden dieser Verbindlichkeit zu unterwerfen; denn was von diesem gilt, bezieht sich nach allgemeinen Rechtsgrundsätzen auch auf Zugehörungen. Auch diese müssen dem Bergbaue weichen, wenn die Nothwendigkeit der Benützung des Grundstückes ausgesprochen ist (vgl. hiezu jedoch Art. 157 Abs. 2).

Abgesehen von den Fällen des Art. 157 ist es gleichgültig, ob das Grundstück bebaut ist oder nicht, dagegen kann der Bergwerksbesitzer in keinem Falle verlangen, daß ihm Gebäude oder sonstige bauliche Anlagen zu seinem Zwecke überlassen werden.

Wenn sich auch vom rein juristischen Standpunkte aus die Zwangsabtretung nur zu eigentlichen Betriebszwecken rechtfertigen läßt, so darf doch nach der Natur der vorliegenden Verhältnisse dem Bergbautreibenden nicht die Möglichkeit versagt werden, Grundablassungen zu den in Art. 156 genannten Anlagen 2c. auch dann zu verlangen, wenn sie nur zum Absatze der Bergbauerzeugnisse dienen.

Der Bergbautreibende hat daher das Recht, die Grundüberlassung zu verlangen nicht blos zum Zwecke der Gewinnung, sondern auch zum Absatze der Bergbauerzeugnisse.

Ohne diese Ausdehnung würde die Ausbeutung der Mineralien wenn nicht unmöglich gemacht, so doch außerordentlich erschwert sein.

Die Anlagen selbst, für welche der Bergwerksbesitzer die Abtretung von Grund und Boden zu fordern berechtigt ist, sind, wie schon erwähnt, im Art. 156 erschöpfend aufgezählt und ist eine allenfallsige anologe Erweiterung derselben unzulässig; dagegen fallen die bezeichneten Anlagen, mögen sie noch so verschiedenen Betriebszwecken dienen, unter den Art. 156. So zählt ein Kanal, welcher zum Abfluß der Grubenwasser angelegt wird, ebenso unter den Art. als ein Kanal, der zur Abfuhr der Bergbauprodukte Verwendung findet. Voraussetzung bleibt aber in allen Fällen, daß die Anlage für den Betrieb selbst erforderlich und dienlich ist, sei es zur Gewinnung oder zum Absatz der Mineralien.

Die Verpflichtung des Grundeigenthümers zur Ablassung von Grund und Boden oder zur Gestattung der Benützung desselben geht jedoch nur soweit, als eine solche Ueberlassung für den besonderen Zweck nöthig ist. Gleichzeitig ist der Grundeigenthümer berechtigt, von dem Bergwerksbesitzer volle Entschädigung zu verlangen.

Art. 157. (125)

Eine solche Ueberlassung kann nach Maßgabe der Vorschriften des Art. 169 erzwungen werden, wenn nicht die Weigerung des Grundbesitzers durch überwiegende Gründe des öffentlichen Interesses unterstützt wird.

Die Benützung des mit Wohn-, Wirthschafts- und Fabrikgebäuden überbauten Grundes und Bodens und der damit in Verbindung stehenden eingefriedeten Hofräume zu überlassen, kann der Grundbesitzer gegen seinen Willen niemals angehalten werden.[1]

1. Die allgemeine Voraussetzung für die Abtretungspflicht des Grundeigenthümers ist, daß das Grundstück zu einer der im Art. 156 bezeichneten Anlagen ꝛc. nothwendig ist. Die Abtretung darf alsdann nicht versagt werden, es sei denn, daß überwiegende Gründe des öffentlichen Interesses entgegenstehen. Bezüglich des öffentlichen Interesses gilt das zu Art. 5 Bemerkte.

Ein Zwang zur Abtretung der in Abs. 2 aufgeführten Gebäude kann nicht geübt werden. Ob die Gebäude zur Zeit der Eröffnung des Bergwerkes schon bestanden haben, ist belanglos; sind die Gebäude vorhanden, sobald die Nothwendigkeit der Benützung des fraglichen Grundes eintritt, so sind solche gegen die zwangsweise Abtretung geschützt. Ist mit dem Bau der Gebäude bereits begonnen, so haben auch die unvollendeten Bauwerke den Schutz des Gesetzes, dagegen genügt es nicht, wenn zur Zeit des Anspruchs des Bergwerksbesitzers auf Ueberlassung lediglich ein Bauvorhaben oder selbst ein genehmigter Bauplan vorliegt. Die Gebäude müssen auch einem dauernden Zwecke dienen. Der Bergwerksbesitzer, dem lediglich die Benützung fremden Grund und Bodens für Zwecke des Bergbaues überlassen ist, darf das Benützungsrecht nur soweit ausdehnen, als dies durch Uebereinkunft oder bei zwangsweiser Ueberlassung durch die behördliche Entscheidung festgesetzt ist. Gegen eine darüber hinaus gehende Benutzung des Grund und Bodens steht dem Grundeigenthümer die Klage aus § 1004 des Bürgerl. Gesetzbuchs zu.

Dem Bergwerkseigenthümer steht nur das Recht zu, die Ueberlassung des fremden Grundstücks zur Benützung zu verlangen und zu erzwingen, keineswegs aber die Abtretung des Eigenthums zu fordern.

Dagegen kann der Grundeigenthümer in den in den Art. 159, 160 und 161 bezeichneten Fällen verlangen, daß der Bergwerkseigenthümer statt der Ueberlassung des Grundstücks zur Benützung das Eigenthum erwirbt.

Art. 158. (126)

Der Bergwerksbesitzer ist verpflichtet, dem Grundbesitzer für die entzogene Nutzung im Voraus jährlich vollständige Entschädigung zu leisten und das Grundstück nach beendigter Benützung wieder zur freien Verfügung des Grundbesitzers zu stellen.

Ebenso ist er verpflichtet, für die entzogene Ausübung von Dienstbarkeiten, welche auf dem zur Benützung überlassenen Grundstücke ruhen, den Berechtigten jährlich im Voraus vollständige Entschädigung zu leisten.[1]

1. Der Art. 158 entspricht den Rechtsgrundsätzen über die Entschädigungsverbindlichkeit bei unfreiwilligen Beschränkungen des Eigenthums im Privatinteresse Dritter. Analog werden die Bestimmungen des § 1090 ff. des Bürgerl. Gesetzbuchs in Anwendung kommen können.

Die Entschädigung muß eine vollständige im Sinne des allgemeinen bürgerlichen Rechtes sein und jährlich im Voraus geleistet werden, damit dem Grundbesitzer die nothwendige Sicherheit und die Nutzung des Entschädigungspreises an Stelle der entgehenden Nutzung des Grundstücks verschafft werde.

Aus denselben Grundsätzen entspringt auch die Verpflichtung des Bergbauunternehmers, in gleicher Weise den Berechtigten für die entzogene Ausübung von Dienstbarkeiten, welche auf dem zur Benützung überlassenen Grundbesitze ruhen, Entschädigung zu leisten.

Der Bergwerksbesitzer vermag in der Regel das Grundstück nach beendigter Benützung dem Grundbesitzer in demselben Kulturzustande oder so, daß es gehörig benützt werden könnte, gar nicht oder nur mit Aufopferung unverhältnißmäßiger Kosten zur Verfügung zu stellen.

Es entspricht daher den thatsächlichen Verhältnissen, den Bergwerksbesitzer nur im Allgemeinen zu verpflichten, daß er das Grundstück nach beendigter Benützung wieder zur freien Verfügung des Grundeigenthümers stelle, außerdem aber für den Fall einer Werthsminderung Ersatz des Minderwerthes leiste.

Damit aber der Grundbesitzer nicht der Gefahr ausgesetzt ist, sich mit seinem Anspruch auf Ersatz des Minderwerthes zur Zeit der Beendigung der Benützung des Grundstücks auf einen zahlungsunfähigen Schuldner angewiesen zu sehen, ist demselben die Befugniß beigelegt (Art. 159 Abs. 2), schon bei der Ueberlassung des Grundstücks angemessene Sicherheit zu verlangen.

Unter vollständiger Entschädigung ist der Ersatz all' dessen zu verstehen, was dem Grundbesitzer durch die Ueberlassung des Grundstücks entgeht. Der Grundbesitzer hat den Nachweis zu erbringen, welchen Ertrag das Grundstück bisher geliefert hat und kann in diesem Umfang Entschädigung fordern. Hat der Grundbesitzer Meliorationen vorgenommen, die den Ertrag künftig nachweisbar gesteigert hätten, z. B. durch Entwässerung, künstliche Düngung, so darf er bei der Entschädigung den zu erwartenden Mehrertrag einrechnen.

Die Verpflichtung zur Rückgabe des benützten Grundstücks tritt ein, sobald der Zweck, zu dessen Erfüllung die Abtretung erfolgt, erreicht ist. Benöthigt der Bergwerksbesitzer das Grundstück zu einem anderen Zwecke, dann muß er die Ueberlassung neuerdings einleiten und es kann sich dabei darum handeln, ob der Grundeigenthümer nunmehr die Erwerbung zum Eigenthum verlangen kann.

Art. 159. (127)

Tritt durch die Benützung eines Grundstückes eine Werthsverminderung desselben oder einer darauf ruhenden Dienstbarkeit ein, so muß der Bergwerksbesitzer, wenn er das Grundstück wieder zur freien Verfügung des Grundbesitzers stellt, die Minderwerthe ersetzen.

Für die Erfüllung dieser Verpflichtung kann der Grundbesitzer und der Dienstbarkeitsberechtigte schon bei der Ueberlassung zur Benützung die Bestellung angemessener Sicherheit verlangen.

Der Eigenthümer des Grundstücks ist in diesem Falle zu fordern berechtigt, daß der Bergwerksbesitzer, statt den Minderwerth zu ersetzen, das Eigenthum des Grundstückes erwirbt.[1]

1. Der Bergwerksbesitzer ist zur Rückgabe des benützten Grundstücks und gleichzeitig neben der Entschädigung für die entgangene Nutzung bei eingetretener Werthsminderung des Grundstücks oder einer hiemit verbundenen Dienstbarkeit zum Ersatz des Minderwerths verpflichtet. Dagegen besteht eine Verbindlichkeit des Bergwerksbesitzers zur Wiederherstellung des Zustandes des Grundstückes bei der Uebernahme nicht. Stellt der Bergwerksunternehmer jedoch diesen Zustand freiwillig her, dann hat er der Voraussetzung des Art. 158 genügt und lediglich den Ersatz für den Nutzungsentgang zu leisten.

Eine Werthsverminderung des Grundstückes liegt darin, daß solches nicht mehr geeignet ist, den früheren Ertrag — vor der Ueberlassung — zu liefern oder daß es an seinem Gesammtwerthe, z. B. als Baugrund, in seiner Benützungsart für die Produktion eingebüßt hat. Dagegen sind etwaige Verbesserungen, welche inzwischen dem Grundstücke zugegangen sind, wie Einebnung, Entwässerung bei der Bemessung des Werthes in Anschlag zu bringen.

Die Sicherheitsleistung kann nur für die etwaige Werthsverminderung gefordert werden, nicht etwa auch für die jährliche Entschädigung, bei welcher die Sicherheit darin gegeben erscheint, daß sie nach Art. 158 im Voraus geleistet werden muß.

In dem Falle der Werthsverminderung kann der Eigenthümer des Grundstücks statt des Ersatzes des Minderwerthes vom Bergwerksbesitzer den Erwerb des Eigenthums des Grundstücks verlangen. Das Recht steht nur dem Eigenthümer zu; sind andere Berechtigte, wie Nutznießer vorhanden, so müssen solche abgefunden werden, bezw. ihre Zustimmung ertheilt haben.

Durch die Bestimmungen des Art. 159 erscheinen die Rechte des Grundeigenthümers entsprechend gewahrt, so daß ihm aus der Ueberlassung des Grundstücks keinerlei Schädigung erwachsen kann.

Art. 160. (128)

Wenn feststeht, daß die Benützung des Grundstückes länger als drei Jahre dauern wird, oder wenn die Benützung nach Ablauf von drei Jahren noch fortdauert, so kann der Grundeigenthümer verlangen, daß der Bergwerksbesitzer das Eigenthum des Grundstückes erwirbt.[1]

1. Voraussetzung für die Geltendmachung des hier dem Grundeigenthümer eingeräumten Rechtes ist, daß die Ablassung des Grundstücks zur Benützung bereits feststeht, sei es daß dies im Wege der Vereinbarung erzielt wurde, oder daß eine behördliche Entscheidung hierüber vorliegt. Ferner muß zugegeben oder nachgewiesen sein, daß die Benützung sich über einen Zeitraum von drei Jahren erstrecken wird, wenn die Zwangserwerbung vor Ablauf der drei Jahre gefordert werden will. Die Entscheidung steht der züständigen Verwaltungsbehörde zu.

Das Recht steht nur dem Grundeigenthümer zu; sind andere Berechtigte (Nießbrauchberechtigte) vorhanden, so dürfte dies der Ausübung des Rechtes nicht entgegenstehen; doch hat sich der Eigenthümer mit den Berechtigten auseinanderzusetzen.

Art. 161. (129)

Wenn ein Grundstück durch die Ueberlassung einzelner Theile zur Benützung so zerstückelt werden würde, daß die übrigbleibenden Theile nicht mehr zweckmäßig benützt werden können, so muß auch für die letzteren die jährliche Entschädigung auf Verlangen des Grundbesitzers von dem Bergwerksbesitzer geleistet werden.[1]

In diesem Falle kann der Eigenthümer des zerstückelten Grundstückes, soferne hinsichtlich des zur Benützung überlassenen Theiles entweder die Voraussetzung des Art. 159 oder jene des Art. 160 gegeben ist, verlangen, daß der Bergwerksbesitzer das Eigenthum des ganzen Grundstückes erwirbt.[2]

1. Ob ein Grundstück durch Abtrennung einzelner Theile in seiner Benützung so leidet, daß diese für den Eigenthümer die Rentabilität verliert, ist eine Thatfrage, welche wohl zumeist unter Zuziehung von Sachverständigen ihre Lösung zu finden hat. Es kann die Zerstückelung derart sein, daß durch Abtrennen verschiedener Theile die Bewirthschaftung der dem Grundbesitzer verbleibenden außerordentlich erschwert, ja selbst unmöglich gemacht wird, indem ihm beispielsweise die Zufahrt zu einem Theile abgeschnitten wird. Auch die Form der Theile kommt hiebei in Betracht. In solchen Fällen kann der Grundbesitzer auch für die übrigbleibenden Theile die volle Entschädigung, wie für die überlassenen verlangen, dabei ist jedoch selbstverständlich, daß dann auch diese Restheile dem Bergwerksbesitzer zur Benützung verfügbar gestellt werden müssen.

2. Ist der Fall des Abs. 1 gegeben und ist der Grundeigenthümer berechtigt, nach Maßgabe des Art. 159 oder 160 die Zwangserwerbung der zur Benützung überlassenen Theile des Grundstücks zu verlangen, so steht ihm dieses Recht auch hinsichtlich der übrigbleibenden Theile zu.

Das letztere Recht erlischt nicht, wenn von der Entschädigungsbefugniß des Abs. 1 vorerst kein Gebrauch gemacht wurde.

Art. 162. (129a)

Die im Art. 158 und im Art. 161 Abs. 1 bezeichneten Entschädigungsforderungen haften, wenn das benützte Grundstück oder das Grundstück, dessen jeweiligem Eigenthümer die Dienstbarkeit an dem benützten Grundstücke zusteht, mit Reallasten, Hypotheken, Grundschulden oder Rentenschulden belastet ist, für diese Rechte. Die Vorschriften des § 1123 Abs. 2 Satz 1 und der §§ 1124, 1125 des Bürgerl. Gesetzbuchs finden mit der Maßgabe entsprechende Anwendung, daß Verfügungen über die Entschädigungsforderungen den Berechtigten gegenüber unwirksam sind, soweit die Fälligkeit erst später als drei Monate nach der Beschlagnahme eintritt.[1]

1. Der Art. wurde durch Art. 157 XII des Ausführungsgesetzes zum Bürgerl. Gesetzbuche vom 9. Juni 1899 neueingestellt.

Nach den §§ 1123 bis 1125 des Bürgerl. Gesetzbuchs erstreckt sich die Hypothek, wenn das belastete Grundstück vermiethet oder verpachtet ist, auf die Mieth- oder Pachtzinsforderung. Das Recht des Hypothekengläubigers steht aber, solange nicht die Forderung zu Gunsten des Gläubigers in Beschlag genommen ist, der Einziehung des Mieth- oder Pachtzinses und einer anderen Verfügung über die Forderung nicht entgegen. Im Falle der Beschlagnahme sind Verfügungen, die sich auf den Mieth- oder Pachtzins für eine spätere Zeit als das zur Zeit der Beschlagnahme laufende und das folgende Kalendervierteljahr beziehen, dem Hypothekengläubiger gegenüber unwirksam. Die Haftung der Mieth- oder Pachtzinsforderung hat ihren Grund darin, daß die in das Eigenthum des Pächters gelangenden Früchte der Hypothek nicht unterworfen sind und der Hypothekengläubiger auch aus dem dem Miether oder Pächter überlassenen Gebrauche des Grundstücks nicht Befriedigung suchen kann (§ 1120 des Bürgerl. Gesetzbuchs, § 21 Abs. 3, § 152 Abs. 3 des Gesetzes über die Zwangsversteigerung und die Zwangsverwaltung, RGB. 1898 S. 713 ff.). Bei der Benützung für den Betrieb eines Bergwerkes, zu dem das Grundstück nach den Art. 156, 157 dem Bergwerksunternehmer gegen Entschädigung überlassen werden muß, ist die Sachlage ganz dieselbe. Der Hypothekengläubiger kann sich nicht an die Nutzung des Grundstücks halten, diese steht, oft auf eine Reihe von Jahren, dem Bergwerksunternehmer zu, und darum muß dem Hypothekengläubiger in der Haftung der Entschädigungsforderung gegen den Bergwerksunternehmer (Art. 158, Art. 161 Abs. 1) Ersatz gewährt werden. Der Art. 162 erklärt deshalb die Vorschriften des § 1123 Abs. 2 Satz 1 und der §§ 1124 und 1125 des Bürgerl. Gesetzbuchs für entsprechend anwendbar. Der Satz 2 des § 1123 Abs. 2 eignet sich nicht zur Uebertragung, weil die Entschädigung nach dem Berggesetz auf je ein Jahr im Voraus zu entrichten ist — während bei der Bestimmung des Bürgerl. Gesetzbuchs vierteljährige Zahlungsfristen angenommen sind —, die Vorschrift des § 1124 Abs. 2 muß aus demselben Grunde dahin abgeändert werden, daß Verfügungen über die Entschädigung dem Hypothekengläubiger gegenüber unwirksam sind, soweit die Fälligkeit erst später als ein Vierteljahr nach der Beschlagnahme eintritt.

Den Hypotheken stehen außer den Grundschulden und Rentenschulden mit Rücksicht auf die Vorschrift des § 1107 des Bürgerl. Gesetzbuchs auch die Reallasten gleich.

Art. 163. (130)

Bei der zwangsweisen Ueberlassung eines Grundstückes zur Benützung oder der Erwerbung des Eigenthums eines Grundstückes zu einer bergbaulichen Anlage kommen diejenigen Werthserhöhungen, welche das Grundstück erst in Folge dieser Anlage erhält, bei der Entschädigung nicht in Anschlag. [1]

1. In den Motiven ist bemerkt: Obgleich aus der Natur der Sache hervorgeht, daß bei der Entschädigung für ein abzulassendes Grundstück nur der Werth berücksichtigt werden kann, welchen dasselbe zur Zeit der Abtretung hat, so wurde doch für angemessen erachtet, nach dem Vorgange des Art. 9 des Gesetzes vom 17. November 1837 „die Zwangsabtretung von Grundeigenthum zu öffentlichen Zwecken betr.“, eine derartige Bestimmung in diesen Artikel

aufzunehmen. Der betreffende Art. 9 des Gesetzes lautet: „Werthserhöhungen, welche dem ganz oder theilweise abzutretenden Gegenstande erst in Folge des die Abtretung veranlassenden Unternehmens zuwachsen oder zuwachsen können, kommen bei der Entschädigungsermittlung nicht in Anschlag.

Art. 164. (131)

Die Entschädigung für jede zwangsweise Erwerbung des Eigenthums eines Grundstückes von Seite des Bergwerksbesitzers nach den Bestimmungen der Art. 159 Abs. 3, 160 und 161, ingleichen für den von dem letzteren nach Art. 159 Abs. 1 zu ersetzenden Minderwerth des Grundstücks ist nach Art. V des Gesetzes vom 17. November 1837, die Zwangsabtretung von Grundeigenthum für öffentliche Zwecke betreffend, zu bemessen.[1]

1. Der Art. V des hier genannten Gesetzes vom 17. November 1837 lautet:

Die Entschädigung für jede zwangsweise Abtretung von Grundeigenthum muß enthalten:

1. den gemeinen Werth des abzutretenden Gegenstandes;
2. Vergütung für die dem Eigenthümer durch die Abtretung zugehenden sonstigen Nachtheile, namentlich:
   a) Ersatz des Mehrwerthes, den der abzutretende Gegenstand durch seinen Zusammenhang mit anderen Eigenthumstheilen oder durch seine bisherige Benützungsweise für den Eigenthümer behauptet;
   b) Ersatz der Werthsminderung, welche durch die Abtretung dem übrigen Grundbesitze desselben Eigenthümers zugeht;
   c) Ersatz des unvermeidlichen Verlustes, welcher dem Eigenthümer durch die Abtretung vorübergehend oder bleibend in seinem Erwerbe erwächst; jedoch darf die hiedurch sich ergebende Mehrung der Entschädigung 30% des Schätzungswerthes nicht übersteigen;
   d) Ersatz für die Früchte, deren Ernte durch die Zwangsabtretung gehindert wird;
3. den Betrag derjenigen Entschädigung, welche dem Pächter oder sonstigen Nutzungsberechtigten nach Gesetz oder Vertrag zu leisten ist.

Art. 165. (132)

Kleben unkörperliche Rechte dem für den Betrieb des Bergbaues nach den Vorschriften der Art. 159 Abs. 3, 160 und 161 von dem Bergwerksbesitzer zum Eigenthume zu erwerbenden Grundstücke an, so muß der Bergwerksbesitzer

1) nutzbare Rechte auf anderen unbeweglichen Sachen, welche aktiv mit dem zu erwerbenden Grundstücke verbunden sind, auf Verlangen des Eigenthümers gegen volle Entschädigung des letzteren übernehmen;
2) nutzbare Rechte, welche passiv auf dem zu erwerbenden Grundstücke ruhen, durch volle Entschädigung der Berechtigten ablösen, wenn diese darauf dringen oder die Ausübung jener Rechte mit der neuen Bestimmung des Grundstückes nicht mehr vereinbar ist.

Art. 166. (133)

Für die mit dem zu erwerbenden Grundstücke verbundenen, in Art. 165 bezeichneten Rechte, ingleichen für den nach Art. 159 Abs. 1 zu ersetzenden Minderwerth der Dienstbarkeiten ist die Entschädigung nach den im Art. VI des Zwangsabtretungsgesetzes vom 17. November 1837 enthaltenen Bestimmungen zu ermitteln und zu leisten.[1]

1. Art. II und VI des Gesetzes vom 17. November 1837 lauten:

Art. II. In Beziehung auf unkörperliche Rechte findet eine Zwangsentäußerung nur insofern statt, als diese Rechte dem für das Unternehmen zu verwendenden Grundeigenthume ankleben, und es muß in solchem Falle der Entwehrungsberechtigte

1. nutzbare Rechte auf anderen unbeweglichen Sachen, welche aktiv mit dem Entwehrungsgegenstande verbunden sind, auf Verlangen des Eigenthümers gegen volle Entschädigung des letzteren übernehmen;
2. nutzbare Rechte, welche passiv auf dem Entwehrungsgegenstande ruhen, durch volle Entschädigung ihrer Besitzer ablösen, wenn diese darauf dringen, oder die Ausübung jener Rechte mit der neuen Bestimmung des Gegenstandes nicht mehr vereinbarlich ist.

Art. VI. Für die mit dem Entwehrungsgegenstande verbundenen im Art. II bezeichneten Rechte ist die Entschädigung nach folgenden Normen zu leisten:

1. Gewähren diese Rechte ständige Renten, so hat die Entschädigung in dem 30fachen Betrage des jährlichen Reinertrages zu bestehen;
2. bei unständigen Renten ist der jährliche Reinertrag nach einer Durchschnittsberechnung aus der jüngst verflossenen, durch gütliche Uebereinkunft oder richterliches Ermessen mit

Rücksicht auf die Natur des Reichnisses zu bestimmenden Periode festzusetzen und mit dem 25fachen Betrage zu Kapital zu erheben;

3. sonstige standes-, guts- und gerichtsherrliche, dann alle Nutzungs- und Servitutsrechte unterliegen besonderer Schätzung, wenn sich die Parteien nicht über die dafür zu leistende Entschädigung verständigen.

Die Entschädigung muß besonders für den Eigenthümer und besonders für den Inhaber solcher Rechte ermittelt und ebenso Jedem besonders verabreicht werden.

Zu dem Zwecke sind den Taxatoren, bevor sie zur Schätzung des Eigenthums schreiten, die sämmtlichen auf demselben lastenden nutzbaren Rechte anzuzeigen. Bei der Schätzung des Eigenthums ist dann zunächst der Ertrag, welcher nach Abzug der Lasten noch übrig bleibt, in Anschlag zu bringen, außerdem aber auch alle die im Art. V Nr. 2 bezeichneten, dem Eigenthümer zugehenden Nachtheile (s. Note zu Art. 164).

Die von dem Bergwerksbesitzer hienach bei zwangsweiser Erwerbung von Grundeigenthum und der Ablösung hiemit verbundener unkörperlichen Rechte zu leistende Entschädigung ist ganz nach den aufgeführten einschlägigen Bestimmungen des Zwangsenteignungsgesetzes vom 17. November 1837 zu bemessen.

Art. 167. (134)

Die von dem Grundeigenthümer nach der Vorschrift des Art. 159 Abs. 1 erworbenen Ansprüche auf Ersatz des Minderwerths haften, wenn das beschädigte Grundstück oder das Grundstück, dessen jeweiligem Eigenthümer die Dienstbarkeit an dem beschädigten Grundstücke zusteht, mit Reallasten, Hypotheken, Grundschulden oder Rentenschulden belastet ist, für diese Rechte nach Maßgabe der Vorschriften des § 1127 Abs. 2 und des § 1128 des Bürgerlichen Gesetzbuchs. Erhebt ein Berechtigter innerhalb der im § 1128 bestimmten Frist Widerspruch gegen die Zahlung der Entschädigung an den Eigenthümer, so kann der Eigenthümer und jeder Berechtigte die Eröffnung eines Vertheilungsverfahrens nach den für die Vertheilung des Erlöses im Falle der Zwangsversteigerung geltenden Vorschriften beantragen. Die Zahlung hat in diesem Falle an das für das Vertheilungsverfahren zuständige Gericht zu erfolgen.

Das Recht, die im Art. 159 Abs. 2 bezeichnete Sicherheitsleistung zu verlangen, steht auch den im Abs. 1 bezeichneten Berechtigten zu. Macht einer der Berechtigten von dieser Befugniß Gebrauch, so ist die Sicherheit in der Weise zu leisten, daß sie auch dem Berechtigten haftet.[1]

1. Der Art. wurde abgeändert durch Art. 157 XIII des Ausführungsgesetzes zum Bürgerl. Gesetzbuche vom 9. Juni 1899.

Die Entschädigung, welche nach Art. 159 Abs. 1 für die durch die Benützung des Grundstücks für den Betrieb des Bergbaus entstehende Minderung des Werthes des Grundstücks zu leisten ist, haftet nach dem bisherigen Art. 134 des Berggesetzes den Hypothekgläubigern und den sonstigen Realberechtigten in der Weise, daß die Entschädigungsforderung auf die Berechtigten, soweit es zu deren Deckung erforderlich ist, kraft Gesetzes übergeht. Die Vorschrift ist insofern unzureichend, als ohne ein gerichtliches Vertheilungsverfahren schwer zu ermitteln ist, inwieweit für die einzelnen Berechtigten die Voraussetzung des Uebergangs der Entschädigungsforderung eingetreten ist. Der Art. 53 des Einführungsgesetzes zum Bürgerl. Gesetzbuche füllt die Lücke aus und enthält in seinen übrigen Vorschriften, die auf den § 1128 des Bürgerl. Gesetzbuch verweisen und eine dem § 1127 Abs. 2 entsprechende Bestimmung treffen, eine zweckmäßige Ausgestaltung der Haftung der Entschädigungsforderung. Der Art. erhielt deshalb die nunmehrige an den Art. 53 des Einführungsgesetzes sich anschließende Fassung.

Der bisherige Art. 134 gewährt den Berechtigten auch die Befugniß, bei der Festsetzung der Sicherheitsleistung für den Ersatz der zu erwartenden Werthsminderung, zu der der Bergwerksunternehmer nach Art. 159 Abs. 2 dem Besitzer des Grundstücks gegenüber verpflichtet ist, ihre Rechte zu wahren. Der Art. bestimmt in seiner nunmehrigen Fassung diese Befugniß dahin, daß die Sicherheit auf Verlangen eines Berechtigten in der Weise zu leisten ist, daß sie nicht nur dem Besitzer, sondern auch dem Berechtigten haftet.

Eine Frist für die Geltendmachung dieses Rechtes ist nicht bestimmt; dasselbe wird daher wohl während der Dauer der Benützung des betreffenden Grundstückes jederzeit ausgeübt werden können.

Art. 168. (135)

Die auf dem vom Bergwerksbesitzer zum Eigenthume zu erwerbenden Grundstücke ruhenden Hypotheken, Grundschulden und Rentenschulden und die in Beziehung auf dasselbe im Grundbuch etwa eingetragenen Verfügungsbeschränkungen erlöschen durch dessen Abtretung, falls nicht bezüglich der Hypotheken, Grundschulden und Rentenschulden deren Uebernahme durch den Bergwerksbesitzer im Einverständnisse mit den Hypotheken-, Grundschuld- und Rentenschuldgläubigern erfolgt.

Auf die in den Fällen des Art. 159 Abs. 3, des Art. 160, des Art. 161 Abs. 2 und des Art. 165 zu leistenden Entschädigungen finden, wenn das betroffene Grundstück oder das Grundstück, dessen jeweiligem Eigenthümer das betroffene Recht zusteht, mit Hypotheken, Grundschulden oder Rentenschulden oder mit anderen Rechten belastet ist, für welche eine besondere Entschädigung nicht gewährt wird, die für die Entschädigung im Falle der Zwangsenteignung geltenden Vorschriften Anwendung.[1]

1. Der bisherige Art. 135 entspricht dem Art. XI Abs. 2 des Zwangsenteignungsgesetzes vom 17. November 1837 und wird wie dieser durch den Art. 53 des Gesetzes zur Ausführung der Civilprozeßordnung und Konkursordnung ergänzt. Die Vorschrift ist insofern zu eng, als sie den Fall unberücksichtigt läßt, daß ein Recht, für das nach Art. 165 eine besondere Entschädigung zu leisten ist, dem jeweiligen Eigenthümer des mit der Hypothek belasteten Grundstücks zusteht (Art. XI Abs. 1 des Gesetzes vom 17. November 1837, Art. 54 des Ausf.Ges. zur Civ.Pr.O. und Konk.Ordn.). Es wurde deshalb der 2. Satz des bisherigen Art. 135 durch den Abs. 2 des Art. 168 ersetzt, in dem für die in den Fällen des Art. 159 Abs. 3, des Art. 160, des Art. 161 Abs. 2 und des Art. 165 zu leistenden Entschädigungen auf die für die Entschädigung im Falle der Zwangsenteignung geltenden Vorschriften verwiesen wird.

Der Art. 53 Abs. 1 des Ausf.Ges. zur Civilprozeßordnung und Konkursordnung lautet:

„An der Entschädigungssumme stehen den Betheiligten, deren Rechte nach Art. XI des Gesetzes vom 17. November 1837 auf die Entschädigungssumme übergegangen sind, dieselben Rechte zu, die sie im Falle des Erlöschens ihrer Rechte durch Zwangsversteigerung an dem Erlöse haben würden. Der bisherige Eigenthümer und jeder Berechtigte kann die Eröffnung eines Vertheilungsverfahrens nach den für die Vertheilung des Erlöses im Falle der Zwangsversteigerung geltenden Vorschriften beantragen."

Art. 169. (136)

Können sich die Betheiligten in den Fällen der Art. 124 bis 129 nicht gütlich einigen, so erfolgt die Entscheidung darüber, ob, in welchem Umfange und unter welchen Bedingungen der Grundbesitzer zur Ueberlassung der Benützung oder der Bergwerksbesitzer zum Erwerbe des Eigenthums des Grundstückes verpflichtet ist, durch diejenige Kreisregierung, Kammer des Innern, in deren Bezirk das Grundstück liegt, in einem Senate, welcher aus drei Mitgliedern der Regierung und zwei Mitgliedern des Oberbergamtes besteht.

Die durch diese Zuziehung erwachsenden Reisekosten der Mitglieder des Oberbergamtes dürfen den Parteien nicht aufgerechnet werden.[1]

1. Im Art. 136 ff. des bisherigen Berggesetzes waren über das Verfahren bei Zwangsenteignung für Zwecke des Bergbaues von den Vorschriften des Zwangsenteignungsgesetzes vom 17. November 1837 abweichende Bestimmungen getroffen worden.

Der in diesen Artikeln zum Ausdruck gebrachte Grundsatz, daß die Frage, ob, in welchem Umfang und unter welchen Bedingungen der Grundbesitzer zur Ueberlassung der Benützung oder der Bergwerksbesitzer zum Erwerbe des Eigenthums des Grundstücks verflichtet ist, in Kollisionsfällen durch eine aus der Bergbehörde und der ordentlichen Verwaltungsbehörde zusammengesetzte Instanz zu entscheiden sei, und daß dieser Instanz auch die Festsetzung der Entschädigung des Grundbesitzers vorbehaltlich der Beschreitung des Rechtswegs obliege, ist auch als keiner Aenderung bedürftig bei der Revision des Berggesetzes festgehalten worden.

Nach dem bisherigen Berggesetze waren zu diesen Entscheidungen die Distriktspolizeibehörden mit den Bezirksbergämtern zuständig. Nach der veränderten Organisation der Bergbehörden kann diese Zuständigkeit nicht mehr aufrechterhalten werden, da die Verleihung des Bergwerkseigenthums nunmehr dem Oberbergamte zusteht. Es war deshalb veranlaßt, diese Entscheidung der einschlägigen Kreisregierung, K. d. J., in einem aus drei Mitgliedern der Regierung und zwei Mitgliedern des Oberbergamtes bestehenden Senate zu übertragen.

Der gemeinschaftlichen Zuständigkeit der Distriktspolizeibehörde und der Berginspektion bleibt hiebei die vorbereitende, auf die nöthigen Erhebungen und Verhandlungen gerichtete Thätigkeit überlassen.

Der Abs. 2 gibt das bisherige Recht wieder im Interesse der betheiligten Parteien.

Art. 170. (137)

Der bei der Berginspektion anzubringende Antrag des Bergwerksbesitzers auf Ueberlassung eines Grundstückes zur Benützung muß enthalten: den Namen und Wohnort des treffenden Grundeigenthümers oder Nutzungsberechtigten, die Bezeichnung der zur Benützung zu überlassenden Grundfläche nach Lage, Größe und Grenzen, die Beschreibung der Anlage, zu welcher dieselbe verwendet werden soll, die muthmaßliche Dauer der Benützung, das Anerbieten einer bestimmten jährlichen

Nutzungsentschädigung, endlich die Erklärung, daß eine gütliche Einigung auf der bezeichneten Grundlage vergebens versucht worden sei.

Als Beleg ist dem Antrage beizufügen der Steuerkatasterplan mit einer Einzeichnung der zur Benützung in Anspruch genommenen Grundfläche und der beabsichtigten Anlage.

Art. 171. (138)

Der bei der Berginspektion anzubringende Antrag des Grundeigenthümers auf Erwerbung des Eigenthums des Grundstückes durch den Bergwerkseigenthümer muß in den Fällen der Art. 159 Abs. 3, 160 zweite Alternative und 161 enthalten: den Namen und Wohnort des letzteren, beziehungsweise der Gewerkschaft, die Bezeichnung der bereits zur Benützung überlassenen Grundfläche nach Lage, Größe und Grenzen und des Zeitpunktes der zwangsweise oder freiwillig nach Art. 156 erfolgten Gebrauchsüberlassung, ferner den Kapitalbetrag, für welchen die Abtretung angeboten wird, endlich die Erklärung, daß eine gütliche Vereinigung auf dieser Grundlage erfolglos versucht worden sei.

Ist die Ueberlassung zur Benützung noch nicht erfolgt und stützt der Grundeigenthümer sein Verlangen auf Erwerbung des Eigenthums des Grundstückes durch den Bergwerksbesitzer auf die Vorschrift des Art. 160 erste Alternative oder des Art. 161, so hat er dieses Verlangen als Gegenantrag dem auf Gebrauchsüberlassung gerichteten Antrage des Bergwerksbesitzers gegenüber anzubringen.[1]

1. Die Entscheidung der in Art. 169 bezeichneten Instanz wird veranlaßt entweder durch den Antrag des Bergwerksbesitzers (Art. 170) oder durch denjenigen des Grundeigenthümers (Art. 171). In beiden Fällen hat der Antragsteller seinen Antrag bei der einschlägigen Berginspektion anzubringen, weil dieser ihrem Wirkungskreise gemäß die Mittel zu Gebote stehen, die dem Antrage zu Grunde liegenden, thatsächlichen Verhältnisse einer primären Würdigung zu unterstellen und damit die nöthigen Anhaltspunkte zur Entscheidung der Frage über die Zulässigkeit des Antrages überhaupt und die Grundlage zu dem weiteren Verfahren zu geben.

Der Art. 170 bezeichnet die Erfordernisse, welche der Antrag des Bergwerksbesitzers auf Grundüberlassung enthalten soll und welche Belege demselben beigefügt werden müssen, Art. 171 jene für den Antrag des Grundeigenthümers. Diese Erfordernisse sind in der Natur der Sache selbst begründet.

Nach dem Wortlaute des Art. 171 ist der Grundeigenthümer zweifellos berechtigt, seinen Antrag auf Erwerbung des Eigenthums durch den Bergwerksunternehmer selbständig einzubringen und nicht lediglich als Einwand gegen den Antrag des Bergwerksbesitzers, wenn auch das Verlangen des letzteren auf Ueberlassung des Grundstücks zur Benützung die Voraussetzung für den Antrag des Grundeigenthümers bildet. Der Grundeigenthümer kann auch zweifelsohne vor der Ueberlassung des Grundstücks zur Benützung den Antrag auf Erwerbung des Eigenthums stellen.

Art. 172. (139)

Die Berginspektion hat den bei ihr eingekommenen Antrag (Art. 170, 171) im Benehmen mit derjenigen Distriktspolizeibehörde, in deren Bezirke das Grundstück liegt, einer vorläufigen Prüfung zu unterstellen. Wird der Antrag unvollständig befunden, so ist er zur Vervollständigung zurückzugeben; wird derselbe unzulässig befunden, sei es wegen Gefährdung öffentlicher Interessen oder aus anderen Gründen, so ist ein Beschluß gemäß Art. 169 herbeizuführen. Liegt keiner dieser Fälle vor oder ist der Antrag nachträglich vervollständigt worden, so hat die Distriktspolizeibehörde zur weiteren Instruktion des Antrages zu schreiten.[1]

1. Nachdem der gemäß Art. 170 und 171 bei der Berginspektion eingebrachte Antrag im Benehmen mit der Distriktspolizeibehörde, in deren Bezirke das zu überlassende oder zu erwerbende Grundstück liegt, einer vorläufigen Prüfung unterstellt worden ist, muß derselbe, wenn die Erfordernisse der Art. 170 und 171 ganz oder theilweise fehlen, wenn er sonach als unvollständig die Grundlage zu einer Entscheidung nicht bieten würde, zur Ergänzung zurückgegeben werden. Findet die Berginspektion und die Distriktspolizeibehörde bei der Prüfung, daß auf den Antrag nach Lage der Verhältnisse überhaupt nicht eingegangen werden kann, daß derselbe nach ihrer Anschauung wegen Gefährdung öffentlicher Interessen oder aus anderen gesetzlichen Gründen – weil z. B. die Ueberlassung überhaupt nicht verlangt werden kann (vgl. Art. 157 Abs. 2) — unzulässig ist, dann sind die Verhandlungen zunächst der nach Art. 169 zuständigen Kreisregierung zur beschlußmäßigen Entscheidung vorzulegen. Die Entscheidung der Kreisregierung hat sich in diesem Falle lediglich mit der Frage der Unzulässigkeit des Antrags aus den im Gesetze erwähnten Gründen zu befassen. Wird der Antrag als unzulässig durch Beschluß des Senates abgewiesen, so steht dem Betheiligten hiegegen das Recht der Beschwerde an

den Verwaltungsgerichtshof nach Art. 226 Abs. 1 zu. Wird der Antrag dagegen als zulässig erachtet, so ist die einschlägige Distriktspolizeibehörde zur weiteren Instruktion des Antrags nach Maßgabe des Art. 173 ff. anzuweisen.

Es unterliegt wohl auch keinem Bedenken, daß die zuständige Kreisregierung vor einer förmlichen Beschlußfassung die Instruktion des Antrags einleitet, um hiedurch einer etwaigen Verschleppung der Sache vorzubeugen.

Wird der Antrag Seitens der Berginspektion und der Distriktspolizeibehörde für zulässig und vollständig erachtet oder ist die Vervollständigung des Antrags nachträglich erfolgt, so hat dann die Distriktspolizeibehörde, an welche die Verhandlungen sodann abzugeben sind, den Antrag weiter zu instruiren. Der Art. 172 überträgt die vorbereitenden Verfügungen behufs der Verhandlung der Distriktspolizeibehörde allein, weil solche Verfügungen zweckmäßig überhaupt nur von einer Behörde ausgehen können und die Distriktspolizeibehörde im Hinblick auf ihren Wirkungskreis und die ihr zu Gebot stehenden Vollzugsorgane von den beiden betheiligten Behörden die geeignetste ist.

Art. 173. (140)

Die Distriktspolizeibehörde hat vorerst sämmtliche bei dem Antrage Mitbetheiligte im Benehmen mit dem treffenden Rentamte und dem Grundbuchamte zu ermitteln.

Sie setzt hienach gemeinschaftlich mit der Berginspektion einen Termin zur Untersuchung und Verhandlung der Sache an Ort und Stelle an, erläßt die Ladung hiezu an sämmtliche Betheiligte unter genauer Bezeichnung der Zeit und des Ortes und gibt nach Umständen das beabsichtigte Unternehmen in der Gemeinde, in deren Bezirke die Anlage ausgeführt werden soll, durch Anschlag oder durch ein hiefür geeignetes Lokalblatt bekannt.

Die Vorladung der Parteien und der Mitbetheiligten, namentlich der Realberechtigten, der Hypotheken-, Grundschuld- und Rentenschuldgläubiger, sowie der Eigenthümer der benachbarten Grundstücke, Wasserrechte und Triebwerke hat unter dem ausdrücklichen Beisatze zu geschehen, daß das Nichterscheinen der Geladenen in Person oder durch einen Bevollmächtigten zur rechtlichen Folge haben werde:

1) für den Antragsteller die Verbindlichkeit zur Schadloshaltung der Erschienenen in Bezug auf Auslagen

und Versäumnisse, ferner die Annahme, daß der Antrag als auf sich beruhend erachtet werde,

2) für den Gegner des Antragstellers die Verbindlichkeit zur Schadloshaltung der Erschienenen in Bezug auf Auslagen und Versäumnisse und die Wiederaufnahme des Termins auf seine Kosten unter Androhung des weiteren Rechtsnachtheiles, daß bei seinem wiederholten Ausbleiben seine Einwilligung in die verlangte Benützung oder Erwerbung des Grundstückes werde angenommen werden,

3) für die geladenen Mitbetheiligten den Verlust ihrer Einwendungen gegen den Antrag, beziehungsweise gegen die nach der Vorschrift des Art. 175 auszumittelnde Größe der Sicherheitsleistung oder Entschädigung.

Die Bescheinigung der stattgehabten Vorladung ist zu den Akten zu bringen.[1]

1. Die Distriktspolizeibehörde hat demnach zur Verhandlung des zulässig befundenen Antrags vorerst die Betheiligten im Benehmen mit dem treffenden Rentamte und dem Grundbuchamte — der bisherigen Hypothekenbehörde — zu ermitteln.

Sie beraumt auch, nachdem sie sich mit der Berginspektion bezüglich des festzusetzenden Tages verständigt hat, den Termin zur Untersuchung und Verhandlung an und erläßt hiezu die Ladung an sämmtliche Betheiligte, wozu nicht allein der Antragsteller und diejenigen, welchen gegenüber der Antrag gestellt wurde (der Parteien), sondern auch die Mitbetheiligten, nämlich die Realberechtigten, die Hypotheken-, Grundschuld- und Rentenschuldgläubiger, dann die Eigenthümer der benachbarten Grundstücke, Wasserrechte und Triebwerke gehören.

Unter die Realberechtigten fallen eventuell auch die im bisherigen Gesetze aufgeführten privilegierten Gläubiger des pfälzischen Rechtes, insolange noch von solchen gesprochen werden kann.

Nach Umständen kann auch eine öffentliche Ladung durch Anschlag in dem Bezirk, in welchem die Anlage liegt, oder durch Bekanntmachung in einem hiefür geeigneten Lokalblatte angezeigt sein.

Mit dieser Ladung sind die geeigneten Rechtsnachtheile für den Fall des ungehorsamen Ausbleibens zu verbinden, und zwar verschieden für den Antragsteller, für dessen Gegner und für die Mitbetheiligten.

Den Antragsteller kann als Folge seines Nichterscheinens nur die Schadloshaltung der Erschienenen für Auslagen und Versäumnisse und die Annahme, daß der Antrag auf sich beruhend erachtet werde, treffen.

Für den Gegner des Antragstellers muß sein Ausbleiben gleichfalls die Folge der Schadloshaltung der Erschienenen und die

Wiederaufnahme des Termins auf seine Kosten haben sowie die weitere Folge, daß bei seinem wiederholten Ausbleiben dessen Einwilligung in die verlangte Benützung, beziehungsweise Erwerbung des Grundstücks angenommen werde.

Die geladenen Mitbetheiligten kann als Folge ihres Ausbleibens lediglich der Verlust ihrer Einwendungen gegen den Antrag, beziehungsweise gegen die auszumittelnde Größe der Sicherheitsleistung oder Entschädigung treffen.

Die Rechtsnachtheile müssen bei der Ladung ausdrücklich angedroht werden.

Art. 174. (141)

Bei dem Termine selbst, welcher mit der Ortsbesichtigung im Beisein eines Abgeordneten der Berginspektion zu beginnen ist, hat der Distriktspolizeibeamte vor Allem auf die Erzielung einer gütlichen Uebereinkunft zwischen den Theilen über die Abtretungsfrage und die zu leistende Entschädigung hinzuwirken und das Ergebniß zu Protokoll zu nehmen.

Kommt eine solche Uebereinkunft nicht zu Stande, so sind die gegen den Antrag erhobenen Einwendungen vorerst mündlich zu erörtern und hienach mit den Gegenerinnerungen des Antragstellers genau und vollständig zu Protokoll zu nehmen.[1]

1. Die Leitung der Verhandlung, welche mit der Ortsbesichtigung zu beginnen hat, liegt zwar der Distriktspolizeibehörde ob, allein es ist zu derselben der Abgeordnete der Berginspektion beizuziehen, damit hiebei alle bergtechnischen Rücksichten die gehörige Würdigung finden.

Gelingt es nicht, eine vor Allem zu versuchende gütliche Vereinbarung zu erzielen, so ist wie bei sonstigen Verwaltungsstreitsachen zu verfahren, es sind sohin die vorerst mündlich zu erörternden wechselseitigen Einwendungen zu Protokoll zu nehmen. Das Verfahren entspricht in der Hauptsache dem in Art. 27 und 29 des Gesetzes vom 8. August 1878 über den Verwaltungsgerichtshof vorgeschriebenen.

Der bisherige Abs. 3 des Art. 141 wurde gestrichen als entbehrlich, da die Zulassung von Rechtsanwälten sowohl nach dem Verfahren vor den Verwaltungsbehörden, als nach Art. XIII des Zwangsenteignungsgeses vom 17. November 1837 keinem Bedenken unterliegt, der Schriftenwechsel, der übrigens auch im Art. 27 des Verwaltungsgerichtshofgesetzes ausgeschlossen ist, hier ohnehin keinen Platz hat.

Art. 175. (142)

Den Beamten der Distriktspolizeibehörde und der

Berginspektion liegt auch ob, bei dem anberaumten Termine (Art. 173) die für die Benützung oder für die Abtretung des Eigenthums des Grundstücks, ingleichen die nach den Vorschriften der Art. 165 und 166 zu leistenden Entschädigungen, sowie die in Art. 159 bezeichnete Sicherheitsleistung auszumitteln.

Diese Ausmittelung hat auch dann zu geschehen, wenn der Gegner des Antrags nach der Vorschrift des Art. 173 Abs. 3 Ziff. 2 die Folgen seines ungehorsamen Ausbleibens hinsichtlich der Abtretungsfrage verwirkt hat.[1]

1. Die mit der Verhandlung über den Abtretungsantrag betraute zusammengesetzte Behörde hat auch die zu leistende Entschädigung bezw. Sicherheit auszumitteln. Eine Festsetzung der Entschädigung bezw. Sicherheitsleistung kommt dieser Behörde jetzt nicht mehr zu; dieselbe hat bei der Verhandlung nur die Unterlagen für die Festsetzung der Entschädigung ꝛc. nach Art. 177 zu gewinnen und daher all das zu ermitteln, was für die Bestimmung der Entschädigung ꝛc. maßgebend ist. Es wird hiewegen auf die Anmerkungen zu den Art. 165 und 166 verwiesen. Nachdem gemäß Art. 173 Abs. 3 Ziff. 2 das wiederholte Ausbleiben des Gegners des Antragstellers in der Hauptsache nur die Folge hat, daß seine Einwilligung in die verlangte Benützung oder Erwerbung des Grundstücks, nicht aber ein Verzicht auf Entschädigungs- und Sicherheitsleistung angenommen wird, so hat, wie in Abs. 2 hier bestimmt ist, die Ausmittlung der Entschädigung auch dann zu geschehen, wenn er den angedrohten Rechtsnachtheil verwirkt hat.

Art. 176. (143)

Zur Ausmittelung der Entschädigung nach der Vorschrift des Art. 175 und, wo es sonst nach der Sachlage nöthig erscheint, sind Sachverständige beizuziehen.

Die Wahl derselben ist der Uebereinkunft der Betheiligten überlassen.

Es können hiebei nicht mehr als drei Sachverständige aufgestellt werden.

Kommt eine Uebereinkunft hierüber innerhalb einer den Betheiligten vorzusteckenden Frist nicht zu Stande, so werden die Sachverständigen von Amtswegen ernannt und durch Eidesabnahme verpflichtet.[1]

1. Die in Art. 176 vorgeschriebene Beiziehung von Sachverständigen zur Entschädigungsermittlung und, wo es sonst nach der Sachlage nöthig erscheint, ist nothwendig, da nur ein Mitglied der ermittelnden Behörde Techniker ist und überdieß nicht allein bergtechnische Fragen bei der Ermittlung der Entschädigung maßgebend sind.

Zur Beseitigung von Zweifeln, wie sie sich bei Anwendung des Zwangsabtretungsgesetzes ergeben haben, ist die Zahl der Sachverständigen festgesetzt.

Durch die Festsetzung dieser Zahl auf höchstens drei sind den Parteien, wie der die Verhandlung leitenden Behörde, welche bei dem Mangel einer Vereinigung der Parteien über die Wahl sämmtliche Sachverständige zu ernennen hat, die genügenden Mittel gegeben, die zur technischen Beurtheilung des Sachverhaltes nöthigen Anhaltspunkte herbeizuschaffen.

Die Auswahl der Sachverständigen wird nach den hauptsächlich für die Bemessung der Entschädigung in Betracht kommenden Verhältnissen vorzunehmen sein.

Art. 177. (144)

Nach Abschluß der Verhandlungen (Art. 173 bis 176) hat die Distriktspolizeibehörde die Akten der Kreisregierung, Kammer des Innern, vorzulegen.

Der Beschluß der Kreisregierung (Art. 169), durch welchen die zwangsweise Gebrauchsüberlassung oder die Erwerbung eines Grundstückes zum Eigenthume ausgesprochen wird, muß dasselbe genau bezeichnen und die Bedingungen der Gebrauchsüberlassung oder Erwerbung enthalten.

Ingleichen ist in dem Beschlusse die nach der Vorschrift des Art. 175 ausgemittelte Entschädigung, beziehungsweise Sicherheitsleistung festzusetzen.[1]

1. Wie schon erwähnt, hat über die Ueberlassung oder Erwerbung eines Grundstückes zum Eigenthum nicht mehr, wie bisher die Distriktspolizeibehörde gemeinsam mit der Bergbehörde zu entscheiden, sondern der nach Art. 169 gebildete Senat der einschlägigen Kreisregierung, Kammer des Innern.

Unter den Bedingungen sind außer der Entschädigung und Sicherheitsleistung bei Ueberlassung des Gebrauchs, der Zeitpunkt der etwaigen Rückgabe, die Einschränkungen in der Benützung zu Gunsten des Grundbesitzers und die in seinem Interesse für nöthig befundenen Anlagen (Wege, Einfriedungen, sonstige Sicherungen ꝛc.) zu verstehen. Da diese Bedingungen nicht zur Entschädigung gehören, sondern die Voraussetzung für die Ueberlassung des Grundstücks bilden, so ist hiegegen nur die Beschwerde an den Verwaltungsgerichtshof zulässig, nicht aber der Rechtsweg.

Liegt die Sicherung angrenzenden Eigenthums, das dritten Personen, nicht dem von der Zwangsenteignung betroffenen gehört, im öffentlichen Interesse, wie das insbesondere auch bei öffentlichen Anlagen, bei Waldungen ꝛc. der Fall sein kann, so werden die erforderlichen Auslagen dem Bergwerksbesitzer in dem Beschluß zu machen und hievon die Ueberlassung, bezw. Abtretung des Grundstücks abhängig zu machen sein (vgl. auch Art. 189 ff.).

Der Beschluß muß die dem Grundbesitzer gebührende volle Entschädigung an der Hand der durch die Distriktspolizeibehörde und die Berginspektion gepflogenen Ermittlungen festsetzen, wobei der Senat abgesehen von etwaigen Ergänzungen an die ermittelten Werthziffern nicht unbedingt gebunden ist.

Da die Sicherheitsleistung, um die es sich hier handelt, nur auf ausdrücklichen Antrag des Grundbesitzers festgestellt wird (Art. 159), so muß dieser Antrag so rechtzeitig gestellt werden, daß über denselben bei der Verhandlung vor dem Senate der Kreisregierung erkannt werden kann.

Wenn auch in Art. 226 Abs. 2 bestimmt ist, daß der Art. 45 Abs. 1 bis 3 des Gesetzes über den Verwaltungsgerichtshof entsprechende Anwendung auf die hier einschlägigen Verwaltungsstreitsachen zu finden hat, so ist es doch zweifellos, daß die Entscheidung des Senats auf Grund öffentlicher und mündlicher Verhandlung, wie in den Fällen des Art. 33 des Verwaltungsgerichtshofgesetzes zu erfolgen hat, um den Parteien auch bei der entscheidenden Behörde die Wahrung ihrer Rechte und Interessen zu ermöglichen.

Die Parteien sind deshalb zu der Verhandlung zu laden, wenn dies auch nicht ausdrücklich im Gesetze vorgeschrieben ist.

Art. 178. (145)

Gegen den Beschluß, durch den die Verpflichtung zur zwangsweisen Ueberlassung der Benützung oder zur Erwerbung eines Grundstücks als Eigenthum ausgesprochen worden ist, findet die Beschwerde nach Maßgabe des Art. 226 statt. Der Rechtsweg ist ausgeschlossen. Gegen die Festsetzung der Entschädigung und der Sicherheitsleistung findet die Beschwerde nicht statt. Dagegen steht den Betheiligten der Rechtsweg zur Herbeiführung der richterlichen Entscheidung über den Betrag der Entschädigung und der Sicherheitsleistung offen. Für die Klage ist das Gericht ausschließlich zuständig, in dessen Bezirke das Grundstück liegt.

Durch die Beschreitung des Rechtsweges wird in diesem Falle die Besitznahme des Grundstücks nicht aufgehalten, vorausgesetzt, daß die ausgemittelte Entschädigung an den Berechtigten gezahlt oder bei verweigerter Annahme hinterlegt, desgleichen die Hinterlegung der festgesetzten Sicherheitsleistung geschehen ist.[1]

1. Bereits durch Art. 10 Ziffer 9 des Gesetzes vom 8. August 1878 über den Verwaltungsgerichtshof war die endgiltige Entscheidung über Streitigkeiten, die sich im Vollzuge des Art. 136 (nun 169) ergeben, in die Zuständigkeit des Verwaltungsgerichtshofes verwiesen. Nunmehr wird durch den Art. 178 die Beschwerde zum

Verwaltungsgerichtshof hinsichtlich der Beschlüsse des in Art. 169 bezeichneten Senats über die Verpflichtung zur Ueberlassung der Benützung oder zur Erwerbung eines Grundstücks als Eigenthum ausdrücklich zulässig erklärt. Der Rechtsweg kann, wie bisher gegen die Beschlüsse, soweit die Benützung oder Erwerbung des Grundstücks in Frage steht, nicht betreten werden. Mit der Entscheidung des Verwaltungsgerichtshofes, bezw. mit dem rechtskräftig gewordenen Beschlusse des Regierungssenats ist die Abtretungsfrage selbst endgiltig erledigt. Dagegen ist eine Beschwerde hinsichtlich der Festsetzung der Entschädigung und der Sicherheitsleistung nicht statthaft und zwar ebensowenig an den Verwaltungsgerichtshof als an das Staatsministerium des Innern. Falls diese Festsetzung angefochten werden will, hat dies und zwar durch Klage bei dem Gericht zu geschehen, in dessen Bezirke das Grundstück gelegen ist.

Der Rechtsweg steht den Betheiligten offen, so allen denen, die bei der Festsetzung der Entschädigung finanziell berührt sind, wie jene Hypothekengläubiger, deren Forderungen durch die festgestellte Eigenthums-Erwerbssumme nicht gedeckt sind.

Die Besitznahme des Grundstücks wird durch die erhobene Klage nicht behindert, wenn die beschlußmäßig festgestellte Entschädigung gezahlt oder nach den über die Hinterlegung geltenden Vorschriften hinterlegt ist.

Art. 179. (146)

Handelt es sich nach Beendigung der Benützung eines Grundstückes nach Art. 159 Abs. 1 um den Ersatz des Minderwerthes durch den Bergwerksbesitzer, so sind behufs der Festsetzung der Ersatzsumme lediglich die Gerichte zuständig. [1]

1. Für die Festsetzung der Ersatzsumme bei eingetretener Werthsminderung des Grundstücks (Art. 159 Abs. 1) sind nach diesem Artikel die Gerichte ausschließend zuständig. Die übrigen Entschädigungen oder Sicherheitsleistungen hat der nach Art. 169 gebildete Senat vorbehaltlich des Rechtsweges zu bestimmen.

Art. 180. (147)

Die Kosten des Verfahrens über die zwangsweise Ueberlassung eines Grundstücks zur Benützung oder über die zwangsweise Erwerbung zum Eigenthume hat für die erste Instanz der Bergwerksbesitzer, für die Beschwerdeinstanz der unterliegende Theil zu tragen. [1]

1. Der Art. 180 enthält hinsichtlich des Kostenpunktes lediglich die auf dem allgemeinen Grundsatze beruhenden Bestimmungen, daß die Kosten vom veranlassenden Theile zu tragen sind. d. i. der Bergwerksbesitzer; denn er ist nicht nur bei dem Antrage auf

Ueberlassung eines Grundstücks zur Benützung der Veranlassende, sondern auch bei dem Antrage des Grundbesitzers auf zwangsweise Erwerbung des Grundstücks zum Eigenthum, da dieser Antrag ja den ersteren zur Voraussetzung hat.

Unter den Kosten der I. Instanz sind sämmtliche dabei entstandene Kosten verstanden, so auch jene, welche die Erörterung des öffentlichen Interesses hervorgerufen hat.

Zweiter Abschnitt.

Von der Benützung des Wassers.

Art. 181. (148)

Auf Grubenwässer, welche der Bergwerksbesitzer erschroten hat, bleibt demselben, auch wenn er sie zu Tage ausfließen läßt, bis zu deren Vereinigung mit anderen beständigen Tagwässern das Vorrecht der Benützung zum Betriebe des Bergwerkes und der dazu gehörigen Aufbereitungsanstalten vorbehalten.[1]

1. Die Grubenwässer, deren Erschrotung ausschließlich dem Bergbau zu verdanken ist, und welche man in gewisser Beziehung als ein Erzeugniß des Bergbaues betrachten muß, sollen auch für die Zwecke zu Gunsten des Bergwerksbesitzers erhalten bleiben, umsomehr als das Wasserbenützungsgesetz vom 28. Mai 1852 die Grubenwässer überhaupt nicht in Betracht nimmt. Es ist daher hier bestimmt, daß solche Grubenwässer bis zu ihrer Vereinigung mit anderen beständigen Tagwässern in erster Reihe zum Betriebe des Bergwerkes und der dazu gehörigen Aufbereitungsanstalten vorbehalten bleiben. So lange solche Grubenwässer nicht zu Tage getreten sind, steht deren Benützung nach den allgemeinen Grundsätzen des Wasserbenützungsgesetzes dem Bergwerksbesitzer auf Grund seines Bergrechtes selbstverständlich zu.

Art. 182. (149)

Insoweit und solange ein Bergwerksbesitzer seine Grubenwässer zu Betriebszwecken nicht selbst benützt, kann deren Benützung von dem Oberbergamte in widerruflicher Weise auch Anderen gestattet werden.

Den Besitzern benachbarter Bergwerke und Aufbereitungsanstalten gebührt in diesem Falle der Vorrang.[1]

1. Es würde zu weit gehen, wollte man das dem Bergwerksbesitzer im Art. 181 eingeräumte Vorrecht, falls er hievon keinen Gebrauch macht, auch auf die Besitzer benachbarter Gruben ausdehnen. Da jedoch die Grubenwässer ihrer Natur gemäß sich in keiner Beziehung nach den Bestimmungen des Wasserbenützungsgesetzes behandeln lassen, da vielmehr für dieselben besondere Bestimmungen zunächst im Interesse des Bergbaues, welcher sie gewonnen hat, zu treffen sind, so müssen auch in Betreff derjenigen Grubenwässer, welche von demjenigen, der sie erschroten hat, nicht benützt werden, im Berggesetze Bestimmungen getroffen werden.

Demgemäß legt der Art. 182 dem Oberbergamte die Befugniß bei, die Benützung solcher Wässer auch Anderen in widerruflicher Weise zu gestatten. Dabei gebührt den Besitzern benachbarter Bergwerke und Aufbereitungsanstalten, wenn diese sie benöthigen und Antrag auf Benützung stellen, der Vorrang. Gegen die desfallsigen Verfügungen des Oberbergamts steht den Betheiligten das Recht der Beschwerde zum Staatsministerium des Innern offen.

Art. 183. (150)

Hinsichtlich der Benützung des Tagwassers bei dem Betriebe der Berg- und Hüttenwerke kommen die Bestimmungen des Gesetzes vom 28. Mai 1852, die Benützung des Wassers betreffend, zur Anwendung. [1]

1. Bezüglich der Benützung des Tagwassers für den Betrieb der Berg- und Hüttenwerke steht den Bergbautreibenden keinerlei Vorrecht zu, vielmehr sind sie hiebei wie sonstige Betheiligte an die Bestimmungen des Wasserbenützungsgesetzes vom 28. Mai 1852 gebunden.

Dritter Abschnitt.

Von dem Schadenersatze für Beschädigungen des Grundeigenthums.

Art. 184. (151)

Der Bergwerksbesitzer ist verpflichtet, für allen Schaden, welcher dem Grundeigenthum oder dessen Zubehörungen durch den unterirdisch oder mittels Tagebaues geführten Betrieb des Bergwerkes zugefügt wird, vollständige Entschädigung zu leisten ohne Unterschied, ob der Betrieb unter dem beschädigten Grundstücke stattgefunden hat oder nicht, ob die Beschädigung von dem

Bergwerksbesitzer verschuldet ist und ob sie vorausgesehen werden konnte oder nicht.[1]

Auf die Entschädigungsforderung finden im Falle der Beschädigung eines Grundstücks die Vorschriften des Art. 167 Abs. 1 entsprechende Anwendung; im Falle der Beschädigung von Zubehörstücken haftet die Entschädigungsforderung den im Art. 167 Abs. 1 bezeichneten Berechtigten nach Maßgabe der Vorschriften des § 1123 Abs. 2 Satz 1, des § 1124 Abs. 1, 3 und des § 1127 Abs. 2 des Bürgerlichen Gesetzbuchs.[2]

1. Der Art. hat die Aufgabe, die besondere Entschädigungspflicht des Bergbautreibenden gegenüber dem Grundbesitzer im Anschluß an die geltenden Rechtsgrundsätze so zu regeln, daß einerseits den gerechten Ansprüchen des Grundeigenthümers vollständig Genüge geleistet, andrerseits der Bergbau nicht durch Verpflichtungen belastet wird, welche über diese Rücksicht noch hinausgehen. Hienach beruht der vorliegende Abschnitt auf folgenden leitenden Grundsätzen:

a) Der Bergwerksbesitzer hat als solcher ohne Rücksicht auf einen anderen Verpflichtungsgrund allen Schaden zu vergüten, welcher dem Grundeigenthum und dessen Zubehör durch den Betrieb des Bergwerks zugefügt wird und es obliegt ganz dieselbe Verpflichtung dem Schürfer und Muther hinsichtlich der von ihnen ausgeführten Arbeiten (Art. 188).

Ob der beschädigende Betrieb unterirdisch oder mittels Tagbau geführt ist, ändert an der Verpflichtung zum Schadensersatze und dem Umfange dieser Verpflichtung nichts, denn in beiden Fällen liegt derselbe Verpflichtungsgrund, die Ausübung des Bergwerkseigenthums, vor.

Auch die äußere Lage des beschädigten Grundstücks zu dem Betriebe des Bergwerkes oder zu der bergbaulichen Anlage, durch welche die Beschädigung veranlaßt ist, bleibt für die Schadensersatzverbindlichkeit gleichgiltig. Ebensowenig kann einen Unterschied machen, ob die Beschädigung von dem Bergbautreibenden verschuldet ist oder nicht und ob sie vorausgesehen werden konnte oder nicht.

Mehrere Beschädiger müssen zwar nicht solidarisch, aber gemeinschaftlich und zwar bis zu dem ihnen überlassenen Nachweise eines anderen Theilnahmeverhältnisses zu gleichen Theilen haften.

Nach allgemeinen Rechtsgrundsätzen genügt zur Begründung des Entschädigungsanspruches, daß der Grundbesitzer seinerseits die Schadenszufügung durch die mehreren Bergbautreibenden nachweist, während derselbe nicht für verpflichtet erklärt werden kann, auch das Maß der Betheiligung jedes Einzelnen nachzuweisen.

b) Zur Entschädigung berechtigt ist nicht blos der Eigenthümer, sondern auch jeder andere Nutzungsberechtigte des Grundstücks, sofern der Schaden sich auf Nutzungsrechte erstreckt.

c) Die Schadensverbindlichkeit beschränkt sich nicht auf den Grund und Boden selbst, sondern erstreckt sich auch auf die Zubehörungen desselben z. B. industrielle Anlagen. Bei sonstigen Beschädigungen, z. B. von Personen, treten dagegen die Bestimmungen des Haftpflichtgesetzes vom 7. Juni 1871 ein. Bezüglich der Aenderungen des letzterwähnten Gesetzes s. Art. 42 des Einführungsgesetzes zum Bürgerl. Gesetzbuche.

d) Dem Beschädigten muß vollständige Entschädigung geleistet, was aber unter einer solchen begriffen ist, nach den allgemeinen Grundsätzen des bürgerlichen Rechtes beurtheilt werden. Die Entschädigung muß ferner als Kapitalentschädigung behandelt und geleistet werden, weil der Grundeigenthümer nach allgemeinen Rechtsgrundsätzen Anspruch hierauf hat. Ob der Beschädigte befugt ist, die Entschädigung statt in Geld durch Wiederherstellung des früheren Zustandes oder durch gleichartige Leistungen zu gewähren, oder ob andererseits der Beschädigte eine derartige Entschädigung verlangen kann, unterliegt wiederum der Beurtheilung nach den nunmehr giltigen allgemeinen Rechtsnormen.

e) Für die Verjährung der Ansprüche auf Ersatz eines durch den Bergbau verursachten Schadens war im bisherigen Gesetze eine Frist von drei Jahren festgesetzt, um einerseits den Bergbautreibenden vor veralteten Entschädigungsansprüchen, deren Grund und Umfang nicht mehr aufgeklärt werden kann, zu schützen und andererseits den Beschädigten durch die dort bezeichneten Voraussetzungen der kürzeren Verjährungsfrist, vor einer Verkürzung an seinem Rechte zu sichern. Der gleiche Zweck wird durch die jetzige Fassung in Art. 187 erreicht.

f) Die privatrechtlichen Streitigkeiten über die in Frage stehenden Entschädigungen gehören nicht vor die Bergbehörde, sondern vor den ordentlichen Richter. — Der Beschluß der Abgeordnetenkammer, nach Art. 188 (155 alt) einen neuen Art. 155a einzuschalten, wonach das Oberbergamt über Streitigkeiten, die sich im Vollzuge des dritten Abschnittes ergeben, vorbehaltlich des Rechtswegs entscheiden sollte, wurde von der Kammer der Reichsräthe nicht angenommen und denn auch von der zweiten Kammer fallen gelassen. —

g) Schließlich entsteht noch die wichtige Frage, ob und unter welchen Voraussetzungen die Entschädigungsverbindlichkeit der Bergbautreibenden gegenüber dem Grundbesitzer ausgeschlossen sein soll.

Die Frage hat deshalb ihre besondere Schwierigkeit, weil einestheils der Grundbesitzer in der vollen Ausübung seines Rechtes nicht durch den Bergbau gehindert, anderntheils aber aber auch der Bergbau nicht der unbeschränkten Willkür des Grundbesitzers preisgegeben werden darf.

Bei dieser Sachlage war zweckmäßig jede Ausnahmsbestimmung von der bergrechtlich festgestellten Entschädigungspflicht des

Bergbautreibenden gegenüber dem Grundbesitzer zu vermeiden und vielmehr lediglich auf die allgemeine Rechtsregel zurückzugehen, daß der Beschädigte, welchem ein eigenes grobes Versehen bei der Beschädigung zur Last fällt, keinen Schadenersatz in Anspruch nehmen kann, sofern nicht etwa auf Seiten des Beschädigers ebenfalls grobes Versehen vorliegt.

Damit aber über die Anwendbarkeit dieses Grundsatzes dadurch kein Zweifel verursacht wird, daß das Berggesetz die Entschädigungspflicht des Bergbautreibenden im Uebrigen weiter ausdehnt, als das bürgerliche Recht, erscheint zweckmäßig, jene Rechtsregel, angewandt auf den Fall des Bergbaues, im Berggesetze selbst auszudrücken.

Die Entschädigungspflicht des Bergwerksbesitzers tritt ein, sobald durch den Betrieb seines Bergwerkes auf irgend welche Art dem damit zusammenhängenden Grundeigenthume oder dessen Zubehörungen ein Schaden zugeht. Die Ersatzpflicht ist nicht davon abhängig, daß der Bergwerksbesitzer widerrechtlich gehandelt hat oder, daß er beim Betriebe schuldhaft etwas unterlassen hat oder, daß die Schädigung im Voraus erkennbar war, es genügt die Thatsache der Beschädigung, auch wenn der Bergwerksbesitzer lediglich in der Ausübung seines Bergrechtes hiebei gehandelt hat. Nur darf der Grundeigenthümer nicht durch eigenes grobes Verschulden die Schädigung herbeigeführt haben. Es ist immer jener Bergwerksbesitzer für den Schaden haftbar, welcher bei Eintritt des Schadens das Bergwerk besitzt ohne Rücksicht darauf, ob etwa die die Schädigung veranlassenden Betriebshandlungen schon unter seinem Vorbesitzer vorgenommen wurden. Letzteren Falls kann er gegenüber dem Vorbesitzer auf Ersatz dessen klagen, was er dem Grundbesitzer an Entschädigung zu leisten hatte.

2. Der Abs. 2 ist durch Art. 157 XV des Ausführungsgesetzes zum Bürgerl. Gesetzbuche vom 9. Juni 1899 beigefügt worden. Im dritten Abschnitte des fünften Titels enthält das Berggesetz weitere Vorschriften, nach denen wegen Beschädigung eines Grundstücks durch Bergbau Entschädigung gewährt werden muß. Nach Art. 184 ist der Bergwerksunternehmer für allen Schaden haftbar, der einem ihm nicht nach den Art. 156, 157 zur Benützung überlassenen fremden Grundstücke durch den Betrieb des Bergbaues zugefügt wird, und die gleiche Ersatzpflicht ist im Art. 188 dem Schürfer für die durch die Schürfarbeiten entstehenden Beschädigungen auferlegt. Die Vorschrift des Art. 167 ist auf die nach Art. 184 zu leistende Entschädigung nicht erstreckt. Die Sachlage ist aber im Wesentlichen die gleiche und der Art. 67 Abs. 2 des Einführungsgesetzes zum Bürgerl. Gesetzbuche macht deshalb zwischen dem Falle des Art. 184 und dem des Art. 159 Abs. 1, für den Art. 167 gilt, keinen Unterschied. Es wurden deshalb in diesem Abs. 2 des Art. 184 die Vorschriften des Art. 107 Abs. 1 für anwendbar erklärt.

Die Art. 184 und 188 gewähren einen Ersatzanspruch auch wegen Beschädigung des Zubehörs eines Grundstücks. Für diesen

Ersatzanspruch treten an die Stelle des im Art. 167 Abs. 1 für anwendbar erklärten § 1128 des Bürgerl. Gesetzbuchs nach dem Vorbilde des Art. 53 Abs. 2 des Einführungsgesetzes zum Bürgerl. Gesetzbuche die Vorschriften des § 1123 Abs. 2 Satz 1 und des § 1124 Abs. 1, 3; für die Zulassung des im Art. 167 Abs. 1 Satz 2 bestimmten Vertheilungsverfahrens besteht kein Bedürfniß. Die Ersatzpflicht wird ebenso behandelt, wie wenn sie auf einer bei dem Bergwerksunternehmer genommenen Versicherung des Zubehörs gegen die aus dem Bergwerksbetriebe entstehenden Gefahren beruhte (§§ 1127, 1129 des B.G.B.).

Art. 185. (152)

Ist der Schaden durch den Betrieb zweier oder mehrerer Bergwerke verursacht, so sind die Besitzer dieser Bergwerke gemeinschaftlich und zwar zu gleichen Theilen zur Entschädigung verpflichtet.

Im Verhältniß der Bergwerksbesitzer unter sich ist der Nachweis eines anderen Theilnahmeverhältnisses und der Anspruch auf Erstattung des Zuviesbezahlten nicht ausgeschlossen.[1]

1. Der Einwand, daß der größere Theil der Beschädigung einem anderen Bergwerke zuzuschreiben sei, greift gegenüber dem ersatzberechtigten Grundeigenthümer nicht Platz. Er kann von den betheiligten Bergwerksbesitzern — nur die Schädigung selbst durch diese muß nachgewiesen sein — zu gleichen Theilen die ihm zukommende Entschädigung fordern. Sache der Bergwerksbesitzer ist es sodann, das Verhältniß, in dem sie den Schaden des Grundeigenthums durch ihre Betriebe veranlaßt haben, unter sich festzustellen und hienach den Ausgleich gegenüber einer allenfallsigen Mehrzahlung an den Grundbesitzer herbeizuführen.

Dagegen wird die Rückforderung gegenüber dem Grundeigenthümer im Hinblick auf die Fassung des Abs. 1 des Art. wohl ausgeschlossen erscheinen, da eine etwaige Mehrzahlung zu Gunsten des anderen Bergwerksbesitzers erfolgte und daher auch von diesem der Ersatz zu fordern ist.

Art. 186. (153)

Der Bergwerksbesitzer ist nicht zum Ersatze des Schadens verpflichtet, welcher an Gebäuden oder anderen Anlagen durch den Betrieb des Bergwerkes entsteht, wenn solche Anlagen zu einer Zeit errichtet worden sind, wo die denselben durch den Bergbau drohende Gefahr dem Grundbesitzer bei Anwendung gewöhnlicher Aufmerksamkeit nicht unbekannt bleiben konnte.[1]

Muß wegen einer derartigen Gefahr die Errichtung solcher Anlagen unterbleiben, so hat der Grundbesitzer auf die Vergütung der Werthsverminderung, welche sein Grundstück dadurch erleidet, keinen Anspruch, wenn sich aus den Umständen ergibt, daß die Absicht, solche Anlagen zu errichten, nur kundgegeben wird, um jene Vergütung zu erzielen.[2]

1. Der Abs. 1 des Art. bezeichnet den Ausnahmefall, in welchem der Bergwerksbesitzer für den Schaden nicht aufzukommen hat, der durch den Betrieb des Bergwerks an Gebäuden und Anlagen verursacht wurde. Der Ausnahmsfall beschränkt sich auf Gebäude und ähnliche Anlagen, die erst nach der Inbetriebsetzung des Bergwerks errichtet wurden und zwar zu einer Zeit, wo es offenkundig war, daß eine Schädigung der zu errichtenden Gebäude eintreten mußte. Hier liegt also, wenn der Grundbesitzer trotz der Erkennbarkeit der Gefahr bei gewöhnlicher Aufmerksamkeit die Bauten trotzdem ausgeführt hat, zweifellos ein grobes Verschulden desselben vor, welches die Entschädigungspflicht des Bergwerksbesitzers ausschließt. Es ist die Frage, ob eine drohende Gefahr vorhanden war, thatsächlicher Art, und es wird der Nachweis hierüber unschwer geführt werden können, da andernfalls bei erheblichen Zweifeln die Voraussetzung von vorneherein fehlt, daß gewöhnliche Aufmerksamkeit die Gefahr erkennen konnte und mußte. Es erscheint also in diesem Falle das Interesse des Grundbesitzers genügend gesichert. Beschädigungen am Grund und Boden selbst müssen unter allen Umständen vom Bergwerksbesitzer voll entschädigt werden.

2. Aus dem Abs. 2 des Art. geht hervor, daß der Grundbesitzer auf Grund des Art. 184 Entschädigung für den Fall fordern kann, wenn er gemäß Abs. 1 genöthigt war, die Anlage von Gebäuden auf dem durch den Bergbau gefährdeten Terrain zu unterlassen und hiedurch in der vollen Ausnützung seines Eigenthums beeinträchtigt ist. Er kann diesfalls Entschädigung für die hiedurch bedingte Werthsminderung verlangen. Diese Forderung ist jedoch nach Abs. 2 dann ausgeschlossen, wenn für die Errichtung der Anlagen keinerlei Bedürfniß für den Grundbesitzer vorliegt und er nur wegen der Vergütung eine solche Absicht kundgibt.

Es wird das Bedürfniß allerdings hier im Interesse des Grundbesitzers sehr weit zu greifen sein; auch wenn eine zwingende Nothwendigkeit nicht gegeben ist, aber wenn der Grundbesitzer etwa zu seiner Annehmlichkeit den Grund und Boden zu Gebäudeanlagen ausnützen will, wird man den Einwand, daß dies nur der Erlangung der Vergütung halber geschehe, zurückweisen müssen. Auch hier wird sich aus den begleitenden Umständen unschwer erkennen lassen, ob das Bauvorhaben nur den Vorwand zur Erzielung der Vergütung bildet.

So wird der Besitzer eines bestehenden Hauses, dessen Erweiterung wegen der dem Gebäude in Folge eines Bergbaubetriebs drohenden Gefahr nicht bethätigt werden kann, zweifellos für diese

Werthsminderung Vergütung beanspruchen können, da es ihm unbenommen bleiben muß, die Wohnlichkeit seines Hauses jederzeit zu verbessern, und nur in ganz besonderen Fällen wird sich hier eine Ablehnung des Anspruchs rechtfertigen lassen, wenn etwa feststeht, daß mehr als genügender Raum für die Bedürfnisse des Besitzers und dessen Familie vorhanden und für alle erdenklichen Einrichtungen schon Vorsorge getroffen ist (vgl. Verh. der K. d. Abg. Sten. Ber. Bd. II S. 881/84).

Art. 187. (154)

Ansprüche auf Ersatz eines durch den Bergbau verursachten Schadens (Art. 184, 185), welche sich nicht auf Vertrag gründen, verjähren nach den für Ersatzansprüche aus unerlaubten Handlungen geltenden Vorschriften.[1]

1. Wie in Anm. 1e zu Art. 184 kurz bemerkt ist, ersetzt die durch Art. 157 XVI des Ausführungsgesetzes zum Bürgerl. Gesetzbuch geänderte Fassung die früheren Bestimmungen über die Verjährung der Ersatzansprüche mit dem gleichen Ziele. Nach § 852 Abs. 1 des Bürgerl. Gesetzbuchs verjährt der Anspruch auf Ersatz des aus einer unerlaubten Handlung entstandenen Schadens in drei Jahren von dem Zeitpunkt an, an welchem der Verletzte von dem Schaden und der Person des Ersatzpflichtigen Kenntniß erlangt (wie bisher), ohne Rücksicht auf diese Kenntniß in dreißig Jahren von der Begehung der Handlung an. — Begehung der Handlung ist hier gleichbedeutend mit „Eintritt des Schadens".

Die Verweisung ist eine rein formale wegen Anwendung der desfallsigen Vorschriften, denn die Entschädigungspflicht des Bergwerksbesitzers tritt auch ein, wenn dieser in völlig erlaubter Weise gehandelt hat und hiebei der Schaden entstanden ist.

Art. 188. (155)

Auf Beschädigung des Grundeigenthums oder der Zubehörungen desselben durch die von Schürfern und Muthern ausgeführten Arbeiten finden die Art. 184 bis 187 ebenfalls Anwendung.[1]

1. Daß der Schürfer und der Muther noch keinen Bergwerksbetrieb führen, sondern nur die bergmännischen und bergrechtlichen Vorbereitungen hiezu treffen, bedingt keine Verschiedenheit ihres Verhältnisses zum Grundbesitzer von demjenigen, in welchem der Bergwerksbesitzer zum Letzteren in Bezug auf die Schadensersatzpflicht steht.

Nach der Fassung des Art. 188 erstrecken sich die Ergänzungen in Art. 184 Abs. 2 ohne Weiteres auf die dort bestimmten Entschädigungen.

Vierter Abschnitt.

Von den Verhältnissen des Bergbaues zu den öffentlichen Verkehrsanstalten.

Art. 189. (156)

Gegen die Ausführung von öffentlichen Straßen und Wegen, Eisenbahnen, Kanälen und anderen öffentlichen Verkehrsmitteln, zu deren Anlegung dem Unternehmer durch Gesetz oder besondere landesherrliche Verordnung das Recht der Zwangsenteignung beigelegt ist, steht dem Bergbautreibenden ein Widerspruchsrecht nicht zu.

Vor Feststellung der solchen Anlagen zu gebenden Richtung sind diejenigen, über deren Bergwerke dieselben geführt werden sollen, Seitens der zuständigen Behörde darüber zu hören, in welcher Weise unter möglichst geringer Benachtheiligung des Bergwerkseigenthums die Anlage auszuführen sei.[1]

1. Die Frage, ob und inwieweit der Grundeigenthümer verpflichtet ist, für den seinerseits dem Bergbautreibenden zugefügten Schaden Ersatz zu leisten, eignet sich in dieser Allgemeinheit nicht zur Entscheidung durch das Berggesetz, sondern muß nach allgemeinen Rechtsgrundsätzen beantwortet werden. Eine Ausnahme tritt jedoch in Bezug auf die besondere Frage ein, ob und welche Entschädigung dem Bergwerkseigenthümer *in dem Falle* zu gewähren sei, daß sein Ausbeutungsrecht zum Schutze öffentlicher Verkehrsanstalten, wie Straßen, Eisenbahnen, Kanäle rc. eingeschränkt wird.

Diese Frage von großer Bedeutung wurde in oberstrichterlichen Erkenntnissen verneinend entschieden.

Im Art. 189 ist nun bestimmt, daß ein Widerspruchsrecht gegen die Ausführung oder festgestellte Richtung der Anlage dem Bergwerksbetreibenden nicht zusteht. Die Ausführung ist daher weder von der Zustimmung noch von einer Abfindung des Bergwerksbesitzers abhängig.

Durch die angeordnete vorgängige Vernehmung der betheiligten Bergwerksbesitzer ist Gelegenheit gegeben, einerseits den dem Bergwerkseigenthume drohenden Schaden zu vermeiden oder wesentlich zu vermindern, andrerseits die Ertheilung der Konzession für die neue Verkehrsanlage an solche Bedingungen zu knüpfen, durch welche, wenn Gründe der Billigkeit dafür sprechen, dem Bergwerksbesitzer größere oder geringere Entschädigungsansprüche für den einzelnen Fall beigelegt werden. Wenn hienach dem Bergbautreibenden ein Widerspruchsrecht nicht zusteht und durch das Berggesetz ein Anspruch auf Entschädigung nicht eingeräumt ist, so erscheint es doch billig, auch die Interessen des Bergbaues bei Anlage öffentlicher Verkehrsanstalten, mögen diese durch den Staat selbst oder mit dessen Genehmigung durch Privatunternehmer ausgeführt werden, thunlichst wahrzunehmen.

Art. 190. (157)

War der Bergbautreibende zu dem Bergwerksbetriebe früher berechtigt, als die Genehmigung der Anlage (Art. 189) ertheilt ist, so hat derselbe gegen den Unternehmer der Anlage einen Anspruch auf Schadensersatz. Ein Schadensersatz findet nur insoweit statt, als entweder die Herstellung sonst nicht erforderlicher Anlagen in dem Bergwerke oder die sonst nicht erforderliche Beseitigung oder Veränderung bereits in dem Bergwerke vorhandener Anlagen nothwendig wird.[1]

1. Nicht rechtfertigen würde es sich, wenigstens vom Standpunkte der Billigkeit aus betrachtet, lassen, wenn man auch demjenigen Bergbautreibenden, welcher zum Bergbaubetriebe früher berechtigt war, als die Genehmigung zur Anlage ertheilt wurde, gegen den Unternehmer der neuen Anlage selbst dann keinen Anspruch auf Schadensersatz zugestehen wollte, wenn die Benachtheiligung nicht blos in der Verhinderung in Gewinnung der Mineralien (lucrum cessans), sondern in einem wirklichen Nachtheile (damnum emergens), nämlich darin bestände, daß das neue Unternehmen den Bergwerksbesitzer entweder zur Herstellung sonst nicht erforderlicher oder Beseitigung und Aenderung bereits vorhandener Anlagen in dem Bergwerke nöthigt.

Aus dem Art. 190 geht im Zusammenhalt mit Art. 230 hervor, daß der Bergbautreibende alle jene Vorkehrungen zu treffen verpflichtet ist, die zum Fernehalten von Schädigungen solch' öffentlicher Verkehrsanstalten nöthig sind.

Da dem Bergwerksbesitzer nun Auslagen in Folge der Neuanlage von Verkehrswegen erwachsen, gegen welche ihm ein Widerspruchsrecht nicht eingeräumt ist, so erscheint es billig, ihm hiefür wenigstens Ersatz zu bieten. Voraussetzung für den Ersatzanspruch ist, daß

a) der Bergbautreibende früher zum Betriebe berechtigt war, als die Genehmigung zur neuen Anlage ertheilt wurde,
b) daß die Herstellung einer sonst nicht erforderlichen Schutzanlage beim Bergwerke nothwendig wird oder
c) daß eine Veränderung oder Beseitigung einer bereits vorhandenen Anlage im Bergwerke zum Nachtheile des Bergwerksbesitzers stattfinden muß.

Art. 191. (158)

Können sich die Betheiligten über die zu leistende Entschädigung nicht gütlich einigen, so erfolgt die Festsetzung derselben nach Anhörung beider Theile und mit Vorbehalt des Rechtsweges durch einen Beschluß des Oberbergamtes, welcher vorläufig vollstreckbar ist. [1]

1. Der Art. wurde durch Beschluß des Landtags abgeändert. Während bisher die Festsetzung der Entschädigung beim Mangel einer Einigung der Parteien ausschließend den Gerichten zugewiesen war, hat nunmehr das Oberbergamt hierüber in erster Reihe, allerdings vorbehaltlich des Rechtsweges, Beschluß zu fassen, der jedoch vorläufig vollstreckbar ist.

Die Veranlassung zu der Aenderung bot die Erwägung, daß es sich hier in der Hauptsache um die Entscheidung bergtechnischer Fragen handle, welche am zweckmäßigsten durch das Oberbergamt erfolgen, und daß hiedurch Prozesse vor den ordentlichen Gerichten meist vermieden würden. Auch hat das preußische Berggesetz die gleiche Bestimmung, die sich nach dortigen Erfahrungen bewährt hat. Hiezu kommt noch, daß das Oberbergamt hier wohl in der Lage ist, den dem Bergwerksbesitzer zugehenden Schaden selbst genau bewerthen zu können, was bei der Abschätzung des dem Grundeigenthümer erwachsenden Schadens (Art. 184 ff.) eben nicht der Fall ist.

Die vorläufige Vollstreckbarkeit des Beschlusses, gegen den nur Beschwerde zum Staatsministerium des Innern zulässig ist, rechtfertigt sich dadurch, daß der Bergwerksbesitzer genöthigt ist, die ihm zum Schutze der Verkehrsanlagen auferlegten Maßnahmen sofort zu treffen, und daß er daher auch die hiefür zu gewährende Entschädigung sofort beanspruchen kann. Die Erhebung der Klage vor dem Richter hält die Vollstreckbarkeit nicht auf.

Sechster Titel.

Von der Aufhebung des Bergwerkseigenthums.

Art. 192. (159)

Wird amtlich festgestellt, daß ein Bergwerkseigenthümer die nach Vorschrift des Art. 66 an ihn erlassene Aufforderung zur Inbetriebsetzung des Bergwerkes oder zur Fortsetzung des Betriebes nicht befolgt, so hat das Oberbergamt die Einleitung des Verfahrens wegen Entziehung des Bergwerkseigenthums durch einen Beschluß auszusprechen. [1]

1. Die Aufhebung des Bergwerkseigenthums kann unfreiwillig durch Entziehung desselben oder freiwillig durch Verzicht

erfolgen. Der gegenwärtige Titel bestimmt die Voraussetzungen und Formen für diese Fälle.

Nachdem der Betriebszwang auf den Fall des Art. 66 beschränkt ist, wo dem Nichtbetriebe überwiegende Gründe des öffentlichen Interesses — die jedoch, wie dort bemerkt, ziemlich weit zu fassen sind — entgegenstehen, hat das Berggesetz auch den Grundsatz der Unwiderruflichkeit des verliehenen Bergwerkseigenthums auf diesen einen Fall zu beschränken. Es widerspricht der allgemeinen Bergbaufreiheit und dem hierauf beruhenden öffentlichen Interesse, wenn ein Bergwerkseigenthümer sein Bergwerk trotz der unter den Voraussetzungen und den Formen des Gesetzes an ihn erlassenen Aufforderung zur Inbetriebsetzung nicht betreibt. Diese Verletzung des öffentlichen Interesses muß deshalb durch Entziehung des Bergwerkseigenthums beseitigt werden. Im Art. 192 ist die Einleitung des Entziehungsverfahrens dem Oberbergamt übertragen, weil dieses nicht blos die verleihende Behörde ist, sondern auch nach Art. 66 die Aufforderung zur Inbetriebsetzung des Bergwerkes zu erlassen und darüber zu wachen hat, daß dieser Aufforderung Folge geleistet wird.

Im Art. 192 wurde abweichend von der bisherigen Fassung bestimmt, daß das Oberbergamt, falls der Bergwerkseigenthümer der Aufforderung nach Art. 66 nicht entspricht, die Entziehung des Bergwerkseigenthums einzuleiten hat, während bisher dies in sein Ermessen gestellt war. Das Oberbergamt muß also in den bezeichneten Fällen mit Entziehung vorgehen.

Art. 193. (160)

Der rechtskräftige Beschluß des Oberbergamtes wird den aus dem Grundbuch ersichtlichen Gläubigern und anderen Realberechtigten zugestellt und außerdem durch das Amtsblatt der Kreisregierung, in deren Bezirk das Bergwerk liegt, unter Verweisung auf die Bestimmungen dieses und des folgenden Artikels zur öffentlichen Kenntniß gebracht.[1]

1. Die Realberechtigten werden zu dem Entziehungsverfahren des Oberbergamtes nicht beigezogen und die Entziehung selbst hat regelmäßig die gänzliche Aufhebung des Eigenthums zur Folge. Es liegt deshalb gleichmäßig im allgemeinen Interesse des Bergbaues, wie in demjenigen der betheiligten Privatpersonen, das Entziehungsverfahren so zu ordnen, daß die Realberechtigten und der Bergwerkseigenthümer selbst das Recht erlangen, den öffentlichen Verkauf des Bergwerks zu beantragen und die Aufhebung des Bergwerkseigenthums erst dann, wenn ein öffentlicher Verkauf nicht beantragt oder ohne Erfolg geblieben ist, und zwar mit der Wirkung ausgesprochen wird, daß alle Ansprüche auf das Bergwerk erlöschen.

Als Realberechtigte erscheinen alle diejenigen, zu deren Gunsten das Bergwerk mit dinglichen Lasten beschwert ist. Um nicht allein den Hypothekengläubigern und sonstigen Realberechtigten, sondern überhaupt allen übrigen Gläubigern und Betheiligten Gelegenheit zur Wahrung ihrer Rechte zu geben, wurde im Art. 193 neben der besonderen Benachrichtigung der aus dem Grundbuch ersichtlichen Realberechtigten die einmalige Bekanntmachung des oberbergamtlichen Beschlusses in dem einschlägigen Kreisamtsblatte angeordnet.

Art. 194. (161)

Jeder Gläubiger, insbesondere die Hypotheken-, Grundschuld- und Rentenschuldgläubiger oder sonstigen Realberechtigten sind befugt, binnen drei Monaten vom Ablaufe des Tages, an welchem der Beschluß zugestellt, beziehungsweise an welchem das die Bekanntmachung enthaltende Kreisamtsblatt ausgegeben worden ist, behufs ihrer Befriedigung die gerichtliche Versteigerung des Bergwerkes auf ihre Kosten zu beantragen, vorbehaltlich der Erstattung derselben aus den Kaufgeldern.

Hypotheken-, Grundschuld- und Rentenschuldgläubiger oder sonstige Realberechtigte, welche von diesem Rechte binnen der angegebenen Frist keinen Gebrauch machen, haben bei der demnächstigen Aufhebung des Bergwerkseigenthums das Erlöschen ihrer dinglichen Ansprüche zu erleiden.

Auch der seitherige Eigenthümer des Bergwerkes kann innerhalb jener ausschließenden Frist von drei Monaten die Versteigerung auf seine Kosten beantragen.[1]

1. Die Realberechtigten sind zwar nicht sachlich legitimirt, die Aufhebung des Beschlusses des Oberbergamts auf Entziehung des Bergwerkseigenthums (192) zu verlangen, dagegen ist jedem Realberechtigten, überhaupt jedem Gläubiger das Recht eingeräumt, die Aufhebung des Bergwerkseigenthums und somit das Erlöschen seines Realrechtes durch den Antrag auf öffentliche Versteigerung des Bergwerkes abzuwenden.

Dem bisherigen Eigenthümer ist gleichfalls gestattet, die Aufhebung des Bergwerkseigenthums durch den Antrag auf Versteigerung desselben abzuwenden. Wird in dieser Weise die Versteigerung von dem Antrage eines Betheiligten abhängig gemacht, so beschränkt dieselbe sich auf diejenigen Fälle, in welchen voraussichtlich ein Erfolg vom Verkaufe zu erwarten ist, und es bleiben die zahlreichen Fälle ausgeschlossen, in welchen der Verkauf wegen Werthlosigkeit des Gegenstandes zu keinem Ergebniß führen würde. In diesen Fällen kann daher von der Einleitung der Versteigerung gänzlich abgesehen werden.

Das im bisherigen Berggesetz enthaltene Verbot des Mitsteigerns für den Bergwerkseigenthümer bei öffentlicher Versteigerung des Bergwerkes wurde weggelassen, da in Art. 50 des Ausführungsgesetzes vom 9. Juni 1899 zur Grundbuchordnung und zu dem Gesetz über die Zwangsversteigerung und Zwangsverwaltung (Beil. z. Landtagsabschied. S. 134) Gebote des Bergwerkseigenthümers bei der gerichtlichen Versteigerung des Bergwerks nach Art. 194 unwirksam sind. Ueber die Zwangsvollstreckung in Bergwerke und unbewegliche Kuxe vgl. überhaupt die Art. 37 bis 51 des ebenerwähnten Gesetzes.

Art. 195. (162)

Wird die Versteigerung nicht beantragt oder führt dieselbe nicht zum Verkaufe des Berwerkes, so spricht das Oberbergamt durch einen Beschluß die Aufhebung des Bergwerkseigenthums aus.

Mit dieser Aufhebung erlöschen alle Ansprüche auf das Bergwerk, von welcher Art sie auch sein mögen.[1]

Die Vorschriften des Art. 38 Abs. 2 finden entsprechende Anwendung.[2]

1. Wird das Bergwerk im Versteigerungsverfahren verkauft, so gehen damit die Rechte und Verbindlichkeiten des Bergwerkseigenthümers auf den Käufer über. Da der Zweck der Versteigerung schließlich die Inbetriebnahme des Bergwerkes war, so wird der Käufer den Betrieb wieder aufnehmen müssen, widrigenfalls auch gegen ihn das Verfahren nach Art. 66 und bezw. 192 eingeleitet würde.

Wird die Aufhebung des Bergwerkes ausgesprochen, dann erlischt das Bergrecht mit allen seinen rechtlichen Folgen. Der rechtliche Zustand vor Verleihung des Bergwerkseigenthums wird wieder hergestellt, und es muß, wenn der Bergwerksbetrieb von neuem begonnen werden will, um die Verleihung nach den Vorschriften des Berggesetzes nachgesucht werden.

Betrifft die Aufhebung ein Bergwerk, dessen Längenfeld von dem gevierten Felde eines anderen Bergwerkes umschlossen ist, so erlangt der Eigenthümer des letzteren nach Art. 256 ein Vorzugsrecht auf die Vereinigung des gestreckten Feldes mit seinem Geviertfelde.

2. Wird das Bergwerkseigenthum durch Entziehung aufgehoben, so wird das Grundbuch unrichtig. Es ist deshalb der Abs. 3 neu eingefügt worden, um die Berichtigung des Grundbuchs im Sinne des Art. 38 herbeizuführen.

Art. 196. (163)

Erklärt der Eigenthümer eines Bergwerkes vor dem Oberbergamte seinen freiwilligen Verzicht auf dasselbe, so wird mit dieser Erklärung nach Art. 193 ebenso verfahren, wie mit dem dort bezeichneten Beschlusse.

Die den Gläubigern, insbesondere den Hypotheken-, Grundschuld- und Rentenschuldgläubigern und anderen Realberechtigten im Art. 194 eingeräumte Befugniß steht denselben auch in diesem Falle zu und hinsichtlich der Aufhebung des Bergwerkseigenthums finden die Bestimmungen des Art. 195 ebenfalls Anwendung.[1]

1. Für den freiwilligen Verzicht auf ein Bergwerkseigenthum hat das Berggesetz Vorschriften getroffen, weil hiefür allgemeine Rechtsgrundsätze mit Rücksicht auf das mitberührte öffentliche, namentliche bergpolizeiliche Interesse und auf den Schutz der Realberechtigten nicht ausreichen.

Zwar wird der Fall eines ausdrücklichen Verzichtes nur selten vorkommen, weil der Bergwerkseigenthümer, welcher nicht die Absicht hat, sein Bergwerk zu betreiben, die Einleitung des Entziehungsverfahrens abwarten kann. Allein es darf kein Bergwerkseigenthümer wider seinen Willen auf diesen Weg gedrängt werden, vielmehr ist die Möglichkeit und rechtliche Zulässigkeit eines ausdrücklichen Verzichts anzuerkennen und deshalb das in diesem Falle eintretende Verfahren im Gesetze vorzusehen.

Das Verfahren regelt sich aber am zweckmäßigsten durch Anwendung der für das Entziehungsverfahren in den Art. 194 und 195 aufgestellten Grundsätze, indem auch hier auf den Schutz der Realberechtigten, sowie darauf Bedacht zu nehmen ist, daß durch eine förmliche amtliche Aufhebung des Bergwerkseigenthums das Bergwerk wieder unter die allgemeine Bergbaufreiheit zurückgelangt.

Der frühere Art. 164 des Berggesetzes, welcher auch den freiwilligen Verzicht auf einzelne Theile eines Feldes zugelassen hat, wurde aufgehoben, weil dem etwaigen Mißbrauch, der hiemit getrieben werden könnte, vorgebeugt werden sollte. Es ist also nur mehr ein Verzicht auf das gesammte Bergwerk zulässig.

Art. 197. (165)

Bei jeder Aufhebung eines Bergwerkseigenthums darf der bisherige Eigenthümer die Zimmerung und Mauerung des Grubengebäudes nur insoweit wegnehmen, als nach der Entscheidung der Berginspektion nicht polizeiliche Gründe entgegenstehen.[1]

1. Die Zimmerung und Mauerung eines Grubengebäudes sind, um letzteres vor dem Einstürzen zu schützen und für einen späteren Betrieb zugänglich zu erhalten, sowie gemeingefährliche Tagebrüche zu verhüten, so unentbehrlich, daß aus polizeilichen Gründen gerechtfertigt erscheint, die Wegnahme dieser Gegenstände

bei der Aufhebung des Bergwerkseigenthums davon abhängig zu machen, daß der Wegnahme nach der Entscheidung der Berginspektion polizeiliche Gründe nicht entgegenstehen.

Art. 198. (166)

Die Kosten, welche durch das im gegenwärtigen Titel angeordnete Verfahren bei dem Oberbergamte, beziehungsweise der Berginspektion erwachsen, hat der Bergwerkseigenthümer zu tragen.[1]

1. Das Oberbergamt kann die Berginspektion mit der Vornahme von Erhebungen 2c., die auf die Entziehung des Bergwerkseigenthums Bezug haben, beauftragen, wie auch weiter der Vollzug des Art. 197 eine Thätigkeit der Berginspektion veranlassen kann.

Die auf die Thätigkeit der Berginspektion erwachsenden Kosten hat der Bergwerkseigenthümer ebenso wie die beim Verfahren des Oberbergamtes sich ergebenden zu tragen.

Siebenter Titel.

Von den Knappschaftsvereinen.

Art. 199. (167)

Für die Arbeiter aller dem gegenwärtigen Gesetze unterworfenen Bergwerke und Aufbereitungsanstalten, desgleichen für die Arbeiter der Salinen sollen Knappschaftsvereine bestehen, welche den Zweck haben, ihren Theilnehmern und deren Angehörigen nach näherer Bestimmung des Gesetzes Unterstützungen zu gewähren.

Sind mit den vorbezeichneten Werken zugleich Gewerbsanlagen verbunden, welche nicht unter der Aufsicht der Bergbehörde stehen, so können die bei diesen Gewerbsanlagen beschäftigten Arbeiter auf den gemeinschaftlichen Antrag der letzteren und der Werksbesitzer durch den Knappschaftsvorstand in den Knappschaftsverein aufgenommen werden.

Die Knappschaftsvereine erlangen durch die Bestätigung ihrer Satzungen die Eigenschaft juristischer Personen.[1]

1. Der Art. bezweckt nach dem Vorgange über die Bildung von Bruderkassen zur Unterstützung erwerbsunfähiger Bergleute und der Hinterbliebenen mit Tod abgegangener Bergarbeiter die sämmtlichen Arbeiter auf Bergwerken und dazu gehörigen Aufbereitungsanstalten, sowie den Salinen zu Knappschaftsvereinen zusammenzuschließen, denen die Unterstützung ihrer Mitglieder nach mehrfacher Richtung obliegen soll.

Es wird deshalb angeordnet, daß überall Knappschaftsvereine gebildet werden sollen, und sodann werden die allgemeinen Grundsätze festgestellt, nach welchen diese Vereine gebildet und verwaltet werden sollen.

Die besondere Ausführung der allgemeinen Grundsätze ist sodann den Satzungen der einzeln sich bildenden Vereine unter Berücksichtigung der bei den treffenden Werken bestehenden besonderen Verhältnisse überlassen.

In Abs. 3 ist die Erlangung der juristischen Persönlichkeit an die bergbehördliche Bestätigung der Satzungen geknüpft. Dies ist der richtige Zeitpunkt, von welchem an der Verein als vorschriftsgemäß gebildet erachtet werden kann, und es ist dadurch, daß die juristische Persönlichkeit nicht früher eintritt, die Möglichkeit abgeschnitten, einen Verein mit gesetzwidrigen Satzungen ins Leben treten zu lassen.

Art. 200. (168)

Die bereits bestehenden Knappschaftsvereine bleiben in Wirksamkeit; dieselben können mit Zustimmung ihrer Vertreter einem nach Art. 201 zu bildenden Bezirke einverleibt werden. Der gegenwärtige Titel findet jedoch auch auf sie Anwendung und es sind ihre Satzungen mit den Vorschriften dieses Gesetzes in Uebereinstimmung zu bringen.

Die Besitzer und Arbeiter der Hüttenwerke und der dem gegenwärtigen Gesetze nicht unterworfenen Aufbereitungsanstalten, welche bereits einem Knappschaftsvereine angehören, scheiden auf ihren gemeinschaftlichen Antrag aus dem Vereine aus.[1]

1. Den bereits bestehenden Knappschaftsvereinen sollen, auch wenn die betreffenden Werke dem Berggesetz nicht unterworfen sind, aufrecht erhalten bleiben.

Die Ausscheidung aus den berggesetzlichen Knappschaftsvereinen ist nur bei gemeinschaftlicher Zustimmung statthaft.

Art. 201. (169)

Die Bestimmung der Bezirke, für welche neue

Knappschaftsvereine gegründet werden sollen, hängt zunächst von dem Beschlusse der Betheiligten ab.

Wird von den Betheiligten der zu gründenden Knappschaftsvereine die Bildung eines Bezirks überhaupt nicht beschlossen oder erfolgt über die Bestimmung des Bezirkes keine Einigung unter den Betheiligten, so entscheidet das Oberbergamt nach Anhörung der Werksbesitzer und eines von den Arbeitern zu wählenden Ausschusses.[1]

1. Gemeinschaftliche Knappschaftsvereine für mehrere Werke zusammen haben vor getrennten Knappschaftsvereinen einzelner Gruben den Vorzug, daß solche größere Vereine weniger Schwankungen ausgesetzt sind, als kleinere einzelne, welche bei zutreffenden Unglücksfällen aus sich selbst nicht die nöthigen Hilfsmittel schöpfen können, während, je größer die Zahl der wechselseitig Versicherten ist, um so leichter den Bedrängnissen Einzelner abgeholfen werden kann.

Insbesondere wird es daher vortheilhaft sein, wenn namentlich für erst entstehende oder noch nicht lange im Betriebe befindliche Bergwerke, welche noch kein oder nur ein unbedeutendes selbstständiges Knappschaftsvermögen besitzen, gemeinschaftliche Knappschaftsvereine gebildet werden.

Dagegen haben zu große Knappschaftsvereine aber auch wieder den Nachtheil, daß deren Ueberwachung, insbesondere von Seite der Knappschaftsmitglieder selbst erschwert ist und daß, eben weil die Wirkung einer Ueberbürdung nicht so rasch ihren Einfluß ausübt, übermäßige Ansprüche an die gemeinschaftlichen Kassen weniger kräftig zurückgewiesen werden.

Es ist deshalb am angemessensten, die Bildung neuer Knappschaftsvereine in erster Linie den Betheiligten selbst zu überlassen und nur eine bergbehördliche Einwirkung zu bestimmen, wenn von den Betheiligten der zu begründenden Knappschaftsvereine die Bildung eines Bezirks überhaupt nicht beschlossen wird, oder hierüber keine Einigung unter den Betheiligten erfolgt.

In solchen Fällen muß dem Oberbergamte die Entscheidung hierüber, jedoch nur nach Anhörung der Werksbesitzer und eines von den Arbeitern zu wählenden Ausschusses (vgl. Art. 91) übertragen werden, um das Zustandekommen der Bildung von Knappschaftsvereinen zu ermöglichen.

Das Oberbergamt wird es als eine seiner Hauptaufgaben zu betrachten haben, leistungsfähige und gut geleitete Knappschaftsvereine ins Leben zu rufen. Es wird deshalb auch, ehe es zur Entscheidung nach Abs. 2 berufen ist, die Betheiligten thunlichst bei der Bildung solcher Vereine unterstützen und behufs Feststellung ihrer Verfassung dieselben nach jeder Richtung unterstützen. Unter allen Verhältnissen ist der Errichtung zu kleiner nicht lebensfähiger Vereine entgegenzuwirken, da hiedurch statt Nutzen nur eine Schädigung für die Bergarbeiter herbeigeführt wird. Sehr große Vereine können Gutes leisten, wenn sie richtig verwaltet sind, und wenn deshalb für eine geordnete und jederzeit durchsichtige Geschäftsführung gesorgt werden kann, dann tritt der obenerwähnte Nachtheil zurück. Voraussetzung dabei ist eine vorzügliche Organisation. Hat das Oberbergamt die Entscheidung zu treffen, so wird es unter Berücksichtigung der berechtigten Wünsche der Werkbesitzer und Arbeiter nach den vorstehenden Grundsätzen zu verfahren haben.

Art. 202. (170)

Alle in dem Bezirke eines bereits bestehenden oder neu gegründeten Knappschaftsvereines gelegenen Bergwerke, Aufbereitungsanstalten und Salinen (Art. 199) und die auf denselben beschäftigten Arbeiter sind dem Vereine nach näherer Bestimmung der Satzungen beizutreten berechtigt und verpflichtet.

Berechtigt zum Beitritt sind auch die Werksbeamten, sowie die Verwaltungsbeamten des Knappschaftsvereines.[1]

1. Der erste Absatz dieses Artikels spricht die allgemeine Beitrittspflicht zum Knappschaftsvereine sowohl für die Werke, beziehungsweise deren Besitzer, als auch für die Arbeiter aus.

Der Zusatz: „nach näherer Bestimmung der Satzungen" weist darauf hin, daß letztere diejenigen Arbeiterklassen zu bestimmen haben, welche von dem Eintritte ausgeschlossen sein sollen wie z. B. die nur vorübergehend beschäftigten Arbeiter.

Es muß hiebei den einzelnen Satzungen namentlich die Bestimmung überlassen bleiben, ob sie zwischen ständigen und unständigen Arbeitern unterscheiden wollen, oder ob eine gewisse Dauer der Dienstleistung festgesetzt werden will, um in den Knappschaftsvereinen eintreten zu können, bezw. zu müssen und dergl.

Der Abs. 2, wonach die Werksbeamten zum Beitritt berechtigt sind, liegt im Interesse der Vereine, da diese Personen für die Verwaltung von Werth sind, und da sie meist auch die Kassen nicht so stark in Anspruch nehmen.

Art. 203. (171)

Für jeden Knappschaftsverein haben die Werksbesitzer unter Mitwirkung eines von den Arbeitern zu wählenden Ausschusses mit dem gegenwärtigen Gesetze in Uebereinstimmung stehende Satzungen aufzustellen.

Dieselben unterliegen der Bestätigung des Oberbergamtes, welche nur versagt werden darf, wenn die Satzungen den gesetzlichen Bestimmungen zuwiderlaufen.

Werden die Satzungen nach vorgängiger Aufforderung nicht innerhalb Jahresfrist vorgelegt, so hat das Oberbergamt dieselben aufzustellen.[1]

1. Die Aufstellung von Satzungen ist zunächst den Betheiligten selbst zu überlassen. Als Betheiligte erscheinen Werksbesitzer und Arbeiter.

Die Satzungen müssen aber in Uebereinstimmung sein mit dem Gesetze, weshalb sie der Bestätigung des Oberbergamtes unterliegen und der Verein nur nach erlangter Bestätigung der Satzungen in Rechtswirksamkeit tritt.

Indem das Gesetz aber die Verweigerung der Bestätigung der Satzungen nur dann gestattet, wenn dieselben den gesetzlichen Bestimmungen zuwiderlaufen, ist Sorge dafür zu tragen, daß von Seite der Verwaltungsorgane keine den freien Willen der Betheiligten unnöthig hemmende Einmischung stattfinde.

Nur dann, wenn die Satzungen nach vorgängiger Aufforderung nicht innerhalb Jahresfrist vorgelegt werden, ist geboten, daß zur Wahrung des öffentlichen Interesses solche von Seite der Bergbehörde aufgestellt werden, weil sonst die Ausführung des Gesetzes vereitelt werden könnte.

Werden Knappschaftssatzungen erst nach Ablauf der Jahresfrist eingereicht, so ist das Oberbergamt bei Prüfung derselben nicht auf die Beseitigung der gesetzwidrigen Bestimmungen beschränkt, sondern kann hiebei auf Grund des Abs. 3 völlig selbstständig verfahren. Bei der nach Art. 226 zulässigen Beschwerde an den Verwaltungsgerichtshof kann die Festsetzung der Satzungen durch das Oberbergamt nicht damit angefochten werden, daß bereits vor der Festsetzung die Knappschaftssatzungen in Vorlage gebracht worden seien.

Bei Prüfung der Satzungen durch das Oberbergamt ist zu beachten, daß dieselben weder gegen die Bestimmungen des Berggesetzes verstoßen, noch auch den sonstigen gesetzlichen Bestimmungen, insbesondere den reichsgesetzlichen, über die Rechte der Arbeiter (Koalitionsrecht ꝛc.) zuwiderlaufen. Dagegen ist das Oberbergamt nicht befugt, etwa aus Zweckmäßigkeitsgründen Bestimmungen der Satzungen, die an sich gesetzlich statthaft sind, zu beanstanden.

In gleicher Weise können die von dem Oberbergamte nach Abs. 3 aufgestellten Satzungen beim Verwaltungsgerichtshofe nur in der Richtung angefochten werden, daß sie mit gesetzlichen Bestimmungen in Widerspruch stehen. Eine Beschwerde aus anderen Gründen kann lediglich als Oberaufsichtsbeschwerde an das Staatsministerium des Innern gerichtet werden.

Bei Statutenänderungen über vermögensrechtliche Leistungen und Ansprüche der Vereinsmitglieder müssen solche für die Betheiligten der gleichen Klassen gleich bestimmt werden.

Art. 204. (172)

Zu allen Abänderungen von Knappschaftssatzungen

ist erforderlich, daß dieselben von den Betheiligten nach den hierüber in die Satzungen aufzunehmenden näheren Bestimmungen beschlossen werden und sodann die Bestätigung des Oberbergamtes nach Maßgabe des Art. 203 erlangen.[1]

1. Nachdem die Satzungen der Bestätigung des Oberbergamts unterliegen, so können selbstverständlich auch Veränderungen derselben nur nach oberbergamtlicher Bestätigung in Wirksamkeit treten.

Die desfallsigen Bestimmungen des Art. 204 stehen mit den allgemeinen Vorschriften über Aenderung der Verfassung von Korporationen und mit den Satzungen anderer juristischer Personen im Einklange und dienen zur Befestigung des Vertrauens der Betheiligten auf die ganze Einrichtung (vgl. auch § 33 des Bürgerl. Gesetzbuchs).

Kommen übereinstimmende Beschlüsse der Werksbesitzer und der Vereinsmitglieder über die Aenderungen nicht zu Stande, dann bleibt es bei den bisherigen Satzungen ebenso, wie wenn die Bestätigung des Oberbergamtes zur Abänderung versagt wird. Es schließt das jedoch nicht aus, daß einzelne Bestimmungen der Satzungen, bezüglich deren Uebereinstimmung besteht und welche oberbergamtlich genehmigt wurden, in Wirksamkeit treten.

Art. 205. (173)

Die Leistungen, welche jeder Knappschaftsverein nach näherer Bestimmung der Satzungen seinen Mitgliedern zu gewähren hat, sind:

1) in Krankheitsfällen eines Knappschaftsgenossen freie Kur und Arznei für seine Person;
2) ein entsprechender Krankenlohn;
3) ein Beitrag zu den Begräbnißkosten der Mitglieder und Invaliden;
4) eine Unterstützung an Wöchnerinnen;
5) eine lebenslängliche Invaliden-Unterstützung bei einer ohne grobes Verschulden eingetretenen Arbeitsunfähigkeit;
6) eine Unterstützung der Wittwen auf Lebenszeit, beziehungsweise bis zur etwaigen Wiederverheirathung;
7) eine Unterstützung zur Erziehung der Kinder verstorbener Mitglieder und Invaliden bis nach zurückgelegtem vierzehnten Lebensjahre.[1]

Für die vollberechtigten Mitglieder sind mindestens

die unter Ziff. 1 bis 3, 5 bis 7, für die nicht vollberechtigten Mitglieder mindestens die unter Ziff. 1 bis 4 genannten Leistungen, wenn sie aber bei der Arbeit verunglücken, auch die unter Ziff. 5 bis 7 genannten zu gewähren.[2]

Die unter Ziff. 1 bis 4 bezeichneten Leistungen müssen in allen Fällen die durch das Krankenversicherungsgesetz für die Betriebs- (Fabrik-) Krankenkassen vorgeschriebenen Mindestleistungen erreichen.[3]

Die Gewährung von Krankenlohn (Abs. 1 Ziff. 2) kann durch die Satzungen für die in § 26 a Abs. 2 Ziff. 2 des Krankenversicherungsgesetzes vorgesehenen Fälle ausgeschlossen werden.[4, 5]

1. Der Art. 205 bestimmt die Leistungen, welche jeder Knappschaftsverein nach näherer Bestimmung der Satzungen seinen Mitgliedern gewähren muß.

Das bisherige Berggesetz ist in dieser Beziehung mehrfach geändert worden. Zunächst ist bei Ziff. 2 der Beisatz „bei einer ohne eigenes grobes Verschulden entstandenen Krankheit" gestrichen worden, um die Bestimmung mit der Vorschrift des Krankenversicherungsgesetzes in Einklang zu bringen. Ferner war nach den bisherigen Bestimmungen ein Theil der Leistungen fakultativ. Nur Kur- und Arzneifreiheit, dann der Krankenlohn war in allen Fällen obligatorisch, der Beitrag zu den Begräbnißkosten und die lebenslängliche Invalidenunterstützung nur dann, wenn die betreffenden Mitglieder bei der Arbeit verunglückten. Dieß entsprach nicht vollständig der gesetzlichen Entwicklung der von Alters her bestehenden Bruderladen, Knappschaftsvereine ꝛc., welche neben Gewährung lebenslänglicher Unterstützungen an invalide Arbeiter auch die Unterstützung von Wittwen und Waisen verunglückter Bergleute stets als ihre Hauptaufgabe betrachtet hatten. Auch die Praxis stellte sich nach Erlaß des Berggesetzes vom 20. März 1869 auf denselben Standpunkt. Es wurden deshalb die sämmtlichen Leistungen unter 1 bis 7 unter der Beschränkung des Abs. 2 als obligatorische erklärt, die der Knappschaftsverein sonach gewähren muß. Die Ziff. 4 (Unterstützung an Wöchnerinnen) wurde auf Vorschlag des Ausschusses der Abgeordnetenkammer beigefügt, um jeden Zweifel darüber auszuschließen, daß diese Leistung in Ausführung des § 74 Abs. 2 des Krankenversicherungsgesetzes gewährt werden müsse.

2. Unter vollberechtigten Mitgliedern sind jene zu verstehen, die nach den Knappschaftssatzungen alle Rechte des Vereins in Anspruch nehmen können. Die Satzungen setzen meistens eine sog. Karenzzeit fest, welche ein Mitglied hinter sich haben muß, um vollberechtigt zu werden. Vor Ablauf dieser Zeit (meist 5 Jahre) stehen den Mitgliedern nur gewisse in den Satzungen bestimmte Rechte zu. Der Abs. 2 des Art. 205 bestimmt nun, daß diesen Vollmitgliedern, als welche nur wirkliche Bergleute in Betracht

kommen, die Leistungen 1 mit 3 und 5 mit 7 unter allen Verhältnissen gewährt werden müssen. Ziffer 4 fällt hier hinweg, weil Arbeiterinnen nicht unter Tage beschäftigt werden dürfen, also nie Vollmitglieder des Vereins werden können.

Die nicht vollberechtigten Mitglieder (darunter die Arbeiterinnen) haben unter allen Verhältnissen Anspruch auf die Leistungen unter Ziffer 1 mit 4 und, falls sie bei der Arbeit verunglücken, auch auf die Leistungen Ziffer 5 mit 7.

3. Im § 74 Abs. 2 des Krankenversicherungsgesetzes (RGBl. 1892 S. 410) ist bestimmt, daß die statutenmäßigen Leistungen der Knappschaftskassen in Krankheitsfällen die für die Betriebs- (Fabrik-) Krankenkassen vorgeschriebenen Mindestleistungen erreichen müssen. Die für Betriebs- (Fabrik-) Krankenkassen vorgeschriebenen Mindestleistungen (Krankenunterstützung, Wöchnerinnen-Unterstützung und Sterbegeld) sind in § 64, bezw. § 20 des Krankenversicherungsgesetzes näher bestimmt. Das Mindestmaß dieser bildet zugleich die untere Grenze für die bezüglichen Leistungen der Knappschaftsvereine und für die statutarische Autonomie derselben.

Es wurde, um dies zum Ausdruck zu bringen, der Abs. 3 beigefügt.

4. Der Abs. 4 ist beigesetzt worden, da nach dem Krankenversicherungsgesetz die Gewährung von Krankengeld nicht allgemein bei Vorliegen eines eigenen Verschuldens des Arbeiters — worunter auch Fahrlässigkeit bei der Arbeit verstanden werden kann — verweigert werden darf, sondern nur dann statutarisch ausgeschlossen werden kann, wenn eigenes Verschulden im Sinne des § 26a Abs. 2 Ziff. 2 des Krankenversicherungsgesetzes (RGBl. 1892 S. 391) gegeben ist. Es soll hiemit Uebereinstimmung erzielt werden.

5. a) Entscheidend für die Bestimmung der Dienstesklasse und der Dienstaltersabstufung eines Vereinsmitgliedes ist die über sämmtliche Knappschaftsmitglieder zu führende und evident zu haltende Personalstandstabelle (Knappschaftsrolle), deren Zuverlässigkeit auch dadurch gesichert wird, daß die Knappschaftsältesten verpflichtet sind, von derselben Einsicht zu nehmen und wahrgenommene Unrichtigkeiten dem Knappschaftsvorstand zur Anzeige zu bringen, und daß ferner jedem Vereinsmitglied die Einsicht in die Knappschaftsrolle, soweit sie seine Person betrifft, gestattet ist. Ein Gegenbeweis, daß ein irriger Vortrag vorliegt, ist allerdings nicht ausgeschlossen.

b) Erfolgt die Aufnahme eines geisteskranken Knappschaftsmitgliedes in eine Irrenanstalt zunächst und vorwiegend im öffentlichen Interesse, so hat nicht der Knappschaftsverein die Kosten zu tragen, vielmehr hat die zuständige Distriktspolizeibehörde hierüber nach Maßgabe der einschlägigen gesetzlichen Bestimmungen zu beschließen.

c) Ist die Pensionsberechtigung eines Vereinsmitgliedes an ein bestimmtes Alter, das beim Eintritt in den Verein nicht überschritten sein darf, geknüpft und wird die Altersgrenze später vorschriftsmäßig erweitert, so wirkt die Hinaufsetzung der Grenze selbstverständlich für alle jene Vereinsmitglieder, die bei ihrem Eintritt zwar die erstbestimmte Altersgrenze überschritten hatten und deshalb nicht pensionsberechtigt waren, die nunmehr aber bei dem Inkrafttreten der neuen Altersgrenze die letztere noch nicht erreicht haben, und erlangen diese deshalb mit der Aenderung der Satzungen von selbst die Pensionsberechtigung.

d) Der Begriff der „Invalidität" deckt sich mit jenem der Erwerbsunfähigkeit im Sinne des Invalidenversicherungsgesetzes vom 13. Juli 1899 § 5 Abs. 4 (RGBl. 1899 S. 465).

e) Bezüglich der etwaigen Ersatzansprüche der Knappschaftsvereine gegenüber den Berufsgenossenschaften bei Rentenansprüchen von Knappschaftsmitgliedern vgl. § 8 des Gewerbe-Unfallversicherungsgesetzes vom 30. Juni 1900 (RGBl. 1900 S. 356).

Art. 206. (neu)

Aus dem Betriebe ausscheidende Mitglieder können durch Entrichtung einer Gebühr, welche den monatlichen Betrag von 1 ℳ nicht übersteigen darf, die bis zum Tage des Austrittes erworbenen Pensionsansprüche für sich und ihre Angehörigen wahren, insofern nicht bei Eintritt in einen anderen Knappschaftsverein die bisherige Dienstzeit angerechnet wird.

Die bezügliche Absicht muß dem Kassenvorstand innerhalb eines Monats nach dem Austritt erklärt werden.

Bleibt der Ausgeschiedene mit der Gebühr länger als drei Monate im Rückstand, so erlischt der vorbehaltene Anspruch ohne Weiteres.

Insofern nicht nach Vorstehendem Pensionsansprüche gewahrt werden wollen, kann der Knappschaftsvorstand ausscheidenden Mitgliedern, welche eine Invalidenunterstützung nicht beziehen, eine einmalige Vergütung gewähren, deren Höhe durch die Knappschaftssatzungen bestimmt wird.[1]

1. Der Art. war im Regierungsentwurfe nicht enthalten und ist auf Anregung des Ausschusses der Abgeordnetenkammer, in welchem lebhafte Debatten hierüber statthatten, zuletzt in der von der Reichsrathskammer festgestellten Fassung aufgenommen worden.

Es soll durch die Bestimmung den aus dem Verein ausscheidenden Arbeitern die Möglichkeit gewahrt werden, sich die Pensionsansprüche, welche sie bis zum Ausscheiden aus dem Arbeitsverhältniß erworben haben, durch Zahlung einer Gebühr zu wahren, wenn sie nicht in einen anderen Knappschaftsverein eintreten, welcher ihnen unter Anrechnung der bisherigen Dienstzeit wenigstens die gleichen Rechte gewährt. Es entspricht dies der Billigkeit, da die Arbeiter durch Einzahlung ihrer Beiträge die Pensionsrechte erworben haben, und bei allenfallsigem Austritt aus der Arbeit den Leistungen der Arbeiter eine Gegenleistung des Knappschaftsvereins nicht mehr gegenüberstehen würde. In den Fällen der Entlassung eines Arbeiters ohne jedwedes Verschulden des letzteren würde der Verlust der erworbenen Pensionsansprüche noch empfindlicher und gar nicht zu rechtfertigen sein. In der Wirklichkeit haben auch schon bisher die meisten Knappschaftssatzungen diese Wahrung der Pensionsansprüche vorgesehen. Da es aber immerhin in das Belieben der Betheiligten gestellt war, den Arbeitern diesen Schutz zu gewähren, so erschien es zweckmäßig, die Berechtigung der ausscheidenden Arbeiter gesetzlich festzulegen. In den Knappschaftssatzungen sind sodann die näheren Bestimmungen hierüber zu treffen. Dabei darf die monatliche Gebühr nicht höher als 1 Mk. festgesetzt werden. Die Frist zur Erklärung nach Abs. 2 darf nicht kürzer als einen Monat nach Austritt bestimmt und für das Erlöschen des Anspruchs die dreimonatige Frist nicht abgekürzt werden. Dagegen besteht kein Hinderniß, die Gebühr niedriger als 1 Mk. festzusetzen, die Frist für die Erklärung nach Abs. 2 und das Erlöschen des Anspruchs nach Abs. 3 zu verlängern.

Voraussetzung für die Berechtigung auf Wahrung der Pensionsansprüche ist, daß der Arbeiter in seinem etwaigen neuen Arbeitsverhältniß nicht die gleichen Ansprüche unter Anrechnung seiner bisherigen Dienstzeit sofort erwirbt.

Der Abs. 4 hat nach den Beschlüssen der Reichsrathskammer, denen die Kammer der Abgeordneten beigetreten ist, eine Fassung erhalten, welche keinen Zweifel darüber aufkommen läßt, daß an Stelle der Wahrung der Pensionsansprüche durch die Fortzahlung der in Abs. 1 bestimmten Gebühr den ohne den Bezug einer Invalidenunterstützung ausscheidenden Mitgliedern eine einmalige Vergütung, eine Abfindung durch den Knappschaftsvorstand gewährt werden *kann*. Es steht hienach nicht im Belieben der austretenden Mitglieder, ob sie die Gebühr zur Wahrung ihrer Ansprüche zahlen oder die Abfindung wählen wollen. Die Gewährung der Letzteren, welche von dem ausscheidenden Mitgliede beantragt werden kann, liegt ganz in dem Ermessen des Knappschaftsvorstandes. Der Grund für diese Anordnung liegt darin, daß der Bestand der Knappschaftskassen ernstlich gefährdet würde, wollte man den Mitgliedern das Recht unbedingt einräumen, beim Ausscheiden aus dem Vereine die Abfindung zu fordern. Es bestände diese Gefahr namentlich bei großen Arbeiterausständen, wenn Hunderte von Arbeitern die Arbeit niederlegen, ausscheiden und die einmalige Vergütung von der Kasse verlangen. Dadurch würde zweifellos, da große Summen ausgezahlt werden müßten, der Ruin vieler Kassen bedingt werden. Auch sonst kann es Fälle geben, in welchen der Knappschaftsvorstand die Abfindung im Interesse der Familie des Arbeiters selbst verweigern wird, so wenn sicher zu erwarten steht, daß der ausscheidende Arbeiter den

Abfindungsbetrag in kurzer Zeit verschleudern würde. Es ist deshalb durch Abs. 4 dem Knappschaftsvorstand die Befugniß eingeräumt, in Würdigung der gegebenen Verhältnisse die einmalige Vergütung zu gewähren oder abzulehnen. Gegen etwaige Willkürlichkeiten des Knappschaftsvorstandes bietet das durch Art. 213 und Art. 226 eingeräumte Recht der Beschwerde an das Oberbergamt und den Verwaltungsgerichtshof genügenden Schutz. Der Knappschaftsvorstand bestimmt nur, ob die einmalige Vergütung zu gewähren oder abzulehnen sei. Ueber die Höhe der zu gewährenden Vergütung selbst haben die Knappschaftssatzungen zu bestimmen. Es ist hiebei einerseits auf die Höhe der von dem ausscheidenden Mitgliede gezahlten Beiträge, andrerseits auf die Länge und Art der Dienstleistung desselben angemessene Rücksicht zu nehmen. Hienach wird für bestimmte Arbeitsklassen und für bestimmte Dienstdauer eine Pauschalsumme als Vergütung festzusetzen sein. Von den Beiträgen werden selbstverständlich nur jene in Betracht kommen, die als Invalidenbeiträge entrichtet werden, während die Krankenkassenbeiträge nur das Aequivalent bilden für den Anspruch auf Krankenhilfe.

Art. 207. (174)

Für die Leistungen unter 1, 2 und 3 des Art. 205 oder für einzelne derselben können nach dem gemeinschaftlichen Beschlusse der Werksbesitzer, der Knappschaftsältesten und des Knappschaftsvorstandes besondere Krankenkassen auf sämmtlichen zu einem Knappschaftsvereine gehörigen Werken und zwar auf jedem einzelnen Werke oder gruppenweise auf mehreren eingerichtet werden.

Die für die Krankenkassen nach Vorschrift des Art. 203 aufzustellenden Satzungen unterliegen der daselbst erwähnten Bestätigung.

Die Beaufsichtigung der Krankenkassen gehört zu den Obliegenheiten des Knappschaftsvorstandes. In den Satzungen des Knappschaftsvereines sind die näheren Bestimmungen hierüber, sowie über die bei der Abzweigung der Krankenkassen eintretende Herabsetzung der Beiträge zur Hauptkasse zu treffen.[1]

1. Größere, über ausgedehnte Bezirke sich erstreckende gemeinschaftliche Knappschaftsvereine haben ihre Nachtheile. Diese äußern sich besonders beim Krankenunterstützungswesen, weil die Handhabung einer strengen Ordnung und Ueberwachung bei denselben erschwert ist.

Um nun die zweifache Wirksamkeit der Knappschaftskassen als Kranken- und Pensionskassen im richtigen Gegengewicht zu erhalten und die Vereine vor einer übermäßigen, die wichtigeren

Interessen des Pensionswesens gefährdenden Anspannung ihrer Kräfte zur Bestreitung der Kurkosten und Krankenlöhne zu bewahren, ist hier vorgesehen, die Verwaltung der Vereine in Bezug auf das Krankenunterstützungswesen zu dezentralisiren und letzteres innerhalb engerer Kreise durch besondere Krankenkassen, deren Ausgaben durch Beiträge der unmittelbar betheiligten Werksbesitzer und Arbeiter zu decken sind, besorgen zu lassen.

Es ist also den Betheiligten die Entscheidung darüber überlassen, ob und in welcher Weise sie solche besondere Krankenkassen errichten wollen.

Die Bestätigung der Satzungen ist auch hier dem Oberbergamte vorbehalten, weil es sich um Leistungen handelt, welche das Gesetz im Interesse der Arbeiter unter die Oberaufsicht des Staates stellt.

Die Krankenkassen bilden eigentlich nur Unterabtheilungen der Knappschaftskassen der Werke, zu welchen sie gehören. Es ist daher nicht erforderlich, ihnen die den Knappschaftskassen beigelegte Eigenschaft einer juristischen Person ebenfalls beizulegen, zumal es sich bei denselben nicht sowohl um Vermögensverwaltung, als vielmehr wesentlich nur um die Deckung laufender Ausgaben durch laufende Einnahmen handelt.

Es ist aber selbstverständlich, daß diese besonderen Krankenkassen der in Art. 205 Abs. 3 ausgesprochenen Verpflichtung unterliegen.

Art. 208. (175)

Die Ansprüche der Berechtigten auf die Leistungen der Knappschafts- und der Krankenkassen sind nicht übertragbar.[1]

1. Die Unterstützungen, welche aus den Knappschafts- und Krankenkassen gereicht werden, sollen schon ihrer Natur nach zur Erleichterung der Existenz dessen, dem sie zugewendet werden, dienen und sind auch so bemessen, daß sie kaum zur Befriedigung der nöthigsten Bedürfnisse hinreichen, daher den damit Bedachten, ohne ihre Existenz zu gefährden, hievon nichts entzogen werden kann, wie insbesondere deren Uebertragung an Dritte unzulässig ist.

Art. 209. (176)

Sowohl die Arbeiter, als auch die Werksbesitzer haben zu den Knappschafts- und den Krankenkassen Beiträge zu leisten.[1]

1. Die Bestimmung entspricht den Grundsätzen, wie sie in den Reichsversicherungsgesetzen zum Ausdruck gelangen. Es sollen die beiden Parteien an den Kassen betheiligt sein, die ja ebenso den Interessen der Werksbesitzer wie der Arbeiter dienen, da erstere

durch eine angemessene Fürsorge für die Arbeiter sich einen Stamm verlässiger Leute sichern.

Bezüglich der Verjährung der Beiträge vgl. den Art. 126 des Ausführungsgesetzes zum Bürgerl. Gesetzbuch (Beil.Bd. z. Landtagsabschied 1899 S. 32).

Art. 210. (177)

Die Beiträge der Arbeiter sollen in einem gewissen Prozentsatze ihres Arbeitslohnes oder in einem entsprechenden Fixum bestehen.

Die Beiträge der Werksbesitzer sollen mindestens die Hälfte des Beitrages der Arbeiter ausmachen.[1]

1. Die Höhe der Beiträge ist jeweils durch die Satzungen zu bestimmen und hat sich nach dem Bedürfniß zu bemessen. Da in erster Reihe die Arbeiter an den Kassen interessirt sind, so sind solche zunächst mit einem bestimmten Prozentsatze des Lohnes heranzuziehen, an dessen Stelle auch ein Fixum bestimmt werden kann. Die Werksbesitzer, die, wie vorerwähnt, ein mittelbares Interesse an den Kassen haben, sollen mindestens mit der Hälfte der Arbeiterbeiträge sich betheiligen. Daß es erwünscht und im Interesse eines beiderseitigen guten Einvernehmens gelegen ist, wenn die Werksbesitzer ihren Beitrag thunlichst jenem der Arbeiter gleichstellen, bedarf kaum besonderen Nachweises. Die Berechnung des Mindestbeitrages erfolgt nach der Gesammtleistung der Arbeiter.

Daß den Knappschaftskassen, welchen auch nach Art. 251 die gerichtlich erkannten Geldstrafen zufließen, unabbrüchig der Beiträge der Arbeiter und Werksbesitzer ihre Einnahmen aus dem bisher erworbenen oder noch zu erwerbenden Vermögen verbleiben und daß ihnen auch sonstige Einnahmen zufließen, bezw. durch die Satzungen zugewiesen werden können, ist bei ihrer Erwerbsfähigkeit als juristische Person selbstverständlich.

Bei Festsetzung von festen Beträgen ist ein Unterschied nach den verschieden gelohnten Arbeiterklassen zu machen, wie auch der Unterschied zwischen vollberechtigten und minderberechtigten Mitgliedern entsprechend zu beachten ist.

Art. 211. (178)

Die Werkbesitzer sind verpflichtet, die Beiträge ihrer Arbeiter bei Vermeidung der zwangsweisen Einziehung an die Vereinskasse abzuliefern; sie sind berechtigt, diese Beiträge, soweit dieselben für die betreffende Lohnperiode fällig sind, durch Lohnabzüge einzuheben.

Auch haben die Werksbesitzer ihre Arbeiter und

deren Lohnbezüge regelmäßig an den durch die Satzungen festzusetzenden Zeitpunkten bei dem Knappschaftsvorstande anzumelden.

Unterbleibt die Anmeldung, so ist der Vorstand befugt, die Zahl der Arbeiter, für welche die Beiträge zur Knappschaftskasse eingezogen werden sollen, nach seinem Ermessen zu bestimmen oder bei dem Oberbergamte eine Ungehorsamsstrafe gegen den säumigen Werksbesitzer in Antrag zu bringen.[1]

1. Der Abs. 1 ist von der Abgeordnetenkammer dahin abgeändert worden, daß an die Spitze die Verpflichtung des Bergwerksbesitzers zur Ablieferung der Arbeiterbeiträge an die Vereinskasse gestellt wurde, während dessen Berechtigung, diese Beiträge durch Lohnabzüge einzuheben, angefügt wurde und zwar mit dem einschränkenden Zusatze, daß der Abzug nur für die auf die treffende Lohnperiode entfallenden Beiträge stattfinden darf, damit nicht, wie der Referent der Abgeordnetenkammer bemerkte, die Arbeiter vielleicht sich für zwei oder drei Wochen die Abzüge gefallen lassen müßten.

Da die Unterstützungen zur bestimmten Zeit bezahlt werden müssen und die Dürftigkeit der Empfänger eine Verzögerung nicht zuläßt, ist die rasche Einziehung der Beiträge ein nothwendiges Erforderniß einer geregelten Verwaltung. Es rechtfertigt sich deshalb die den Werksbesitzern auferlegte Verpflichtung, bei Meidung der zwangsweisen Einziehung die Beiträge ihrer Arbeiter an die Vereinskasse gelangen zu lassen. Dagegen haben sie das Recht, die Beiträge den Arbeitern bei der Lohnzahlung abzuziehen, immer jedoch nur die jeweils in dieser Periode fällig gewordenen Beiträge.

Die Vorschrift im 2. Absatze ist nothwendig, um eine geordnete Verwaltung der Knappschaftskassen zu ermöglichen. Um einen wirklichen Zwang gegen die mit der Anmeldung säumigen Werksbesitzer auszuüben, soll der Vorstand ermächtigt sein, die Zahl der Arbeiter, für welche die Beiträge eingezogen werden sollen, nach seinem Ermessen zu bestimmen, falls der Werksbesitzer die Anmeldung unterläßt. Bei der Bestimmung der Arbeiterzahl ist auch eventuell die Zahl nach den Arbeiterklassen abgestuft zu bezeichnen. Es liegt hierin keine Härte und Unbilligkeit, weil die Werksbesitzer die allenfalls hieraus für sie entspringenden Nachtheile leicht von sich abwenden können.

Da indeß auch dieses Zwangsmitel sich unter Umständen als ungenügend oder ungeeignet erweisen kann, so ist zugleich dem Vorstand die Befugniß eingeräumt, beim Oberbergamt eine Ungehorsamsstrafe gegen den säumigen Werksbesitzer zu beantragen.

Der letzte Absatz wurde dahin geändert, daß nicht die Androhung einer Ungehorsamsstrafe, wie bisher in Antrag zu bringen ist, sondern die Verhängung einer solchen Strafe.

Art. 212. (179)

Alle Beiträge zur Knappschaftskasse, wie zu den Krankenkassen können, nachdem die Ausstandsverzeichnisse von dem Oberbergamte vollstreckbar erklärt sind, zwangsweise beigetrieben werden.[1]

1. Aus den zu Art. 211 angegebenen Gründen muß Vorsorge getroffen werden, daß die Beiträge zu den Knappschafts- und Krankenkassen rasch eingehen. Sobald daher die Ausstandsverzeichnisse dem Oberbergamte zur Prüfung vorgelegt und von diesem für vollstreckbar erklärt sind, erfolgt die zwangsweise Beitreibung der Beiträge. (Vgl. Art. 7 und 8 des Ausführungsgesetzes vom 23. Februar 1879 zur Civilprozeßordnung, Gesetz- und Verordn.-Bl. 1879 S. 65.)

Art. 213. (180)

Ueber Streitigkeiten, die sich aus dem Vollzug der Art. 205 bis 212 ergeben, entscheidet unter Ausschluß des Rechtswegs das Oberbergamt.[1]

1. Nach dem bisherigen Art. 180 war bezüglich der Beiträge der Rechtsweg vorbehalten, ohne daß jedoch durch Beschreitung desselben die Einhebung der Beiträge aufgehalten worden wäre.

Der Vereinfachung der Sache halber und, da das Oberbergamt vermöge seiner Aufsichtsbefugnisse über die Knappschaftsvereine am ehesten in der Lage ist, Streitigkeiten auch bezüglich der Beiträge zu entscheiden, ist nunmehr die Entscheidung hierüber, wie überhaupt über alle Streitigkeiten, die sich beim Vollzug der Art. 205 bis 212 ergeben, dem Oberbergamt unter Ausschluß des Rechtsweges übertragen.

Zur Sicherung der Rechte der Betheiligten, die sich durch die Entscheidung des Oberbergamtes benachtheiligt fühlen, ist sodann in Art. 226 hiegegen die Beschwerde an den Verwaltungsgerichtshof eingeräumt.

Art. 214. (181)

Die Verwaltung eines jeden Knappschaftsvereines erfolgt unter Betheiligung von Knappschaftsältesten durch einen Knappschaftsvorstand.[1]

1. Um eine geordnete Verwaltung bei den der bergbehördlichen Aufsicht unterstellten Knappschaftsvereinen zu sichern, ist die Verwaltung einem Knappschaftsvorstand übertragen, dem die Knappschaftsältesten zur Seite stehen.

Ueber die Knappschaftsältesten trifft der folgende Art. die erforderlichen Bestimmungen, während die Zusammensetzung des Knappschaftsvorstandes in Art. 216 geregelt ist.

Art. 215. (182)

Die Knappschaftsältesten werden von den zum Vereine gehörigen Arbeitern in einer durch die Satzungen festzustellenden Zahl aus ihrer Mitte in geheimer Wahl mit verdeckten Stimmzetteln gewählt.

Auch den invaliden Arbeitern und Beamten kann die Wählbarkeit durch die Satzungen beigelegt werden.

Die Knappschaftsältesten vertreten die Knappschaftsmitglieder bei der Wahl des Vorstands und haben im Allgemeinen das Recht und die Pflicht, einerseits die Befolgung der Satzungen durch die Knappschaftsmitglieder zu überwachen und andererseits die Rechte der letzteren gegenüber dem Vorstande wahrzunehmen.

Die Satzungen oder eine besondere Instruktion (Art. 217) regeln ihre Dienstobliegenheiten.[1]

1. Durch den Art. 215 ist dem Institute der Knappschaftsältesten die erforderliche gesetzliche Grundlage gegeben. Es sind hier über ihre Wahl und über ihre durch die Satzungen näher festzusetzenden Funktionen Bestimmungen getroffen. Hienach haben die Aeltesten einerseits die Vereinsgenossen gegenüber dem Vorstande zu vertreten und andrerseits die Befolgung der Satzungen von Seite der Vereinsgenossen zu überwachen, außerdem aber an der Wahl des Vorstandes Theil zu nehmen.

Die Wählbarkeit erwerbsunfähiger Vereinsgenossen zu Knappschaftsältesten ist gesetzlich weder verneint, noch bejaht, sondern die Bestimmung hierüber lediglich den Satzungen anheimgegeben.

Das aktive Wahlrecht kommt nur den Arbeitern des Vereins — die Beiträge zahlen — zu, während die passive Wahlfähigkeit (Abs. 2) auch invaliden Arbeitern und Beamten durch die Satzungen eingeräumt werden kann. Geschieht Letzteres nicht, so sind solche auch nicht wählbar. In Abs. 1 wurden vom Landtage die Worte „und Beamten" gestrichen und „geheime Wahl mit verdeckten Stimmzetteln" vorgeschrieben. Die Beamten seien ohnehin durch die Bestellung Seitens der Werksbesitzer vertreten.

Aus dem Art. geht hervor, daß der Wirkungskreis der Knappschaftsältesten auf Angelegenheiten des Knappschaftsvereins beschränkt ist, wenn auch nicht ausgeschlossen erscheint, daß durch die Satzungen oder eine besondere Instruktion ihnen weitere Geschäfte übertragen werden. Es ergibt sich hienach der Unterschied zwischen den Knappschaftsältesten und den nach Art. 91 zu wählenden Arbeiterausschüssen, welch' letztere die Interessen der Arbeiterschaft im Allgemeinen zu vertreten haben, namentlich gegenüber den Werksbesitzern und Werksbeamten.

Art. 216. (183)

Die Mitglieder des Knappschaftsvorstandes werden

nach näherer Bestimmung der Satzungen zur einen Hälfte von den Werksbesitzern, beziehungsweise von den Repräsentanten und zur andern Hälfte von den Knappschaftsältesten je aus ihrer Mitte oder aus der Zahl der königlichen oder Privatbergbeamten in geheimer Wahl mit verdeckten Stimmzetteln gewählt.

Die Hälfte des Knappschaftsvorstandes muß aus Arbeitern oder Arbeiterinvaliden bestehen.[1]

1. Die Art der Wahl der Mitglieder des Knappschaftsvorstandes ist den Satzungen überlassen, doch ist wegen der wechselseitigen Betheiligung bestimmt, daß die eine Hälfte von den Werksbesitzern, bezw. deren Vertretern, die andere Hälfte von den Knappschaftsältesten je aus ihrer Mitte oder aus der Zahl der Beamten zu wählen ist. An diesem Verhältniß darf durch die Satzungen nichts geändert werden.

Bei der Aenderung des Berggesetzes wurde vom Landtage der Zusatz beschlossen, daß die Wahl als geheime mit verdeckten Stimmzetteln vorzunehmen ist.

Der Abs. 2 wurde neu hinzugefügt, damit die Arbeiter im Vorstande gleichheitlich wie die Werksbesitzer vertreten seien. Es ergibt sich hiebei allerdings die Schwierigkeit, daß ohne Vereinbarung zwischen den beiden Wahlparteien ein Wahlresultat im Sinne des Abs. 2 nicht sicher ist. Es müßte sohin ein Uebereinkommen dahin getroffen werden, daß jede Partei mindestens eine bestimmte Zahl von Arbeitern oder Invaliden wählt, um für diese die Hälfte zu sichern; mangels einer solchen Vereinbarung wären die Knappschaftsältesten genöthigt, von der Wahl von Beamten ganz abzusehen. Wird der Vorschrift des Abs. 2 bei einer Wahl nicht genügt, so ist eben eine weitere Wahl vorzunehmen, so lange, bis der Vorschrift entsprochen ist.

Art. 217. (184)

Der Knappschaftsvorstand vertritt den Verein nach außen, leitet die Wahl der Knappschaftsältesten, erwählt die Beamten und Aerzte des Vereines, schließt die Verträge mit denselben, sowie mit den Apothekern, ab, erläßt die erforderlichen Instruktionen, verwaltet das Vermögen des Vereins und besorgt alle übrigen durch die Satzungen ihm übertragenen Geschäfte.[1]

1. Der Art. 217 stellt den Geschäftskreis des Vorstandes in allgemeinen Umrissen fest und überläßt demselben die Vermögensverwaltung nach den näheren Bestimmungen der Satzungen, ohne der Bergbehörde eine Mitwirkung einzuräumen, welche um so weniger nothwendig erscheint, als die Bestätigung der Satzungen dem Oberbergamte vorbehalten ist.

Art. 218. (185)

Die jährlich zu legenden Rechnungen müssen nach vorgängiger Prüfung durch den Vorstand den Knappschaftsältesten und den Werksbesitzern zur Einsicht und etwaigen Erklärung offen gelegt werden, bevor der Vorstand dem Kassenbeamten die Entlastung ertheilt.[1]

1. Die Bestimmung in Art. 218, wonach die Rechnungen nach vorgängiger Prüfung durch den Vorstand den Knappschaftsältesten und den Werksbesitzern zur Einsicht und etwaigen Erinnerung offen liegen müssen, bevor der Vorstand dem Kassabeamten die Entlastung ertheilt, gewährt genügende Sicherheit für die Wahrung der Interessen der Betheiligten, und es konnte um so mehr von einer zu Weitläufigkeiten führenden und über die Grenzen des Oberaufsichtsrechtes hinausgehenden revisorischen Prüfung und Verbescheidung durch das Oberbergamt Umgang genommen werden, als das Recht des Oberbergamtes zur Einsicht der Vereinsrechnung durch den Art. 221 gewahrt ist.

Bei den Knappschaftsvereinen kann zwar die kaufmännische doppelte Buchführung auf Beschluß des Vorstandes zur Anwendung kommen; indeß wird durch den jährlichen Abschluß solcher Rechnungsbücher und deren Vorlage an die Knappschaftsältesten ꝛc. dem Art. 218 nicht genügt; vielmehr ist hiezu die Aufstellung und Offenlegung einer förmlichen Jahresrechnung erforderlich — Besch. des Oberbergamtes München vom 31. August 1876 —.

Art. 219. (186)

Das Oberbergamt hat die Beobachtung der Satzungen und insbesondere die satzungsmäßige Verwaltung des Vermögens zu überwachen.[1]

1. Die durch das öffentliche Interesse bedingte staatliche Beaufsichtigung der Knappschaftsvereine hat sich darauf zu beschränken, daß durch das Oberbergamt die Beobachtung der Satzungen im Allgemeinen und insbesondere hinsichtlich der Vermögensverwaltung überwacht wird.

Der Knappschaftsvorstand kann vom Oberbergamte nicht blos an der Fassung satzungswidriger Beschlüsse verhindert, sondern auch zu positivem Handeln angehalten werden, wenn er die Erfüllung der ihm statutgemäß obliegenden Verpflichtungen (z. B. Einberufung von Generalversammlungen, Unterbringung von Kapitalien, Offenlegung der Rechnung) versäumt.

Gegen die Entscheidungen des Oberbergamts ist Beschwerde an das Staatsministerium des Innern zulässig.

Art. 220. (187)

In Ausübung dieses Aufsichtsrechtes ist der Beauftragte des Oberbergamtes befugt, allen Sitzungen des Knappschaftsvorstandes, welche zu diesem Zwecke mindestens acht Tage vorher anzuzeigen sind, beizuwohnen und gegen jeden satzungswidrigen Beschluß Einspruch zu erheben. Von der Erhebung soll er dem Oberbergamte sofort Anzeige erstatten. Das Oberbergamt entscheidet, ob der Einspruch aufrecht zu erhalten oder aufzuheben ist. Solange der Einspruch nicht aufgehoben ist, darf der Beschluß nicht vollzogen werden.[1]

1. Der Art. ist gegen früher geändert. Das Aufsichtsrecht des Art. 219 wird nach der nunmehrigen Organisation der Bergbehörden durch einen Beauftragten des Oberbergamtes ausgeübt. Das Oberbergamt kann hiemit den Berginspektor oder einen seiner Beamten je nach Lage der Sache betrauen. Der Beauftragte hat das Recht, gegen jeden satzungswidrigen Beschluß Einspruch zu erheben. Das Oberbergamt, dem von dem Einspruche sofort Anzeige zu erstatten ist, entscheidet dann, ob der Einspruch berechtigt ist. So lange der Einspruch nicht aufgehoben ist, bleibt der Vollzug des Beschlusses suspendirt. Insofern kommt dem Einspruch des Beauftragten die Wirkung einer bedingten Suspension zu.

Die Anzeige über die Sitzungen des Knappschaftsvorstandes ist dem Oberbergamt oder dem von diesem bezeichneten Beauftragten zu erstatten. Dabei ist zweckmäßig die Tagesordnung mit vorzulegen, um hienach die Bedeutung der Sitzung bemessen zu können. Die zweckmäßigste und am wenigsten belästigende Form für die Ausübung des staatlichen Aufsichtsrechtes besteht darin, daß dem Beauftragten des Oberbergamtes die Befugniß eingeräumt ist, allen Sitzungen des Knappschaftsvorstandes beizuwohnen und satzungswidrige Beschlüsse mit der Wirkung der bedingten Suspension zu beanstanden. Die Giltigkeit der Vorstandsbeschlüsse von der Anwesenheit des Beauftragten in den Sitzungen abhängig zu machen, geht über die Zwecke des Aufsichtsrechtes hinaus und könnte die Thätigkeit des Vorstandes leicht lähmen.

Es genügt daher die Befugniß zur Theilnahme an den Sitzungen.

Im Interesse eines geordneten Geschäftsbetriebes erscheint angemessen, die kürzeste Frist, binnen welcher Anzeige von den Sitzungen zu machen ist, im Gesetze zu bestimmen.

Erscheint ein Beauftragter des Oberbergamtes in der Sitzung nicht, so kann der Vorstand die Beschlüsse sofort vollziehen. Es ist jedoch hiedurch das Recht des Oberbergamtes nicht ausgeschlossen, satzungs- oder gesetzwidrige Beschlüsse des Vorstandes nachträglich aufzuheben.

Art. 221. (188)

Der Knappschaftsvorstand ist verpflichtet, dem Beauftragten des Oberbergamtes jederzeit auf Verlangen die Einsicht der über seine Verhandlungen zu führenden Protokolle, der Kassenbücher und der gelegten Rechnungen, sowie die Revision der Kasse zu gestatten.

Auch hat er dem Oberbergamte die zur Statistik des Knappschaftswesens erforderlichen Nachrichten zu geben.[1]

1. Die in diesem Art. getroffenen Bestimmungen sind nothwendig, um das Oberbergamt zu einer wirksamen Ausübung seines Aufsichtsrechtes in Stand zu setzen.

Die Verpflichtung, dem Beauftragten des Oberbergamtes die Einsicht in die Sitzungsprotokolle 2c. zu gestatten, hat im Sinne des Art. 221 nur den Zweck, demselben Gelegenheit zur Prüfung der allgemeinen Geschäftsführung des Knappschaftsvorstandes zu bieten. Die Giltigkeit der Beschlüsse hängt, wie dies auch zu dem Vorartikel schon bemerkt wurde, von der Einsichtnahme nicht ab.

Art. 222. (189)

Beschwerden über die Verwaltung des Vorstandes sind bei dem Oberbergamte vorzubringen.[1]

1. Zur Vermeidung von Zweifeln war bezüglich der Zuständigkeit der Bergbehörden bei den über die Verwaltung des Vorstandes sich ergebenden Beschwerden Bestimmung zu treffen, weil aus dem Aufsichtsrecht des Oberbergamts über den Verein nicht nothwendig folgt, daß dasselbe sich auch der Untersuchung und der Entscheidung der von einzelnen Vereinsmitgliedern in persönlichen Angelegenheiten erhobenen Beschwerden unterziehen müsse.

Die Befugniß des Oberbergamtes hiezu entspricht dem Interesse der Arbeiter. Ihre sachgemäße Begrenzung findet dieselbe darin, daß das Oberbergamt überhaupt nur auf Befolgung der Satzungen zu halten, mithin nur solche Beschwerden seiner Kenntnißnahme und Prüfung zu unterwerfen hat, welche eine satzungswidrige Verwaltung des Vorstandes behaupten.

Es handelt sich hier zunächst um Beeinträchtigung der vermögensrechtlichen Interessen der Vereinsmitglieder durch den Vorstand und zwar mittelst unrichtiger Anwendung der satzungsmäßigen Bestimmungen.

Für die Beschwerde der Vereinsmitglieder ist eine Frist im Gesetze nicht bestimmt; es ist aber auch zweifellos, daß das Oberbergamt, wenn eine Zuwiderhandlung gegen die Satzungen Seitens des Vorstandes zu seiner Kenntniß durch eine solche Beschwerde gelangt, kraft seines Aufsichtsrechtes zur Abänderung des satzungswidrigen Beschlusses befugt ist. Anders natürlich bei Beschwerden gegen desfallsige Beschlüsse des Oberbergamts, bezüglich deren die 14tägige Ausschlußfrist des Art. 226 eingehalten werden muß.

Art. 223. (190)

Für den Fall der Auflösung eines Knappschaftsvereines kann über den nach Erfüllung aller Verbindlichkeiten noch übrig bleibenden Vermögensrest durch die Satzungen oder, wenn diese eine ausreichende Bestimmung darüber nicht enthalten, durch die letzten Mitglieder nur zu Gunsten von anderen Knappschaftsvereinen oder von Gemeinden verfügt werden.

Mangelt eine solche Verfügung, so sind die Knappschaftsvereine oder die Gemeinden, welchen der Vermögensrest zufallen soll, durch die Staatsregierung zu bezeichnen.[1]

1. Damit bei Auflösung eines Knappschaftsvereines dessen Vermögen nicht anderen als den seiner Entstehung und seiner ursprünglichen Bestimmung verwandten Zwecken zufalle oder zugewendet werde, war es nöthig, hierüber Bestimmungen im Gesetze vorzusehen.

Ganz im Widerspruche mit den erwähnten Zwecken würde eine Vertheilung des Vermögens eines aufgelösten Knappschaftsvereins unter die zur Zeit der Auflösung betheiligten Werksbesitzer und Arbeiter stehen, zumal die zuletzt vorhandenen (vielleicht wenigen) Arbeiter und Werksbesitzer wohl nur einen kleinen Theil des oft sehr beträchtlichen, in vielen Jahren angesammelten Vermögens beigetragen haben werden und ihnen ihre Nutzungsrechte hieran ohnehin vorbehalten bleiben.

Weiter darf aber die gesetzliche Beschränkung des freien Verfügungsrechtes nicht gehen, als nothwendig ist, um zu verhindern, daß der Vermögensrest zu völlig fremdartigen Zwecken verwendet und seiner ursprünglichen Bestimmung in ungerechtfertigter und unbilliger Weise entzogen werde.

Das Gesetz schreibt daher in Art. 223 ganz allgemein vor, daß über den verbleibenden unbelasteten Vermögensrest nur zu Gunsten anderer Knappschaftsvereine oder Gemeinden verfügt werden könne, überläßt aber die Bestimmung der Knappschaften oder Gemeinden, welchen er zugewendet werden will, zunächst den Vereinssatzungen und, wenn diese keine ausreichende Bestimmung enthalten, den letzten Vereinsmitgliedern.

Erst dann, wenn eine solche Verfügung mangelt, sind die Knappschaftsvereine oder Gemeinden, welchen der Vermögensrest zufallen soll, durch die Staatsregierung zu bezeichnen.

Daß solches Knappschaftsvermögen nicht allein anderen solchen Vereinen, sondern auch Gemeinden zugewendet werden kann, findet in dem Umstande seine Rechtfertigung, daß in manchen Fällen die Mitglieder eines aufgelösten Knappschaftsvereins außer allen Beziehungen zu anderen Knappschaftsvereinen stehen, während sie mit ihren Angehörigen nach — und häufig gerade in Folge der Auflösung des Knappschaftsvereins, vielmehr der Auflassung der treffenden Werke — ihren Heimatgemeinden zur Last fallen.

Die Verfügung nach Abs. 2 steht dem Staatsministerium des Innern zu.

Es ist selbstverständlich, daß den bei Auflösung des Vereines noch vorhandenen Mitgliedern ihre erworbenen Rechte gegenüber der Vereinskasse gewahrt werden müssen, und es ist für den Fall der Ueberweisung des Vermögens an einen anderen Knappschaftsverein oder eine Gemeinde in den Satzungen oder durch die besondere Verfügung Vorsorge zu treffen, daß zunächst den ehemaligen Mitgliedern aus dem Ertrage des überwiesenen Vermögens die ihnen nach Art. 205 zustehenden Pensionsrechte eintretendenfalls gewährt werden, ferner, soweit der Ertrag des Vermögens reicht, thunlichst auch die übrigen Leistungen.

Achter Titel.

Von den Bergbehörden.[1]

Art. 224. (191)

Der Vollzug dieses Gesetzes obliegt, soweit nicht nach den Bestimmungen desselben andere Behörden mitzuwirken haben, den Bergbehörden (Berginspektionen, Oberbergamt), deren Organisation und näherer Wirkungskreis durch k. Verordnung bestimmt wird.[2]

1. Die Abänderung des achten Titels hängt mit der anderweiten Organisation der Bergbehörden zusammen. Das Bedürfniß nach einer intensiveren Beaufsichtigung des Bergbaues, durch welche Unglücksfällen im Bergbau nach Möglichkeit vorgebeugt werden soll, ist immer mehr hervorgetreten.

Zu diesem Zwecke ist die Organisation der Bergbehörden in der Weise in die Wege geleitet worden, daß an Stelle der bisherigen Bezirksbergämter Berginspektionen eingerichtet werden, welchen die Handhabung der Bergpolizei als ihre eigentliche Aufgabe übertragen wird und welchen zur intensiveren Erfüllung dieser ihrer Aufgabe sachkundige Hilfskräfte ähnlich wie bei der Fabriken- und Gewerbeinspektion zur Seite gestellt werden, wogegen alle jene Geschäfte, durch welche Rechtsverhältnisse geschaffen, geordnet und beurkundet werden, beim Oberbergamt in erster Instanz vereinigt sind. Diese Organisation bedingt auch eine Aenderung der Beschwerdeinstanzen und es wird nunmehr die Entscheidung von Beschwerden gegen Verfügungen der Berginspektionen dem Oberbergamte, jene gegen Beschlüsse des Oberbergamts in bestimmten bergrechtlichen Angelegenheiten dem Verwaltungsgerichtshof, in anderen Fällen dem Staatsministerium des Innern übertragen.

2. Als eigentliche Bergbehörden sind künftighin thätig die Berginspektionen, deren vorerst drei an den Sitzen der bisherigen Bezirksbergämter errichtet werden, und das Oberbergamt.

Die Organisation und der Wirkungskreis der Bergbehörden ist bestimmt durch die Allh. Verordnung vom 30. Juli 1900.

Der Vorbehalt in Art. 224 „soweit nicht nach den Bestimmungen desselben" ist geboten, weil abgesehen von der Zuständigkeit des Staatsministeriums des Innern auch andere Behörden, z. B. in Enteignungssachen die Kreisregierungen und Distriktspolizeibehörden thätig werden.

Der Verwaltungsgerichtshof bildet in bergrechtlichen Angelegenheiten nach der Bestimmung des Gesetzes die II. Instanz.

Art. 225. (192)

Das Oberbergamt bildet in den in diesem Gesetz ihm zugewiesenen Angelegenheiten, soweit nicht ein anderes ausdrücklich bestimmt ist, die erste Instanz.[1]

Die Berginspektionen haben außer den in diesem Gesetz ihnen sonst übertragenen Obliegenheiten insbesondere die Handhabung der Bergpolizei nach Vorschrift des Tit. IX dieses Gesetzes wahrzunehmen.

1. Wie zum Vorartikel bemerkt ist, hat nunmehr das Oberbergamt in den rein bergrechtlichen Angelegenheiten die erste Instanz zu bilden, so namentlich bei Verleihung des Bergwerkseigenthums (Muthungen 2c.).

Die Fälle, in welchen das Oberbergamt in erster Instanz zuständig ist, sind im Gesetze besonders aufgeführt. Da, wo von Bergbehörden die Rede ist (z. B. in Art. 230), bilden die Berginspektionen die erste, das Oberbergamt die zweite Instanz.

2. Die Obliegenheiten der Berginspektionen sind in den einzelnen Gesetzesartikeln aufgeführt. Die Hauptaufgabe derselben liegt jedoch, wie schon erwähnt, in der Handhabung der Bergpolizei nach Titel IX. Die Berginspektoren sollen, wie die Fabriken- und Gewerbeinspektoren die ihnen unterstellten Betriebe einer ständigen Ueberwachung unterziehen, für die Sicherheit der Baue Sorge tragen und Unfälle, soweit es nur thunlich, hintanhalten. Die Einzelaufgaben der Bergpolizei finden sich in Art. 230 aufgeführt.

Art. 226. (193)

Zur Bescheidung von Beschwerden gegen erstinstanzielle Entscheidungen im Vollzuge der Art. 9, 32, 51, 63, 64, 117, 169, 192, 195, 203 mit 204, dann 213 ist der Verwaltungsgerichtshof zuständig, soweit nicht nach Art. 13 des Gesetzes vom 8. August 1878, betreffend die Errichtung eines Verwaltungsgerichtshofes und das Verfahren in Verwaltungsrechtssachen, anders bestimmt ist.

Die Bestimmungen des Art. 45 Abs. 1 bis 3 des bezeichneten Gesetzes finden entsprechende Anwendung.

Im Uebrigen ist gegen die Beschlüsse und die Verfügungen des Oberbergamtes binnen vierzehn Tagen ausschließender Frist vom Tage der Eröffnung an gerechnet Beschwerde an das k. Staatsministerium des Innern zulässig.[1]

1. Die Zuständigkeit des Verwaltungsgerichtshofs ist gegen bisher erheblich erweitert worden, theilweise zusammenhängend mit der Neuorganisation der Bergbehörden. Es fallen hierunter die Fälle der Gestattung und Untersagung von Schürfungen, der Verleihung und Entziehung des Bergwerkseigenthums, der Einräumung des Muthungsvorrechts, der Gestattung von Hilfsbauen, der Zusammenlegung und Theilung von Grubenfeldern, der Bestätigung von Gewerkschafts- und Knappschaftssatzungen, sowie Beschwerden in Angelegenheiten der Knappschaftsvereine, deren Entscheidung in erster Instanz dem Oberbergamte zukommt. Durch Art. II des Gesetzes vom 30. Juni 1900, betr. Aenderung einiger Bestimmungen des Berggesetzes für das Königreich Bayern vom 20. März 1869 wurde vom 1. Oktober 1900 ab der Art. 10 Ziff. 9 des Gesetzes vom 8. August 1878 über den Verwaltungsgerichtshof außer Wirksamkeit gesetzt. An dessen Stelle treten die Bestimmungen des Art. 226.

Soweit Beschwerden an den Verwaltungsgerichtshof in Frage kommen, bemißt sich deren Behandlung nach Art. 45 Abs. 1 bis 3 des vorerwähnten Gesetzes über den Verwaltungsgerichtshof. Wegen des Verfahrens in den Fällen des Art. 169 vgl. jedoch die Anmerkungen hinzu.

Die Fristen für Beschwerden gegen anderweitige Beschlüsse und Verfügungen des Oberbergamtes wurden übereinstimmend mit den Vorschriften des mehrgenannten Gesetzes auf 14 Tage bestimmt. Eine Beibehaltung der bisherigen Beschwerde- und Rechtfertigungsfristen erschien nicht veranlaßt.

Art. 227. (194)

Die Verfügungen der Berginspektionen können binnen vierzehn Tagen ausschließender Frist vom Tage der Eröffnung an gerechnet durch Beschwerde an das Oberbergamt angefochten werden.[1]

1. Die Frist für die gegen alle Verfügungen der Berginspektionen zulässigen Beschwerden zum Oberbergamte wurde gleichheitlich mit den übrigen Beschwerden (vgl. Art. 226) festgesetzt.

Art. 228. (195)

Die Beschwerde ist bei der Bergbehörde, welche die

beschwerende Verfügung erlassen hat, schriftlich oder zu Protokoll anzumelden.[1]

Widerspricht die Verfügung den von zuständigen Berufsgenossenschaften erlassenen Vorschriften zur Verhütung von Unfällen, so ist zur Einlegung der Beschwerde auch der Vorstand der Berufsgenossenschaft oder der berufsgenossenschaftlichen Sektion befugt.[2]

1. Die Bestimmung im Abs. 1 entspricht der Vorschrift des Art. 45 Abs. 2 des Verwaltungsgerichtshofgesetzes und empfiehlt sich, um jeden Zweifel hinsichtlich der Einlegung der Beschwerde auszuschließen.

2. Der bisherige Abs. 2, welcher für den Fall der Betheiligung mehrerer Parteien die Mittheilung der Berufung an die übrigen Parteien angeordnet hatte, ist als entbehrlich weggefallen. Dagegen wurde auf Anregung des Ausschusses der Abgeordnetenkammer der jetzige Abs. 2 beigefügt, welcher dem § 120 d Abs. 4 letzter Satz der Gewerbeordnung nachgebildet und die Interessen der betheiligten Berufsgenossenschaft zu wahren bestimmt ist. Es ergibt sich übrigens hieraus, daß Verfügungen, welche abweichend von den Unfallverhütungsvorschriften der Genossenschaft erlassen werden, der letzteren zuzustellen sind.

Art. 229. (196)

Die Beamten des Oberbergamtes und der Berginspektionen können in ihrem Verwaltungsbezirke keine Bergwerke oder Kuxe durch Muthung erwerben. Dasselbe gilt von ihren Ehefrauen und ihren unter der elterlichen Gewalt des Vaters stehenden Kindern.

Zu solchen Erwerbungen durch andere Rechtsgeschäfte unter Lebenden ist die Genehmigung des zuständigen k. Staatsministeriums erforderlich.[1]

1. Der Art. hat gegen früher insoferne eine Aenderung erfahren, als nunmehr auch die Beamten des Oberbergamtes und deren Ehefrauen von dem Erwerbe von Bergwerken oder Kuxen durch Muthung ausgeschlossen sind.

Es hängt dies damit zusammen, daß nunmehr die Verleihung des Bergwerkseigenthums dem Oberbergamt übertragen ist. Die Bestimmung ist ähnlich wie jene in § 21 der IX. Verfassungsbeilage. Der eigentliche Grund aber liegt darin, daß jeder Schein von Parteilichkeit bei Muthungen ferngehalten werden soll. Für die Beamten des Oberbergamts erstreckt sich das Verbot auf das ganze Königreich, für diejenigen der Berginspektionen auf den Inspektionsbezirk.

Der Erwerb von Bergwerken und Kuxen auf anderem Wege bedarf der Genehmigung des Staatsministeriums des Innern.

Neunter Titel.

Von der Bergpolizei.

Art. 230. (197)

Der Bergbau steht unter der polizeilichen Aufsicht der Bergbehörden.

Unter den Bergbauen, welche der polizeilichen Aufsicht nach den Vorschriften dieses Titels unterliegen, sind die unterirdischen Baue auch auf andere als die in Art. 1 bezeichneten Mineralien einschließlich der unterirdischen Steinbrüche und Gräbereien begriffen.

Die bergpolizeiliche Aufsicht bezweckt die Verhütung von Gefahren für Personen und Eigenthum beim Bergbau und erstreckt sich insbesondere auf:

die thunlichste Sicherheit des Lebens und der Gesundheit der Arbeiter,

die möglichste Sicherheit der Baue,

die Aufrechterhaltung der guten Sitten und des Anstandes durch die Einrichtung des Betriebs,

den Schutz der Oberfläche im Interesse der persönlichen Sicherheit und des öffentlichen Verkehrs,

den Schutz gegen gemeinschädliche Einwirkungen des Bergbaus.

Der bergpolizeilichen Aufsicht unterliegen auch die in den Art. 48 und 49 erwähnten, zur Aufsuchung, Gewinnung, Förderung und Aufbereitung erforderlichen Anstalten. [1]

1. Der Art. 230, in welchem der Begriff und Umfang der bergpolizeilichen Aufsicht bestimmt ist, ist gegen früher schärfer begrenzt und theilweise erweitert worden. In der bisherigen Fassung fehlt die Bestimmung, daß die bergbehördliche Aufsicht auch auf die unter Art. 48 und 49 als zur Förderung und Aufbereitung erforderlich bezeichneten Anstalten, also auf die Zubehörungen des Bergwerkes sich erstreckt, eine Bestimmung, für deren Aufnahme sich inzwischen ein entschiedenes Bedürfniß gezeigt hat.

Ferner erscheint es nothwendig, durch den Inhalt der gesetzlichen Vorschrift außer Zweifel zu stellen, daß der Schutz der Oberfläche durch das Interesse der persönlichen Sicherheit und des öffentlichen Verkehrs bedingt sei. Die Einfügung der „Aufrechthaltung der guten Sitten und des Anstandes" in die Aufgaben der Bergpolizei erscheint u. A. im Hinblick auf die Vorschrift des § 120 b Abs. 1 der Gewerbeordnung veranlaßt.

Durch die aufgezählten Aufgaben erscheinen die sämmtlichen Richtungen, in welchen sich die Bergpolizei zu bewegen hat, in der Hauptsache zwar erschöpft. Indeß empfiehlt es sich, durch Beibehaltung des Wortes „insbesondere" der Aufzählung den exemplifikatorischen Charakter zu wahren und die etwaige spätere Zuweisung weiterer Aufgaben an die Bergpolizei nicht hintanzuhalten.

Es liegt in den natürlichen Verhältnissen des Bergbaues, daß derselbe mehr als andere Industriezweige der polizeilichen Aufsicht bedarf.

Aufgabe des Berggesetzes ist daher, gemeinsame Vorschriften über die Bergpolizei aufzustellen und sowohl die Zuständigkeit zum Erlasse bergpolizeilicher Vorschriften und das Verfahren bei Unglücksfällen zu regeln, als auch die erforderlichen bergpolizeilichen Strafbestimmungen zu treffen.

Der Bergbau ist der polizeilichen Aufsicht der in Art. 224 bezeichneten Bergbehörden unterstellt.

Da die Gefährdung der Personen und des Eigenthums durch den Bergbau nicht davon abhängt, auf welche Mineralien derselbe getrieben wird, sondern davon, welche Art des Bergbaues stattfindet, so sind die unterirdischen Baue auch auf andere als die in Art. 1 bezeichneten Mineralien, einschließlich der unterirdischen Steinbrüche und Gräbereien der polizeilichen Aufsicht nach den Vorschriften dieses Titels ebenfalls unterstellt, wie ja auch in Art. 81 die Vorschriften der Art. 67 bis 80 auf Baue der letzterwähnten Art aus ähnlichen Gründen für anwendbar erklärt sind.

Die Bergpolizei bezweckt die Verhütung von Gefahren für Personen und Eigenthum, insbesondere für Leben und Gesundheit der Arbeiter, die Sicherung der Baue, Aufrechterhaltung der guten Sitten und des Anstandes beim Betriebe, den Schutz der Oberfläche und Beseitigung gemeinschädlicher Einwirkungen des Bergbaues.

Der letzterwähnte Schutz bezieht sich auf Fälle, wo es sich z. B. um Verhütung gemeingefährlicher Tagebrüche, Verunreinigung fließender Gewässer (veranlaßt durch Bergbau) 2c. handelt, welche Fälle recht eigentlich zu den Gegenständen der Bergpolizei gehören. Auch der Schutz von öffentlichen Straßen, Wasserleitungen 2c. fällt hierunter.

Der Schutz der Oberfläche liegt der Bergpolizei, wie nun ausdrücklich festgelegt ist, nur insoweit ob, als hiebei die persönliche Sicherheit und der öffentliche Verkehr in Betracht kommen. Die auf die persönliche Sicherheit zielenden Verfügungen sind jedoch ziemlich weit zu greifen, so namentlich, wenn durch den Bergbaubetrieb fremde Gebäude und damit die Sicherheit der daselbst wohnenden oder verkehrenden Personen in Gefahr gerathen. Hier dürfen nicht lediglich die Bestimmungen des V. Titels in Betracht gezogen werden.

Die Berginspektionen haben durch häufige und eingehende Besichtigungen der ihrer Aufsicht unterstellten Betriebe zu überwachen, daß alle Maßnahmen getroffen werden, welche in erster Reihe die Sicherheit des Lebens und der Gesundheit der Arbeiter thunlichst zu schützen geeignet sind und daß Alles ferngehalten werde, was dieselbe gefährden kann. Selbstverständlich sind bei den Revisionen auch alle sonstigen für die Beaufsichtigung in Betracht kommenden Momente im Auge zu behalten und ist insbesondere darauf zu sehen, daß die Leitung und Aufsicht der Werke in guten Händen sich befindet.

Von der Ausdehnung der Bergpolizei auf die Wahrung der Nachhaltigkeit des Bergbaues war abzusehen, weil dieser dehnbare Begriff eine scharfe Begrenzung der Bergpolizei verhindert und weil es unter den jetzigen Verhältnissen regelmäßig im eigenen Interesse der Bergbautreibenden liegt, auf die Nachhaltigkeit ihres Bergbaues Bedacht zu nehmen, überdies aber auch der förmliche Raubbau schon vom eigentlichen bergpolizeilichen Standpunkt aus verhindert werden kann.

Art. 231. (198)

Die bergpolizeilichen Bestimmungen in dem in Art. 230 angegebenen Umfange sind durch Verordnung oder oberpolizeiliche Vorschriften zu erlassen.

Die Zuwiderhandlungen gegen diese Bestimmungen können mit Geldstrafe bis zu dreihundert Mark bedroht werden.

Zum Erlaß oberpolizeilicher Vorschriften ist nur das Staatsministerium des Innern zuständig.[1]

Vor der Erlassung oberpolizeilicher Vorschriften, welche sich auf die Sicherheit des Lebens und die Gesundheit der Arbeiter und auf die Aufrechterhaltung der guten Sitten und des Anstandes im Betrieb beziehen, ist dem Vorstande der betheiligten Berufsgenossenschaft oder Genossenschaftssektion Gelegenheit zu einer gutachtlichen Aeußerung zu geben. Auf diese finden die Bestimmungen des § 79 Abs. 1 des Unfall-Versicherungsgesetzes vom 6. Juli 1884 Anwendung.[2]

1. Die Nothwendigkeit bergpolizeilicher Vorschriften kann nicht in Zweifel gestellt werden, denn die Bergpolizei kann von den Vollzugsorganen nur auf Grund bestimmter bergpolizeilicher Vorschriften ausgeübt werden, und es hängt die Möglichkeit der Bestrafung bergpolizeiwidriger Handlungen oder Unterlassungen von dem Bestehen solcher Vorschriften ab.

In der Erwägung, daß nicht angemessen sei, in ein Gesetz, welches doch nur feste, wenigstens für einige Zeit dauernde Regeln geben soll, Vorschriften aufzunehmen, welche bei dem raschen Fortschritte der bergbaulichen Technik und des öffentlichen Bedürfnisses ihrer Natur nach in kurzer Zeit der Ergänzung und Abänderung bedürfen, daß eine gesetzliche Feststellung des Bereichs, innerhalb dessen sich die Bergpolizeibehörden zu bewegen haben, weit mehr Sicherheit gegen deren Ausschreitungen gibt und daß die gleichmäßige Fortbildung dieses Theiles des Bergrechtes am Besten durch die Zuständigkeit der Bergbehörden bei Erlassung von Polizeivorschriften gesetzlich regelnde Bestimmungen erzielt werden, wurde der Erlaß bergpolizeilicher Bestimmungen der Verordnung oder oberpolizeilichen Vorschriften zugewiesen.

Um eine Einheitlichkeit in den bergpolizeilichen Vorschriften zu erzielen und mit Rücksicht auf die große Bedeutung solcher Vorschriften wurde der Erlaß dieser Vorschriften ausschließlich dem Staatsministerium des Innern übertragen.

2. Der Abs. 4 ist neu hinzugefügt worden, um auch der beim Erlaß von oberpolizeilichen Vorschriften sehr betheiligten einschlägigen Berufsgenossenschaft Gelegenheit zu bieten, die Interessen der Genossenschaft zu wahren und thunlichst eine Uebereinstimmung mit den eigenen Unfallverhütungsvorschriften herbeizuführen.

Vgl. nunmehr § 79 des Gewerbe-Unfallversicherungsgesetzes (Reichsgesetzbl. 1900 S. 389 ff.).

Art. 232. (neu)

Für solche Betriebe, in welchen durch übermäßige Dauer der täglichen Arbeitszeit die Gesundheit der Arbeiter gefährdet wird, kann das Oberbergamt Dauer, Beginn und Ende der täglichen Arbeitszeit und der zu gewährenden Pausen vorschreiben und die zur Durchführung dieser Vorschriften erforderlichen Anordnungen erlassen.[1]

1. Der Art. war, wie in den Bemerkungen zum 4. Abschnitt des III. Titels angeführt wurde, von der Staatsregierung bei den Verhandlungen in der Abgeordnetenkammer über den Art. 78 a vorgeschlagen, von dieser Kammer jedoch durch Mehrheitsbeschluß abgelehnt worden. Die Reichsrathskammer hat denselben wieder eingefügt und die Abgeordnetenkammer hat ihn dann gleichfalls angenommen.

Die Bestimmung ist für die Arbeiter von erheblicher Wichtigkeit. Aehnlich, wie bezüglich der übrigen gewerblichen Arbeiter durch § 120 e Abs. 3 der Gewerbeordnung dem Bundesrath die Befugniß beigelegt wurde, in den geeigneten Fällen Dauer, Beginn und Ende der zulässigen täglichen Arbeitszeit und der zu gewährenden Pausen vorzuschreiben, ist hier das Oberbergamt ermächtigt, einer übermäßigen Dauer der Arbeitszeit, welche die Gesundheit der Arbeiter zu gefährden droht, entgegenzutreten und die Arbeitszeit so zu regeln, daß eine Gesundheitsgefährdung der Arbeiter hintangehalten wird. Es handelt sich hier nicht bloß um außerordentliche ungünstige Verhältnisse, welche, wie hohe Temperatur, große Nässe ꝛc. eine lange Arbeitszeit ohnehin nicht zulassen, sondern auch um eine die Kraft des Bergarbeiters übersteigende Dauer der Arbeitszeit unter sonst normalen Verhältnissen. Da, wo nach der Erfahrung oder nach den gutachtlichen Aeußerungen Sachverständiger die in einem Werke durch Arbeitsordnung oder Vertrag bestimmte Arbeitszeit die Gesundheit der Arbeiter angreift, hat das Oberbergamt auf Grund des Art. 232 die Verpflichtung, einzuschreiten und die Arbeitszeit so zu regeln, daß diese Gefährdung für die Arbeiter beseitigt wird. Das Oberbergamt hat nicht erst abzuwarten, bis etwa Beschwerden von Arbeitern über zu lange Arbeitsdauer oder ungenügende Pausen einlaufen, sondern selbst durch Vermittlung der Berginspektionen sich zu überzeugen, ob in den seiner Oberaufsicht unterstehenden Betrieben allerorts eine den Kräften der Arbeiter angemessene Arbeitszeit und Vertheilung derselben eingeführt ist und nicht zutreffenden Falls das Erforderliche vorzukehren. Ebenso zählt es zu einer der hervorragenden Aufgaben der Berginspektionen, sich in dieser Richtung durch Augenschein und Einvernahme von Arbeitern genaue Kenntniß der einschlägigen Verhältnisse zu verschaffen und veranlaßten Falls entsprechende Anträge beim Oberbergamte zu stellen.

Bei einer entsprechenden Handhabung dieser gesetzlichen Bestimmung werden Schädigungen der Arbeiter sicher ferne gehalten werden.

Art. 233. (199)

Die den Polizeibehörden durch Art. 21 des Polizeistrafgesetzbuchs vom 26. Dezember 1871 eingeräumten Befugnisse zur Anwendung von Zwangsmitteln und von Ungehorsamsstrafen bis zum Betrage von fünfundvierzig Mark stehen zum Vollzuge des Berggesetzes den Bergbehörden zu.[1]

1. Der Art. 233 räumt den Bergbehörden die sämmtlichen Befugnisse zur Anwendung von Zwangsmitteln und von Strafen bis zu 45 *M* ein, wie der Art. 21 des Polizeistrafgesetzbuchs sie den Polizeibehörden zugesteht.

Der Art. 21 des Polizeistrafgesetzbuchs von 1871 lautet:

„Die Behörden der inneren Verwaltung sind befugt, Verfügungen, die sie innerhalb ihrer Zuständigkeit zum Vollzuge von Gesetzen, deren Uebertretung nicht mit Strafe bedroht ist, an bestimmte Personen erlassen und diesen eröffnet haben, durch Anwendung gesetzlicher Zwangsmittel zur Ausführung zu bringen.

Zu diesem Zwecke sind jene Behörden insbesondere berechtigt, die Nichtbefolgung einer Verfügung der im Abs. 1 bezeichneten Art mit Ungehorsamsstrafen zu bedrohen und diese im Falle des Ungehorsams für verwirkt zu erklären und zwar ev. die Behörden der inneren Verwaltung bis zu 45 *M*.

Wird nach Verhängung der Ungehorsamsstrafe der erneuerten Verfügung der Behörde nicht Folge geleistet, so ist diese befugt, die nach Abs. 2 zulässige Ungehorsamsstrafe wiederholt anzudrohen und in angemessener Frist als verwirkt zu erklären, soferne weder die in Abs. 4 vorgesehene Vollstreckungsmaßregel, noch ein sonstiges Zwangsmittel zur Durchführung des Vollzuges anwendbar ist.

Unterläßt Jemand innerhalb der dafür bestimmten Frist dasjenige zu thun, was ihm durch eine Verfügung der in Abs. 1 bezeichneten Art durch die zuständige Behörde auferlegt ist, so ist letztere befugt, diese Handlung auf Kosten des Ungehorsamen vornehmen zu lassen und den von ihr festgestellten Kostenaufwand, vorbehaltlich der Verpflichtung zum Schadensersatze, nach den gesetzlichen Bestimmungen über Beitreibung von Untersuchungskosten, bezw. Gemeindegefällen, in der Pfalz auf dem Wege des administrativen Zwangsvollzuges zu erheben.

Gegen die Androhung oder Vorkehrung der nach Maßgabe des gegenwärtigen Artikels zulässigen Vollzugsmaßregeln ist Beschwerde an die höheren Stellen zulässig. In dringenden Fällen haben solche Beschwerden keine aufschiebende Wirkung.

Die von einer Gemeindebehörde ꝛc.

Enthält ein Spezialgesetz eine Mehrheit von Anordnungen, und ist in demselben nur die Uebertretung eines Theiles der getroffenen Anordnungen unter Strafe gestellt, so findet der gegenwärtige Artikel auf die nicht mit Strafe bedrohten Anordnungen dieses Gesetzes Anwendung."

Die Zwangs- und Strafbefugnisse der Distriktspolizeibehörden sind hier den Bergbehörden eingeräumt.

Dieselben beziehen sich nicht auf jene Anordnungen, deren Nichtbefolgung bereits im Gesetze mit Strafe bedroht ist.

Die Berginspektionen haben demnach weitergehende Befugnisse, als die Gewerbeaufsichtsbeamten, welchen gemäß § 6 der Allh. Verordnung vom 31. März 1892 (Ges. u. V.Bl. S. 83) nicht gestattet ist, polizeiliche, eventuell im Wege administrativen Zwanges durchzuführende Verfügungen zu erlassen.

Art. 234. (200)

Tritt auf einem Bergwerke in Beziehung auf die im Art. 230 bezeichneten Gegenstände eine Gefahr ein, so hat die Berginspektion die geeigneten polizeilichen Verfügungen nach Vernehmung des Bergwerksbesitzers oder des Repräsentanten zu treffen.

Ist die Gefahr dringend, so hat die Berginspektion sofort selbst ohne vorgängige Vernehmung des Bergwerksbesitzers oder des Repräsentanten die zur Beseitigung der Gefahr erforderlichen polizeilichen Anordnungen zu treffen.

Bergwerksbesitzer oder deren Repräsentanten, welche diesen Anordnungen nicht nachkommen oder denselben zuwiderhandeln, werden an Geld bis zu dreihundert Mark gestraft.[1]

1. Im Gegensatze zu den im Art. 233 berührten allgemeinen

Bergpolizei-Vorschriften handelt dieser Artikel von bergpolizeilichen Anordnungen für einzelne Fälle.

Zu einer wirksamen Handhabung der Bergpolizei reichen allgemeine Bergpolizeivorschriften vielfach nicht aus; es sind vielmehr in Fällen der Gefahr, wie solche bei dem Bergbau häufig und unerwartet eintreten, besondere den gegebenen Verhältnissen angepaßte Anordnungen von der größten Wichtigkeit. Derartige Maßregeln zu treffen, gehört daher zu den wesentlichsten Aufgaben der Bergpolizei.

Es sind die Fälle dringender Gefahr von denjenigen unterschieden, wo die Gefahr keine dringende ist, indem sich aus der Natur der Sache dort ein anderes Verfahren ergibt, als hier.

Ist die Gefahr keine dringende, so erheischt es die Rücksicht auf den Rechtsschutz des Bergwerksbesitzers, daß vor der Verfügung der Berginspektion der Bergwerksbesitzer oder dessen Stellvertreter vernommen wird; denn häufig greifen derartige Anordnungen tief und nachhaltig in die Betriebs- und Wirthschaftsverhältnisse eines Bergwerks ein. Durch die vorgängige Vernehmung ist dem Bergwerksbesitzer Gelegenheit zur Wahrung seiner Interessen gegeben, und es sind die berechtigten Einwendungen desselben, soweit es mit der Beseitigung der Gefahr vereinbarlich ist, entsprechend zu berücksichtigen.

Bei dringender Gefahr können dagegen die erforderlichen Anordnungen von dieser vorgängigen Vernehmung nicht abhängig gemacht werden. Hier hat vielmehr die Berginspektion sofort einzugreifen. Dieselbe ist in solchen Fällen auch befugt, den Betrieb einer Grube sofort ohne Vernehmung des Werksbesitzers einzustellen, wenn eine andere Maßregel den Schutz der Personen ꝛc. nicht zu gewähren vermag.

Da nach Art. 230, letzter Abs., auch die in Art. 48 und 49 erwähnten Anstalten nunmehr der bergpolizeilichen Aufsicht unterliegen, so erstreckt sich die Befugniß der Berginspektion, Verfügungen nach Maßgabe dieses Artikels zu treffen, auch auf die bezeichneten Anstalten. Dieselbe hat sich jedoch hiewegen mit der einschlägigen Distriktspolizeibehörde in's Benehmen zu setzen.

Bei einer mehreren Werken gemeinschaftlich drohenden Gefahr können die Besitzer der verschiedenen Werke zu gemeinsamen Arbeiten zur Abwendung der Gefahr verhalten werden.

Art. 235. (201)

Die Bekanntmachung der auf Grund des Art. 234 getroffenen bergpolizeilichen Verfügungen an den Bergwerksbesitzer oder den Repräsentanten erfolgt durch Zustellung der Verfügung, beziehungsweise der Anordnung.

Die Bekanntmachung an den Betriebsführer und die Grubenbeamten wird nach Anweisung der Berginspektion durch Eintragung in das Zechenbuch bewirkt, welches zu diesem Zwecke auf jedem Bergwerke gehalten werden muß.

Soweit eine Bekanntmachung an die Arbeiter erforderlich ist, geschieht dieselbe auf Anweisung der Berginspektion durch Verlesung und durch Anschlag auf dem Werke.[1]

1. Um für den Fall der gerichtlichen Verfolgung von Uebertretungen der getroffenen bergpolizeilichen Anordnungen feststellen zu können, daß und wann die Anordnungen den Zuwiderhandelnden bekannt gemacht worden sind, bedarf es gesetzlicher Vorschriften über die Form der Bekanntmachung. Der Art. 235 schreibt diese Formen nach Verschiedenheit der Fälle vor, indem zwischen den Bekanntmachungen an die Bergwerksbesitzer und Repräsentanten, an die Betriebsführer und die Grubenbeamten und an die Arbeiter unterschieden wird.

Für jeden dieser Fälle ergibt sich die besondere Art der Bekanntmachung aus der Natur der Verhältnisse und der nach dem Gesetze bestehenden Einrichtungen.

Was insbesondere das Zechenbuch betrifft, so genügt im Gesetze die Bestimmung, daß ein solches auf jedem Werke zu dem angegebenen Zwecke gehalten werden muß, während die allenfallsige Mitbenutzung desselben zu anderen Eintragungen füglich der Bestimmung des Werksbesitzers oder der Bergbehörde überlassen bleiben kann.

Die Zustellung hat gegen Nachweis — eingeschriebenen Brief — zu erfolgen.

Ueber den Eintrag in das Zechenbuch hat die Berginspektion das Erforderliche anzuordnen, falls sie nicht selbst durch ihre Beamten dieselbe bewirkt. Die Betriebsführer und Grubenbeamten haben sich durch jeweilige Einsicht des Zechenbuches von den erfolgten Eintragungen Kenntniß zu verschaffen.

Art. 236. (202)

Sobald auf einem Bergwerke eine Gefahr in Beziehung auf die im Art. 230 bezeichneten Gegenstände eintritt, hat der Betriebsführer und im Verhinderungsfalle der denselben vertretende Grubenbeamte der Berginspektion Anzeige hievon zu erstatten.[1]

1. Ohne die hier dem Betriebsführer und dessen Stellvertreter auferlegte Verpflichtung würde ein rechtzeitiges Einschreiten der Bergpolizei häufig vereitelt werden.

Dem Bergwerksbesitzer selbst kann jedoch die hier vorgeschriebene Anzeige nicht zur Pflicht gemacht werden, da derselbe in der Regel nicht persönlich auf dem Bergwerke anwesend ist.

Strafbestimmung im Art. 241 Ziff. 2.

Art. 237. (203)

Ereignet sich auf einem Bergwerke unter oder über Tag ein Unglücksfall, welcher den Tod oder die schwere Verletzung einer oder mehrerer Personen herbeigeführt hat oder herbeizuführen droht, so sind die im Art. 236 genannten Personen zur sofortigen Anzeige bei der Berginspektion und bei der Ortspolizeibehörde, in deren Bezirk der Unglücksfall sich ereignet hat, verpflichtet.

Die genannten Behörden ordnen die zur Rettung der verunglückten Personen oder zur Abwendung weiterer Gefahr erforderlichen Maßregeln an.

Die zur Ausführung derselben nothwendigen Arbeiter und Hilfsmittel hat zunächst der Besitzer des Bergwerkes zur Verfügung zu stellen. Auch die Besitzer benachbarter Bergwerke sind zur Hilfeleistung verpflichtet.[1]

1. Der Abs. 1 des Art. 237 dehnt die im Art. 236 ausgesprochene Verpflichtung zur Anzeige auch auf Unglücksfälle aus.

Außer an die Berginspektion muß die Anzeige aber auch an die einschlägige Ortspolizeibehörde erfolgen, damit die zuständige Behörde den strafprozessualen Vorschriften gemäß die etwaige Einleitung eines gerichtlichen Untersuchungsverfahrens veranlassen kann.

Im zweiten Absatze des Artikels ist die Zuständigkeit dieser Behörden zur Anordnung der bei Unglücksfällen erforderlichen Rettungs- und Sicherungsarbeiten festgestellt, während die näheren Bestimmungen über das Verfahren den Vollzugsvorschriften vorzubehalten waren.

Bei größeren Unglücksfällen hat die Berginspektion das Oberbergamt sowohl, als das Staatsministerium des Innern telegraphisch sofort in Kenntniß zu setzen.

Die Maßregeln haben sich sowohl auf die Rettung der verunglückten Personen zu erstrecken, als auch auf die Abwendung von weiteren Gefahren für Personen und Eigenthum.

Es ist selbstverständlich, daß die Betriebsbeamten bis zum Eintreffen der Beamten der Berginspektion ꝛc. selbst alles zur Rettung verunglückter Personen Taugliche anordnen und ausführen. Zur Hilfeleistung sind auch hier die Besitzer benachbarter Bergwerke verpflichtet.

Strafbestimmung in Art. 241 Ziff. 2 und 3.

Art. 238. (204)

Sämmtliche Kosten für die Ausführung der in Art. 237 bezeichneten Maßregeln trägt der Besitzer des betroffenen Bergwerkes, vorbehaltlich des Entschädigungsanspruches gegen Dritte, welche den Unglücksfall verschuldet haben.[1]

1. Die hier ausgesprochene Verpflichtung des Bergwerksbesitzers zur Uebernahme der Kosten rechtfertigt sich dadurch, daß letztere im mittelbaren oder unmittelbaren Interesse des Werksbesitzers aufgewendet werden.

Art. 239. (205)

In den Fällen des Art. 234 Abs. 2 und des Art. 237 findet der Vollzug der getroffenen Anordnungen ohne Rücksicht auf eine vom Bergwerksbesitzer eingelegte Beschwerde statt, es sei denn, daß die Berginspektion denselben einstellt.[1]

1. Gegen die auf Grund der Art. 234 und 237 getroffenen Anordnungen der Berginspektion muß demjenigen, welcher sich hierdurch beschwert erachtet, zwar das Recht der Beschwerdeführung offen bleiben, es kann aber in den Fällen, in welchen Gefahr durch Verzögerung des Vollzuges besteht, derselbe nur dann hiedurch gehemmt werden, wenn die Berginspektion selbst den Vollzug einstellt.

Dies wird immer nur dann der Fall sein können, wenn die Ausführung der Anordnungen namentlich ohne Gefährdung von Personen verschiebbar ist.

Zehnter Titel.

Strafbestimmungen.

Art. 240. (208)

Mit Geldstrafe bis zu dreihundert Mark und im Unvermögensfalle mit Haft wird der Bergwerksbesitzer oder dessen Stellvertreter bestraft:

1) wenn er ohne Anzeige oder eigenmächtig vor Ablauf der einmonatigen Frist das Bergwerk in Betrieb setzt (Art. 67),
2) wenn er das Bergwerk in Betrieb setzt, ohne der Bergbehörde einen Betriebsplan vorgelegt zu haben (Art. 68), oder ehe der Betriebsplan von der Bergbehörde ausdrücklich oder stillschweigend genehmigt

ist (Art. 69), oder wenn er von dem genehmigten oder festgestellten Betriebsplan eigenmächtig abweicht, ohne durch unvorhergesehene Ereignisse entschuldigt zu sein und ohne in diesem Falle rechtzeitig Anzeige gemacht zu haben (Art. 70),

3) wenn er den Betrieb trotz Einstellungsbeschluß der Bergbehörde fortsetzt (Art. 71),

4) wenn er die Anzeige über Betriebseinstellung nicht oder nicht rechtzeitig macht (Art. 72),

5) wenn er den Vorschriften des Art. 73 über Anfertigung, Ergänzung oder Ablieferung des Grubenbildes zuwiderhandelt,

6) wenn er die Leitung oder Beaufsichtigung des Bergwerkes Personen überläßt, deren Befähigung nicht anerkannt ist (Art. 74, 75),

7) wenn er unterläßt, die zur Leitung oder Beaufsichtigung des Bergwerkes angenommenen Personen der Bergbehörde namhaft zu machen (Art. 75),

8) wenn er die in Art. 116 vorgesehene Arbeiterliste zu führen unterläßt oder dieselbe vorsätzlich unrichtig führt oder deren Vorlage an die Bergbehörde verweigert,

9) wenn er in einem Bergwerke, dessen Eigenthum er verloren hat oder aufgibt, Zimmerung oder Mauerung ohne oder gegen die Entscheidung der Bergbehörde wegnimmt (Art. 197),

10) wenn er kein Zechenbuch führt, oder Einträge in dasselbe zu machen unterläßt, oder vorsätzlich unrichtig macht, oder die gebotene Bekanntmachung bergpolizeilicher Vorschriften an die Arbeiter zu bewirken unterläßt (Art. 235).

In den Fällen der Ziff. 2, 3 und 6 tritt die Strafe auch dann ein, wenn auf Grund der Art. 71 oder 76 der Betrieb des Bergwerkes von der Berginspektion eingestellt wurde.[1]

1. Die Motive bemerken hiezu: „Mit Rücksicht auf die große Gefährlichkeit des Bergbaues sind die Bergbehörden häufig genöthigt, strenge Anordnungen zu treffen, und die pünktlichste Befolgung derselben, sowie überhaupt der polizeilichen Vorschriften muß durch Androhung bedeutender Strafen gesichert sein, indem die geringste Vernachlässigung schwere Unglücksfälle oder schwere Nachtheile zur Folge haben kann."

Es sind nicht alle Uebertretungen der bergpolizeilichen Vorschriften von Gemeingefährlichkeit für die öffentliche Sicherheit, aber es rechtfertigt sich die Zulässigkeit des höchsten Geldstrafmaßes auch noch in der Erwägung, daß ihnen öfters Eigennutz zu Grunde liegt. Im Uebrigen hat der Strafrichter bei Würdigung des einzelnen Falles es in der Hand, nach Lage der Verhältnisse auf eine geringe oder hohe Strafe zu erkennen.

Da die vorläufige polizeiliche Einschreitung nur unter Vorbehalt der späteren Strafverfolgung stattfindet, so darf auch die von der Berginspektion in den Fällen der Art. 68, 70, 74 und 75 verfügte Betriebseinstellung die spätere Strafverfolgung nicht hindern.

Art. 241. (207)

Mit Geldstrafe bis zu dreihundert Mark und im Unvermögensfalle mit Haft wird ferner bestraft:

1) wer an Orten schürft, wo dies untersagt ist, oder wer gegen Verbot der Bergbehörde im freien oder verliehenen Felde schürft, oder wer dies ohne die erforderliche Einwilligung des Grundbesitzers thut (Art. 5 und 11),
2) der Betriebsführer oder dessen Stellvertreter, welcher die sofortige Anzeige einer eingetretenen Gefahr (Art. 236) oder eines Unglücksfalles (Art. 237) unterläßt,
3) wer seinen Obliegenheiten zur Rettung bei Unglücksfällen oder zur Hilfeleistung hiebei nachkommt (Art. 237).[1]

1. Da unter Ziff. 1 auf Art. 5 und 11 ausdrücklich hingewiesen ist, so erscheint das Schürfen auf fremden Grundstücken ohne Erlaubniß des Grundbesitzers, Art. 6 und 9 des Berggesetzes, abgesehen von den Fällen des Art. 5 Abs. 3 durch das Berggesetz nicht mit Strafe bedroht; doch kann der beschädigte Grundbesitzer civilrechtlich gegen den Schürfer klagbar werden, sei es auf Unterlassung oder auf Entschädigung, falls der Schürfer nicht gemäß Art. 9 des Bergges. die Entscheidung des Oberbergamtes anruft.

Art. 242. (neu)

Mit Geldstrafe bis zu zweitausend Mark und im Unvermögensfalle mit Gefängniß bis zu sechs Monaten werden Bergwerksbesitzer bestraft, welche den Art. 100 Abs. 3, Art. 107 Abs. 3 zuwiderhandeln.[1]

1. Die Strafbestimmung des Art. 242 wurde neu eingestellt mit Rücksicht auf die ebenfalls neu getroffenen Bestimmungen in Art. 100 Abs. 3 und Art. 107 Abs. 3.

Dieselbe entspricht der Vorschrift der Gewerbeordnung in § 146 Ziff. 3 und soll den Arbeiter gegen unberechtigte Kennzeichnung in dem Arbeitsbuch oder Zeugniß schützen.

Art. 243. (neu)

Mit Geldstrafe bis zu dreihundert Mark und im Unvermögensfalle mit Haft wird bestraft, wer ein Bergwerk betreibt, für welches eine Arbeitsordnung (Art. 86) nicht besteht, oder wer der endgiltigen Anordnung der Behörde wegen Ersetzung oder Abänderung der Arbeitsordnung (Art. 93) nicht nachkommt.[1]

1. Auch dieser Artikel wurde neu eingefügt im Hinblick auf die Forderung des Art. 86, daß für jedes Bergwerk und die mit demselben verbundenen, unter der Aufsicht der Bergbehörden stehenden Anlagen, in welchen in der Regel mindestens 10 Arbeiter beschäftigt werden, eine Arbeitsordnung erlassen werden muß, sowie mit Rücksicht auf Art. 93, welcher die Ersetzung oder Abänderung gesetzwidriger Arbeitsordnungen nach Anordnung der Berginspektion vorschreibt.

Art. 244. (neu)

Den Strafbestimmungen des Art. 243 unterliegt, wer den Vorschriften des Art. 83 oder den gemäß Art. 232 getroffenen Anordnungen des Oberbergamtes zuwiderhandelt.[1]

1. Der Artikel 244 wurde mit einer Abänderung Seitens der Reichsrathskammer neu eingestellt mit Rücksicht auf die gleichfalls neu in Art. 83 getroffenen Bestimmungen über die Lohnzahlung, deren Beachtung durch Strafandrohung gesichert werden sollte, sowie im Hinblick auf den von der Reichsrathskammer eingefügten Art. 232, der von der Staatsregierung bei den Verhandlungen über die Festsetzung der Maximalarbeitszeit von 8 Stunden in der Abgeordnetenkammer eingebracht, aber von dieser durch Mehrheitsbeschluß abgelehnt worden war.

Art. 245. (neu)

Mit Geldstrafe bis zu einhundertfünfzig Mark und im Unvermögensfalle mit Haft bis zu vier Wochen wird bestraft:

1) wer der Bestimmung des Art. 90 Abs. 2 zuwider gegen Arbeiter Strafen verhängt, welche in der Arbeitsordnung nicht vorgesehen sind oder den gesetzlich zulässigen Betrag übersteigen, oder wer Strafgelder, Lohnabzüge oder die im Art. 87 Ziff. 6 bezeichneten Beträge in einer dem Gesetze oder der Arbeitsordnung widersprechenden Weise verwendet,

2) wer es unterläßt, den durch die Art. 88, 92 Abs. 1, 94 und 95 für ihn begründeten Verpflichtungen nachzukommen.[1]

1. Der Art. ist neu eingefügt und zwar Ziff. 1 mit Rücksicht auf das Verbot des Art. 90 Abs. 2 und die Einschränkung bezüglich der Höhe der Geldstrafen in Art. 89 Satz 2, sowie im Hinblick auf die Bestimmung in Art. 87 Ziff. 6 über die Regelung der Verwendung verwirkter Lohnbeträge. Die Lohnabzüge nach Art. 89 Abs. 2 sind den Strafgeldern ꝛc. gleichgestellt. Die Ziff. 1 entspricht der Vorschrift in § 148 Abs. 1 Ziff. 11.

Die Ziff. 2 steht im Zusammenhang mit der im § 88 neu geschaffenen Verpflichtung des Arbeitgebers zur Gestattung der Kontrole des sog. Nullens und dem Verbot des Lohnabzugs für vorschriftsmäßig beladene Fördergefäße. Ferner war ähnlich wie in der Gewerbeordnung § 148 Abs. 1 Ziff. 12 die Zuwiderhandlung gegen die Vorschriften über Vorlage, Abänderung der Arbeitsordnung (Art. 92 Abs. 1 und 94), sowie gegen die Bestimmungen über die Verwendung geaichter Fördergefäße ꝛc., über die Verpflichtung des Bergwerksbesitzers zur Herstellung der hienach gebotenen Einrichtungen, ferner gegen das Verbot von Lohnabzügen für Waschabgänge ꝛc. (Art. 95 Abs. 1 Ziff. 1, Abs. 2 und 3) unter Strafe zu stellen.

Art. 246. (neu)

Mit Geldstrafe bis zu dreißig Mark und im Unvermögensfalle mit Haft bis zu acht Tagen wird bestraft, wer es unterläßt, der durch Art. 84 Abs. 3 und 92 Abs. 2 für ihn begründeten Verpflichtung nachzukommen.[1]

1. Der Art. ist gleichfalls neu eingestellt, um die Beurkundung des Gedinges nach Art. 84 Abs. 3 und den Aushang, sowie die Aushändigung der Arbeitsordnung an die Arbeiter nach Art. 92 Abs. 2 zu sichern.

Art. 247. (neu)

Mit Geldstrafe bis zu zwanzig Mark und im Unvermögensfalle mit Haft bis zu drei Tagen für jeden Fall der Verletzung des Gesetzes wird bestraft:

1) wer den Bestimmungen der Art. 101 und 103 bis 108 zuwider einen Arbeiter in Beschäftigung nimmt oder behält,
2) wer außer dem im Art. 242 vorgesehenen Falle den Bestimmungen dieses Gesetzes in Ansehung der Arbeitsbücher zuwiderhandelt,
3) wer vorsätzlich ein auf seinen Namen ausgestelltes Arbeitsbuch unbrauchbar macht oder vernichtet,
4) wer den Bestimmungen des Art. 111 Abs. 1 oder einer auf Grund des Art. 111 Abs. 3 erlassenen statutarischen Bestimmung zuwiderhandelt,
5) wer es unterläßt, den durch Art. 90 Abs. 3 für ihn begründeten Verpflichtungen nachzukommen.[1]

1. Der Art. ist neu eingefügt. Ziff. 1 und 2 stellt unter Strafe, wenn der Bergwerksbesitzer oder dessen Stellvertreter einen Arbeiter ohne Zeugniß oder Arbeitsbuch einstellt oder den Vorschriften über die Arbeitsbücher zuwiderhandelt. Es ist das wichtig, weil hiermit die zweckentsprechende Beschäftigung des Arbeiters zusammenhängt. Die Eintragung von Merkmalen zur Kennzeichnung des Arbeiters ist nach Art. 242 als Vergehen strafbar.

Die Strafbestimmung unter Ziff. 4 soll den Besuch des Fortbildungsunterrichts durch die Bergarbeiter sichern und jene in Ziff. 5 die Kontrole der verhängten Strafen ermöglichen.

Art. 248. (211)

Wer, ohne die nach diesem Gesetze erforderliche Befugniß erlangt zu haben, bergbauliche Anlagen zur Gewinnung der in Art. 1 bezeichneten Mineralien macht oder ohne bergbauliche Anlagen zu Tag anstehende Mineralien in der Absicht wegräumt, um sich dieselben anzueignen, wird in dem ersteren Falle mit Geldstrafe bis zu dreihundert Mark, im anderen Falle bis zu zweihundert Mark bestraft.

Die Berginspektion ist berechtigt, vorbehaltlich der Strafverfolgung die unbefugte Gewinnung dieser Mineralien abzustellen.[1]

1. Der unbefugte Bergbaubetrieb und überhaupt die unbe-

fugte Gewinnung und Aneignung von solchen Mineralien, welche nach dem Berggesetze dem Grundeigenthum entzogen sind, darf nicht gestattet werden. Um dieselbe aber durch Bestrafung hindern zu können, mußte sie im Gesetze mit Strafe bedroht werden. Den unbefugten Bergbau mit einer Geldstrafe bis zu 300 Mk. zu bedrohen, erschien im öffentlichen Interesse geboten.

Nicht in demselben Maße strafbar erscheint derjenige, welcher ohne bergbauliche Anlagen solche zu Tage stehende Mineralien in der Absicht wegräumt, sich dieselben anzueignen; hier wurde das Strafmaximum daher auf 200 Mk. festgesetzt.

Die Bestimmung im bisherigen Art. 211 Abs. 1, letzter Satz, wegen der Rückfälle wurde als mit der jetzigen Gesetzgebung nicht wohl vereinbar und als entbehrlich gestrichen.

Der Art. trifft selbstverständlich auch den Grundeigenthümer, da nach Art. 1 des Berggesetzes sich das Eigenthumsrecht an Grund und Boden nicht auf die daselbst bezeichneten Mineralien erstreckt (vgl. auch Art. 25).

Die Art und Weise der Einstellung ist der Berginspektion überlassen; die in Art. 233 ihr eingeräumten Strafbefugnisse kann sie jedoch hier nicht zur Geltung bringen, weil die Zuwiderhandlung durch das Gesetz selbst unter Strafe gestellt ist. Es ist hier analog dem Art. 20 des Polizeistrafgesetzbuchs vom 26. Dezember 1871 zu verfahren. Dabei kann jedoch von einem etwaigen Schadensersatzanspruch des Zuwiderhandelnden keine Rede sein.

Art. 249. (212)

Wer bei Benützung seines Bergwerkseigenthums fahrlässiger Weise die Grenzen seines Grubenfeldes überschreitet, wird mit einer Geldstrafe bis zu fünfzig Mark bestraft.

Geschieht eine solche Ueberschreitung der Grenze vorsätzlich, so tritt gegen den Eigenthümer oder dessen Stellvertreter Geldstrafe bis zu dreihundert Mark ein.[1]

1. Zum Schutze der Bergwerksbesitzer gegen Uebergriffe der benachbarten Bergwerksunternehmer ist die Bestrafung von Ueberschreitungen der Grubenfeldgrenzen nicht entbehrlich. Geschieht solches aus Fahrlässigkeit, so ist hierauf eine geringe Strafe (bis zu 50 Mk.) angedroht, während das vorsätzliche Ueberschreiten mit der hohen Geldstrafe bis zu 300 Mk. geahndet wird. Da die Grenzen der Grubenfelder genau vermessen und vorgetragen sind, so ist es jedem Bergwerksbesitzer, bezw. dessen Betriebsführer leicht möglich, solche Verletzungen der Grenzen zu vermeiden.

Art. 250. (213)

In den Fällen der Art. 248 und 249 unterliegen

die widerrechtlich gewonnenen Mineralien vorbehaltlich der Rechte Dritter der Einziehung.[1]

1. Wegen des die Strafe möglicher Weise übersteigenden Gewinnes, welcher aus dem unbefugten Abbaue solcher Mineralien gezogen werden könnte, mußte, um ein solches Unternehmen um so sicherer zu vereiteln, auch noch die Einziehung der hiedurch gewonnenen Mineralien ausgesprochen werden. Falls nicht Dritte Anspruch auf die Mineralien haben, fallen solche bezw. der Erlös aus denselben dem Staate zu.

Art. 251. (213)

Alle nach den Bestimmungen dieses Gesetzes erkannten Geldstrafen fließen in die betreffende Knappschaftskasse.[1]

1. Die Bestimmung ist dem bisherigen Art. 213 entnommen und als eigener Artikel eingefügt worden, weil in demselben allgemein über die nach dem Berggesetz anfallenden Geldstrafen verfügt ist. Die Strafgelder der Knappschaftskasse zuzuwenden, stimmt mit den früher bestandenen Verhältnissen überein und erscheint um so gerechtfertigter, als aus der Mehrzahl der Uebertretungen den Knappschaftsvereinsmitgliedern Nachtheile zugehen können.

Zwischen den hier erwähnten Strafgeldern und den etwa in der Arbeitsordnung vorgesehenen (Art. 87) ist zu unterscheiden. Die letzteren fließen zunächst in die allenfalls zu Gunsten der Arbeiter bestehenden und von diesen mitverwalteten Unterstützungskassen (vgl. Art. 89 Abs. 2). Unter den Geldstrafen des Art. 251 sind die von den Gerichten erkannten zu verstehen.

Art. 252. (neu)

Die Strafverfolgung der in diesem Gesetze mit Strafe bedrohten Handlungen verjährt mit Ausnahme der unter Art. 242 fallenden innerhalb drei Monaten von dem Tage an gerechnet, an welchem sie begangen sind.[1]

1. Der Art. ist neu eingestellt und lehnt sich an den § 145 der Gewerbeordnung an.

Die unter § 242 fallenden strafbaren Handlungen stellen sich als Vergehen dar und es gelten hier bezüglich des Verhältnisses von Geldstrafe zur Freiheitsstrafe, sowie für die Verjährung die Bestimmungen des Strafgesetzbuchs für das Deutsche Reich über Vergehen.

Die übrigen strafbaren Handlungen sind theils Vergehen, theils Uebertretungen je nach der Höhe der Strafgrenze. Sind solche mit Geldstrafe über 150 Mk. bedroht, so sind sie nach § 1 Abs. 3 des Reichsstrafsgesetzbuchs Vergehen, während sich jene mit Geldstrafe bis zu 150 Mk. bedrohten nach § 1 Abs. 2 des R.St.G.B als Uebertretungen darstellen. Auch hier sind bezüglich des Verhältnisses von Geldstrafe zur Freiheitsstrafe und für das Mindestmaß der Strafen die Bestimmungen des Reichsstrafgesetzbuchs (vgl. § 27 mit 29) maßgebend. Nur bezüglich der Verjährung ist wie in der Gewerbeordnung für alle strafbaren Handlungen, jene aus Art. 242 ausgenommen, eine dreimonatliche Frist bestimmt.

Wegen des Beginns der Verjährung gehen die Meinungen auseinander; zutreffend dürfte sein, dieselbe von dem auf den Tag der Begehung folgenden Tage ab beginnen zu lassen.

Der bisherige Art. 214, welcher in den Fällen der bisherigen Art. 208, 209, 211 und 212 die eventuelle strafrechtliche Verfolgung des Schuldigen vorbehalten hatte, wurde als entbehrlich gestrichen, da dies selbstverständlich sei, sobald die Handlung sonst unter ein Strafgesetz fällt.

Elfter Titel.

Uebergangsbestimmungen.[1]

Art. 253. (215)

Die Längenfelder bestehender Bergwerke sind auf Antrag des Berechtigten nach Maßgabe des Art. 27 ff. in gevierte Felder umzuwandeln.

Ein solcher Antrag gilt in Beziehung auf das begehrte freie Feld als Muthung.

Bei vereinigten Bergwerken kann der Antrag für jedes einzelne Feld gestellt werden.[2]

1. Durch Art. III des Gesetzes vom 30. Juni 1900, die Aenderung einiger Bestimmungen des Berggesetzes für das Königreich Bayern vom 20. März 1869 betr., ist die kgl. Staatsregierung ermächtigt, den Text des Berggesetzes, wie er sich aus den Aenderungen ergibt, welche im Gesetze vom 30. Juni 1900, im Ausführungsgesetze zum Bürgerl. Gesetzbuche vom 9. Juni 1899 und im Gesetze zur Ausführung der Reichcivilprozeßordnung und Konkursordnung vom 23. Februar 1879 vorgesehen sind, unter Weglassung oder Aenderung der ganz oder theilweise gegenstandslos gewordenen Uebergangsbestimmungen unter fortlaufender Nummernfolge der Artikel 2c., sowie unter Berichtigung der Verweisungen durch das Gesetz- und Verordnungsblatt bekannt zu machen und hiebei auch die dem Art 174 des Ausführungsgesetzes zum Bürgerl. Gesetzbuch

sowie die der bestehenden Gerichtsverfassung entsprechenden Aenderungen vorzunehmen.

Auf Grund dieser Ermächtigung hat der elfte Titel eine erhebliche Umarbeitung erfahren, da die bisherigen Uebergangsbestimmungen theils veraltet und daher gegenstandslos geworden sind, theils sich den sonstigen Bestimmungen und bethätigten Aenderungen des Gesetzes nicht mehr anschließen.

2. Der erste Absatz des früheren Art. 215 lautete: „Die Felder der bei dem Eintritte der Gesetzeskraft des gegenwärtigen Gesetzes eingelegten Muthungen und bestehenden Bergwerke sind nach Maßgabe desselben (Art. 26 u. ff.) auf den Antrag des Berechtigten, wenn sie Längenfelder sind, in gevierte Felder umzuwandeln und, wenn sie gevierte Felder sind, bis zu den zulässigen Ausdehnungen (Art. 27) zu erweitern."

Da seit dem Inkrafttreten des Berggesetzes vom 20. März 1869 gemäß Art. 26 nur mehr gevierte Felder verliehen werden konnten, so war eine Aenderung des Abs. 1 geboten. Die vor dem 1. Juli 1869 — dem Tage des Inkrafttretens des bisherigen Berggesetzes — eingelegten Muthungen sind längst beschieden und daher hier wegzulassen. Dagegen sind auch jetzt noch Längenfelder aus den Zeiten vor dem Berggesetze des Jahres 1869 vorhanden, für welche die Umwandlung in gevierte Felder nach der Regel des Gesetzes offen gehalten werden muß. Hiebei kommt nun freies Feld in Frage und, um den Bergwerkseigenthümer bei Umwandlung seines Feldes gegen Chikanen jüngerer Muther zu sichern, ist seinem Antrage, soweit derselbe auf freies Feld Bezug hat, die rechtliche Bedeutung der Muthung beizulegen. Hiedurch wird das in dem Umwandlungsantrage begehrte Geviertfeld gegen Muthungen Dritter geschlossen (Art. 20) und in Beziehung auf das neu hinzubegehrte Feld das Vorrecht des Alters erworben, während selbstverständlich an dem Alter des ursprünglich verliehenen Bergwerks nichts geändert werden darf und nichts geändert wird.

Bei vereinigten Bergwerken muß grundsätzlich, wie bisher für zulässig erklärt werden, den Umwandlungsantrag für jedes einzelne Längenfeld zu stellen, weil in dieser Beziehung der Eigenthümer eines solchen Bergwerkes in Folge der Vereinigung nicht ungünstiger gestellt sein darf, als derjenige, welcher seine Felder nicht vereinigt hat. In der Praxis wird indeß meistentheils bei kleinen vereinigten Längenfeldern das für eines derselben begehrte Geviertfeld vollständig für den Zweck der Feldesumwandlung ausreichen, indem der Hauptzweck in einer festen unveränderlichen Begrenzung des Feldes besteht. Sobald daher zwei oder mehr vereinigte Längenfelder in zweckmäßiger Weise bereits durch ein einziges, das gesetzliche Maximum nicht überschreitendes Geviertfeld umschlossen werden können, würde zweckwidrig und unzuläßig sein, an dieses Geviertfeld noch eines oder mehrere Geviertfelder auf den Grund hin anschließen zu wollen, weil das umzuwandelnde Feld zufällig aus mehreren kleinen Längenfeldern besteht.

Der Abs. 4 des bisherigen Art. 215 ist durch Art. I Ziff. 69 des Gesetzes vom 30. Juni 1900 gestrichen worden, da nach

Ablauf der dort gestellten sechsmonatigen Frist die Stellung von Erweiterungsanträgen nunmehr nicht mehr zulässig ist.

Aus diesem Grunde war auch in Abs. 1 die Erweiterung gevierter Felder bis zum Maximum (Art. 28) als nicht mehr statthaft wegzulassen.

Art. 254. (216)

Von dem durch einen Umwandlungsantrag (Art. 253) begehrten Felde dürfen die Längenfelder anderer Bergwerke nur dann ganz oder theilweise umschlossen werden, wenn die Eigenthümer dieser Bergwerke auf eine desfallsige Aufforderung des Oberbergamtes sich mit der Umschließung ihrer Felder ausdrücklich einverstanden erklären.

Tritt diese Voraussetzung nicht ein, so muß der Antragsteller sich eine entsprechende, nöthigen Falls durch einen Beschluß des Oberbergamtes festzustellende Beschränkung des begehrten gevierten Feldes gefallen lassen.[1]

1. In dem Art. 254 sind die Worte „oder Erweiterungsantrag" gestrichen worden, da die Erweiterung nach dem zum Art. 253 Bemerkten nicht mehr zulässig ist.

Den zu Art. 253 niedergelegten Grundsätzen entsprechend erklärt der Art. 254 die Umschließung von Längenfeldern durch ein in dem Umwandlungsantrage eines Dritten begehrtes Geviertfeld nur dann für statthaft, wenn die Eigenthümer des zu umschließenden Längenfeldes sich ausdrücklich hiemit einverstanden erklären. Fehlt diese Voraussetzung, so muß derjenige, welcher den Umwandlungsantrag gestellt hat, sich die zur Vermeidung von Kollisionen erforderliche Beschränkung des begehrten Geviertfeldes gefallen lassen. In dieser Beziehung besteht also für die Feldesumwandlung eine durch die Sache selbst gebotene Modifikation des Rechtsanspruches, welcher dem Muther auf das gesetzliche Feld zusteht.

Art. 255. (217)

Mehrere Umwandlungsanträge, welche auf das nämliche Feld gerichtet sind, begründen für jeden der Antragsteller ein gleiches Recht.

Bei einer solchen Kollision bildet, insoweit eine vertragsmäßige Einigung nicht zu erzielen ist, die Theilung in gleiche Theile die Regel.

Das Oberbergamt ist jedoch befugt, bei der Verleihung von diesem Theilungsverhältnisse abzuweichen, insoweit sich dieß für einen zweckmäßigen Betrieb erforderlich darstellt.[1]

1. Bei der Umarbeitung der Uebergangsbestimmungen wurde der Abs. 2 des bisherigen Art. 217, welcher von mehreren Erweiterungsanträgen auf das nämliche Feld handelte, mit Rücksicht darauf, daß eine Erweiterung nunmehr nicht mehr zulässig ist (vgl. Art. 253 Anm.), gestrichen.

Der Art. 255 stellt zur Lösung der Schwierigkeiten, welche bei den auf dasselbe Feld erhobenen Ansprüchen entstehen können, einige allgemeine Grundsätze auf und weist dem Oberbergamt eventuell die Entscheidung zu. Das letztere Mittel, so sehr es dem Geiste des Gesetzes über die Ertheilung von Gerechtsamen widerstreitet, ist ein nothwendiges Auskunftsmittel, weil sonst die größten wirthschaftlichen Nachtheile für den Bergbau entstehen können und eine ausschließlich gesetzliche Regelung unmöglich ist.

Die auf das nämliche Feld gerichteten mehreren Umwandlungsanträge begründen für jeden der Antragsteller das gleiche Recht. Es entscheidet sonach nicht etwa der frühere Zeitpunkt des Einbringens des Antrags beim Oberbergamt, da dies sonst im Gesetze ausdrücklich hätte bestimmt werden müssen, sondern es sind alle solche Umwandlungsanträge, insoferne sie vor endgiltiger Entscheidung eines derselben einkommen, nach Maßgabe des 2. und 3. Absatzes zu behandeln. Der Abs. 2 des Art. 253 steht dem nicht entgegen. Denn dort handelt es sich darum, den auf Umwandlung gerichteten Antrag vor späteren eigentlichen Muthungen zu schützen und hiedurch die im Interesse des Bergbaues liegende Umwandlung zu begünstigen; hier entfällt dieser Grund, vielmehr scheint es veranlaßt, den mehreren Umwandlungsanträgen thunlichst den Erfolg zu sichern.

Der Art. 255 bezieht sich nur auf das von mehreren Antragstellern begehrte nämliche Feld und es ist dieses, wenn eine Einigung über die Theilung unter den Parteien nicht erfolgt, vom Oberbergamte thunlichst nach gleichen Theilen — nicht etwa nach Verhältniß der bisherigen Feldesgröße — den Antragstellern zuzuweisen. Wenn hiebei sich jedoch ein rationeller Betrieb nicht ermöglichen ließe, so kann das Oberbergamt eine andere Abtheilung treffen, welche die einzelnen Felder zweckmäßig arrondirt.

Art. 256. (219)

Wird das Eigenthum eines Bergwerkes, dessen Längenfeld von dem gevierten Felde eines anderen Bergwerkes umschlossen ist, nach dem sechsten Titel des gegenwärtigen Gesetzes aufgehoben, so hat der Eigenthümer des andern Bergwerkes, welchen das Oberbergamt von der Aufhebung in Kenntniß zu setzen hat, ein binnen einem Monat nach dieser Bekanntmachung auszuübendes

Vorzugsrecht auf die Vereinigung des Längenfeldes mit seinem gevierten Felde.

Die Vereinigung wird durch einen Nachtrag zur Verleihungsurkunde ohne weitere Förmlichkeiten ausgesprochen. [1]

1. Der Art. 256 ist gegen früher sachlich unverändert, da solcher auch jetzt noch Anwendung finden kann.

Die Vorschrift dieses Artikels beruht auf der Erwägung, daß Bergwerke, welche als Längenfelder verliehen sind, nicht wieder nach dieser Vermessungsweise verliehen werden können, wenn das Eigenthum derselben nach dem VI. Titel aufgehoben wird; daß ferner bei solchen Bergwerken, wenn dieselben von Geviertfeldern umschlossen sind, eine selbstständige Wiederverleihung nach gevierter Vermessung in der Regel nicht ausführbar sein wird, daß dagegen die Vereinigung derartiger Längenfelder mit den umschließenden Geviertfeldern aus bergbaulichen und wirthschaftlichen Gründen zweckmäßig und deshalb durch ein einfaches Verfahren zu begünstigen ist.

Voraussetzung für die Anwendbarkeit ist, daß beide Bergwerke auf das gleiche Mineral berechtigt sind, bezw. waren, da sonst die Vereinigung keinen besonderen Zweck aufwiese. Ferner muß das gevierte Feld, soweit dessen Besitzer die Vereinigung anstrebt, das Längenfeld umschließen. Die etwa nicht umschlossenen Theile unterliegen dem Vorrechte des Art. 256 nicht.

Wird die Vereinigung vom Oberbergamt ausgesprochen, so hat dieses das Grundbuchamt entsprechend behufs Berichtigung des Grundbuchs zu benachrichtigen.

Art. 257. (neu)

Unberührt von der Vorschrift des Art. 2 bleiben die beim Inkrafttreten dieses Gesetzes bereits erworbenen Berechtigungen auf die dem Staate vorbehaltenen Mineralien.

Schürfungen auf diese Mineralien, welche nach dem 1. November 1899 begonnen wurden, begründen keinen Anspruch auf Verleihung des Bergwerkseigenthums.[1]

1. Es ist selbstverständlich, daß bereits erworbene Berechtigungen auf die dem Staate vorbehaltenen Mineralien durch die Einführung des Regals nicht beseitigt werden. Es kommt übrigens in dieser Beziehung nur ein einziger Betrieb, die Saline Philippshall bei Dürkheim in der Pfalz in Betracht.

Der Abs. 2 soll verhüten, daß der Zweck des Gesetzes durch erfolgreiche Schürfarbeiten vereitelt werden kann, welche etwa bis zum Zeitpunkte des Inslebentretens des Gesetzes durch Private ausgeführt werden sollten.

Wenn das Gesetz vom 30. Juni 1900 auch erst mit dem 1. Oktober 1900 in Wirksamkeit tritt, so schließt das nicht aus, daß die Bestimmung des Abs. 2 ihre Wirksamkeit schon jetzt übt. Es dürfen hienach auf Grund von Schürfungen auf Steinsalz und die mit demselben auf der nämlichen Lagerstätte vorkommenden Salze nach dem 1. November 1899 Bergwerksrechte von den Bergbehörden nicht mehr verliehen werden. Etwaige dahin zielende Muthungen sind daher auf Grund des Art. 257 Abs. 2 von vorneherein als unzulässig abzuweisen.

Art. 258. (221)

Soweit das gegenwärtige Gesetz auf die bereits bestehenden Bergwerke überhaupt Anwendung findet, unterliegen den Bestimmungen desselben auch diejenigen Bergwerke, Steinbrüche und Gräbereien, welche den seitherigen gesetzlichen Vorschriften gemäß auf Mineralien berechtigt sind, die der Art. 1 dieses Gesetzes nicht mehr aufführt.

Der Titel VII desselben findet jedoch auf solche Bergwerke, Steinbrüche und Gräbereien, welche am 1. Juli 1869 einem Knappschaftsvereine nicht angehört haben, keine Anwendung.[1]

1. Der bisherige Art. 220 wurde gestrichen, da das dort behandelte Vorzugsrecht gegenüber einem bestehenden Bergwerke innerhalb eines Jahres nach dem Inkrafttreten des Berggesetzes vom 20. März 1869 mittelst gerichtlicher Klage bei Meidung des Verlustes geltend gemacht werden mußte und der Art. 220 deshalb zur Zeit keine Bedeutung mehr hat.

Der bisherige Art. 221 dagegen ist im Hinblick auf die noch bestehenden älteren Bergrechte immer noch anwendbar.

Aus den Bestimmungen des Art. 1 des Berggesetzes geht hervor, daß künftig gewisse, früher zu den Gegenständen des Bergregals gerechnete Mineralien nicht mehr den Vorschriften des Berggesetzes unterliegen. Soweit indes bereits Verleihungen auf solche Mineralien bestehen, darf denselben die bergrechtliche Grundlage durch Aufhebung der älteren Berggesetze nicht entzogen werden, vielmehr müssen die an die Stelle der letzteren getretenen Vorschriften des neuen Berggesetzes auch auf jene Bergwerke, Steinbrüche und Gräbereien fortdauernd Anwendung finden, damit auf diese Weise die Rechtsverhältnisse derselben, soweit sie bergrechtlicher Natur sind, geregelt bleiben. Der Abs. 2, welcher nur auf die beim Eintritt der Gesetzeskraft des Berggesetzes vom 20. März 1869 einem Knappschaftsverein nicht angehörigen Bergwerke Bezug hatte und Anwendung finden soll, ist dementsprechend abgeändert worden, indem hier die am 1. Juli 1869 einem Knappschaftsvereine nicht zugehörenden Werke auch ferner als den Vorschriften des Titel VII nicht unterliegend bezeichnet sind.

Bezüglich des Satzes „Soweit das gegenwärtige Gesetz auf die bereits bestehenden Bergwerke überhaupt Anwendung findet" wird auf die Art. 81, 199, 230 und 261 hingewiesen.

Aus älteren Verleihungen ist zu erwähnen: jene auf Lehm im vormaligen Fürstenthum Bamberg, auf Schiefer im vormaligen Geltungsbereiche der markgräflich Brandenburg'schen Bergordnung vom 1. Dezember 1619. Für diese besteht, sofern sie nicht schon einem Knappschaftsverein am 1. Juli 1869 angehörten, eine Verpflichtung zum Eintritt nicht.

Bezüglich der älteren Berechtigungen auf Granit (rohen Sandstein) und deren Umfang ist aus einem Rekursbescheid des Oberbergamts vom Jahre 1898 hervorzuheben:

„Das unterscheidende Moment ist nicht die Gleichheit oder Verwandtschaft hinsichtlich der chem. Konstitution, sondern der physikalische Charakter, die Gesteinsstruktur und daraus folgende technische Verwendbarkeit. Die alten Lehnbriefe sprechen nun von Verleihung auf „groben Sandstein", der zu Steinhauerarbeiten als Fensterstöcke, Thürstöcke, Treppen u. s. w. verwendbar sei und nicht in fortsetzenden Strichen, sondern in einzelnen zu Tage liegenden Wacken vorkomme. Damit ist das massige Vorkommen, der grobkörnige Gesteinshabitus, die richtungslose Struktur, welche den Granit vom Gneiß unterscheidet, andererseits aber auch die Art der technischen Verwendbarkeit und damit der eigentliche Zweck der Verleihung mit vollkommener Deutlichkeit charakterisirt. Der massige Granit, nicht der geschichtete Gneiß, das Material für Steinhauerarbeit, nicht solches für Bruchsteinmauerwerk war seinerzeit Gegenstand der Verleihung."

Die Entscheidung muß als vollständig zutreffend erachtet werden. Bei der Auslegung über den Umfang solcher altverliehenen Rechte ist streng zu Werke zu gehen im allgemeinen Interesse und sind, wo so scharfe Abgrenzung wie hier für den Zweck insbesondere vorliegt, dieselben auf die sicher erkennbare Verleihung bestimmter Mineralien einzuschränken.

Art. 259. (223)

In Ansehung der bereits bestehenden Erbstollengerechtigkeiten, insbesondere auch der Aufhebungsarten, verbleibt es bei den Bestimmungen der seitherigen Gesetze.[1, 2]

1. Der bisherige Art. 222 des Berggesetzes, durch welchen dem Staate die Steinsalz- und Soolegewinnung nur für das Gebiet des Bezirksamtes Berchtesgaden vorbehalten wurde, ist durch Art. 2 des jetzigen Berggesetzes gegenstandslos geworden und deshalb weggefallen.

2. Der erste Absatz des bisherigen Art. 223 wurde gestrichen, da bereits nach dem 1. Juli 1869 eine Verleihung von Erbstollenrechten nicht mehr stattfinden durfte. Dagegen verbleibt es bezüg-

lich der noch bestehenden wenigen Erbstollengerechtigkeiten bei den hiefür bisher giltig gewesenen Gesetzen. Die noch vorhandenen Erbstollengerechtigkeiten haben daher auch fernerhin den Verpflichtungen nachzukommen, von deren Erfüllung die Erhaltung der Gerechtsame abhängt. Bezüglich der Erbstollenrechte vgl. die bayer. Bergordnung, insbesondere Art. 66, 71, 76, 77 und 87, dann die Brandenburg'sche Bergordnung Art. 49 und 51.

Art. 260. (224)

Bei Verleihung von Bergwerkseigenthum findet ein Anspruch auf Freikuxe irgend einer Art nicht mehr statt. Den bereits vor dem 1. Juli 1869 von Kirchen und Schulen und von Grundbesitzern erworbenen Freikuxen steht nur eine Realberechtigung auf den durch die damaligen Gesetze bestimmten Ausbeuteantheil an dem Bergwerke zu.

Die Ablösung der Freikuxe bleibt der freien Vereinbarung der Betheiligten vorbehalten.[1]

1. Der Abs. 1 wiederholt den im bisherigen Art. 224 Abs. 1 ausgesprochenen Grundsatz, daß Freikuxe nicht mehr verliehen werden, allgemein.

Die bereits vor dem Inkrafttreten des Berggesetzes vom 20. März 1869 erworbenen Freikuxe bleiben mit der im Abs. 2 bezeichneten Realberechtigung den Inhabern.

Die Absätze 3 und 4 des bisherigen Art. 224 über Freikuxe von Knappschaftskassen wurden als nunmehr gegenstandslos gestrichen.

Die Ablösbarkeit der noch vorhandenen Freikuxe liegt im Interesse des Bergbaues und bleibt daher nach wie vor der freien Vereinbarung der Betheiligten überlassen. Einen Zwang zur Ablösung auszuüben, besteht keinerlei Anlaß.

Auch für die älteren Gewerkschaften gilt die Vorschrift des Art. 117 des Berggesetzes, wonach für die Errichtung von Gewerkschaftssatzungen — gleichviel ob sie neuaufgestellt, oder nur in einzelnen Theilen abgeändert werden — die notarielle Beurkundung und oberbergamtliche Bestätigung erfordert werden.

Art. 261. (226)

Die Rechtsverhältnisse der am 1. Juli 1869 in den Landestheilen diesseits des Rheins bestandenen Gewerkschaften sind, soweit es an vertragsmäßigen Verabredungen fehlt und nicht in den nachfolgenden Art. 262 bis 272 etwas Anderes bestimmt ist, nach den Vorschriften des vierten Titels zu beurtheilen.[1, 2]

1. Der bisherige Art. 225 des Berggesetzes kommt in Wegfall, da die dort bestimmte Frist für Geltendmachung des Mitbaurechts des Grundbesitzers längst abgelaufen ist.

2. Der bisherige Art. 226 ist sachlich nicht verändert worden. Es kommen hiebei nur die beim Eintritt der Gesetzeskraft des Gesetzes vom 20. März 1869 bereits vorhanden gewesenen Gewerkschaften in Betracht. Die im IV. Titel des Berggesetzes über die Organisation der Gewerkschaft aufgestellten Grundsätze und die hienach getroffenen Bestimmungen sind von der Art, daß es zweckmäßig erschien, sie auf die damals bereits bestehenden Gewerkschaften mit nur wenigen Modifikationen auszudehnen, welche sich aus der Personifizirung der Gewerkschaften nach dem Gesetze und der veränderten Natur der Kuxe ergaben. Denn in dieser Beziehung durfte ein Zwang zur Annahme der neuen Gewerkschaftsform gegen die bestehenden Gewerkschaften nicht ausgeübt werden. Im Uebrigen konnten aber die Vorschriften des IV. Titels ohne jedes rechtliche und praktische Bedenken auf diese Gewerkschaften Anwendung finden. Die Modifikationen finden sich in den Artikeln 262 bis 272.

Art. 262. (227)

Die Art. 117 bis 120, 123, 125, 127, 128, 130 und 131 finden auf diejenigen Bergwerke keine Anwendung, welche am 1. Juli 1869 sich bereits im Besitze einer Gewerkschaft befunden haben.[1]

1. Der Art. wurde bereits durch Art. 157 XVIII des Ausführungsgesetzes zum Bürgerl. Gesetzbuche vom 9. Juni 1899 abgeändert, indem der aus Versehen früher weggelassene Art. 93 mit aufgenommen wurde. Im Uebrigen ist er nunmehr so redigirt, daß die am 1. Juli 1869 bereits gewerkschaftlich organisirten Bergwerke den Bestimmungen der aufgezählten Artikel nicht unterliegen. Eine sachliche Aenderung liegt hierin nicht.

Die Vorschriften der Art. 117 ꝛc. sind nur insoweit als ausgeschlossen zu erachten, als sie gegen früher neues Recht enthalten. Wo in diesen Artikeln Grundsätze des früheren gewerkschaftlichen Rechtes unverändert wiederholt werden, gilt dies selbstverständlich wie bisher auch für die Gewerkschaften des alten Rechtes. So z. B. daß die Gewerkschaft unter ihrem Namen Rechte erwerben und Verbindlichkeiten eingehen kann, daß sie klagen und verklagt werden kann ꝛc.

Art. 263. (228)

Die seitherige Kuxeintheilung bleibt bestehen. Jedoch kann ein Kux nur noch in Zehntheile getheilt werden.

Die Kuxe behalten die Eigenschaft von Rechten, die

den Grundstücken gleichstehen. Die Vorschrift des Art. 43 Abs. 1 findet entsprechende Anwendung.[1]

1. In Abs. 1 wurden lediglich die Worte „von jetzt an" als entbehrlich gestrichen. Eine Zurückführung der alten Kuxeintheilung auf die im Art. 123 bestimmte Zahl würde unverhältnißmäßige Schwierigkeiten verursachen und ist umsoweniger geboten, als die Gewerkschaft durch Annahme der neuen Gewerkschaftsform diese Zurückführung jederzeit bewirken kann. Die beschränkte Theilbarkeit der alten Kuxe ist veranlaßt durch die großen Nachtheile, welche eine willkürliche Theilbarkeit mit sich bringt. Die früher bestandene anderweite Theilung kann jedoch nicht beanstandet werden.

Der Abs. 2 wurde durch Art. 157 XIX des Ausführungsgesetzes zum Bürgerl. Gesetzbuche am 9. Juni 1899 geändert. Die Aenderung entspricht der neuen Fassung der Art. 42 und 43 Abs. 1, daß die Kuxe des älteren Rechtes den Grundstücken gleichstehen und daß auf den Erwerb solcher Kuxe die für den Erwerb des Eigenthums an Grundstücken geltenden Vorschriften entsprechende Anwendung finden. Sachlich ist nichts geändert. An die Stelle des Gegenbuchs tritt das Grundbuch, weshalb der Satz 2 Abs. 2 weggefallen ist.

Art. 264. (229)

Eine Verpfändung des ganzen Bergwerkes durch Mehrheitsbeschluß von drei Viertheilen (Art. 135) ist nur dann zulässig, wenn die einzelnen Kuxe nicht mit Hypotheken, Grundschulden und Rentenschulden belastet sind, außerdem nur, wenn die Gläubiger, denen die einzelnen Kuxe verpfändet sind, vorher abgefunden sind oder in die Verpfändung des ganzen Bergwerkes ausdrücklich eingewilligt haben und die Gewerkschaft die Verpfändung einstimmig beschließt. Bei der Geltendmachung bestehender Pfandrechte kommen die für Grundstücke geltenden Bestimmungen zur Anwendung.[1]

1. Die Statthaftigkeit der Belastung der einzelnen Kuxe mit Hypotheken, Grund- und Rentenschulden ist Folge ihrer dinglichen Natur.

Im Allgemeinen entspricht die Zulassung eines Mehrheitsbeschlusses mehr dem Geiste und dem Zwecke der jetzigen gewerkschaftlichen Verfassung. Indessen muß, wenn einzelne Kuxe mit Hypotheken 2c. belastet sind, die Zustimmung der Gläubiger der Theilinhaber verlangt werden, damit ihnen Gelegenheit geboten ist, eintretenden Falles ihre Interessen zu wahren.

Die durch das Ausführungsgesetz zum Bürgerl. Gesetzbuch vom 9. Juni 1899 in Art. 157 XX vorgenommene Streichung „der Veräußerung von Kuxen" im letzten Satze ist hervorgerufen durch den Hinweis auf Art. 43 Abs. 1 in Art. 263 Abs. 2.

Art. 265. (230)

Der Art. 129 findet mit der Maßgabe Anwendung, daß die Erhebung der Beiträge beschlossen sein muß, bevor der seitherige Eigenthümer der Kuxe dieselben veräußert hat.[1]

1. Die Anwendbarkeit des Art. 129 ist zwar durch Art. 261 gegeben; bezüglich der Verbindlichkeit und Zahlung der Beiträge mußte als entscheidender Zeitpunkt der der Veräußerung der Kuxe festgesetzt werden, welcher ein ganz bestimmter ist, da die dingliche Natur des Kuxes zur Giltigkeit eine Beurkundung erfordert (vgl. § 925 des Bürgerl. Gesetzbuchs).

Art. 266. (231)

Soweit die bereits bestellten Repräsentanten und Grubenvorstände mit besonderen Vollmachten versehen sind, behält es bei denselben sein Bewenden.

Im Uebrigen finden die Art. 140 bis 147 und 149 auf diese Repräsentanten und Grubenvorstände Anwendung.[1]

1. Die Vorschriften dieses Artikels beruhen darauf, daß die Vollmachten der bereits früher bestellten Repräsentanten und Grubenvorstände, soweit hiedurch die gesetzlichen Befugnisse erweitert oder beschränkt sind, nicht durch neue Gesetzesvorschriften in Frage gestellt werden durften. Nunmehr wird der Artikel wenig praktische Bedeutung haben, immerhin mußte er aufrecht erhalten bleiben, da noch einzelne Repräsentanten aus der früheren Zeit mit besonderen Vollmachten vorhanden sein können.

Art. 267. (232)

In den Fällen der Art. 151, 153 müssen die Erklärungen des Gewerken und der Gläubiger öffentlich beurkundet oder öffentlich beglaubigt sein.

In dem Falle der Art. 151, 152 erfolgt der Verkauf des Antheils im Wege der Zwangsversteigerung unbeweglicher Sachen.

Ein unverkäuflicher Antheil wird in den Fällen der Art. 152, 153 der Gewerkschaft im Grundbuche zugeschrieben.[1]

1. Der Art. wurde abgeändert durch Art. 157 XXI des Ausführungsgesetzes zum Bürgerl. Gesetzbuche vom 9. Juni 1899.
Nach dem bisherigen Art. 232 erfolgte der Verkauf eines

Kuxes älteren Rechtes in den Fällen der Art. 119 bis 121 (151 bis 153 neu) im Wege der Zwangsversteigerung unbeweglicher Sachen. Für den Fall des Art. 121 (153 neu) besteht aber kein Grund, eine solche Versteigerung vorzuschreiben, vielmehr kann es bei der Vorschrift des Abs. 2 des Art. 121 (153 neu) belassen werden, wonach der Repräsentant den Antheil verkauft. Die Vorschriften, welche die Liquidatoren einer offenen Handelsgesellschaft, einer Kommanditgesellschaft, einer Aktiengesellschaft und einer eingetragenen Genossenschaft verpflichten, die Veräußerung unbeweglicher Sachen im Wege öffentlicher Versteigerung vorzunehmen, sind im Handelsgesetzbuch vom 10. Mai 1897 und im Art. 10 IX des Einführungsgesetzes zu diesem beseitigt. Es ist deshalb die Zwangsversteigerung auf die Fälle der Art. 151, 152 beschränkt.

Die in den Fällen der Art. 151, 153 erforderlichen Erklärungen des Gewerken und des Gläubigers müssen bei den Kuxen des älteren Rechtes, um den Antrag auf gerichtliche Versteigerung des Kuxes oder die Umschreibung des Kuxes im Grundbuche zu ermöglichen, öffentlich beurkundet oder öffentlich beglaubigt sein (vgl. § 29 der Grundbuchordnung).

Im Falle der Unverkäuflichkeit eines Kuxes tritt an die Stelle der Zuschreibung im Gewerkenbuche die Zuschreibung im Grundbuche.

Art. 268. (233)

Durch einen von einer Mehrheit von wenigstens drei Viertheilen aller Kuxe gefaßten Beschluß kann, soweit nicht vertragsmäßige Verabredungen entgegenstehen, jede bereits bestehende Gewerkschaft sich denjenigen Bestimmungen des vierten Titels, welche nach Art. 262 auf die bestehenden Bergwerke keine Anwendung finden, unterwerfen und insbesondere die Kuxe auf die nach Art. 123 zulässige Eintheilung mit der Wirkung zurückführen, daß die neuen Kuxe die Eigenschaft der beweglichen Sachen haben.

Ist bei dem Eintritt der Gesetzeskraft dieses Gesetzes der Besitz der Kuxe einer Gewerkschaft dergestalt getheilt, daß der Zurückführung derselben auf die vorbezeichnete Eintheilung außergewöhnliche Schwierigkeiten entgegenstehen, so kann mit Genehmigung des Oberbergamtes die Zahl der Kuxe auf zehntausend bestimmt werden.

Das Protokoll über die Gewerkenversammlung, in welcher der Beschluß gefaßt wird, ist notariell aufzunehmen.

Wenn auf gewerkschaftlichen Antheilen Hypotheken, Grundschulden und Rentenschulden haften, so darf ein solcher Beschluß nur dann ausgeführt werden, wenn diese

Gläubiger entweder vorher abgefunden sind oder in die Ausführung ausdrücklich eingewilligt haben.[1]

1. Da die im IV. Titel bestimmte Form der Gewerkschaft zur Förderung der allgemeinen Interessen des Bergbaues dient, so muß es für wünschenswerth erachtet werden, daß auch die älteren Gewerkschaften allmälich diese Verfassung in ihrem ganzen Umfang annehmen und namentlich die vielen Unzuträglichkeiten beseitigen, welche mit der jetzigen unbeweglichen Natur der Kuxe verbunden sind.

Bei der Wichtigkeit der Beschlüsse, um welche es sich handelt, wäre einerseits nicht gerechtfertigt, schon einem durch einfache Stimmenmehrheit gefaßten Beschlusse bindende Kraft zu geben, andrerseits dürfte aber auch nicht Stimmeneinheit verlangt werden, damit nicht durch den Widerspruch eines einzigen, vielleicht ganz gering betheiligten Gewerken, die im Allgemeinen höchst wünschenswerthe Umwandlung der alten Gewerkschaft in die Gewerkschaft des neuen Rechtes unmöglich gemacht werde.

Es wurde deshalb ein Mittelweg gewählt, indem im Anschluß an Art. 135 des Gesetzes eine Stimmenmehrheit von wenigstens drei Viertheilen aller Kuxe zu einem giltigen Beschlusse gefordert wird.

Im Art. 123 ist die Zahl der zulässigen Kuxe auf 1000 festgestellt. Zur Erleichterung des Ueberganges in das neue Verhältniß ist die Zulässigkeit einer weiteren Theilung wünschenswerth, daher gestattet der Art. 268 in seinem Absatz 2 die Festsetzung der Kuxzahl mit Genehmigung des Oberbergamts auf 10,000 für den Fall, daß durch die Theilung des Kuxbesitzes der Zurückführung der Kuxe auf die Zahl 1000 zu große Schwierigkeiten begegnen.

Das Protokoll über die Gewerkenversammlung, in welcher der Beschluß über die Umwandlung einer Gewerkschaft des alten Rechtes in eine des neuen gefaßt wird, ist wegen seiner Wichtigkeit und, da dingliche Rechte in Frage kommen, notariell aufzunehmen.

Die Ausführung des Umwandlungsbeschlusses muß übrigens davon abhängig gemacht werden, daß die Hypotheken- rc. Gläubiger, welchen gewerkschaftliche Antheile verhaftet sind, vorher abgefunden werden oder ihre ausdrückliche Einwilligung ertheilen. Denn die wohlerworbenen Rechte solcher Gläubiger dürfen gegen deren Willen nicht der wesentlichen Umgestaltung unterworfen werden, welche die Mobilisirung der Kuxe mit sich bringt.

Art. 269. (234)

Soweit nicht etwas Anderes vereinbart ist, haften den seitherigen Hypotheken-, Grundschuld- und Rentenschuldgläubigern die neuen Kuxe, welche an die Stelle der verpfändeten Antheile treten, in der bisherigen Rangordnung als Pfand.

Die auf den gewerkschaftlichen Antheilen haftenden

Hypotheken, Grundschulden und Rentenschulden und anderen Realansprüche werden aus dem Grundbuche wörtlich in die Kuxscheine übertragen.

Die Löschung dieser Einträge erfolgt nach den für die Löschung im Grundbuche maßgebenden Vorschriften.[1]

1. Obwohl nach Art. 268 die Eigenschaft der Unbeweglichkeit der Kuxe nicht gegen den Willen der Hypotheken- 2c. Gläubiger beseitigt werden kann, so sind doch Bestimmungen darüber nothwendig, wie sich die Rechte dieser Gläubiger gestalten sollen, wenn mit ihrer Einwilligung die Kuxe mobilisirt sind, denn ohne solche Bestimmungen würde es den Betheiligten an gesetzlichen Anhaltspunkten für die Beurtheilung ihrer Rechte fehlen und infolge dessen die Vollziehung eines auf die Mobilisirung gerichteten Beschlusses Schwierigkeiten finden.

Das Hypothekenrecht des seitherigen Gläubigers nimmt mit rechtlicher Nothwendigkeit die Natur des eigentlichen Pfandrechtes an (vgl. die § 1204 ff. des Bürgerl. Gesetzbuchs über das Pfandrecht an beweglichen Sachen).

An der bisherigen Rangordnung wird durch den Uebergang der Hypothekenrechte 2c. in Pfandrechte an den neuen Kuxen nichts geändert.

Art. 270. (235)

Ist ein Antheil nach Art. 269 mit Pfandrechten, welche an die Stelle bisheriger Hypotheken, Grundschulden und Rentenschulden getreten sind, belastet, so wird der darüber ausgefertigte Kuxschein, sofern nur ein seitheriger Gläubiger vorhanden ist, diesem ausgehändigt, sofern aber zwei oder mehrere solcher Gläubiger vorhanden sind, für diese durch einen von ihnen zu bestimmenden Notar in amtliche Verwahrung genommen.[1]

1. Die zur Entstehung dieses Pfandrechtes erforderliche Besitzübergabe (vgl. § 1205 des Bürgerl. Gesetzb.) wird nach Art. 270 in der Weise bewirkt, daß der über den belasteten Antheil ausgefertigte Antheilschein, sofern nur ein seitheriger Gläubiger vorhanden ist, diesem ausgehändigt, sofern aber zwei oder mehrere solcher Gläubiger vorhanden sind, für dieselben durch einen von ihnen zu bestimmenden Notar in Gewahrsam genommen wird, sodaß der Notar als Beamter der freiwilligen Gerichtsbarkeit das Besitzrecht über diese Urkunde, welche jedem der mehreren Gläubiger zur rechtlichen Benützung zusteht, also gemeinschaftliche Urkunde ist, Namens dieser Gläubiger ausübt. Ueber die Person des Notars werden sich die Gläubiger in der Regel verständigen. Wenn nicht, so ist selbstverständlich, daß die Bergbehörde (das Oberbergamt) den Notar, bei welchem die Aufbewahrung zu geschehen hat, wählt.

Um das gegenseitige Rechtsverhältniß mehrerer seitheriger

Gläubiger unverändert zu erhalten, muß, wie schon in Art. 269 bestimmt ist, die bisherige Rangordnung auch für die Befriedigung aus dem neuen Pfande maßgebend bleiben.

Die wörtliche Uebertragung der Einträge aus dem Grundbuch in den Antheilschein ist zur Sicherheit des Verkehrs erforderlich.

Für die Löschung dieser Einträge in dem Antheilsscheine müssen die Grundsätze maßgebend sein, nach welchen die Löschung im Grundbuch zu erfolgen hätte.

Art. 271. (236)

Die Befriedigung seitheriger Gläubiger aus dem Kuxscheine erfolgt nach den Vorschriften über die Zwangsvollstreckung in das bewegliche Vermögen.

Der Antragsteller hat bei Meidung des Schadensersatzes den Versteigerungstermin sämmtlichen aus dem Kuxscheine ersichtlichen seitherigen Gläubigern bekannt zu machen.[1]

1. Die Vorschriften dieses Artikels über den Verkauf von Antheilsscheinen behufs Befriedigung der durch sie gesicherten Gläubiger ergeben sich aus der Natur der Kuxscheine als bewegliche Sachen.

Der Abs. 2 hat die jetzige Fassung durch Art. 78 des Ausführungsgesetzes vom 23. Februar 1879 zur Civilprozeßordnung und Konkursordnung erhalten.

Da nach Art. 269 die Uebertragung der Einträge aus dem Grundbuch in die Kuxscheine wörtlich zu erfolgen hat, so sind solchen die Gläubiger mit Sicherheit zu entnehmen. Die Abs. 3 und 4 wurden als entbehrlich gestrichen.

Mit dem Verkauf erlöschen sämmtliche Pfandrechte, die auf dem verkauften Antheile hafteten, nach § 1242 Abs. 2 des Bürgerl. Gesetzbuches. Ebenso ist selbstverständlich, daß die Befriedigung der Gläubiger aus dem Erlös nach der Rangordnung ihrer Forderungen erfolgt. Sind zwei Gläubiger in gleichem Range forderungsberechtigt und reicht der Erlös zur Befriedigung beider nicht aus, so geschieht die Vertheilung nach Verhältniß der ihnen zustehenden Forderungen.

Art. 272. (neu)

Für die Gewerkschaften des älteren Rechtes, welche im vormaligen Fürstenthum Bayreuth die ihnen bergrechtlich verliehene Gewinnung von Granit und Syenit zur Zeit des Inkrafttretens dieses Gesetzes in der Weise betreiben, daß die Gewerken bestimmte Flächen im Einzelbetriebe ausbeuten, gelten die nachstehenden besonderen Vorschriften:

1) Die Bestimmungen im Art. 92 Abs. 1 und im Art. 103 finden keine Anwendung.

2) In der Gewerkenversammlung geben ein bis vier Kuxe eine Stimme, je vier weitere Kuxe eine weitere Stimme. Ein Bruchtheil von drei Kuxen wird als voll gerechnet, ein geringerer Bruchtheil bleibt außer Betracht. Ein Gewerke kann nicht mehr als zehn Stimmen haben.

3) Zu einer Verfügung über das der Gewerkschaft verliehene Recht ist Einstimmigkeit der Gewerken erforderlich.

4) Die Ueberlassung der auszubeutenden Flächen erfolgt nach Maßgabe des fünften Titels an die Gewerkschaft. Die von den einzelnen Gewerken zu benützenden Flächen werden diesen durch den Repräsentanten zugetheilt. Ist die überlassene Fläche unter mehrere Gewerken zu vertheilen, so erfolgt die Zutheilung an sie nach Verhältniß ihres Kuxbesitzes durch Beschluß der Gewerkenversammlung.

5) Wer ohne Einweisung durch den Repräsentanten eine Fläche in Benützung nimmt oder die ihm zugetheilte Fläche vorsätzlich oder fahrlässig überschreitet, wird an Geld bis zu 300 ℳ bestraft.

Einzelbetriebe, die nicht vor dem 1. April 1900 entstanden sind, sind unstatthaft.[1]

1. Der Art. ist nach eingehenden Verhandlungen auf Antrag des Abgeordneten Karl Schmidt in der nunmehrigen Fassung neu eingestellt worden, um die Verhältnisse der auf Granit und Syenit berechtigten Inhaber von alten Bergrechten im vormaligen Fürstenthum Bayreuth, die bisher vielfach Anlaß zu Streitigkeiten geboten, endgiltig zu regeln.

Die Granitindustrie des Fichtelgebirgs ist eine Jahrhunderte alte und hat sich im Laufe der Zeiten ganz außerordentlich entwickelt, so daß hunderte von Arbeitern darin lohnende Beschäftigung finden, was wirthschaftlich für die dortige Gegend von um so größerer Bedeutung erscheint, als außer in der Textilindustrie und etwa noch der keramischen Industrie der Bevölkerung ausgiebiger Erwerb nicht geboten wird.

Nun war der Hergang bei der Entwicklung dieser Industrie, soweit sie auf das Bergrecht sich gründet, folgender: Im ehemaligen Fürstenthum Bayreuth war die Gewinnung von Granit und Syenit bergrechtlich verliehen worden und zwar an das Maurer- oder Steinmetzhandwerk für den ganzen Richterbezirk, da nach der Art des Vorkommens des Granits und Syenits eine Verleihung nach Grubenmaßen nicht möglich war. Solche Verleihungen fanden auch noch statt, nachdem das Fürstenthum Bayreuth an die Krone Bayern übergegangen war.

Während nun das beliehene Maurer- oder Steinmetzhandwerk als Gewerkschaft einen gemeinschaftlichen Betrieb hätte führen und die Gerechtigkeit gemeinschaftlich ausüben sollen, brachten es die Verhältnisse mit sich, daß die einzelnen Mitglieder des berechtigten Handwerks von dem Vorstande (Repräsentanten) Flächen zugewiesen erhielten zur Ausbeutung auf ihre Kosten und für ihre Gewerbszwecke. Diese Art des Betriebs bildete mit der Zeit sich überwiegend aus, so daß von einer Gewerkschaft im Sinne der bergrechtlichen Bestimmungen und namentlich des Berggesetzes vom 20. März 1869 keine Rede mehr sein konnte. Die Kennzeichen der Gewerkschaft bestanden ausschließlich nur mehr darin, daß für den verliehenen Bezirk (ehemaligen Richterbezirk) eine bestimmte Anzahl von Kuxen (128) vorhanden und daß ein Repräsentant für den ganzen Bezirk bestellt war, dem gewisse Befugnisse zugewiesen waren. Im Uebrigen war jeder Inhaber von Kuxen ganz selbstständig in seinem Betriebe und hatte nur einen äußerst losen Zusammenhang mit der Gesammtheit der Kuxinhaber. Dabei war vielfach die große Mehrzahl der Kuxe in einzelne Hände übergegangen, andererseits hatte eine Theilung der Kuxe in Bruchtheile stattgefunden, deren Inhaber gleichfalls ganz unabhängig die Gewinnung von Granit und Syenit in dem verliehenen Gebiete betrieben.

Es hatte sich dann auch die Gewohnheit herausgebildet, daß jeder einzelne Kuxinhaber seine Ausbeutefläche durch die Bergbehörde zugewiesen erhielt.

Nach der Einführung des Berggesetzes vom 20. März 1869 weigerten sich die Waldgrundbesitzer wegen der vielen mit dieser Einzelzuweisung verbundenen Unzuträglichkeiten, Waldflächen an Einzelbetriebe zur Ausbeutung zu überlassen, und das Oberbergamt erließ unterm 29. Juli 1874 eine Instruktion an das Bezirksbergamt Bayreuth, nach welcher die bereits nach altem Bayreuther Bergrecht verliehenen Granit- und Syenit-Steinbrüche, bezw. Steinbruchbezirke im Fichtelgebirge auch ferner noch als wirkliche Berglehen anzuerkennen, jedoch nach den Vorschriften des neuen Berggesetzes zu behandeln seien. Demgemäß dürfe, da durch die Art. 239 und 240 des Berggesetzes vom 20. März 1869 auch alle bisherigen Gewohnheiten mit dem 1. Juli 1869 ihre Giltigkeit verloren hätten, eine Einweisung von gesonderten Bruchflächen an die einzelnen Kuxinhaber innerhalb des verliehenen gewerkschaftlichen Steinbruchbezirkes nicht mehr stattfinden, und es könnten neue Bruchflächen für die Granit- und Syenitgewinnung nur allein an die ganze Gewerkschaft überlassen werden, welche durch ihren Repräsentanten die Verträge mit den Grundbesitzern nach Maßgabe des V. Titels abzuschließen habe.

Dies hatte nun zur Folge, daß die Repräsentanten die Vertheilung in die Hand bekamen und sich zahlreiche Streitigkeiten in Folge der eigenartigen Vertheilung der Kuxe ergaben. (Vgl. Verh. der K. d. Abg. Stenogr. Ber. Bd. II S. 907 ff.)

Um nun diesen Differenzen vorzubeugen und insbesondere um die Kleinbetriebe gegen Uebervortheilung durch die Großbetriebe thunlichst zu schützen, wurde die Regelung der Verhältnisse dieser Steinbruchbetriebe für nöthig befunden und nach dem vorliegenden Art. 272 beschlossen.

Vor Allem ist hiezu zu bemerken, daß diese Vorschriften ausschließlich Geltung haben für die Gewerkschaften des älteren Rechtes, welche im vormaligen Fürstenthum Bayreuth die ihnen bergrechtlich verliehene Gewinnung von Granit und Syenit mit dem 1. Oktober 1900 in der Weise betreiben, daß die Gewerken (Kuxinhaber) bestimmte Flächen im Einzelbetriebe ausbeuten.

Für diese — eine Ausdehnung auf andere Gewerkschaften älteren Rechtes in einem anderen Bezirke oder mit Verleihung des Rechtes auf ein anderes Mineral als Granit oder Syenit ist unbedingt ausgeschlossen — ist die Bestimmung des Art. 124 Abs. 1 — Antheilnahme an Gewinn und Verlust der Gewerken nach Verhältniß ihrer Kuxe —, sowie jene des Art. 135 über die Beschlußfassung über den Gegenstand der Verleihung — nicht anwendbar. Es ergibt sich dies aus der Art des Betriebes, die einen gemeinschaftlichen Gewinn und Verlust nicht kennt, und aus der Verfassung der Gewerkschaften von selbst.

Die Ziffer 2 regelt sodann, abweichend von der Vorschrift des Art. 132 die Abstimmung so, daß der Besitz von einem bis vier Kuxen eine Stimme gewährt und daß vier weitere Kuxe oder mindestens drei eine weitere Stimme geben und daß ein Gewerke nicht mehr als zehn Stimmen besitzen kann ohne Rücksicht auf die Zahl der ihm gehörigen Kuxe.

Kleinere Bruchtheile als ein voller Kux berechtigen nicht zum Mitstimmen.

Dadurch soll der Majorisirung der Besitzer der Minderzahl der Kuxe durch einen oder mehrere Gewerken, welche im Besitze der Mehrzahl der Kuxe sich befinden, thunlichst vorgebeugt werden.

Die Bestimmung in Ziffer 3 entspricht der Vorschrift des Art. 135 Abs. 2.

In Ziffer 4 ist bestimmt, daß die Ueberlassung der auszubeutenden Flächen stets von der Gewerkschaft nach Maßgabe des V. Titels zu erfolgen hat, da sich die direkte Ueberweisung an die Einzelnen im Interesse eines geordneten Forstbetriebes nicht durchführen läßt.

Die Vertheilung der Flächen an die einzelnen Gewerken hat durch den Repräsentanten zu erfolgen. Es ergibt sich hieraus, daß der Waldbesitzer stets nur nach dem Gesammtbedarf der Gewerkschaft zur Ueberlassung von Grund und Boden verpflichtet ist und daß unberechtigte zu weitgehende Forderungen zurückgewiesen werden müssen. Wird von der Gewerkschaft die Ueberlassung von Grund und Boden beansprucht, so muß sie eben nach den Bestimmungen des V. Titels nachweisen, daß sie solchen in dem verlangten Umfange nöthig hat. Ist z. B. die Gewerkschaft noch im Besitze von genügend großen Flächen, um die berechtigten Bedürfnisse ihrer Mitglieder hiemit befriedigen zu können, so kann sie insolange keine neuen Flächen in Anspruch nehmen. Ist die überlassene Fläche nur für einen Gewerken bestimmt, da die übrigen noch hinreichenden Boden unausgebeutet zur Verfügung haben, so wird sie diesem einfach von dem Repräsentanten überwiesen. Ist die überlassene Fläche unter mehrere Gewerken zu vertheilen, so hat die Zutheilung durch Beschluß der Gewerkenversammlung nach Verhältniß des Kuxbesitzers an dieselben zu erfolgen, wobei die Vorschrift unter Ziffer 2 zu beachten ist.

Hiedurch dürfte eine Benachtheiligung der einzelnen Gewerken Seitens des Repräsentanten hintangehalten werden. Die Abfindung mit dem Grundbesitzer ist durch die Gewerkschaft (den Repräsentanten) zu bethätigen, wogegen selbstverständlich der einzelne Gewerke den Ersatz der auf die ihm zugetheilte Fläche treffenden Entschädigung zu leisten hat.

Die Ziffer 5 tritt eigenmächtiger Benützung uneingewiesener Flächen durch die einzelnen Gewerken entgegen und ist erforderlich, um die Ordnung im Betriebe aufrecht zu erhalten.

Die Bestimmung in Abs. 2 wurde beigefügt, damit nicht durch weitere Theilung der Kuxe die Wirksamkeit der vorgehenden Vorschriften in Frage gestellt werden kann. Selbstverständlich ist der hier gesetzte Termin sofort giltig, wenn auch das ganze Gesetz erst mit dem 1. Oktober 1900 in Kraft tritt. Es ist also vom 1. April 1900 ab eine weitere Theilung der Kuxe oder die Schaffung neuer Einzelbetriebe nicht mehr statthaft, bezw. ungiltig, wenn solches trotzdem stattgefunden haben sollte. Dies wird bei der künftigen Ueberlassung von Flächen an die Gewerkschaft in Betracht zu kommen haben.

Art. 273. (237)

In den Rechtsverhältnissen der Mitbetheiligten der am 1. Juli 1869 in der Pfalz im Besitze mehrerer Personen befindlichen Bergwerke wird durch dieses Gesetz nichts geändert. Jedoch finden die Bestimmungen des Art. 155 auch auf diese Bergwerke Anwendung.

Durch einen von einer Mehrheit von wenigstens drei Viertheilen aller Antheile gefaßten Beschluß können die Mitbetheiligten eines solchen Bergwerkes die im vierten Titel des gegenwärtigen Gesetzes (Art. 117 bis 152) enthaltene gewerkschaftliche Verfassung annehmen, soweit nicht vertragsmäßige Verabredungen entgegenstehen.

Der Beschluß ist notariell aufzunehmen.[1]

1. In den Landestheilen jenseits des Rheines unterlagen früher die Rechtsverhältnisse der Mitbetheiligten eines Bergwerkes beim Mangel eines besonderen Vertrages lediglich der Beurtheilung

nach den allgemeinen Regeln des bürgerlichen Rechts. Dies bleibt für die am 1. Juli 1869 im Besitze mehrer Personen befindlichen Bergwerke auch ferner in Kraft.

Die Betheiligten können jedoch, wo ein Vertrag nicht hindernd im Wege steht, durch Beschluß von drei Viertheilen aller Antheile die gewerkschaftliche Verfassung des IV. Titels annehmen.

Art. 274. (238)

Auf Fälle, in welchen vor dem 1. Juli 1869 für den Betrieb des Bergbaues Grund und Boden eigentümlich oder zur Benützung abgetreten ist, kommen nicht die Art. 158—169, sondern die bis zum 1. Juli 1869 in Geltung gestandenen Gesetze zur Anwendung.[1]

1. Der Art. bringt zum Ausdruck, daß die Ueberlassung von Grund und Boden zum Betriebe des Bergbaues, die schon vor dem Inkrafttreten des Berggesetzes vom 20. März 1869 erfolgt ist, bezüglich der Abtretungspflicht und deren Folgen, der Entschädigungsfrage, nach den damals hiefür giltigen Gesetzen zu beurtheilen ist.

Art. 275. (neu)

Für die Berechnung der Fristen findet die Vorschrift des § 222 Abs. 1 und 2 der Civilprozeßordnung entsprechende Anwendung.[1]

1. Der Art. wurde neu beigefügt, um eine Einheitlichkeit mit der sonst üblichen Fristenberechnung zu erzielen.

§ 222 Abs. 1 und 2 der Civilprozeßordnung lautet:

„Für die Berechnung der Fristen gelten die Vorschriften des Bürgerlichen Gesetzbuchs.

Fällt das Ende einer Frist auf einen Sonntag oder allgemeinen Feiertag, so endigt die Frist mit Ablauf des nächstfolgenden Werktages."

Beilage I.

Königlich Allerhöchste Verordnung

die

Organisation und Wirkungskreis der Bergbehörden betr.

Im Namen Seiner Majestät des Königs.

Luitpold,

von Gottes Gnaden Königlicher Prinz von Bayern, Regent.

Wir finden Uns bewogen, zum Vollzuge des Berggesetzes für das Königreich Bayern in der Fassung der Bekanntmachung vom 20. Juli 1900 (Ges.- u. Verordn.-Bl. Nr. 45) zu verordnen, was folgt:

§ 1.

Die Ausübung der dem Staate nach dem Berggesetze zustehenden Hoheitsrechte bleibt wie bisher von dem Betriebe und der Verwaltung der Staatsbergwerke getrennt.

§ 2.

Die den Bergbehörden durch das Berggesetz zugewiesenen Befugnisse und Obliegenheiten werden von den Berginspektionen und von dem Oberbergamte wahrgenommen.

§ 3.

Bis auf Weiteres wird je eine Berginspektion errichtet

1. in München für die Regierungsbezirke Oberbayern, Niederbayern, Schwaben und Neuburg,
2. in Bayreuth für die Regierungsbezirke Oberpfalz

und Regensburg, Oberfranken, Mittelfranken, Unterfranken und Aschaffenburg,

3. in Zweibrücken für den Regierungsbezirk der Pfalz.

§ 4.

Den Berginspektionen obliegt vor Allem die Handhabung der Bergpolizei nach Vorschrift des Tit. IX. des Berggesetzes.

In Beziehung auf die ihrer Aufsicht unterstellten Anlagen und Betriebe stehen ihnen die Befugnisse der im § 139 b der Gewerbeordnung bezeichneten Aufsichtsbeamten zu (§ 1 Abs. 1 und § 2 der Verordnung vom 31. März 1892, die Fabriken- und Gewerbe-Inspektoren betreffend).

Die Berginspektionen haben die Aufsicht über die Ausführung der Bestimmungen über die Sonntagsruhe in den ihnen unterstehenden Betrieben und sind für die Gestattung von Ausnahmen auf Grund der §§ 105 f, 138 a, 139 Abs. 1 und 154 a der Gewerbeordnnng für Bergwerke, unterirdisch betriebene Brüche oder Gruben und die damit zusammenhängenden Aufbereitungsanstalten als untere Verwaltungsbehörden zuständig (§ 49 der Verordnung vom 29. März 1892, den Vollzug der Gewerbeordnung betreffend).

Weiter wird ihnen die Aufsicht über die Ausführung der die Arbeitsbücher und die Beschäftigung der jugendlichen Arbeiter und der Arbeiterinnen betreffenden Bestimmungen der Art. 103 bis 109 des Berggesetzes und der §§ 135 bis 139 b der Gewerbeordnung für die vorbezeichneten Betriebe übertragen.

Die Berginspektionen haben ferner alle ihnen sonst durch das Berggesetz und zum Vollzuge desselben durch die vorgesetzten Behörden und Stellen zugewiesenen Obliegenheiten zu erfüllen.

Außerdem werden dieselben unter theilweiser Abänderung der Verordnung vom 19. Juli 1884, den Vollzug des § 109 des Unfallversicherungsgesetzes vom 6. Juli 1884 betreffend (Ges.- und Verord.-Bl. S. 439/40) mit der Wahrnehmung der nach den reichsgesetzlichen Bestimmungen über Gewerbe-Unfallversicherung den unteren Verwaltungsbehörden sowie den Ortspolizeibehörden zukommenden Verrichtungen für die zur Knappschafts-Berufsgenossenschaft gehörigen Betriebe betraut.

§ 5.

Die Berginspektionen werden mit einem Berginspektor, welcher den Rang und Gehalt eines Oberbergamtsassessors erhält, sowie mit der entsprechenden Anzahl nichtpragmatischer Assistenten mit dem Rang und Gehalt der Assistenten der Fabriken- und Gewerbe-Inspektoren besetzt.

§ 6.

Der Geschäftskreis des Oberbergamts erstreckt sich auf das gesammte Gebiet des Königreichs und umfaßt zunächst die ihm durch das Berggesetz zugewiesenen Obliegenheiten.

Das Oberbergamt führt ferner die Aufsicht über die Berginspektionen und erläßt mit Genehmigung des Staatsministeriums des Innern die Dienst-Instruktion für dieselben.

Es hat die beim Vollzuge der Gewerbeordnung den k. Regierungen, Kammern des Innern, übertragenen Befugnisse der höheren Verwaltungsbehörden für die der Aufsicht der Bergbehörden unterstehenden Betriebe auszuüben.

Weiter hat das Oberbergamt die im Vollzuge des Berggesetzes ihm vom Staatsministerium des Innern übertragenen Geschäfte wahrzunehmen.

Außerdem wird demselben unter theilweiser Abänderung der Verordnung vom 19. Juli 1884, den Vollzug des § 109 des Unfallversicherungsgesetzes vom 6. Juli 1884 betreffend, die Wahrnehmung der nach den reichsgesetzlichen Bestimmungen über Gewerbe-Unfallversicherung den höheren Verwaltungsbehörden zukommenden Verrichtungen für die zur Knappschafts-Berufsgenossenschaft gehörigen Betriebe übertragen.

Dem Oberbergamte bleibt wie bisher die geognostische Untersuchung des Königreichs unterstellt. Dem Vorstand der letzteren wird jedoch die volle Selbständigkeit und Verantwortlichkeit bezüglich der wissenschaftlichen Arbeiten gewahrt.

§ 7.

Das Oberbergamt wird besetzt mit einem Oberbergdirektor, zwei Oberbergräthen, einem Oberbergamts-Markscheider mit dem Rang und Gehalte der bisherigen Bergamtsassessoren, einem Sekretär und mit dem erforderlichen nichtpragmatischen Personal.

Für die geognostische Untersuchung wird ein pragmatischer Beamter als Vorstand mit dem weiter nöthigen Personal aufgestellt.

§ 8.

Das Oberbergamt hat kollegial zu berathen und zu beschließen über die Gestattung und Untersagung von Schürfungen, über die Verleihung und Entziehung des Bergwerkseigenthums, über das Muthungsvorrecht, über die Gestattung von Hilfsbauen, über die Zusammenlegung und Theilung von Grubenfeldern, über die Bestätigung von Gewerkschafts- und Knappschaftssatzungen sowie über Beschwerden gegen die Verwaltungen der Knappschaftsvereine. Die weiteren Bestimmungen über das Verfahren werden von dem Staatsministerium des Innern erlassen.

§ 9.

Behufs Vornahme der nach dem Berggesetz erforderlichen markscheiderischen Geschäfte werden bis auf Weiteres zwei Markscheider als nichtpragmatische Beamte mit dem Rang und Gehalte der Assistenten der Fabriken- und Gewerbe-Inspektoren und zwar

der eine bei der Berginspektion Bayreuth für das diesrheinische Bayern,

der zweite bei der Berginspektion Zweibrücken für den Regierungsbezirk der Pfalz

aufgestellt.

Dieselben sind berechtigt, neben ihrem Gehalte von den Grubenbesitzern für die ihnen durch das Berggesetz zugewiesenen Geschäfte, für Vermessung der Gruben sowie für Herstellung und Nachtragung der Grubenbilder Gebühren zu erheben. Die Höhe der Gebühren wird durch das Oberbergamt mit Genehmigung des Staatsministeriums des Innern bestimmt.

Die Aufsicht über die Markscheider wird durch das Oberbergamt geführt.

§ 10.

Alle Zuständigkeiten, welche durch das Berggesetz dem Staatsministerium zugewiesen sind, übertragen Wir Unserem Staatsministerium des Innern, welchem die Bergbehörden untergeordnet werden.

§ 11.

Die oberste Leitung der Bergwerke, Hütten und Salinen des Staates verbleibt Unserem Staatsministerium der Finanzen.

§ 12.

Gegenwärtige Verordnung tritt an Stelle der Verordnung vom 16. Juni 1869, die Organisation der Bergbehörden betreffend, mit dem 1. Oktober 1900 in Wirksamkeit.

Mit dem gleichen Tage werden die bisherigen Bezirksbergämter aufgehoben.

München, den 30. Juli 1900.

Luitpold,

Prinz von Bayern, des Königreichs Bayern Verweser.

Dr. Frhr. v. Feilitzsch. Staatsrath v. May.

Auf Allerhöchsten Befehl:
Der General-Sekretär:
an dessen Statt
Ministerialrath v. Geib.

Anmerkungen
zur Verordnung über Organisation etc. der Bergbehörden.

Zu §§ 2 mit 5.

An Stelle der bisherigen Bezirksbergämter, denen auch die Verleihung und Entziehung des Bergwerkseigenthums in erster Instanz übertragen war, treten mit dem 1. Oktober 1900 die Berginspektionen, welchen als Hauptaufgabe die Bergpolizei zugewiesen ist.

Die Berginspektoren sollen nach dem Vorbilde der Fabriken- und Gewerbeinspektoren die ihrer Aufsicht nach dem Berggesetze unterstellten Betriebe häufig und gründlich revidiren und die hiebei wahrgenommenen Mißstände beseitigen und alle Maßregeln anordnen, durch welche Unglücksfällen vorgebeugt werden kann.

Zu diesem Zwecke werden denselben Assistenten in der erforderlichen Anzahl beigegeben, welche dem Personal der befähigteren Bergarbeiter entnommen werden sollen; die letzteren entsprechen den Assistenten der Fabriken- und Gewerbe-Inspektoren.

Die Berginspektionen haben die Aufsicht über die Ausführung der die Arbeitsbücher ꝛc. betreffenden Bestimmungen; die Ausstellung der Arbeitsbücher selbst hat durch die zuständige Ortspolizeibehörde zu erfolgen.

Zu § 6.

Bezüglich der Befugnisse der höheren Verwaltungsbehörden beim Vollzuge der Gewerbeordnung wird auf die §§ 105 e, 138 a Abs. 2 und 139 Abs. 1 und 2 der Gewerbeordnung, dann die §§ 33, 35—37 und 51 der Ausführungsanweisung vom 31. März 1892 (Min.Amtsbl. 1892 S. 91 ff.) verwiesen.

Zu § 8.

Das Oberbergamt hat hienach in allen Fällen, in denen der Verwaltungsgerichtshof in II. Instanz zuständig ist, seine Beschlüsse kollegial zu fassen. Nebstdem kann das Staatsministerium d. J., welches das Verfahren sonst zu bestimmen hat, anordnen, in welchen Angelegenheiten außerdem die kollegiale Berathung einzutreten hat.

Zu § 9.

Den Markscheidern stehen zunächst für die von ihnen bethätigten Geschäfte die gleichen Diäten wie den Assistenten der Fabriken- und Gewerbe-Inspektoren nebst Reisekosten zu. Für besondere Dienstleistungen (Zeichnungen ꝛc.) sind die Gebühren durch das Oberbergamt mit ministerieller Genehmigung allgemein festzusetzen.

Beilage II.

Oberbergpolizeiliche Vorschriften.

Königliches Staatsministerium des Innern.

Das k. Staatsministerium des Innern erläßt auf Grund der Art. 230 und 231 des Berggesetzes für das Königreich Bayern in der Fassung der Bekanntmachung vom 20. Juli 1900 zur Verhütung von Gefahren für Personen und Eigenthum beim Bergbau nachstehende Vorschriften:

I. Schutz der Oberfläche.

§ 1.

Jede Neuanlage oder Wiedereröffnung eines unterirdischen Betriebes ist mindestens einen Monat zuvor der Berginspektion anzuzeigen. Das Gleiche gilt für die Einstellung des Betriebes. Muß dieser mit kürzerer Frist eingestellt werden, so ist die Anzeige binnen längstens zwei Wochen nach erfolgter Betriebseinstellung nachzutragen. (Art. 67 und 72.)

§ 2.

Tagebaue sind gegen angrenzende Wege und Wohnplätze durch mindestens 1 Meter hohe, starke Einfriedigung abzusperren.

Werden Sprengarbeiten vorgenommen, so müssen vor dem Schießen die vorbeiführenden Wege von der Mannschaft derart besetzt werden, daß andere Personen nicht ungesehen und ungewarnt in die Nähe des Arbeitsortes gelangen können.

§ 3.

Alle Oeffnungen und Zugänge der Schächte, Aufzüge, Bremsberge und anderer Betriebsanlagen über Tage sind derartig abzusperren, daß Niemand ohne eigene Schuld hinabstürzen oder sonst Schaden durch dieselben erleiden kann.

Bei jeder wenn auch nur zeitweiligen Einstellung des Betriebes eines Bergbaues müssen alle Zugänge in denselben gegen jede Gefahr für Menschen und Thiere versichert werden.

§ 4.

Sicherheitspfeiler, welche zum Schutz von Ortschaften, Flüssen, Landstraßen und anderen öffentlichen Anlagen behördlich vorgeschrieben wurden, dürfen nicht ohne behördliche Genehmigung geschwächt oder durchörtert werden.

Anm.: Die Stärke der Sicherheitspfeiler hat die Berginspektion je nach der Lage des Einzelfalles einzuschreiben. Eine Schwächung oder Aenderung derselben ohne Genehmigung der Berginspektion ist unstatthaft.

§ 5.

Nähern sich Grubenbaue — mit Einschluß von Tagebauen — Eisenbahnen, öffentlichen Wegen, Gebäuden, Wasserläufen, Wasserreservoiren und andern Tagesgegenständen, deren Beschädigung die persönliche Sicherheit über oder unter Tage oder den öffentlichen Verkehr gefährden würden, so ist, soweit die Sicherung derselben nicht bereits durch den Betriebsplan vorgesehen war, unter Ergänzung des Betriebsplanes der Berginspektion hievon ungesäumt Anzeige zu machen.

Anm.: vgl. hiezu die Art. 184 ff. und die Art. 189 ff. des Berggesetzes.

§ 6.

Sind in Folge des Grubenbetriebes Anzeichen für Senkungen oder Tagebrüche vorhanden, durch welche die Sicherheit der Personen oder des öffentlichen Verkehrs gefährdet werden kann, so hat der Bergwerksbesitzer dem Besitzer oder Verwalter des betreffenden Grundstückes von der vorliegenden Gefahr alsbald Nachricht zu geben.

Die gefahrdrohenden Stellen, sowie bereits eingetretene Tagebrüche sind vom Bergwerksbesitzer dauernd und sicher zu verwahren, und ist das Verbot des Betretens der abgesperrten Fläche durch Warnungstafeln ersichtlich zu machen.

Bei zeitweiser oder dauernder Einstellung eines unterirdisch betriebenen Bergwerkes hat der letzte Besitzer desselben geeignete Vorkehrungen zu treffen, um die Oberfläche gegen die Gefahr für Personen oder den öffentlichen Verkehr sicher zu stellen.

Anm. Die Vorschrift des Abs. 1 ist zur Sicherung der Personen, sowie zum Schutze des öffentlichen Verkehrs getroffen. Sobald der Bergwerksbesitzer wahrnimmt, daß Senkungen oder Tagebrüche in Folge des Betriebes eintreten werden, ist er verpflichtet, die Betheiligten sofort zu verständigen, damit solche ihrerseits Vorkehrungen zum Schutze treffen, eventuell die bedrohten Gebäude verlassen und sich auch den Ersatz des eintretenden Schadens sichern können.

Zu Abs. 3 vgl. Art. 197 des Berggesetzes.

§ 7.

Das planmäßige Zubruchebauen der Oberfläche, worunter das aus Betriebszwecken absichtlich herbeigeführte vollständige Niederziehen der Oberfläche verstanden wird, ist nur unter der Voraussetzung gestattet, daß der Nachweis der vorausgegangenen Einigung mit dem betheiligten Grundeigenthümer bezw. der im Enteignungsverfahren erlangten Berechtigung zu einer solchen Benützung von fremdem Grund und Boden erbracht ist.*

* Nach Art. 156 ff. des Bergges. muß der Grundbesitzer dem Bergwerksbesitzer die zum Bergbau erforderliche Fläche überlassen, jedoch nur gegen vollen Schadensersatz. Will daher die Oberfläche zu Bruche gebaut werden, so muß vorher die Entschädigung geregelt sein.

§ 8.

Es ist thunlichst alles zu vermeiden, was zu Haldenbränden Veranlassung geben kann. Insbesondere dürfen glühende Schlacken und Aschenhaufen weder auf Kohlengebirgshalden noch in die Nähe von solchen oder von Gebäuden abgestürzt werden.

Brennende Halden sind, insoweit es die örtliche Lage erfordert, durch Einfriedigung abzusperren; die daran vorbeiführenden Wege sind mit Warnungstafeln zu versehen.

Anm. Vgl. hiezu die Allerh. Verordn. vom 27. Juni 1862 und 31. Dezember 1867, die Verhütung von Feuersgefahren betr. (Reg.-Bl. 1862 S. 1573 und 1868 S. 5 ff.).

§ 9.

Die aus den Gruben und Aufbereitungsanstalten abfließenden Wasser dürfen nur in thunlichst geklärtem Zustande in öffentliche Gewässer eingeleitet werden.

Anm. Vgl. Art. 58 des Wasserbenutzungsgesetzes vom 28. Mai 1852.

II. Sicherung der Grubenbaue.

§ 10.

Jede Schachtanlage ist, soweit es die Gebirgsbeschaffenheit erfordert, durch hinreichenden Ausbau und genügende Schachtpfeiler sicher zu stellen.

Letztere dürfen nur mit bergbehördlicher Genehmigung geschwächt oder abgebaut werden.

Anm. Gebirgsbeschaffenheit = Bodenbeschaffenheit. Die Art und Stärke des Ausbaues und der Schachtpfeiler ist im Betriebsplan (Art. 68) zu bestimmen mit Genehmigung der Berginspektion.

§ 11.

Bei Steinkohlengruben und auf Verlangen der Berginspektion auch auf anderen Bergwerken ist in regelmäßigen Zeitabschnitten unter Leitung des speciell mit der Schachtüberwachung betrauten Bediensteten durch die Schachtzimmerleute eine Untersuchung der Hauptschächte vorzunehmen.

Der Berginspektor hat zu entscheiden, auf welchen Schächten und in welchen Zeitabschnitten diese regelmäßigen Schachtrevisionen stattzufinden haben.

Förderschächte, welche zur Seilfahrt benützt werden, müssen unter allen Umständen mindestens allwöchentlich untersucht werden.

Ueber diese Untersuchung ist ein besonderes Buch zu führen, welches die Namen der damit beauftragten Personen, den Befund im Falle besonderer Anordnungen des Betriebsleiters, auch die Angabe über Art und Zeit der Ausführung, endlich das Datum des Eintrags enthalten muß.

Anm. Diese Revision ist von größter Wichtigkeit und es haben die Berginspektionen bei ihren Besichtigungen sich stets zu überzeugen, daß solche sorgfältig und rechtzeitig vorgenommen wird. Die Häufigkeit derselben richtet sich nach den Verhältnissen der Grube und der Verlässigkeit der Betriebsleitung.

§ 12.

Sämmtliche Grubenbaue müssen bei der Anlage gegen ein Hereinbrechen des Gesteins oder der Kohle hinreichend sicher gestellt und ebenso wie die dazu gehörigen Vorrichtungen für den Verkehr, so lange sie sich in Benützung befinden, in sicherem Zustande unterhalten werden.

Gefahrdrohende Ueberhänge sind auf geeignete Weise gegen vorzeitiges Hereingehen zu verwahren.

Anm. Auch hier ist im Betriebsplan das Erforderliche im Einzelnen und genau vorzusehen. Die Berginspektion hat eingehend zu prüfen, ob die Sicherung genügend ist, und hat ev. die nöthigen Ergänzungsmaßregeln anzuordnen. Unter Ueberhänge sind jene Theile der Gesteins- und Erdmassen zu verstehen, welche aus dem Verbande der Umgebung theilweise losgetrennt sind und aus der Hauptmasse hervorragen, hiedurch meist die Gefahr des Hereinbrechens bietend.

§ 13.

Alle Schächte, Gesenke, Rolllöcher, Lichtlöcher, Bremsberge und dergl. sind an ihren Mündungen und Zugängen, sei es über oder unter Tage, derartig zu verwahren, daß Niemand ohne Verschulden in dieselben hineinstürzen kann.

Unbefugten ist das Oeffnen oder Besteigen solcher Verschlüsse untersagt.

Diejenigen, welche zum Zwecke des Betriebes solche Verschlüsse geöffnet oder beseitigt haben, sind verpflichtet, dieselben nach Erreichung des Betriebszweckes sofort in der früheren Weise wiederherzustellen.

Münden solche Grubenbaue direkt in eine Förderstrecke ein, so ist die Befahrung der letzteren durch geeignete Vorrichtungen (Verschläge, Umbruchörter) sicher zu stellen.

Anm. Die Vorschrift ist für die Sicherheit der Arbeiter von großer Bedeutung und daher mit aller Strenge durchzuführen. Das Verbot des unbefugten Oeffnens ist gut sichtlich anzuschlagen.

§ 14.

Alle Tagschächte müssen alsbald nach ihrer Anlage

mindestens mit einer verschließbaren Kaue* überbaut oder in sonst geeigneter Weise dergestalt abgesperrt werden, daß Unbefugte in die Grubenbaue ohne Anwendung von Gewalt oder Uebersteigen nicht gelangen können.

Stollen, Tagstrecken und Schachtgebäude sind, sobald darin regelmäßiger Verkehr nicht stattfindet, verschlossen zu halten, andernfalls aber mit Warnungstafeln zu versehen, durch welche Unbefugten der Zutritt verboten wird.

* Kaue = Schachthütte.

§ 15.

Gezähstücke, Holz, Steine und andere lose Gegenstände dürfen nur in solcher Entfernung von Schächten, Bremsbergen, Gesenken ꝛc. niedergelegt und geduldet werden, daß ein Hinabfallen derselben in letztere nicht erfolgen kann.

§ 16.

Alle Betriebe, mit welchen voraussichtlich die Grenzen von Sicherheitspfeilern oder alte unzugängliche Baue und Wassersäcke gelöst werden, sollen auf Grund der Angaben des Markscheiders ausgeführt werden.

Anm. Es ist diese Vorschrift zur Vermeidung von Unfällen geboten, da der Markscheider auf Grund seiner Arbeiten mit den Verhältnissen am vertrautesten ist.

§ 17.

Sind Durchschläge mit dem alten Mann* oder nicht zugänglichen Grubenbauen zu erwarten, so ist in jedem Falle vorzubohren.

Handelt es sich aber um die Lösung von Grubenbauen, welche voraussichtlich mit Wasser oder schädlichen Wettern gefüllt sind, so ist außerdem dem Berginspektor Anzeige zu erstatten, welcher die zur Verhütung eines unerwarteten Durchbruches, zur Benützung eines geeigneten Fluchtweges und zur Sicherstellung der auf benachbarten Bauen angelegten Arbeiter von der Betriebsleitung eingeleiteten Vorkehrungen zu prüfen, und insoweit es angezeigt erscheint, durch entsprechende Anordnungen abzuändern oder zu vervollständigen hat.

Ueber den Vorbohrbetrieb sind Aufzeichnungen zu

führen, aus welchen der jeweilige Stand der Bohrarbeiten ersehen werden kann.

Die in Absatz 2 vorgeschriebene besondere Anzeige an den Berginspektor wird durch Erwähnung des betreffenden Betriebes in dem an die Berginspektion eingereichten Betriebsplane nicht ersetzt.

* Alter Mann: Abgebaute, mit Versatz ausgefüllte Räume.

Die Vorschrift in Abs. 2 ist sehr wichtig und darf im Interesse des Schutzes der betheiligten Personen nie außer Acht gelassen werden, vgl. Abs. 4.

§ 18.

Sind bei einer Grube diejenigen Hölzer und sonstigen Materialien, welche zum sicheren Betriebe unbedingt nothwendig erscheinen, nicht vorhanden, so kann der Berginspektor die Einstellung des Grubenbetriebes bis nach Beschaffung des Erforderlichen anordnen.

Anm. Von dieser Befugniß muß der Berginspektor Gebrauch machen, sobald aus dem Fehlen der Hölzer ꝛc. für den Betrieb sofortige Gefahren drohen.

§ 19.

Münden Schächte oder Stollen, durch welche die Wetter einziehen, in der Nähe von brandgefährlichen Objekten, so müssen solche Anordnungen getroffen sein, daß beim Ausbruch eines Brandes die Fortpflanzung des Feuers sowie das Einziehen der Brandgase in die Grube möglichst verhindert wird.

Insoferne Wasserleitungen mit ausreichendem Drucke nicht zur Verfügung stehen, muß für das Vorhandensein jederzeit brauchbarer und leicht erreichbarer Feuerlöschvorrichtungen Sorge getragen werden.

Anm. Der Berginspektor hat zu prüfen, ob die nach Abs. 1 getroffenen Anordnungen zweckentsprechend und genügend sind, und hat nöthigen Falls deren sofortige Ergänzung anzuordnen.

§ 20.

Das Einhängen von Gefäßen mit brennenden Stoffen zum Zwecke des Wetterwechsels ꝛc. ist nur unter Anwendung der nöthigen Vorsicht und bei steter Beaufsichtigung gestattet.

Mit Ausnahme des in unterirdischen Feuerungsanlagen oder in Feuerkörben zu unterhaltenden, sowie sonst zu Betriebszwecken unumgänglich nothwendigen Feuers ist das Anmachen und Unterhalten von offenem Feuer in den Grubenbauen untersagt.

Wird der Betrieb unterirdischer Feuerungsanlagen unterbrochen, so haben die dieselben bedienenden Arbeiter sich nicht eher zu entfernen, als bis sie die Gewißheit erlangt haben, daß deren Feuer völlig verlöscht ist.

Alles leichtsinnige Gebahren mit Feuer im Innern von Schachtgebäuden und Kauen oder in deren unmittelbarer Nähe ist strengstens verboten.

Grubenlichter sind stets derart aufzuhängen, daß eine Entzündung brennbarer Stoffe durch sie nicht erfolgen kann.

Brennende Dochtstücke dürfen nicht weggeworfen werden, sondern sind zuvor abzulöschen.

Massen, welche erfahrungsgemäß zur Selbstentzündung in der Grube geneigt sind, dürfen niemals zur Verfüllung von Grubenbauen in die Grube eingeführt werden.

Grubenbrände sind der Berginspektion ungesäumt zur Anzeige* zu bringen.

* Die Anzeige hat thunlichst thelegraphisch oder thelephonisch zu erfolgen.

III. Fahrung.

§ 21.

Auf jedem Bergwerke, in welchem die Befahrung nicht ausschließlich durch Stollen oder einfallende Strecken stattfindet, muß mindestens ein von allen Punkten des Grubengebäudes ohne Gefahr erreichbarer, mit Fahrten versehener, Schacht vorhanden sein.

§ 22.

Für jede in Abbau stehende Kohlengrube müssen zwei gut fahrbare Tagausgänge vorhanden sein, welche dergestalt von einander unabhängig sind, daß es der gesammten, auf den verschiedenen Sohlen und in den einzelnen Bauabtheilungen befindlichen Belegschaft beim Unfahrbarwerden des einen Weges möglich bleibt, durch den anderen die Tagesoberfläche zu erreichen.

Bei den sonstigen in Abbau stehenden unterirdischen Betrieben ist für einen zweiten Tageausgang zu sorgen, sobald dies durch die Verhältnisse* erforderlich erscheint, worüber die Berginspektion entscheidet.

Der Berginspektion ist Anzeige zu erstatten, wenn der zweite fahrbare Tageausgang verloren geht oder das Aufgeben desselben in den nächsten drei Monaten beabsichtigt oder befürchtet wird.

Bei Anlage einer neuen Sohle ist zugleich auch auf die baldige Herstellung einer Verbindung mit dem zweiten Tagausgange Bedacht zu nehmen.

Anm. Die Forderung ist eine wohlberechtigte, um bei Sperrung des einen Ausgangs den Arbeitern die Rettung durch den anderen Ausgang zu ermöglichen. Auf deren Durchführung ist strenge zu achten.

* Die Verhältnisse, die hiezu veranlassen, können in der örtlichen Beschaffenheit der Grube, in der Art des Betriebes liegen. Die Berginspektion hat in Würdigung aller in Betracht kommenden Verhältnisse die entsprechende Anordnung zu treffen.

§ 23.

Das Ein- und Ausfahren der Mannschaft darf nur in den zur Fahrung bestimmten Stollen, Strecken und Schächten erfolgen.

Das Befahren anderer Strecken, Schächte oder Bauabtheilungen ist nur dem einschlägigen Aufsichtspersonal, sowie den von diesem besonders hiezu ermächtigten Personen gestattet.

Anm. Zur Fernhaltung von Unglücksfällen ist strenge Durchführung der Vorschriften geboten. Die Ermächtigung ist schriftlich zu ertheilen.

§ 24.

Fahrschächte müssen dergestalt mit Fahrten oder Treppen ausgerüstet sein, daß ein sicheres Einsetzen des Fußes stattfinden kann.

Die Fahrten dürfen nie überhängen und in Schächten, welche mehr als 20 Meter Teufe haben, nicht seiger* gestellt sein, sondern müssen immer einige Tonnlage* besitzen.

Da wo die Fahrten nicht sofort fest eingebaut werden können, müssen sie wenigstens in tüchtige Fahrthaken eingehängt werden.

* seiger = senkrecht, Tonnlage = schräge.

§ 25.

In allen Fahrschächten von mehr als 65 Grad Neigung müssen in Abständen von höchstens 10 Meter Ruhebühnen angebracht sein.

Wo dies nicht thunlich erscheint, sind wenigstens auf gleiche Entfernungen Ruhesitze im Hangenden oder zur Seite der Fahrt anzubringen.

§ 26.

Ueber der Hängebank sowie über jeder Ruhebühne muß entweder die Fahrt 1 Meter hervorragen, oder wo dies nicht thunlich ist, müssen eiserne Klammern oder Stangen angebracht werden, an welchen die Fahrenden sich festhalten können.

§ 27.

Flache Fahrten, Treppen und Fahrsteige sind mit Handstangen oder Anhaltseilen zu versehen.

Drahtseil-Kettenfahrten dürfen nur provisorisch* in Verwendung kommen und dürfen nicht länger als 8 Meter sein.

Steigbäume dürfen nur in Verhauen und provisorischen Anlagen in Verwendung kommen. Mehr als 8 Meter hohe, oder schlecht befestigte oder abgetretene Stufen zeigende Steigbäume dürfen nicht geduldet werden.

* Es dürfen nur vorübergehende Betriebe von kurzer Dauer sein, bei denen die Drahtseilfahrten Anwendung finden.

§ 28.

Bildet ein Fahrschacht nur eine Abtheilung eines auch zu anderen Zwecken dienenden Schachtes, so ist er von den übrigen Abtheilungen durch Einstriche und Verschalung derartig abzuscheiden, daß die Fahrenden vor Beschädigung gesichert sind.

Dient in kleinen Schächten der Förderraum zugleich als Fahrschacht, so ist das Fahren während der Förderung gänzlich untersagt.

Anm. Zur Vermeidung von Kollisionen und Unglücksfällen ist Abs. 2 genau zu beachten.

§ 29.

Wo der Gebrauch von Holzpantoffeln in der Grube

üblich ist, darf deren Benützung bei Fahrten in Schächten nur mit Genehmigung der Berginspektion unter den vorher vorgeschriebenen Vorsichtsmaßregeln fernerhin stattfinden. Das Mitnehmen von größeren Gezähstücken ist verboten. Kleinere Gezähstücke müssen in verschlossenen Ledertaschen getragen werden.

Die Fahrschächte sind möglichst rein und eisfrei zu erhalten.

Anm. In einem kleinen Theile von Gruben ist der Gebrauch von Holzpantoffeln seit lange herkömmlich und es würden die Leute solche schwer entbehren. Andererseits ist die Gefahr nicht zu unterschätzen, welche durch abfallende Pantoffeln den Arbeitern droht. Es sind daher die Pantoffeln nur statthaft unter bestimmten, von der Berginspektion nach Lage der Verhältnisse vorzuschreibenden Schutzmaßnahmen.

§ 30.

Die Benützung des Förderseiles zum Ein- und Ausfahren auf beladenen Fördergefäßen ist unbedingt untersagt. Dagegen kann die Betriebsleitung in geeigneten Fällen das Fahren in der leeren Tonne oder auf dem Förderkorb ausnahmsweise gestatten.

Auf Haspelschächten ist die Benützung des Seiles zur Ein- und Ausfahrt nur mit spezieller Genehmigung der Berginspektion gestattet.

Anm. Die Vorschriften über die Seilfahrt sind von der größten Wichtigkeit und ist darum die höchste Vorsicht geboten. Es sind von vorneherein die strengsten Bedingungen zu stellen, um ein Zerreißen des Seiles oder ein Versagen der Vorrichtungen thunlichst unmöglich zu machen. Dann ist ebenso strenge zu überwachen, daß die Vorschriften über Benützung des Seiles, dessen Befestigung, periodische häufige Prüfung rc. aufs Peinlichste beachtet werden. Es hängt hievon das Leben vieler Arbeiter ab.

Alle Mängel, selbst kleine, sind sofort abzustellen.

§ 31.

Die Benützung des Seiles zur Mannschaftsförderung (Seilfahrt) bedarf der ausdrücklichen Erlaubniß der Berginspektion, welche die Bedingungen und erforderlichen Sicherheitsmaßregeln nach Vernehmung des Werkbesitzers bezw. der Betriebsleitung festzusetzen hat.

Von dieser Erlaubniß darf erst Gebrauch gemacht werden, wenn die Ausführung der Bedingungen und Sicherheitsmaßregeln an Ort und Stelle geprüft und die

Benützung der Seilfahrt von der Berginspektion für zulässig erklärt worden ist.

Dem Gesuche um Genehmigung zur Seilfahrt sind Zeichnung und Beschreibung der in Betracht kommenden Einrichtungen beizufügen.

§ 32.

Die Befestigung des Förderseiles am Seilkorb, die Seilscheibe, der Förderkorb und die Verbindungsstücke zwischen diesem und dem Förderseil, sowie letzteres selbst sind auf ihre Haltbarkeit täglich vor der Benützung zur Seilfahrt von einer damit betrauten zuverlässigen Person zu untersuchen, und es muß dabei das Seil vor deren Augen wenigstens einmal im Schachte langsam auf- und abgewunden werden.

§ 33.

Der Wärter, welcher die bei der Seilfahrt benützte Maschine lenkt, ist für die Beobachtung der vorgeschriebenen Sicherheitsmaßregeln, soweit sie sich auf den Betrieb der Maschine beziehen, verantwortlich.

§ 34.

Bei dem jedesmaligen Ein- und Ausfördern der Belegschaft muß ein zuverlässiger Aufseher zugegen sein, welcher für die Aufrechthaltung der Ordnung, besonders bei dem Ein- und Aussteigen verantwortlich ist, und dessen Anordnungen alle Fahrenden Folge zu leisten haben.

§ 35.

Die zur Seilfahrt benützten Schachtabtheilungen und die Schachtleitungen sind in vollständig sicherem Zustande zu erhalten und müssen wenigstens einmal wöchentlich einer genauen Untersuchung unterworfen werden. Die entdeckten Mängel sind sofort zu beseitigen; ehe dies geschehen, darf keine Seilfahrt stattfinden.

Ueber den Befund und die Ausführung von Reparaturen ist in dem nach § 11 zu haltenden Schachtbuche entsprechender Eintrag zu machen.

§ 36.

Die Betriebsleitung hat die mit der Untersuchung

der Seilfahrtseinrichtungen, der Maschinenführung, der Aufrechterhaltung der Ordnung bei der Seilfahrt sowie auch die mit der Schachtrevision betrauten Personen mit entsprechenden, von der Berginspektion zu bestätigenden Instruktionen zu versehen.

§ 37.

Die Namen der unter §§ 32—35 bezeichneten Personen sowie die bei der Seilfahrt zu befolgende Fahrordnung müssen stets im Schachthause angeschlagen sein.

§ 38.

Alle in Betrieb stehenden Bremsberge und Flachschächte, die für mehr als Einen Betriebspunkt vorgerichtet sind, müssen mit besonderen Fahrüberhauen oder Fahrabtheilungen versehen sein, so daß die Arbeiter nicht gezwungen sind, in den Förderabtheilungen oder durch dieselben zu fahren.

Die Fahrabtheilungen, die sich in den Bremsbergen und Flachschächten selbst befinden, sind gegen die Förderabtheilung so zu verschlagen, daß die Fahrenden vor Beschädigung sicher sind.

Bei zweiflüglichen Bremsschächten ꝛc. sind auch zwei Fahrüberhauen herzustellen oder es sind behufs Verbindung der gegenüberstehenden Schachtseiten entsprechende Umbruchörter anzulegen.

§ 39.

Das Befahren und Ueberschreiten der Förderabtheilungen in Bremsbergen und Flachschächten ist nur den Aufsichtsbeamten sowie den von der Betriebsleitung damit besonders beauftragten Personen gestattet.

Während solcher Befahrungen ist die Förderung einzustellen.

Belegte Uebersichbrechen oder Aufbrüche dürfen erst dann befahren werden, wenn auf den Ruf „Aushalten" zustimmende Antwort erfolgt ist.

§ 40.

Sollen Strecken mit mechanischer Förderung gleichzeitig zum Fahren benutzt werden, so sind dieselben entweder mit besonderer Fahrabtheilung oder, soweit es sich um eingeleisige Strecken handelt, mit einer genügenden Anzahl von Ausweichestellen zu versehen.

Wo diese Bestimmung nicht durchführbar ist, sind unter Zustimmung der Berginspektion besondere Anordnungen für die Befahrung zu treffen.

IV. Förderung.

§ 41.

Bei der Förderung in Schächten, Gesenken, Brems- und Haspelschächten ist die Verbindung zwischen Förderseil und Fördergefäß oder Förderkorb so herzustellen, daß eine zufällige Lösung derselben nicht stattfinden kann.

Anm. Auch diese Vorschrift ist von besonderer Bedeutung für die Sicherheit der Arbeiter und deshalb genau zu beachten.

§ 42.

Die Haspel über Ziehschächten (Haspelschächten) müssen mit Hängekappen und Wehrstangen, ferner mit Vorsteckern und bei mehr als 20 m Schachttiefe auch mit Bremsen versehen sein.

Die über die Sohle der Hängebank mindestens 8 Centimeter hervorragende Hängekappe (Bodenleiste) soll dem Fuße, die Wehrstange der Hand des Abziehers (Anschlägers) eine sichere Stütze bieten.

Auch sind die Haspel so einzurichten, daß der Rundbaum weder nach Oben ausspringen, noch bei einem Zapfenbruche fortfallen kann.

§ 43.

An allen Anschlagspunkten müssen zweckentsprechende Füllörter vorhanden sein.

Die Schachtmündungen sind so einzurichten, daß das Abziehen und Einhängen der Fördergefäße ohne Gefahr für die an der Hängebank und am Füllort beschäftigten Arbeiter erfolgen kann.

Bei Schächten von einiger Weitschaft sind den Anschlägern Haken zum Herüberziehen der Fördergefäße zuzutheilen.

Bei der gewöhnlichen Förderung ist vor der Schachtmündung eine Barriere (Querstange) anzubringen, welche dem Anschläger (Abzieher) als Halt und Stütze dient, ohne das Durchschieben der Fördergefäße zu hindern.

In allen Fällen, in denen eine mündliche Verständigung zwischen Anschlagssohle und Hängebank nicht mehr möglich ist, jedenfalls aber bei mehr als 40 m Teufe, müssen Signalvorrichtungen vorhanden sein.

Die Füllörter, von welchen regelmäßige Schachtförderung geht, und Nachts die Hängebänke, sind während der Förderung durch ständige Lampen gut erleuchtet zu halten.

§ 44.

Zur Sicherung der beim Schachtabteufen auf der Sohle beschäftigten Arbeiter sind, soweit es die Raumverhältnisse gestatten, (bei vorhandener Fahrabtheilung) Bühnen anzubringen, welche geeignet sind, den Arbeitern gegen das Herabfallen von Gegenständen während der Förderung Schutz zu gewähren.

Die Fördergefäße dürfen beim Abteufen nur bis zu einer Handbreit unter dem Rande gefüllt werden.

Die beim Abteufen zur Ein- und Ausförderung gelangenden Materialien und Gezähe müssen, falls sie über den Rand des Fördergefäßes hinausragen, an das Seil befestigt werden.

§ 45.

Beim Einhängen und Ausfördern von Holz- und Maschinentheilen in Schächten ist insbesondere für sichere Befestigung am Seile und für Bremsvorrichtungen zu sorgen.

Kabel, welche zum Einbau von Pumpen oder zum Herablassen schwerer Stücke verwendet werden, müssen mit Bremse, Sperrklinken und doppeltem Eingriff (zwei Räder und zwei Getriebe für dasselbe Vorgelege) versehen sein.

Anm. Alle diese Bestimmungen bezwecken, den Arbeiter vor herabfallenden Gegenständen zu sichern und ergibt sich hieraus deren großer Werth von selbst.

§ 46.

Bei der Gestellförderung in Treibschächten (Fördermaschinenschächten) sind die Fördertrümmer an den Hängebänken wie an den Füllörtern sämmtlicher Sohlen mit beweglichen Abschlüssen zu versehen, welche nur beim Abziehen und Einhängen geöffnet werden dürfen.

Wo besondere Anschläger (Abzieher) nicht angestellt sind, müssen diese Verschlüsse selbstthätig eingerichtet sein.

Außerdem muß bei der gewöhnlichen Förderung eine Barriere vorhanden sein, welche dem Abzieher zur Stütze dient, ohne das Durchschieben der Förderwagen zu hindern.

§ 47.

Bei der Gestellförderung in Treibschächten müssen an den Hängebänken und in denjenigen Sohlen, von welchen aus regelmäßige Schachtförderung stattfindet, Aufsatzvorrichtungen vorhanden sein.

Bei Anwendung von Fördertonnen muß unter der betreffenden Anschlagsohle der Schacht durch starke Schachtdeckel geschlossen und die Tonne auf mit Handhaben versehene Ueberstecker aufgesetzt werden.

Anm. Bei besonderen Fördermethoden ist es Sache der Berginspektion, der Einrichtung entsprechende Schutzvorrichtungen anzuordnen, bezw. hievon abzusehen, wenn und soweit solche entbehrlich scheinen.

§ 48.

Die Fördermaschine muß mit entsprechenden Sicherheitsvorrichtungen ausgerüstet sein und zwar:

a) mit Bremsvorrichtungen, welche auf die Seilkorbaxe wirken;
b) mit Signalvorrichtungen, welche gestatten, von dem Anschlagpunkte zur Hängebank und von dieser zum Maschinenraume Zeichen zu geben;
c) mit einem Teufenzeiger, welcher den augenblicklichen Stand der Förderkörbe im Schachte kundgibt;
d) mit einem Warnglockenapparat, welcher die Annäherung des aufgehenden Förderkübels an die Hängebank anzeigt;
e) mit Vorrichtungen, welche geeignet sind, das Zuhochtreiben des Förderkorbes zu verhindern und eventuell denselben abzufangen.

Für bestehende Anlagen, welche zur Seilfahrt nicht

benützt werden, können hinsichtlich der Bestimmungen unter Lit. d und e Ausnahmen gestattet werden.

§ 49.

Die Seilstärke soll einer sechsfachen Sicherheit entsprechen.*

Die Bordrände des Seilkorbes sollen so hoch sein, daß ein Uebersteigen des Seiles auch bei schlechtem Auflaufen als ausgeschlossen erscheint.

Für die Höhe zwischen Hängebank und Seilscheibe ist die Seilgeschwindigkeit bezw. der Seilkorbdurchmesser maßgebend.

* Es ist dies die Mindestforderung!

§ 50.

Für jede Förderung in Treibschächten ist eine Signalordnung aufzustellen. Tafeln, auf welchen die Bedeutung der Signale erklärt ist, sind im Maschinenraum, an der Schachthängebank und an den Anschlagpunkten anzubringen.*

* Die Tafeln sind an gut sichtbaren und gut beleuchteter Stelle anzubringen.

§ 51.

Die Bremswerke müssen kräftig construirt, fest verlagert, selbstwirkend, und so eingerichtet sein, daß sie von dem Bremser in völlig gesicherter Stellung gehandhabt werden können.

In Bremsbergen von solcher Höhe, daß eine deutliche Verständigung durch Zuruf nicht mehr möglich ist, sind zweckentsprechende* Signalvorrichtungen anzubringen.

Münden Bremsberge unmittelbar in eine Förderstrecke ein, so muß letztere durch Verschläge oder Prellbühnen gesichert, oder verunbrucht werden.

* Die Berginspektionsbeamten haben zu prüfen, ob die Signalvorrichtungen genügend sind.

§ 52.

Am Kopfe derjenigen Bremsberge, in welchen die Fördergefäße nicht auf Gestelle geschoben, sondern unmittelbar an's Seil angeschlagen werden, ist eine Vorrichtung (Barriere 2c.) anzubringen, welche ein Durchgehen der Fördergefäße verhindert.*

Die Geleise am Fuße des Bremsberges sollen nie derart in die einer Förderstrecke übergehen, daß die letzteren eine unmittelbare Fortsetzung der ersteren bilden.

Ist dies ausnahmsweise erforderlich, so muß am unteren Ende des Bremsberges eine Geleisesperre angeordnet werden, welche während der Bremsförderung geschlossen bleibt.

* Es ist dies wichtig, um das Herabstürzen der Fördergefäße und damit eine Gefährdung des betreffenden Arbeiters zu verhindern; vgl. § 53.

§ 53.

Die Zugänge der Strecken zu den in Betrieb stehenden Bremsbergen müssen mit beweglichen Verschlüssen versehen sein in solcher Höhe, daß die Fördergefäße nicht unter denselben hindurchgeschoben werden können.

Jeder, der einen solchen Verschluß geöffnet hat oder offen findet, hat denselben, bevor er den Zugang verläßt, wieder zu schließen.

In den Bremsbergen mit 30 Grad oder mehr Gefälle sind überdies an diesen Zugängen überall feste Spreizen oder Jöcher oder andere zweckentsprechende* Verschlußvorrichtungen anzubringen, welche das Durchschieben der Förderwagen auf das Bremsgestelle gestatten, den durchgehenden Wagen aber im Kippen auffangen und dadurch den Schlepper vor dem Absturz bewahren.

* Ob die Verschlußvorrichtungen genügend sind, um den Absturz des Schleppers zu verhindern, hat der Berginspektor zu bestimmen.

§ 54.

Als Bremser sollen ausschließlich nur zuverlässige Bergleute angestellt werden, deren Anordnung beim Bremsschachtbetrieb Folge zu leisten ist. Vor Beginn der Schicht haben sich dieselben von dem genauen Schließen der Bremsbacken sowie von dem richtigen Funktioniren der Bremsvorrichtungen zu überzeugen.

Das Feststellen oder Aufhängen des gelüfteten Bremshebels ist verboten.

Im Falle die Hauer oder Schlepper das Abbremsen der Fördergefäße selbst zu besorgen haben, muß die Bremsvorrichtung von jedem Anschlagspunkte aus leicht und so gehandhabt werden können, daß der Hauer oder Schlepper nicht genöthigt ist, in den Bremsberg selbst zu treten.

§ 55.

Das Betreten des Bremsberges während der Förderung ist unbedingt verboten. Ist das Signal zum Gang des Bremswerkes gegeben, so darf Niemand in oder unter dem Bremsberg sich aufhalten.*

* Das Signal muß selbstverständlich vernehmbar gegeben werden.

§ 56.

Das Wiedereinrichten eines entgleisten Förderkorbes, Wagens oder Gegengewichts, eine Veränderung der Belastung des letzteren, ein Kürzen oder Längen des Seiles darf erst erfolgen, nachdem sowohl der Förderkorb bezw. der Förderwagen sowie das Gegengewicht gegen das Durchgehen gesichert sind. In gleicher Weise ist zu verfahren, wenn der Förderkorb behufs anderweitiger Beladung betreten werden muß.*

* Für die genaue Befolgung dieser Vorschriften sind die mit der Förderung betrauten Personen verantwortlich.

§ 57.

Für die Handförderung auf Strecken gelten nachstehende Vorschriften:

1. Freie Förderung ist in der Regel nur auf Strecken mit höchstens 5 Prozent Gefälle gestattet.
2. Ist auf geneigter Bahn der Schlepper nicht jederzeit im Stande, den Förderwagen zu halten, so muß dieser gebremst werden.
3. Die Schlepper dürfen mit ihren Förderwagen nur in Abständen von 15 Meter auf geneigter und von 10 Meter auf söhliger Bahn folgen.
4. Werden von einem Schlepper gleichzeitig mehrere Wagen gestoßen, so müssen diese gekuppelt werden; das Kuppeln darf nur beim Stillstand geschehen.
5. Den Schleppern ist verboten, beim Abwärtsfördern auf geneigter Bahn vor den Förderwagen zu fahren oder dieselben frei laufen zu

lassen; es ist denselben ferner verboten, sich während der Förderung auf die Fördergefäße zu setzen, zu legen, oder zu stellen.

6. Stillstehende Förderwagen müssen auf geneigter Bahn stets festgelegt werden.
7. Das Licht des Schleppers muß den entgegenkommenden Personen stets sichtbar sein.
8. Zimmerholz muß derart auf den Förderwagen verladen werden, daß es von selbst nicht herabfallen kann.
9. Bei Krümmungen, Wechseln, sowie beim Anstoß an einen anderen Wagen oder einen stehenden Zug ist langsam zu fahren.
10. Bei niederen Förderstrecken ist in geeigneter Weise vorzukehren*, daß Verletzungen der Hände beim Fördern vermieden werden.
11. Während des Füllens darf in Füllbänke und aus Ueberſichbrechen nicht gestürzt werden. Beginn und Ende des Füllens ist durch Zuruf anzuzeigen.
12. In Förderstrecken, deren Sohle unter Wasser steht, muß Tragwerk mit festliegenden Laufbrettern vorhanden sein.

* Die Vorkehrungen sind durch die Berginspektionsbeamten zu prüfen, eventuell zu ergänzen.

§ 58.

Bei der Pferdeförderung hat der Fuhrmann mit brennender Lampe n e b e n dem Pferde oder, wenn dies nicht möglich ist, vor dem Pferde zu gehen. Das Einsetzen des Fuhrmannes ist nur in dem ersten Wagen und in diesem auch nur, wenn er leer ist, und unter der Bedingung gestattet, daß das Pferd mit dem Zügel gelenkt wird* und mit einem Lichte versehen ist.

Auch ist am letzten Wagen jedes Zuges eine brennende Lampe anzubringen.

Ist bei eingeleisigen Pferde-Förderstrecken nicht so viel Platz vorhanden, daß die fahrenden Personen vorbeifahrenden Zügen ausweichen können, so müssen in Abständen von höchstens 60 Meter dazu Ausweichstellen (Nischen) angebracht werden.

Unter Berücksichtigung lokaler Verhältnisse kann die

Berginspektion auf besonderen Antrag einzelne Abweichungen von den Vorschriften der §§ 57 und 58 gestatten.

* Der Führer des Wagens muß das Pferd völlig in der Gewalt haben.

§ 59.

In Strecken, in welchen maschinelle Förderung mittels Seil oder Kette stattfindet, sind Signalvorrichtungen anzubringen, mittels deren von jedem Punkt der Strecke aus dem Maschinenwärter Zeichen gegeben werden können.*

* Aus den Zeichen muß der Maschinenwärter sofort entnehmen können, ob etwa die Maschine abzustellen ist; die Abstellung muß sofort wirkend erfolgen können.

§ 60.

Laufbrücken zur Förderung über Tag sind mit festem Bodenbelege und Geländer zu versehen. Letzteres muß wenigstens aus Stangen und Seilen bestehen, welche sowohl in Höhe von 40 cm als auch von 80 cm anzubringen sind. Am Fuße des Geländers müssen Bodenleisten angebracht sein.

Laufbrücken, welche Förderbahnen, öffentliche Wege rc. übersetzen, sind so zu verwahren, daß Niemand durch abfallendes Material beschädigt werden kann.

Auslaufbahnen auf Halden sind an ihren Enden mit Vorrichtungen zum Aufhalten der Wagen zu versehen.*

Obertägige Fördergerüste und Rüstungen aller Art, auf und unter welchen Personen verkehren, sind öfters auf ihren Bauzustand zu untersuchen und an schadhaften Stellen alsbald auszubessern.

* Die Beamten der Berginspektion haben sich zu überzeugen, daß die Einrichtungen den Zweck vollständig erreichen, eventuell deren Ergänzung anzuordnen.

V. Wetterführung.

§ 61.

Alle in Fahrung oder Belegung stehenden Grubenbaue sind mit frischen Wettern derart zu versorgen, daß das Geleucht gut brennt, das Athmen beschwerdefrei erfolgt und Leben und Gesundheit der Arbeiter nicht durch

Ansammlung schädlicher Luftarten gefährdet oder durch zu hohe Wärme beeinträchtigt wird.

Soweit hiezu der natürliche Wetterzug nicht ausreicht, muß dem Bedürfniß durch künstliche Einrichtungen entsprochen werden.*

Leuchtstoffe, welche bei der Benutzung in Lampen ohne Cylinder die Wetter besonders verschlechtern (Petroleum oder Gemisch von Petroleum und Rüböl), dürfen in solchen Lampen nicht verwendet werden.

* Auch hier ist eingehende Prüfung durch die Inspektionsbeamten und ev. Ergänzung geboten.

§ 62.

Tritt eine Unterbrechung oder wesentliche Störung in der Wetterversorgung der Grube oder Grubenabtheilung ein, oder wird die Beschaffenheit der Wetter durch Entwicklung schädlicher Gase in bedenklicher Weise beeinträchtigt, so ist sofort die Mannschaft aus den betreffenden Grubenbauen, nach Lage des Falles aber aus der Grubenabtheilung oder der ganzen Grube zurückzuziehen.*

Die hienach verlassenen Grubenbaue sind darauf sogleich gegen unbefugtes Betreten sicher zu stellen.

* Die richtige Handhabung dieser wichtigen Vorschriften erfordert eine sorgfältige Beobachtung der Wetterbeschaffenheit, die nie außer Acht gelassen werden darf.

§ 63.

Auf Kohlenwerken, und nach Anordnung der Berginspektion auch auf anderen Bergwerken, sind alle Grubenbaue, welche für gewöhnlich außer Belegung und Fahrung stehen, derart abzusperren, daß sie ohne gewaltsame Oeffnung des Abschlusses nicht betreten werden können.

Unbefugtes Betreten abgesperrter Baue ist untersagt.*

* Das Verbot ist gut ersichtlich zu machen.

§ 64.

In denjenigen Grubenbauen, in welchen ein bedenkliches Auftreten schädlicher Gasarten nach örtlichen Erfahrungen nicht unwahrscheinlich ist, ist jeder Arbeitspunkt, vor welchem eine Betriebsunterbrechung stattgefunden hat, vor der Wiederbelegung von einer durch die

Betriebsleitung bestimmten Person auf seine Wetterbeschaffenheit zu untersuchen. Erscheint letztere unsicher, so sind vor der Wiederbelegung die aufgetretenen Gasarten unschädlich zu machen oder der Arbeitspunkt ist abzusperren.

Hat man mit einem Durchschlag in schlagwetterverdächtige Baue zu thun, so muß das nach § 17 vorgeschriebene Vorbohren unter ausschließlicher Verwendung von Sicherheitslampen betrieben werden. Auch ist in diesem Falle der Fluchtweg mit Sicherheitslampen zu erleuchten.*

* Die Vorschriften sind von größter Wichtigkeit und erheischen deshalb die genaueste Beachtung und Ueberwachung durch die Berginspektion.

§ 65.

Auf denjenigen Kohlengruben, bei welchen eine Selbstentzündung der Kohle zu befürchten ist, muß dem Ausbruch von Grubenbrand durch geeignete Mittel* vorgebeugt und insbesondere eine Wetterzirkulation durch den alten Mann nach Möglichkeit vermieden werden.

Abbauräume, in welchen Anzeichen eine Brandgefahr befürchten lassen, müssen sofort verlässig abgedämmt werden.

Das Schlagen von Branddämmen sowie das Oeffnen von Brandfeldern ist nur unter beständiger Leitung eines Aufsichtsbeamten und unter Bereithaltung von Rettungsmannschaften gestattet.

* Die Berginspektion hat zu prüfen, ob die angewandten Mittel zweckentsprechend und ausreichend sind, ev. die nöthigen Sicherheitsmaßregeln zu treffen.

§ 66.

Auf Verlangen der Berginspektion ist

a) ein Wetterbetriebsplan für eine bestimmte Betriebszeit aufzustellen, welcher die Grundzüge der Wetterwirthschaft der Grube enthalten muß,

b) ein besonderer Wetterriß zu halten, aus welchem der Wetterzug und die für denselben getroffenen Einrichtungen zu ersehen sind.

Außerdem müssen auf Verlangen der Berginspektion

unter Tage Wetterproben entnommen und zur Untersuchung auf ihren Grubengasgehalt an eine zuverlässige Untersuchungsstelle eingesendet werden.*

* Die Berginspektion hat die Untersuchungsstelle zu bezeichnen.

§ 67.

Auf jedem Steinkohlenbergwerke, in welchem sich noch keine Schlagwetter gezeigt haben, müssen für den Fall etwaigen Gebrauches mindestens vier Sicherheitslampen vorhanden sein.

Das Auftreten von Schlagwettern auf einer Grube, welche noch nicht als Schlagwettergrube erklärt ist, sowie jede Entzündung oder Explosion von Schlagwettern oder Kohlenstaub ist, auch wenn dadurch Niemand verletzt wurde, sofort der Berginspektion anzuzeigen.*

Für Schlagwettergruben, d. h. für Gruben oder Grubenabtheilungen, in welchen schlagende Wetter auftreten, gelten die Bestimmungen der folgenden §§ 68 bis mit 77.

* Die Berginspektion hat die hienach veranlaßten Anordnungen sofort zu treffen.

§ 68.

Schlagwetter im Sinne dieser Vorschrift sind solche Wetter, welche 1 Prozent oder mehr Grubengas enthalten.

Als völlig schlagwetterfrei sind Grubenbaue nur dann zu bezeichnen, wenn auch mit der Alkoholsicherheitslampe kein Grubengas in der Luft nachzuweisen ist, oder wenn auch die nach § 66 Abs. 2 vorgenommene Untersuchung weniger als 1/4 Prozent Grubengas ergibt.

Ob und in welchem Grade ein Kohlenwerk als Schlagwettergrube zu bezeichnen ist, unterliegt im Zweifelsfalle der Entscheidung der Berginspektion.

§ 69.

Alle Grubenabtheilungen, welche als nicht schlagwetterfrei erklärt sind,* dürfen nur mit der Sicherheitslampe befahren werden. Auch darf in denselben kein offenes Feuer gemacht und kein Feuerzeug mitgeführt werden.

Wenn innerhalb eines Grubenkomplexes einzelne

mit Schlagwettern behaftete Bauabtheilungen gelegen sind, so kann die Bergbehörde unter Umständen den ausschließlichen Gebrauch der Sicherheitslampe für den Bereich der ganzen Grube anordnen.

* Hienach obliegt den Berginspektionen, alle jene Grubenabtheilungen zu bezeichnen, für welche die Vorschriften der §§ 68 mit 77 in Anwendung zu kommen haben.

§ 70.

Für jede Schlagwettergrube müssen wenigstens zwei gut fahrbare, von einander unabhängige Tageinbaue vorhanden sein (conf. § 22), von welchen der eine zum Einziehen, der andere zum Ausziehen der Wetter dient.

Ein Betrieb mit bloß einem Tageinbau darf von der Berginspektion nur vorübergehend und nur nach ausdrücklicher Festsetzung der zu treffenden Einrichtungen und Sicherheitsmaßregeln gestattet werden.

Die ausschließliche Wetterversorgung durch natürlichen Wetterzug ist unzulässig, die Benützung von Wetteröfen oder von Schornsteinen der Kesselfeuerung ist nur mit bergbehördlicher Genehmigung statthaft.

§ 71.

Die Menge der einer Schlagwettergrube zuzuführenden frischen Wetter muß mindestens zwei Cubikmeter pro Minute auf den Kopf der größten unterirdischen Belegschaft in einer Schicht betragen, wobei ein Pferd = 4 Mann gerechnet wird.

Von der Bergbehörde kann eine größere als die in Abs. 1 bezeichnete Wettermenge verlangt werden.

Ebenso kann für einzelne Betriebspunkte bestimmt werden, unter welche Mindestmenge die Wetterführung nicht herabgehen darf. Reicht die zugeführte Wettermenge nicht hin, die gangbaren Baue schlagwetterfrei zu erhalten, so ist die Wetterführung dem Bedürfnisse entsprechend zu verstärken.

Die zur Erzeugung des Wetterzuges bestimmten Motoren (Ventilatoren) müssen so leistungsfähig sein, daß das vorgeschriebene Minimal-Wetterquantum jederzeit und sofort um 25 Prozent verstärkt werden kann.

Den Haupt-Wetterwegen sind Querschnitte von mindestens 3 Quadratmeter zu geben.

Die Abmessungen der übrigen Wetterwege sind so zu wählen, daß bei ausreichender Wetterversorgung der Baue eine Geschwindigkeit der Wetter von 4 Meter per Sekunde im einziehenden und von 6 Meter per Sekunde im ausziehenden Strome nicht überschritten wird.

Abweichungen von den Vorschriften unter Absatz 5 und 6 bedürfen der ausdrücklichen Genehmigung der Berginspektion.

§ 72.

Es ist bei Schlagwettergruben geboten, möglichst viele selbständige Wetterabtheilungen mit abgesonderten, gut isolirten Wetterströmen zu schaffen.

Die Wetterführung ist grundsätzlich so anzuordnen, daß die frischen Wetter von Tag aus auf dem kürzesten Weg bis auf die vorhandenen Bausohlen abwärts, sodann aber die einzelnen Wetterströme in den Bauabtheilungen nur aufsteigend geführt werden.

Die Abwärtsventilation ist nur ausnahmsweise bei reichlichem Wetterzug und nur mit bergbehördlicher Genehmigung zulässig.

Die Zahl der von einem und demselben Wetterstrom zu versorgenden Betriebspunkte darf nur so groß sein, daß die Wetter an dem letzten dieser Punkte noch die erforderliche Frische und Reinheit besitzen. Ein erheblich verdorbener Wetterstrom (von mehr als $1^1/_2$ % Gehalt an schädlichen Gasen) muß auf dem kürzesten Wege zum Ausziehen gebracht werden.

Vorrichtung und Abbau dürfen in einer Bauabtheilung der Regel nach nicht eher eingeleitet werden, als bis Wetterverbindung derselben mit zwei verschiedenen Sohlen vorhanden ist.

§ 73.

Schächte, Querschläge, Strecken, Ueberhauen und Abhauen müssen mit Parallelbetrieb oder unter Nachführung solider Wetterscheider hergestellt werden. Auch Wetterröschen, Wettergardinen und reichlich dimensionirte Wetterlutten können, wenn ohne Gefahr thunlich, verwendet werden.

Woferne diese den durchgehenden Wetterstrom in Anspruch nehmenden Ventilationsmittel sich als nicht zureichend erweisen, müssen sie durch eine wohlangeordnete Separatventilation (durch Druckluft, Strahlapparate, mechanische Ventilatoren) unterstützt oder ersetzt werden.

Insbesondere gilt dies für den Betrieb der Ueberhauen und der streichend in's frische Feld gehenden Grund- und Vorrichtungsstrecken.

Die Benützung von Handventilatoren ist nur auf besondere Anweisung des verantwortlichen Betriebsleiters zulässig.

§ 74.

Außer Benützung stehende Wetterstrecken und Wetterdurchhiebe, alle entbehrlich gewordenen Verbindungen zwischen zwei Flötzen oder Abbausohlen, desgleichen alle dauernd verlassenen Grubenräume (alter Mann) sind womöglich luftdicht abzuschließen.

Beim Abschluß eines unversetzt zurückgelassenen Abbauraumes ist eine zugängliche und regulirbare Oeffnung gegen die Wetterabzugsstrecke hin frei zu lassen, um jede Spannung und jedes Zurückdrängen der Gase vor die Betriebsörter hintanzuhalten.

Wetterthüren müssen selbstschließend und da, wo es auf einen dichten Abschluß ankommt, oder wo in Folge des Grubenbetriebes ein lebhafter Verkehr durch dieselben stattfindet, mindestens doppelt und in solcher Entfernung von einander eingerichtet sein, daß eine Thür stets geschlossen ist.

Ueberflüssig gewordene Wetterthüren müssen ausgehängt oder haltbar befestigt werden.

§ 75.

In allen Betriebsabtheilungen, wo Schlagwetter vermuthet werden, muß jeder Betriebspunkt, soferne nicht Ablösung vor Ort stattfindet, jedesmal vor dem Anfahren der Belegschaft in zuverlässiger Weise auf das Vorhandensein von Schlagwettern untersucht werden.

Betriebsörter, welche wegen Ansammlung von Schlagwettern oder ungenügender Ventilation unbelegt bleiben müssen, sind in deutlich erkennbarer Weise abzusperren.

An Betriebspunkten, welche sich alten Bauen oder solchen Stellen nähern, wo Schlagwetteransammlungen zu erwarten sind, muß vorgebohrt werden.

Auf jeder Schlagwettergrube muß eine beständige Beaufsichtigung der Wetterführung im Ganzen und im Einzelnen durch besonders damit beauftragte zuverlässige Personen stattfinden. Auf Aufforderung der Berginspektion sind zu dem Zweck besondere Beamte aufzustellen.

§ 76.

Der Betriebsleiter ist verpflichtet, die Wetterverhältnisse der Grube stets sorgfältig wahrzunehmen, die geeigneten Anordnungen zu treffen und ihre Ausführung zu überwachen.

Ohne besonderen Auftrag des Betriebsleiters dürfen Aenderungen an den Vorrichtungen zur Regelung des Wetterzuges nicht vorgenommen werden.

Sind in dringenden Fällen von einer die Betriebsleitung vertretenden Aufsichtsperson irgend welche unaufschiebliche Aenderungen getroffen worden, so hat der verantwortliche Betriebsleiter dieselben zu prüfen und ausdrücklich zu genehmigen oder aufzuheben.

§ 77.

Für jede Schlagwettergrube sind von dem Bergwerksbesitzer, Repräsentanten oder Betriebsleiter, Spezialvorschriften zu erlassen, welche Bestimmung treffen:

I. über die im Hinblick auf die Schlagwettergefahr einzuhaltende Art der Bauführung und die Beaufsichtigung der Wetterführung, über die regelmäßige Untersuchung der Grubenbaue und über die beim Vorhandensein von Schlagwettern zu ergreifenden Maßregeln;

II. über die Anschaffung, Aufbewahrung, Instandhaltung und Revision der Sicherheitslampen, über das Oeffnen und Verschließen und die Vorsichtsmaßregeln beim Gebrauch derselben;

III. über die Aufsicht und die Verhaltungsmaßregeln bei der Sprengarbeit und über die Einrichtungen, welche zur Verhinderung gefährlicher Kohlenstaubansammlungen getroffen werden müssen;

IV. über die Messungen der Wettermengen und ihres Gehaltes an schädlichen Gasen, des Luftdruckes und der Luft-Temperatur in der Grube und über Tag, dann über die regelmäßige Eintragung der Messungsresultate im Wetterbuche;

V. über die Vorkehrungen für den Fall des Eintrittes einer Explosion oder eines Grubenbrandes, über die Bereitstellung der zur Rettungsaktion erforderlichen Apparate, elektrischen Lampen* rc., endlich über die Heranziehung und Ausbildung von Rettungsmannschaften.

Die in diesem Sinne zu erlassenden Spezialvorschriften unterliegen der Bestätigung der Berginspektion; die bereits vorhandenen besonderen Schlagwettervorschriften sind einer Revision zu unterziehen, bezw. zu ergänzen.

* Die Brauchbarkeit der Apparate ist in kurzen Zwischenräumen zu prüfen und sind gefundene Mängel sofort zu beseitigen. Die genaue Befolgung aller auf Wetterführung rc. bezüglichen Vorschriften ist strengstens zu überwachen.

VI. Sprengstoffe.

§ 78.

Als Sprengstoffe im Sinne dieser Vorschriften sind alle in § 2 der ministeriellen Bekanntmachung vom 15. Februar 1894 (Gesetz- und Verordnungsblatt Nr. 8 pag. 86) aufgeführten Stoffe anzusehen, insbesondere: Sprengpulver und Sprengsalpeter, dann: Guhrdynamit, Sprenggelatine, Gelatindynamit, Karbonit, Schießbaumwolle, Sekurit, Roburit, Dahmenit, Westfalit und ähnliche Stoffe, Sprengkapseln und Zündhütchen.

Mit Ausnahme von Sprengpulver und Sprengsalpeter dürfen die obengenannten Stoffe, welche unter der allgemeinen Bezeichnung „brisante Sprengstoffe“ zusammenzufassen sind, nur auf Grund eines von der zuständigen Polizeibehörde ertheilten Erlaubnißscheins von dem Fabrikanten oder von polizeilich genehmigten und überwachten Niederlagen der Händler und nur in der durch § 6 und § 24 der oben genannten Bekanntmachung vorgeschriebenen Form und Verpackung bezogen werden.

§ 79.

Zur Annahme der Sprengstoffvorräthe, zur Verausgabung derselben an die Arbeiter und zur Wiederannahme der bei der Arbeit nicht verwendeten Sprengstoffe, sowie zur etwa erforderlichen Umarbeitung von Sprengstoffen sind außer dem Betriebsführer nur diejenigen Beamten und Aufseher berechtigt, welche vom ersteren dazu besonders beauftragt* sind.

Ihre Namen sind durch Eintragung in's Zechenbuch und dauernden Aushang bekannt zu machen.

* Der Auftrag ist schriftlich zu ertheilen.

§ 80.

Zur Hilfeleistung beim Transport, der Aufbewahrung, Verausgabung und Umarbeitung von Sprengstoffen und zu Arbeiten innerhalb der Aufbewahrungsräume dürfen nur solche Leute verwendet werden, welche dem Betriebsführer als zuverlässig bekannt sind.

Bei diesen Arbeiten ist die Benützung von Feuerzeug und offenem Licht, sowie das Tabakrauchen strengstens untersagt.

§ 81.

Zum Besitze von brisanten Sprengstoffen sind nur solche Arbeiter berechtigt, welche mit der Ausübung der Schießarbeit beauftragt sind (Ortsälteste und Schießmeister).

Andere als die von der Verwaltung eines Bergwerkes gelieferten Sprengstoffe und Zündmittel mit Ausnahme der Zündraketchen* auf dieses Bergwerk mitzubringen oder die gelieferten Stoffe von demselben wegzubringen, ist verboten.

* Die Zündraketchen sind besonders auf den Pfälzer Werken gebräuchlich und nach den bisherigen Erfahrungen ungefährlich.

§ 82.

Werden auf einem Bergwerke andere Sprengstoffe

als Sprengpulver und Sprengsalpeter verwendet, so ist für dieselben ein besonderes, täglich nachzutragendes Buch zu führen, welches außer dem Nachweis der Empfangnahme enthalten muß:

a) die Namen der die Verausgabung und Wiedervereinnahmung bewirkenden Personen,
b) die Namen der Empfänger,
c) den Tag der Verausgabung und Wiedervereinnahmung,
d) die Menge der verausgabten und wieder vereinnahmten Sprengpatronen, Sprengkapseln und Zündhütchen,
e) Jahreszahl und Nummern der verausgabten Patronen (nöthigenfalls von der Verpackung zu entnehmen).

§ 83.

Die auf einem Bergwerke angelieferten Sprengstoffe müssen unverzüglich in einem dazu geeigneten Aufbewahrungsraum untergebracht werden.

Aufbewahrungsräume (Magazine) für Sprengstoffe können auf Bergwerken sowohl über als unter Tage angelegt werden. Die über Tage angelegten Aufbewahrungsräume für Sprengpulver und Sprengsalpeter stehen unter der gemeinschaftlichen Aufsicht der Bergbehörde und der Distriktspolizeibehörde, alle übrigen Aufbewahrungsräume stehen unter alleiniger Aufsicht der Bergbehörde (Berginspektion).

Vor Benützung eines Aufbewahrungsraumes für Sprengstoffe muß die Genehmigung der Aufsichtsbehörde eingeholt werden. Der bezügliche Antrag ist unter Beifügung einer Zeichnung und Beschreibung an die Bergbehörde zu richten.

§ 84.

Für die Einrichtung der Aufbewahrungsräume über Tag sind die von den Landespolizeibehörden erlassenen allgemeinen Vorschriften maßgebend, sofern nicht in dem Genehmigungsbescheide der Bergbehörde besondere Vorschriften gemacht werden.*

* Vgl. § 31 ff. der Min.-Bekanntmachung vom 15. Februar 1894, den Verkehr mit Sprengstoffen betreffend.

§ 85.

Für die Hauptmagazine unter Tage wird Folgendes vorgeschrieben:

a) sie müssen zwei von einander gesonderte verschließbare Abtheilungen enthalten, den Vor- oder Verausgabungsraum und den Vorraths- oder Lagerraum, welcher nur durch den Vorraum zugänglich ist;

b) sie sind so zu verschließen, daß sie gegen Einbruch und Diebstahl möglichst gesichert sind,

c) am äußeren Verschluß des Vorraumes sind in leicht erkennbarer Weise die Worte „Warnung, Sprengstoffe" anzubringen.

d) Ist die Oertlichkeit, an welcher das Magazin errichtet werden soll, mit einer Fahr- oder Förderstrecke in gerader Linie verbunden, so darf der Lagerraum nicht in der Strecke, sondern nur in einem von derselben rechtwinklig abgehenden, mindestens fünf Meter langen Raum eingebaut werden.

e) Sprengpulver und Sprengsalpeter dürfen niemals mit anderen Sprengstoffen in einem Lagerraum aufbewahrt werden.

f) In dem Aufbewahrungsraum für Sprengpulver und Sprengsalpeter darf nur der Vorraum mit Licht betreten werden und zwar mit Sicherheitslampen oder Laternen, deren Glas durch starkes Messinggitter gegen Zerschlagen gesichert ist. Der Lagerraum darf nur durch die geöffnete Thür des Vorraumes Licht empfangen und von den mit der Einlagerung und Ausgabe des Pulvers beauftragten Personen stets nur unter Benützung von Filz- und Strohüberschuhen betreten werden. Die Thürschwellen sind von Holz herzustellen und die Fußböden mit Haardecken zu belegen.

g) Auch die Magazine für andere Sprengstoffe als Pulver dürfen nicht mit offenem Licht betreten werden und zwar weder der Vorraum noch der Lagerraum.

h) Die Lagerräume für Sprengölpräparate sind so

einzurichten, daß die Temperatur in denselben jedenfalls unter 50° und womöglich über 8° Celsius beträgt.

i) Zündmittel (Zündhütchen, Zündstäbe ꝛc.) dürfen nur im Vorraum oder in sonstigen, vom Lagerraum getrennten Orten, und zwar in den von der Fabrik gelieferten Behältern und in besonderen verschlossenen Kästen verwahrt werden.

k) Räume, in welchen Sprengstoffe lagern, dürfen außer von dem Betriebsführer und dem Abtheilungssteiger nur von den in den §§ 79, 80 bezeichneten Personen betreten werden.

§ 86.

Ueber den zulässigen Abstand eines Sprengstoffmagazins von den nächstgelegenen gangbaren Grubenbauen (Schächten, Förderstrecken ꝛc.), sowie über den Höchstbetrag der Einlegung von Sprengstoffen in einem und demselben Raume hat die Berginspektion im Einzelfall Bestimmung zu treffen.

Dieselbe ist auch befugt, im Einzelfall weitergehende Vorschriften zu erlassen.

§ 87.

Gerathen Sprengstoffe auf ihrem Lager in einen derartigen Zustand, daß die weitere Lagerung bedenklich erscheint (was sich bei Sprengölpräparaten durch stechenden Geruch, Entwickelung rother Dämpfe, Ausscheiden fester Stoffe oder Abtropfen von Sprengöl zu erkennen gibt), so dürfen sie nicht an die Arbeiter verausgabt werden, sondern es ist unverzüglich dem Betriebsführer Mittheilung zu machen, welcher das Erforderliche zur Beseitigung der Gefahr anzuordnen hat.

Wenn zum Zwecke sofortiger Verausgabung an die Arbeiter sprengölhaltige, gefrorne Patronen aufgethaut werden müssen, so darf dies nur in mit lauwarmem Wasser umgebenen Gefäßen, in welchen die Sprengstoffe nicht mit dem Wasser in Berührung treten, geschehen.*

* Es sind für diesen Zweck eigene Töpfe zum Aufthauen zu verwenden, wie solche bereits im Gebrauch stehen (vgl. § 92).

§ 88.

Kleinere Magazine, sogenannte Zwischen- oder Handmagazine, zum Zwecke der täglichen Verausgabung oder zur Erleichterung des maschinellen Bohrbetriebes in Bezug auf Ausgabe und Rückempfang der Sprengstoffe sind nach den von der Berginspektion unter Berücksichtigung der örtlichen Verhältnisse verfügten Anordnungen anzulegen und einzurichten.

§ 89.

Der Transport der Sprengstoffe in die Magazine hat in der von der Fabrik gelieferten Verpackung unter Ueberwachung eines technischen Aufsehers zu erfolgen.

Sprengstoffe enthaltende Kisten oder Behälter müssen in einem mit Haardecken oder lockeren Massen ausgefütterten und mit gut passendem Deckel versehenen Förderwagen eingeschlossen transportirt werden.

Sprengstoffe dürfen nicht gemeinschaftlich mit anderen Stoffen und Geräthschaften transportirt werden; die mit dem Transport beschäftigten Arbeiter haben durch den Ruf „Sprengstoffe kommen" die in der Nähe befindlichen Personen zu warnen.

Zur Beleuchtung bei Sprengstofftransporten sind geschlossene Lampen oder Laternen zu benützen, die jedoch von den mit dem Transport unmittelbar beschäftigten Leuten nicht getragen werden dürfen.

Zündmittel dürfen nicht gleichzeitig und gemeinschaftlich mit den Sprengstoffen nach den Niederlagen transportirt werden.

§ 90.

Die Förderung der Sprengstoffe im Schachte darf nicht während des Ein- und Ausfahrens der Belegschaft und nur nach vorheriger Benachrichtigung des Maschinenwärters und der Anschläger über und unter Tage erfolgen.

Der Maschinenwärter darf nur mit der für die Mannschaftsförderung gestatteten Geschwindigkeit fördern und das Fördergefäß nicht hart aufsetzen lassen.

Die Anschläger am Füllort müssen die Behälter, in denen sich die Sprengstoffe befinden, von der Förderschale vorsichtig abziehen und dieselben nur von den dazu bestimmten Personen in Empfang nehmen lassen.

§ 91.

Die Verausgabung der Sprengstoffe darf nur durch die in § 79 bezeichneten Personen und nur an die Ortsältesten (Drittelführer, Kameradschaftsführer) oder, wo mit Ausübung der Schießarbeit besondere Leute, die Schießmeister, betraut sind, an diese erfolgen. In letzterem Falle übernehmen diese die Befugnisse und Verpflichtungen der Ortsältesten.

Zu Schießmeistern dürfen nur mit der Schießarbeit vertraute, zuverlässige Personen bestellt werden, welche der Berginspektion zu bezeichnen sind; ihre Namen sind in's Zechenbuch einzutragen und der Pflegschaft bekannt zu machen. Außerdem sind sie vom Betriebsführer mit einer schriftlichen Dienstanweisung zu versehen, welche der Genehmigung des Berginspektors unterliegt.

Die Schießmeister und diejenigen Ortsältesten, welche andere Sprengstoffe als Pulver empfangen, müssen dem Verausgabenden persönlich bekannt sein.

§ 92.

Beim Oeffnen der Kisten oder Fässer, welche Sprengstoffe enthalten, dürfen eiserne Geräthschaften nicht benützt werden.

Die Verausgabung der Sprengstoffe darf nur im Vorraum stattfinden; während derselben ist die Thür zum Lagerraum verschlossen zu halten.

Die Sprengstoffe dürfen den Arbeitern nur in tadelloser Beschaffenheit und nur in Form von Patronen verabfolgt werden.

Gefrorene Sprengölpräparate dürfen nicht mit festen Körpern bearbeitet und nicht zum Sprengen benützt werden.

Das Aufthauen hat in Gefäßen mit lauwarmem Wasser zu geschehen, in welchen die Sprengölpräparate mit letzterem nicht in direkte Berührung treten. (Nobelscher Topf.)

Niemals dürfen Sprengölpräparate in die Nähe von offenem Feuer, geheizten Oefen oder Dampfheizungen, überhaupt an Orte gebracht werden, welche wärmer werden können, als die Hand verträgt.

Einzelne Patronen gefrorenen Dynamites dürfen

durch Tragen in der Kleidung dicht am Körper aufgethaut werden.

§ 93.

Der mit der Verausgabung von Sprengstoffen Beauftragte darf nur die von dem Abtheilungssteiger oder Aufseher festgesetzte und ihm schriftlich mitgetheilte Menge solcher Stoffe dem Empfangsberechtigten (§ 91 Abs. 1) übergeben. Der Abtheilungssteiger oder Aufseher darf nicht größere Mengen zur Verausgabung festsetzen, als nach seinem pflichtmäßigen Ermessen von der Kameradschaft, für welche die Sprengstoffe zu empfangen sind, bei den dieser obliegenden Sprengarbeiten während eines Tages voraussichtlich zu verwenden sein werden.

§ 94.

Die verabfolgten Sprengstoffe dürfen nur von dem Empfangsberechtigten selbst mitgeführt werden und zwar in einem Behälter, welcher mit festem Verschluß versehen sein muß.

Die Behälter für Sprengstoffe, welche mit Schluß der Schicht an die Ausgabsstelle zurückgelangen, sollen zur Vermeidung von Verwechslungen mit Nummern versehen sein und von der Grubenverwaltung gestellt werden.

Zündmittel dürfen nicht mit Sprengstoffen in einem Behälter, Sprengkapseln nicht lose mitgeführt werden.

§ 95.

Die nicht verwendeten Sprengstoffe (mit Ausnahme des Pulvers) müssen nach beendigter Schicht in das Haupt- oder Handmagazin zurückgeliefert werden und zwar in ihren Behältern; auch die leeren Behälter sind zurückzuliefern.

Die Annahme der zurückgebrachten Sprengstoffe ist nicht als Wiedervereinnahmung im Sinne des § 82 anzusehen, sofern die Sprengstoffe in dem Behälter verbleiben, um mit diesem von dem bisherigen Inhaber wieder abgeholt zu werden.

Erfolgt Ablösung vor Ort, so darf der Ortsälteste die nicht verwendeten Sprengstoffe dem ihn ablösenden Ortsältesten übergeben.

In allen sonstigen Fällen ist es verboten, Sprengstoffe außer Pulver und Sprengsalpeter an andere Arbeiter abzugeben oder solche von anderen anzunehmen.

VII. Hauerarbeiten.

a) Sprengarbeit.

§ 96.

Die Aufbewahrung von Sprengstoffen an der Verbrauchsstätte (am Arbeitsort) darf nur in einer mit sicherem Schloß versehenen Kiste (sog. Schießkiste) geschehen, welche nach Anweisung des Abtheilungssteigers an einer geeigneten Stelle in angemessener Entfernung vom Arbeitsorte aufzustellen ist.

Auf Betriebe, für welche Schießmeister* angestellt sind, findet diese Bestimmung keine Anwendung.

* Die Schießmeister haben genau nach ihrer Dienstanweisung (§ 91 Abs. 2) zu verfahren.

§ 97.

Die Schießkiste muß, so lange sich in derselben Sprengstoffe befinden, sorgfältig verschlossen gehalten werden und der Schlüssel in sicherem Verwahr des Ortsältesten bleiben.

Leere Schießkisten sind unverschlossen zu lassen.

Die Abtheilungssteiger haben darauf zu achten, daß die Schießkisten in tadellosem Zustande sich befinden, und haben dieselben bei ihren Befahrungen regelmäßig zu untersuchen.

§ 98.

Sprengpulver und Sprengsalpeter dürfen nicht mit den übrigen Sprengstoffen in derselben Schießkiste verwahrt werden, und ebenso sind auch die Zündmittel in besonderen verschließbaren Behältern zu verwahren.

Das Unterbringen der Zündmittel in den Schießkisten ist nur dann gestattet, wenn sie durch eine hölzerne bis an den Deckel heraufreichende Scheidewand von den Sprengstoffen getrennt sind.

§ 99.

Das Laden und Anzünden der Sprengschüsse darf nur durch die Ortsältesten erfolgen; das Besetzen darf ebenfalls nur durch die Ortsältesten oder unter ihrer unmittelbaren Aufsicht geschehen.

Die Schlagpatronen für Sprengstoffe dürfen erst unmittelbar vor ihrer Verwendung mit der Zündvorrichtung versehen werden.

Wenn Schießmeister aufgestellt sind, treten diese an die Stelle der Ortsältesten.

§ 100.

Beim Laden und Besetzen der Sprengschüsse ist die Benützung von eisernen Raumnadeln untersagt.

Bei Verwendung von Sprengölpräparaten und comprimirter Schießwolle dürfen die Patronen nur vermittels eines hölzernen Ladestockes in's Bohrloch eingeführt werden.

Zum Besetzen der Sprengschüsse ist nur Letten, sandfreier Lehm oder Wasser zu benützen. Bei Verwendung von Sprengpulver und Salpeter können außerdem milde Gesteinsarten, welche keine Funken reißen, verwendet werden.

Das Besetzen mit Kohle ist verboten.

Die Abtheilungssteiger haben dafür zu sorgen, daß den Arbeitern stets geeignetes Besatzmaterial zur Verfügung steht.

§ 101.

Der Abtheilungssteiger hat in angemessener Entfernung von den Oertern, wo geschossen wird, eine Stelle anzuweisen, an welcher die Arbeiter vor der Wirkung der Schüsse gesichert sind.

Erforderlichen Falles sind besondere Schießörtchen oder Schießthüren und beim Abteufen von Schächten sichere Bühnen herzustellen.

§ 102.

Vor dem Wegthun* der Sprengschüsse sind die Zugänge zu den betreffenden Arbeitspunkten durch die Arbeiter zu besetzen oder zweckentsprechend abzusperren.

Vor dem Anzünden ist den in der Nähe beschäftigten Arbeitern durch den lauten Ruf „es brennt" Kenntniß zu geben.

Gleichzeitig besetzte Schüsse sollen auch gleichzeitig weggethan werden.

Bei gleichzeitigem Abbrennen von mehr als 4 Schüssen mit der Hand haben die Aufsichtsbeamten für jeden Betrieb besondere Anweisungen zu ertheilen. Auch hat in diesem Falle das Anbrennen in der Regel nicht durch einen Hauer allein zu erfolgen.

Woferne nicht besondere örtliche Schwierigkeiten vorliegen, soll beim gleichzeitigen Abbrennen mehrerer Schüsse elektrische Zündung angewendet werden.

Die beim Wegthun mit elektrischer Zündung in Verwendung kommenden Zündstäbe sind, um einem Herausreißen derselben aus der Ladung vorzubeugen, in geeigneter Weise festzumachen. Die Drähte sind erst unmittelbar vor der Zündung an die Maschine einzuhängen und nach der Zündung sofort wieder abzunehmen.

* Wegthun = Losbrennen.

§ 103.

Wofern nicht elektrische Zündung in Anwendung ist, darf bei gleichzeitigem Wegthun mehrerer Schüsse und bei Versagen der Betriebspunkt vor Ablauf von 15 Minuten nach dem Anzünden nicht wieder betreten werden.

Das Ausbohren von Schüssen, welche versagt haben, sowie das Tieferbohren stehen gebliebener Bohrlochspfeifen ist untersagt.

Den in der Nähe solcher Pfeifen oder versagter Bohrlöcher neu angesetzten Bohrlöchern muß eine solche Richtung gegeben werden, daß sie mit ersteren nicht in Berührung kommen.

Wenn Ablösung stattfindet, hat der Ortsälteste vor dem Verlassen des Arbeitsortes nach beendeter Schicht dafür zu sorgen, daß etwaige Versager unschädlich gemacht werden, oder dieselben dem Ortsältesten der nächsten Schicht nach Lage und Beschaffenheit persönlich so zu bezeichnen, daß jeder Zweifel hierüber ausgeschlossen ist.

§ 104.

Die gemäß § 77 für jede Schlagwettergrube zu errichtenden besonderen Sicherheitsvorschriften haben sich zugleich auf die Handhabung der Schießarbeit in diesen Gruben zu erstrecken.

Die Berginspektion kann indeß die Errichtung dießbezüglicher besonderer Vorschriften auch für solche Kohlenwerke verlangen, welche **nicht** zu den Schlagwettergruben gehören, bei welchen aber Kohlenstaub in gefährlicher Beschaffenheit auftritt.*

* Die Vorschriften über die Schießarbeit sind von größter Wichtigkeit und deshalb so eingehend erlassen, daß bei sorgfältiger Beachtung Unfälle vermieden werden können. Es ist daher darauf zu dringen und zu überwachen, daß solche genauestens eingehalten werden.

b) Sonstige Heuerarbeiten.

§ 105.

Bei Tagebauen ist dem Abraum stets eine seiner Festigkeit und Standhaftigkeit entsprechende Böschung zu geben, und bei größerer Abbaumächtigkeit ist diese in mehrere Strossen von angemessener Höhe und Breite zu theilen.

Eine Gewinnung anstehender Massen mittels Unterschrämens* derselben darf nicht erfolgen, wenn diese Betriebsweise bei der Beschaffenheit der örtlichen Verhältnisse voraussichtlich Gefahr mit sich bringt.

* Unterschrämen = Unterhöhlen.

§ 106.

Bei allen Schrämarbeiten müssen die unterschrämten Stöße durch Spreitzen und Streben, durch stehen zu lassende kleine Pfeiler, durch Bolzen im Schrame und dergleichen hinreichend gegen vorzeitiges Niedergehen gesichert werden.

§ 107.

Beim Ansetzen von Oertern aus einem Bremsberge oder Aufbruch ist Sorge zu tragen, daß die auf tieferen Oertern angelegten Personen durch den Betrieb der höheren Oerter nicht beschädigt werden können.

In Firstenbauen auf Lagerstätten mit über 50 Grad Fallen dürfen die Stöße nicht höher als 4 Meter genommen werden.

§ 108.

Der Abbau eines Flötzes hat, wenn durch ihn

Brüche entstehen, von den gangbaren Bauen darüberlagernder Flötze soweit entfernt zu bleiben, daß diese Baue nicht gefährdet werden können.

§ 109.

Wenn in einem Abbau die Anzeichen eingetretenen stärkeren Gebirgsdruckes in dem Maße hervortreten, daß ein vorzeitiges Zubruchgehen zu befürchten ist, so ist der Fortbetrieb bis nach Beseitigung der Gefahr einzustellen, während der etwaigen Sicherungsarbeiten aber sind die Schutz gewährenden Strecken durch eine verschlossene (Sicherheits-)Lampe zu beleuchten.

§ 110.

Der Abbau ist immer so zu leiten, daß für die dabei beschäftigten Arbeiter eine gesicherte Verbindung mit den Schächten, bezw. mit den Fluchtwegen erhalten bleibt.

Bei Braunkohlengruben ist dementsprechend der gleichzeitige Angriff mehrerer Brüche von einem Bruch- oder Theilungsorte aus zu unterlassen.

Der Weg, welchen die im Abbau beschäftigten Arbeiter bis zur schützenden Abbau- oder Bruchstrecke zurückzulegen haben, ist möglichst kurz zu machen und von Allem, was die Flucht behindern kann, besonders auch von Kohlenvorräthen thunlichst frei zu erhalten.

Bei Braunkohlengruben, in deren Flötzdach schwimmendes Gebirge auftritt, ist beim Anhauen eines Bruchortes für einen voraussichtlich genügenden Schutz (Wasserblende) gegen das Verschlämmen der Grubenbaue zu sorgen.

§ 111.

Das Rauben der Zimmerung in Grubenbauen jeder Art darf nie ohne vorherige Anordnung des betreffenden Aufsichtspersonals und nur unter Verwendung oder wenigstens unter Leitung damit vertrauter Leute, sowie unter Anwendung geeigneten Gezähes und besonderer Beleuchtung vorgenommen werden.

Wenn nach dem Rauben der Bau offen bleibt, so ist für den Fall des nachträglichen Bruches zweckentsprechende Vorkehrung zum Schutze der etwa in der Nähe befindlichen Mannschaft zu treffen.

Das Rauben der Zimmerung in abzuwerfenden und zu verfüllenden Tageschächten ist nur mit Genehmigung des Berginspektors gestattet.

§ 112.

Bei Anwendung von Abtreibzimmerung mit Thürstöcken sind die letzten Thürstöcke untereinander mittels eiserner Klammern oder sonst auf geeignete Weise zu verbinden.

§ 113.

Bei Arbeiten in Saigerschächten und steilen Bremsschächten, welche von übersteckten Pfosten oder Nothbühnen aus vorgenommen werden müssen, sowie überall, wo die Beschaffenheit der Arbeitsstellen einen ausreichend sicheren Stand nicht zuläßt, sind die Arbeiter jedesmal mittels Hangegurts (Anseilen) vor dem Abstürzen zu schützen. Arbeitsvornahmen solcher Art, wie die Aufgewältigung alter Schächte, die Beseitigung von Störungen in der Bremsschachtförderung in Folge von Brüchen oder Entgleisungen und dergleichen dürfen nur von zuverlässigen Bergleuten und nur nach Anordnung und Leitung der betreffenden Aufsichtspersonen durchgeführt werden.

§ 114.

Bei umfänglicheren Arbeiten in Schächten sind doppelte Fußbühnen zu schlagen.

Während einer Arbeit in oder unter den Fördertrümmern der Treib- und Ziehschächte ist die Förderung im Schachte auszusetzen.

Die Benützung von sogenannten schwebenden Bühnen darf nur nach vorheriger Prüfung und Genehmigung der Berginspektion erfolgen.

§ 115.

Müssen Arbeiten oder Untersuchungen im Schachte vom Dache des Fördergestelles aus bewirkt werden, so muß auf das Gestelldach ein wenigstens 7 Centimeter hoher Bord, falls aber dieses Dach mehr als 6 Grad Neigung hat, eine mit solchem Bord versehene wagrechte Bühne aufgelegt werden.

Auch haben sich die Arbeiter mittels Hangegurts

an der Schurzkette oder am Treibseil zu befestigen, wenn das Gestelldach oder die Bühne das Fördertrumm nicht vollständig abschließt.

Untersuchungen vom bewegten Gestelle aus haben womöglich beim Abwärtstreiben zu geschehen.

§ 116.

Jeder belegte Arbeitspunkt muß in der Schicht mindestens einmal von einer Aufsichtsperson befahren werden.

Ein abgelegener Bau darf, wenn nicht öfters Förderung von ihm ausgeht, in der Regel nicht mit einem einzelnen Mann belegt werden. Im Ausnahmsfalle ist der Bau von dem Aufsichtspersonal oder von einer dazu beauftragten Person in einer Schicht zu wiederholten Malen zu besuchen.

Beim Schießen müssen mindestens zwei Mann zur Stelle sein.*

* Der zweite Mann muß sich in einer Nähe befinden, daß er bei einem etwaigen Unfall dem Andern zu Hilfe kommen kann. Die Anwesenheit der Beiden an gleicher Stelle ist nicht nöthig, ja zu vermeiden, um das gleichzeitige Verunglücken Beider hintanzuhalten.

§ 117.

Auf besonders warmen Arbeitsorten müssen zuverlässige Thermometer vorhanden sein und regelmäßig beobachtet werden.

Beim unterirdischen Betrieb darf ein Arbeiter in einer Temperatur von 30 Grad Celsius oder mehr täglich nicht länger als sechs Stunden einschließlich der Abkühlungspause beschäftigt werden.

Arbeiten in einer Wärme von 40 Grad Celsius und darüber sind nur in Fällen der Noth oder dringenden Gefahr gestattet.

§ 118.

Sind Arbeiten vorzunehmen, welche mit außergewöhnlichen, besonders von oben kommenden Wasserzuflüssen zu kämpfen haben, so daß ein Durchnässen der gewöhnlichen Kleidung auf andere Weise sich nicht vermeiden läßt (Schachtabteufen, Uebersichbrechen 2c.), so hat die Grubenverwaltung den betreffenden Arbeitern zur Ausführung jener Arbeiten wasserdichte Kleider zur Verfügung zu stellen.

VIII. Maschinen- und Taganlagen.

§ 119.

Beim Maschinenbetriebe müssen die Arbeitsräume, Betriebsvorrichtungen, Maschinen und Geräthschaften so eingerichtet und unterhalten und die Betriebe so geregelt werden, daß die Arbeiter gegen Gefahren für Leben und Gesundheit geschützt sind, soweit es die Natur des Betriebes gestattet.

Insbesondere ist für genügendes Licht, ausreichenden Luftraum und Luftwechsel, thunlichste Beseitigung des beim Betrieb entstandenen Staubes und der dabei entwickelten Dünste und Gase Sorge zu tragen.*

* Die Vorschrift ist dem § 120 a der Gewerbeordnung nachgebildet.

§ 120.

Wird beabsichtigt, innerhalb des Grubengebäudes eine stabile Maschinenanlage für die Förderung, Wasserhaltung, Wetterlosung oder sonstige Betriebszwecke zu errichten, so ist hievon der Berginspektion unter Vorlage eines Situationsplanes mindestens vierzehn Tage vor Beginn des Einbauens Anzeige zu machen.

Die Maschinen müssen gut fundamentirt, die Maschinenräume nach entsprechenden Dimensionen angelegt, solid ausgebaut und mit den Fahr- und Förderstrecken in wohlgeeigneter Verbindung sein.

Die Beleuchtung während des Betriebes muß eine vollständig ausreichende sein, so daß die Anlagen und insbesondere die in Bewegung befindlichen Theile gut übersehen werden können.

§ 121.

Alle Arbeiter, welche ihre Beschäftigung in die Nähe umgehender Maschinentheile führt, dürfen während der Arbeit nur enganliegende Kleider tragen.

§ 122.

Alle im Verkehrsbereiche befindlichen rotirenden und bewegten Maschinentheile müssen derart mit Schutzvorrichtungen umgeben und abgeschlossen sein, daß eine gefahrbringende Berührung derselben nicht stattfinden kann.

Dasselbe gilt auch von den Transmissionen, falls sie nicht durch ihre Lage und Beschaffenheit eine Einfriedigung entbehrlich machen.

§ 123.

Der Beginn der Bewegung der Transmission durch die Kraftmaschine muß in allen Arbeitsräumen in einer für jeden Arbeiter verständlichen Weise angekündigt werden.

Von jedem Arbeitsraume aus muß das Signal zum Abstellen der Betriebsmaschine gegeben werden können.

Jede einzelne Arbeitsmaschine muß unabhängig von der anderen in und außer Betrieb gesetzt werden können. Zusammenarbeitende Apparate gelten als Eine Arbeitsmaschine.

Das Auflegen der Riemen auf die Riemenscheibe während des Ganges der Maschine ist verboten, soweit dabei nicht Vorrichtungen benützt werden, welche die Gefahr für den Arbeiter ausschließen.

§ 124.

Schwungräder größerer eincylindriger Maschinen sind mit einer Vorrichtung zum gefahrlosen Andrehen über den todten Punkt hinaus auszustatten.

Das Einlaßventil muß so lange geschlossen bleiben, als am Schwungrad gedreht wird.

Fördermaschinen müssen an der Seilkorbachse eine kräftige Bremsvorrichtung besitzen, welche der Wärter, ohne seinen Stand zu verlassen, leicht und sicher handhaben kann.

§ 125.

Das Putzen und Schmieren der während des Betriebes nur mit Gefahr zugänglichen Theile der Maschine, sowie die Vornahme der Ausbesserungen an Maschinen und der von ihnen betriebenen maschinellen Vorrichtungen während des Ganges derselben ist verboten.

Die hienach während des Betriebes nicht verbotenen Arbeiten dürfen nur durch den Maschinenwärter oder andere erfahrene Personen, in keinem Falle aber durch jugendliche Arbeiter ausgeführt werden.

§ 126.

Alle Aufzüge müssen mit beweglichen, womöglich selbstthätigen Verschlüssen versehen sein, alle Abstürz- und Bremsvorrichtungen, Quetsch-, Mahl- und Walzwerke, Kreissägen rc. sind durch geeignete Schutzvorrichtungen für die unvorsichtige Annäherung ungefährlich zu machen.

§ 127.

Fußbodenöffnungen, Fülltrichter, Gerüste, Bühnen, Gallerien, Plattformen, Treppen und schiefe Ebenen müssen so beschaffen sein, daß Menschen weder von denselben hinabstürzen, noch von herabfallenden Gegenständen getroffen werden können.

Sammelbehälter jeder Art, welche nicht mindestens 80 Centimeter über den Erdboden hervorragen, müssen so versichert sein, daß Menschen nicht in dieselben hinabstürzen können.

§ 128.

Elektrische Maschinen jeder Art und elektrische Leitungen sind dermaßen einzurichten und zu verwahren, daß durch sie eine Verunglückung ohne Verschulden des Betroffenen nicht herbeigeführt werden kann.

Bei derartigen Anlagen sind die vom Verband deutscher Elektrotechniker im Jahre 1895 vereinbarten Sicherheitsvorschriften für Starkstromanlagen einzuhalten.

Für jede solcher Anlagen ist mindestens Ein mit der Wartung und Beaufsichtigung derselben vollkommen vertrauter Wärter zu bestellen.

Das Berühren der elektrischen Leitungen, der elektrischen Maschinen und Apparate jeder Art ist verboten und nur dem Dienst- und Aufsichtspersonal unter Anwendung der geeigneten Sicherheitsmaßregeln gestattet.

IX. Arbeiter.

§ 129.

Als Bergarbeiter dürfen nur Personen Beschäftigung

finden, welche nach ärztlichem Zeugniß zur Bergarbeit tauglich, insbesondere mit körperlichen und geistigen Gebrechen, die leicht Anlaß zu Unglücksfällen geben können, nicht behaftet und welche dem Trunke nicht ergeben sind.

Personen, welche zur Bergarbeit untauglich sind, können mit ihren Kräften angemessenen Arbeiten beim Bergbau dann beschäftigt werden, wenn dies durch ärztliches Zeugniß für zulässig erklärt wird.*

* Bergarbeit = Arbeit unter Tage.

§ 130.

Bei der Arbeitsanweisung ist darauf zu achten, daß jedem Arbeiter nur solche Arbeit zugetheilt wird, welche seinen Kräften angemessen ist; insbesondere dürfen zu Arbeiten, mit welchen besondere Gefahr verbunden ist, oder zur Handhabung von Maschinen nur hinreichend kräftige, verständige und erfahrene Leute verwendet werden.

§ 131.

Jeder Bergwerksbesitzer ist verpflichtet, einen entsprechenden Auszug aus den oberpolizeilichen Vorschriften sammt den auf Grund der letzteren von ihm selbst zu erlassenden Sicherheitsvorschriften den sämmtlichen Bergarbeitern durch Aushändigung von Druckexemplaren, sowie durch Aushang und periodische Verlesung in den Mannschaftsstuben zur Kenntniß zu bringen.

Insbesondere ist auch Sorge zu tragen, daß jeder Bergarbeiter über die von ihm zu verrichtende Arbeit hinreichend belehrt werde.

§ 132.

Weibliche Personen, jugendliche Arbeiter, welche das 16. Lebensjahr noch nicht vollendet haben, sowie Personen, welche bis zum 60. Lebensjahre noch nie unter Tage beschäftigt waren, dürfen zu Arbeiten in der Grube nicht zugelassen werden.

Unter Berücksichtigung örtlicher Verhältnisse kann der Berginspektor auf besonderen, durch ärztlichen Nachweis begründeten Antrag des Bergwerksbesitzers die Beschäftigung junger Burschen von 14—16 Jahren mit leichten Arbeiten unter Tage gestatten.

Zur selbstständigen Ausführung von Hauerarbeiten,

einschließlich der zugehörigen Sicherung der Arbeitspunkte dürfen nur solche Personen zugelassen werden, welche das 21. Lebensjahr vollendet, sowie wenigstens 3 Jahre in der Grube gearbeitet haben und während dieser Zeit wenigstens ein Jahr mit Hauerarbeiten, unter Aufsicht eines selbstständigen Hauers beschäftigt gewesen sind.*

Die zur Ueberwachung der Vorschriften im Abs. 1 und 2 erforderlichen Angaben müssen bei jedem Bergwerke aufgezeichnet sein.

* Bei der Annahme solcher Arbeiter muß der Werksbesitzer sich durch den Abkehrschein rc. davon überzeugen, daß der Aufzunehmende den Voraussetzungen des Abs. 3 entspricht.

§ 133.

Fremdsprachige Arbeiter dürfen beim Bergbaubetriebe nur dann beschäftigt werden, wenn sie genügend deutsch verstehen, um mündliche Anweisungen ihrer Vorgesetzten und Mittheilungen ihrer Mitarbeiter aufzufassen.

§ 134.

Es müssen Einrichtungen getroffen sein, um die auf der Grube angefahrene Mannschaft nach Zahl und Personen jederzeit genau ermitteln zu können.

Verleselisten oder sonstige Nachweise zur Ermittelung der jeweilig in der Grube befindlichen Personen müssen über Tage in der Nähe der Haupteinfahrstelle an einem besonders dazu bestimmten Orte stets sicher aufbewahrt werden.

Wenn Arbeiter vermißt werden und Niemand über ihr Ausbleiben Auskunft zu geben vermag, so sind sofort Nachforschungen nach ihnen anzustellen.

§ 135.

Auf jeder selbstständigen Grubenanlage muß eine heizbare Mannschaftsstube (Zechenstube) von einer der Belegschaft entsprechenden Größe vorhanden sein, in welcher sich die Arbeiter ausruhen, trocknen und umkleiden können.

Die Berginspektion hat nach Einvernahme des Knappschaftsarztes, bezw. des Amtsarztes, wo ein Bedürfniß hiefür vorliegt, die Errichtung und Unterhaltung von Mannschaftsbädern vorzuschreiben.

Abortseinrichtungen müssen an geeigneten Punkten in der Grube aufgestellt werden. Sie sind in sauberem, gebrauchsfähigem und, unter mäßiger Benutzung von Desinfektionsmitteln, in möglichst geruchlosem Zustande zu erhalten.

Die Abortsgefäße müssen undurchlässig, mittels Deckels verschließbar umd transportabel sein.

Die Entleerung des Kothes an anderen Stellen als auf den Aborten ist verboten.

§ 136.

Für alle Gruben mit mindestens 20 Mann Belegung muß ein tragbarer oder fahrbarer Krankenkorb und ein entsprechend eingerichteter Raum zur vorläufigen Unterbringung schwer Verletzter und Erkrankter vorhanden sein.

Auf allen Gruben und selbstständigen Grubenabtheilungen mit mindestens 50 Mann Belegung sind Verbandstuben einzurichten, in welchen verunglückte Arbeiter die erste sachkundige Hilfe finden.

Für größere Betriebe, sowie in Orten mit mehreren Betrieben, sind Sanitätskolonnen zu organisiren behufs der erforderlichen Hilfeleistung.

Verbandzeug muß auf allen Gruben an geeigneten, jedem Arbeiter zugänglichen Stellen in genügender Menge vorhanden sein.*

* Die Vorschriften entsprechen der vom Landtage hierüber gefaßten Resolution.

§ 137.

Jede beim Bergbau und Aufbereitungsbetriebe vorkommende schwere Verletzung ist stets unverweilt bei der Berginspektion anzuzeigen.

Die kurze Beschreibung des Unglücksfalles ist womöglich durch das ärztliche Gutachten zu vervollständigen.

Als schwere Verletzungen sind nicht nur solche anzusehen, welche eine Gefahr für das Leben mit sich bringen, sondern auch solche, welche einen bleibenden Nachtheil für die Gesundheit oder die Arbeitsfähigkeit des Verletzten befürchten lassen.

Erfolgt nachträglich der Tod eines Verletzten oder erweist sich eine anfänglich für leicht angesehene Verletzung später als eine schwere, so ist dies der Berginspektion unabhängig von der ersten Unfallanzeige ohne Aufschub bekannt zu geben.

§ 138.

An der Oertlichkeit, wo eine schwere Verunglückung eingetreten ist, soll nichts verändert werden, ehe der Berginspektor die erforderliche Lokalerörterung angestellt hat. Ausnahmen sind nur behufs Bergung des Verunglückten, sowie wegen etwaiger weiterer Rettungsarbeiten oder wenn es die Sicherheit des Grubenbetriebes erheischt, zulässig und auf Verlangen der Bergbehörde gegenüber zu verantworten.

§ 139.

Jeder Arbeiter hat bei vorkommenden Verunglückungen nach seinem besten Wissen sofort Hilfe zu leisten, wenn dieselbe unter Beobachtung der nöthigen Vorsicht ohne eigene Lebensgefahr mit Erfolg geschehen kann.

Jeder Bergarbeiter hat seinem Vorgesetzten sofort Anzeige zu erstatten, wenn er eine drohende Gefahr für Personen oder für die Grube bemerkt.

X. Grubenbilder.

§ 140.

Die regelmäßige Nachtragung der Grubenbilder (gemäß Art. 73 des B.G.) muß bei jedem in Betrieb stehenden Bergwerk ebenso auch bei den unterirdischen Steinbrüchen und Gräbereien mindestens jährlich, bei den Steinkohlengruben aber halbjährlich stattfinden.

Der Berginspektor ist befugt, bei einzelnen Gruben für die periodische Nachtragung des Grubenbildes sowohl längere Fristen zu gewähren als auch kürzere Fristen zu bestimmen.

Hiedurch wird die Befugniß des Berginspektors, im sicherheitspolizeilichen Interesse die sofortige Nachtragung der Grubenbilder im einzelnen Falle anzuordnen, nicht ausgeschlossen.

§ 141.

Bevor unterirdische Baue durch den Abbau oder in

Folge anderer Betriebsanordnungen unzugänglich werden, müssen dieselben markscheiderisch aufgenommen sein. Insbesondere ist Abbau an Markscheiden und Sicherheitspfeilergrenzen nur nach vorhergegangener genauester Kartirung der in Betrieb kommenden Grubenbaue gestattet.*

* Die Vorschrift liegt im Interesse der Sicherung der Oberfläche und des öffentlichen Verkehrs, sowie zur Verhütung von Unfällen, falls später eine Wiederaufnahme des Betriebes in der Nähe stattfindet.

§ 142.

Wenn auf einer Grube der Betrieb eingestellt wird, muß vorher die vollständige Nachtragung des Grubenbildes erfolgen und eine kurze Grubenbeschreibung hergestellt werden.

Der Bergwerksbesitzer, bezw. dessen gesetzlicher Stellvertreter ist für die Ausführung dieser Bestimmung verantwortlich.

§ 143.

Der Betriebsführer ist dafür verantwortlich, daß dem Markscheider bei Aufnahme und Nachtragung der Grubenbaue nichts, was auf dem Grubenbilde zur Darstellung gelangen muß, verheimlicht wird.

Unzugängliche Baue sind ihrer Lage nach so gut als möglich dem Markscheider zur Bezeichnung anzugeben.

§ 144.

Der Betriebsführer hat dem Markscheider bei seinen Aufnahmen die verlangte Hilfeleistung sowie die Begleitung durch einen ortskundigen Grubenbeamten zu gewähren und diejenigen Anordnungen im Betrieb zu treffen, welche zur vollständigen und rechtzeitigen Ausführung der Messungen nothwendig sind.

§ 145.

Die Markscheiderstufen (Anhalts- oder Festpunkte in der Grube oder über Tag), welche vom Markscheider ausdrücklich als zur Verwahrung geeignet dem Betriebsleiter bezeichnet und im Zechenbuch vorgemerkt worden sind, dürfen in keiner Weise beschädigt oder verändert werden.

Im Falle einer durch unvermeidliche Ursachen erfolgten Beschädigung muß dem Markscheider sofort entsprechende Mittheilung gemacht werden.*

* Die Nachricht hat zu erfolgen, um die Wiederherstellung sofort einleiten zu können.

XI. Schlußbestimmungen.

§ 146.

Der Eintritt in die Bergwerke und Aufbereitungsanlagen, in die Schachtgebäude sowie in alle Räumlichkeiten über oder unter Tags, in denen Maschinen, Dampfkessel oder andere Betriebsvorrichtungen aufgestellt sind, ist außer den bei den betreffenden Betriebszweigen beschäftigten Personen, den Werksbeamten und den Organen der Bergbehörde nur den mit amtlichen Fahrscheinen versehenen Personen sowie denjenigen gestattet, welche von der Betriebsleitung hiezu die Erlaubniß erhalten haben.

Solchen Personen muß bei Besichtigung der Anlagen in der Grube wie über Tag ein sachkundiger Führer mitgegeben werden.

Das Betreten der Werkplätze, der Anlagen sowie der Betriebsgeleise, der Böschungen, Berg- und Aschenhalden durch Unbefugte ist verboten. Das Verbot ist durch Warnungstafeln ersichtlich zu machen.

Wenn der Bergwerksbesitzer bestimmten Personen das Betreten der Berghalden zum Zwecke des Aufsammelns von Kohlen, Braschen und sonstigen Abfällen gestatten will, so ist er verpflichtet, die Beschäftigung jener Personen zu überwachen und die hiezu angewiesene Aufsichtsperson mit der erforderlichen Instruktion zu versehen.

XII. Strafbestimmung.

§ 147.

Zuwiderhandlungen gegen die vorstehenden Bestimmungen werden gemäß Art. 231 Abs. 1 und 2 des Berggesetzes mit Geldstrafe bis zu dreihundert Mark und im Unvermögensfalle mit Haft bestraft.

Schlußbestimmung.

§ 148.

Vorstehende Vorschriften treten mit dem 1. Oktober 1900 in Kraft. Vom gleichen Tage an werden die Bestimmungen der Bekanntmachung vom 10. August 1869, die Verhütung von Gefahren für Personen und Eigenthum bei dem Bergbau betreffend (Regierungsblatt 1869 S. 1497 u. folg.), außer Wirksamkeit gesetzt.

München, den 30. Juli 1900.

Dr. Frhr. v. Feilitzsch.

Alphabetisches Register.

(Die Ziffern bezeichnen die Seiten.)

A.

C.

D.

E.

F.

G.

H.

J.

K.

T.

U.

V.

W.

Z.

Kolibri 360 GmbH
Ferdinand-Jühlke-Straße 7
99095 Erfurt, Deutschland
produktsicherheit@kolibri360.de